进出口商品
归类教程 （第四版）

Classification of Import and Export Goods

钟昌元／编著

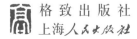

格致出版社
上海人民出版社

前　言

　　2001 年 12 月 11 日我国正式加入世界贸易组织。十年来我国对外贸易得到快速发展。2002 年我国进出口贸易总额为 6 207.7 亿美元,2012 年为 38 671.2 亿美元,2013 年为 41 589.9 亿美元,2014 年达到 43 030.4 亿美元。加入 WTO 后,我国对外贸易平均年增长率达18％以上,中国已成为世界贸易大国。在货物进出口过程中,及时快速通关是降低外贸企业成本、促进经济可持续发展的重要环节。在海关通关中,货物的准确归类是影响通关速度的一项重要工作。它要求报关工作人员和海关工作人员掌握必要的商品知识,特别要熟悉进出口商品归类的基本结构和编排规律。本教材就是专门针对进出口货物通关过程中如何快速准确地对进出口商品进行归类,找到其正确的商品编码和税号而编写的。

　　本教材以 2015 年《中华人民共和国进出口税则》八位数编码为基础,并参考了现有国内相关资料编写而成。作者系直属于海关总署的海关系统中唯一从事学历教育的高等院校——上海海关学院教师,编写教材时注重内容紧扣海关实际操作,既有理论又有实务,力求在同类教材中更具权威性。

　　本教材内容深入浅出,主要适合高校海关各专业、报关与国际货运专业、国际商务专业、物流管理专业、国际经济与贸易等专业的本科生、专科生使用,同时可作为报关人员、海关工作人员以及从事外贸相关工作的其他人员参考使用。需要特别指出的是,由于商品归类是报关水平测试、预归类专业技能培训及资格考试的重要内容,所以本教材可作为报关水平测试、预归类专业技能培训及资格考试考生的重要辅导用书。

　　本教材内容大体上分为三部分。第一部分包括第 1 章和第 2 章,介绍了商品名称及编码协调制度的产生与发展、商品名称及编码协调制度国际公约的主要内容、协调制度的基本结构、我国进出口税则的发展历史和商品归类的法律依据,以及六条归类总规则的理解和运用。教材的第 3 章至第 23 章构成第二部分,按照进出口税则的类、章顺序,介绍了各类货品概况,各章货品的结构、归类要点和历年报关员资格考试涉及的考题解析。第三部分是第 24 章,对商品归类技巧作了归纳和总结。各章后还配有大量习题,同时还附有《商品名称及编码协调制度的国际公约》、我国进出口货物商品归类的行政规章以及各章习题的参考答案。

在此需要指出的是,在使用本教材的过程中,建议对照 2015 年《中华人民共和国进出口税则》、2015 年《中华人民共和国海关统计商品目录》或者全国报关水平测试教材《进出口商品编码查询手册》的税则号列或商品编码使用。由于近几年我国进出口税则的税则号列或商品编码每年均有不同程度的变化,为适应这种变化,本书对历年报关员资格考试考题中的某些内容作了适当的修改,以使其八位数编码具有唯一性。现在的八位数编码与当年考试的标准答案可能不一致,读者在使用过程中应注意这些变化。

由于编写时间仓促,加之作者水平所限,教材中缺憾之处在所难免,敬请各位读者批评指正。

钟昌元

2015 年 4 月于上海海关学院

目 录

076　7　第五类　矿产品

085　8　第六类　化学工业及其相关工业的产品

科用蜡"及牙科用熟石膏制剂

14　第十二类　鞋、帽、伞、杖、鞭及其零件;已加工的羽毛及其制品;人造花;人发制品

15　第十三类　石料、石膏、水泥、石棉、云母及类似材料的制品;陶瓷产品;玻璃及其制品

16　第十四类　天然或养殖珍珠、宝石或半宝石、贵金属、包贵金属及其制品;仿首饰;硬币

1 | 协调制度与进出口税则

1.1　商品名称及编码协调制度

《中华人民共和国进出口税则》(以下简称《进出口税则》)和《中华人民共和国海关统计商品目录》(以下简称《海关统计商品目录》)是以《商品名称及编码协调制度》(The Harmonized Commodity Description and Coding System,简称《协调制度》或 HS)为基础编制的。《协调制度》(HS)是目前世界上大多数国家所采用的商品分类目录,截至 2006 年 10 月共有 204 个国家和地区采用了该目录。据世界海关组织(WCO)统计,其涵盖范围达到国际贸易总量的 99% 以上。它在进出口税则、外贸统计、国际运输、生产统计、国际贸易谈判等方面起着重要的作用。

1.1.1　协调制度的产生与发展

出于对进出口商品征税方便的目的,很早就产生了对国际贸易商品进行分类的需要。随着国际贸易和生产技术的发展,人们注意到系统科学的商品分类不仅有助于征税,而且有助于国际贸易统计和分析、国际运输计价和国际贸易谈判等,因而早在 1853 年布鲁塞尔召开的国际经济大会上就决定以统一的国际关税目录作为国际统计目录的基础,开始了统一商品分类目录的努力。1913 年在布鲁塞尔召开了第二届国际商业统计会议,批准制定了一个统一的统计目录,该目录将商品分为 5 类共 186 个项目。1927 年召开的世界经济会议上提出要制定一个统一的海关税则目录,并于 1937 年完成定稿,被命名为《日内瓦目录》(Geneva Nomenclature)。该目录共分 21 类、86 章和 991 个品目。第二次世界大战后,西欧一些国家成立了欧洲海关同盟研究小组,在《日内瓦目录》的基础上拟定了《布鲁塞尔税则目录》(Brussels Tariff Nomenclature)并于 1959 年正式实施。该目录共分 21 类、99 章和 1 011 个品目。1974 年该目录改称为《海关合作理事会商品分类目录》(Customs Co-operation Council Nomenclature, 简称 CCCN), 逐渐成为众多国家制定本国海关税则的基础。与此同时在 1948 年至 1950 年期间联合国统计委员会也研究制定了《国际贸易标准分类目录》(Standard International Trade Classification, 简称 SITC), 供各国进行外贸统计使用。该目录共分 10 类、63 章、233 组和 3 041 个基本项目。

由于世界商品分类目录繁杂, 各自的分类体系、结构和编码方法不完全一致, 给国际贸易诸方面带来了很多不便, 为此联合国欧洲经济委员会于 1970 年向海关合作理事会建议成立一个研究小组, 负责研究创建一个能同时满足海关征税、外贸统计、国际运输、原产地规则和贸易谈判等多用途商品分类目录的可行性。该研究小组向海关合作理事会提交了研究报告, 指出了编制《商品名称及编码协调制度》是可行的, 而且有利于国际贸易的长远利益。海关合作理事会于 1973 年批准了该报告并成立了一个协调制度委员会, 负责编写《协调制度》并起草有关实施的文本。约有 60 个国家和 20 多个国际组织参加了协调制度委员会及其工作组的这项工作, 经过十多年的努力, 在 CCCN 和 SITC 以及其他一些国际商品分类目录的基础上编制的《商品名称及编码协调制度》于 1983 年 5 月定稿, 1983 年 6 月《商品名称及编码协调制度的国际公约》及其附件《商品名称及编码协调制度》在海关合作理事会第 61/62 届会议上获得通过, 并于 1988 年 1 月 1 日正式生效, 成为缔约国制定本国海关税则和外贸统计目录的基础。该目录共分 21 类、97 章(其中第七十七章为空章)、1 241 个四位数品目和 5 019 个六位数子目。

协调制度自 1988 年正式实施以来, 为适应生产技术的发展及国际贸易格局的变化, 决定每隔若干年(一般为 4～6 年)就要对商品分类目录作一次全面的修订, 至今已进行了五次修订, 从而形成了 1988 年、1992 年、1996 年、2002 年、2007 年和 2012 年六个版本内容不完全相同的商品分类目录。

1.1.2 商品名称及编码协调制度的国际公约

《商品名称及编码协调制度》是一部多用途的、系统的具有严密逻辑性和科学性的国际贸易商品分类目录, 是国际上多个商品分类目录协调的产物, 是一个以《商品名称及编码协调制度的国际公约》形式保证其能统一实施的国际商品分类目录。

20 世纪 70 年代,协调制度委员会在制定《商品名称及编码协调制度》的过程中,为了保证协调制度能够统一执行,还准备了《商品名称及编码协调制度的国际公约》(以下简称《协调制度国际公约》),对缔约国进行约束和管理。1983年 6 月,该公约以及作为该公约附件的协调制度在海关合作理事会上获得通过,并于 1988 年 1 月 1 日正式实施。截至 2006 年 10 月,该公约共有 125 个缔约方成员。

《协调制度国际公约》除前言部分外共有 20 条规定,主要是对各缔约成员国的权利义务、协调制度委员会在实施协调制度中的作用、公约的缔结、生效、退出、修改、争议的裁定等事宜作出了规定。

1. 制定协调制度的宗旨及原因

《协调制度国际公约》的前言部分阐述了协调制度宗旨和制定协调制度的原因。其宗旨在于:便利国际贸易;便利统计资料特别是国际贸易统计资料的收集、对比与分析;减少国际贸易往来中因分类制度不同、商品重新命名、重新分类及重新编号而引起的费用,以及便利数据的传输和贸易单据的统一。

而制定协调制度公约的原因在于:由于技术的发展和国际贸易格局的变化,1950 年 12 月 15 日在布鲁塞尔签署的《海关税则商品分类目录公约》所附的商品分类目录远不能达到各国政府和贸易界在税则及统计方面要求的详细程度,必须对其进行全面修改;而越来越多的国家和进出口商认识到国际贸易谈判中需要运用准确并且相互可比的资料数据十分重要;而且在各种运输方式的运费计价和运输统计方面也应有统一的目录;而准备制定的《协调制度》能最大限度地和商业上的商品名称与品目号结合起来,能促进进出口贸易统计与生产统计之间建立尽可能接近的相互对应关系;同时与联合国的《国际贸易标准分类目录》之间仍保持接近的相互对应关系;为了建立一部可供国际贸易有关各方面的人士使用的税则/统计综合目录以满足上述需要,最好的方法是缔结一个新的国际公约。

2. 缔约方的主要权利及义务

根据公约规定,缔约成员国主要有以下权利:

(1) 派遣代表参加协调制度委员会及有关的会议,每一缔约成员国有一票表决权。

(2) 可对协调制度委员会提出的有关《协调制度国际公约》、《协调制度》目录及其相关文件的修正案表示反对意见,并要求重新进行审议。

(3) 缔约成员国不承担关税税率方面的任何义务。

(4) 任何缔约成员国有权退约,除退约书另行规定了更迟的失效期外,秘书长接到退约书一年后,退约即行生效。

根据公约规定,缔约成员国主要的义务包括:

(1)必须保证从公约在缔约方生效之日起使其税则目录及统计目录与《协调制度》取得一致,为此,它必须保证在其税则目录及统计目录的制定中做到:采用《协调制度》的所有子目、品目及其相应的编码,不得作任何增添或删改;采用《协调制度》的归类总规则以及所有类、章和子目的注释,不得更改协调制度的类、章、品目或子目的范围;遵守《协调制度》的编码顺序。

(2)缔约各方应按《协调制度》六位数级目录公布本国的进出口贸易统计资料,缔约各方还可在不影响商业秘密、国家安全等情况下,主动公布超过上述范围的更为详细的进出口贸易统计资料。

(3)缔约各方可以在本国的税则目录及统计目录中,增列比《协调制度》六位数级目录更为详细的分类细目,但这些细目必须在公约附件《协调制度》目录所规定的六位数级目录以后增列和编号。

(4)发展中国家原则上也要履行上述义务,但在成为缔约成员国时,可以根据其国际贸易格局或行政管理能力,在全部采用四位数级品目的前提下,部分或全部延期采用《协调制度》的子目,即全部不采用五位数级子目和六位数级子目,或者只采用五位数级子目,而全部不采用六位数级子目,但必须同意应尽最大努力在公约对本国生效之日起5年内或在本国认为合适的更长期限内全部采用六位数级的协调制度。

(5)发达国家缔约方应向提出要求的发展中国家,按照双方所同意的条件,提供技术援助,特别是在人员培训,现行目录向《协调制度》转化,对已转换的目录如何不断适应《协调制度》的修改提出建议,以及在实施公约各项规定方面提供援助。

公约第二条还明确规定,《协调制度》作为附件是《协调制度国际公约》不可分割的组成部分,附件与公约具有同等的法律效力。

此外公约还对成立协调制度委员会的事宜、协调制度委员会的职能、海关合作理事会的作用、争议的裁决、缔约资格、缔约程序、生效日期、关于附属领土采用《协调制度》事宜、退约及其生效、修改程序、保留条款、秘书长的通知、在联合国注册问题等方面作出了规定。

1.1.3　协调制度的基本结构

《协调制度》(HS)自1988年1月1日正式实施起至今已经过五次修订,从而形成了 1988 年、1992 年、1996 年、2002 年、2007 年和 2012 年六个版本,其中 2012 年版的 HS 共有 5 205 个六位数编码。

它将国际贸易商品分为 21 大类、97 章(其中第七十七章为空章),共有 5 000 多个六位数级的商品编码。该目录中具有法律效力的内容包括商品编码表、各种注释[包括在类标题下的注释(以下简称类注)、在章标题下的注释(以下简称章注)以及类或章标题下的子目注释]和六条归类总规则。其中商品编码表由协调制度编码(简称商品编码)和货品名称(包括前四位数级的品目条文和后两位数级的子目条文)构成,从属于 21 大类,分布在 97 个章中(其中第七十七章为空章),任何缔约方都不能自行更改商品编码、货品名称、各种注释和归类总规则,所以它是一个以公约形式保证其统一实施的国际商品分类目录。

1. 商品编码表

HS 基本上是以商品所属的生产行业为类的划分依据,属于同一生产部类的产品归在同一类中。HS 各章则基本上是按商品的属性或用途来划分的,其中第一章至第六十八章(第六十四章至第六十六章除外)基本上是按商品的自然属性来分章的,第六十四章至第六十六章以及第八十四章至第九十六章是按货物的用途或功能来分章的。具体在每一章内,商品的排列也是有规律的,基本是原材料先于成品(原材料——半成品——制成品),加工程度低的先于加工程度高的(初级产品——粗加工产品——深加工产品),列名具体的先于列名一般的,整机先于零部件。在有的章中,例如第二十八章、第二十九章等还细分有分章。章或分章下则是品目条文和子目条文。品目条文是 HS 中前四位数级商品编码所对应的货品名称,子目条文则是第五位和第六位数级商品编码对应的货品名称。其中五位数级商品编码对应的货品名称栏目为一级子目,六位数级商品编码对应的货品名称栏目为二级子目。在商品编码表中归类时具有法律效力的是品目条文和子目条文。

商品编码的前四位数码表示品目,其中前两位表示货品所在章,后两位数码表示此货品在该章的序次。例如品目 01.05 表示该货品在第一章,是第五个品目。一些品目则被细分为一级子目,一级子目再细分为二级子目。一级子目用五位数码表示,第五位数码通常表示它在所属品目中的序号;二级子目用六位数码表示,第六位数码通常表示它在所属一级子目中的序号。例如 0105.12,表示该货品属于第一章第五个品目第一个一级子目中的第二个二级子目。没有设一级子目或二级子目的品目,第五位或第六位数码用 0 表示,例如 0205.00,表示第二章第五个品目下没有一级子目和二级子目。需要指出的是,作为未列名商品的第五位或第六位数码用 9 表示,不代表它在该级子目的实际序位,其间的空序号是为在保留原有编码的情况下适用日后新增添的商品而设。在此,还需要注意的是,数字 9 被未列名零件占用时,数字 8 表示未列名整机。例如:8509.90 为家用电动器具零件;而 8509.80 为未列名其他家用电动器具。

另外需要说明的是,由于 HS 经过多次修改,目前的 HS 目录中某些品目或某些子目已被删除,例如第五章中原第三个品目(05.03)和第九个品目(05.09)、第十四章中原第二个品目(14.02)和第三个品目(14.03)等已被删除(类似的例子还有不少),又如第二十六章的一级子目 2620.50 也已删除(类似的例子还有许多),所以 HS 编码的连续性特点已被打破。

2. 类注、章注和子目注释

HS 的注释有三种,即位于类标题下的类注、位于章标题下的章注、位于类或章标题下的子目注释。这些注释也是商品归类的依据,它与品目条文和子目条文具有同等法律效力。需要指出的是子目归类时子目注释的运用具有优先性,其次是章注和类注。为了有效地说明和限定品目范围,注释通常有以下几种表述方法:

(1) 排他列举类、章、品目或子目所不包括的商品。排他列举在 HS 的注释中极为常见,例如第二章章注列举了该章不包括的肉及杂碎。

(2) 典型列举即列出有代表性的商品来说明类、章、品目或子目的商品范围。如第十二章的章注一用列举形式限定了品目 12.07 含油子仁及果实的范围;第四十四章子目注释中罗列了大量的"热带木"。

(3) 列出技术指标来限定某些特定的商品范围。例如第十一章的章注二和章注三,对归入该章的谷物细粉和粗粉规定了技术指标。

(4) 给重要的名词作出解释。例如第十一类的子目注释一,解释了该类子目中使用的九个名词。

(5) 阐述某些商品的归类规则。例如第十一类的类注二,规定了由多种材料混纺的货品的归类原则。

上述注释因为具有法律效力而被称为"法定注释",它与《商品名称及编码协调制度注释》不同,前者内容受到《协调制度国际公约》的约束,而后者仅作为最有权威的解释存在而不具有法律约束力。此外各国还可以根据本国的需要增加补充注释,其效力仅受本国法律约束。

3. 归类总规则

HS 还有六条归类总规则,也是具有法律效力的归类依据,它们适用于品目条文、子目条文以及有关的注释无法解决商品归类的场合,是指导整个协调制度商品归类的总原则。关于归类总规则的具体内容详见本书第 2 章。

1.2　进出口税则

在进出口货物通关过程中,准确确定商品的税则号列是十分重要的工作。因为它是海关征税、海关监管和外贸统计的基础,商品归类正确与否直接关系到进出口商的利益。我国《海关法》和《关税条例》均规定,纳税人必须按照《中华人民共和国进出口税则》的规定,对其申报的进出口货物进行商品归类,并归入相应的税则号列。《中华人民共和国进出口税则》和《中华人民共和国海关统计商品目录》是以《商品名称及编码协调制度》为基础编制的。海关合作理事会经过十几年的努力,于1983年6月通过了《商品名称及编码协调制度的国际公约》及其附件《商品名称及编码协调制度》,并于1988年1月1日起正式生效,成为缔约国制定本国海关税则和外贸统计目录的基础。

但是我国《进出口税则》和《海关统计商品目录》与协调制度(HS)也存在差异。HS的法定编码为6位数,而我国《进出口税则》和《海关统计商品目录》的编码为8位数,有的商品还有附加编码第9、10位数。我国《进出口税则》中的商品号列称为税则号列(简称税号),每项税号后都列出了该商品的税率,《海关统计商品目录》中的商品号列称为商品编号,每项商品编号后都列出了该商品的法定计量单位,并增加了第二十二类"特殊交易品及未分类商品"(内分第九十八章和第九十九章)。

1.2.1　我国进出口税则的发展

1. 1949年之前的海关税则

中国近代史上第一个海关税则是清朝鸦片战争之后的《1843年进出口税则》,这是中国第一个不平等的协定税则,因为《南京条约》规定清政府在制定税则时必须与其他列强议定,从而决定了该税则的不自主性和协定性。该税则以列表形式将出口税则、进口税则分别列出,以从量税和从价税两种方式计税,出口商品税率为5%,即"按价值若干,每百两抽五两",而进口商品税率为10%,即"按价值若干,每百两抽十两"。其中出口税则将出口商品分为12大类、68个税目,进口税则将进口商品分为14大类、104个税目,进出口税则合并共172个税目。

1858年10月,英、美、法代表与清政府代表谈判修订税则,并于1858年11月8日公布实施修订的税则。1858年税则是在1843年税则的基础上修订而成的，出口税则仍将出口商品分为 12 大类，但税目增加至 174 个；进口税则仍将进口商品分为 14 大类，但税目增加至 177 个，进出口税则合并共 351 个税目。但税率降为 5％，即"值百抽五"，成为当时世界上最低税率的税则之一。《1858 年进出口税则》实施后共进行了 11 次局部修订。

1902 年外国列强与清政府谈判制定了新税则，并于 1904 年正式实施。新税则是在《1858 年进出口税则》进口税则部分的基础上修订而成，它将进口商品分为 17 大类和 682 个税目，其中从量税目 565 个、从价税目 117 个，税率仍为"值百抽五"。而出口税则部分并未修订。

中华民国成立后，北洋政府为达到切实"值百抽五"的要求多次向英法等国提出修订税则，直到 1918 年，英法等 14 国代表才同意组成"修改进口税则委员会"，对《1902 年进口税则》加以修订，修订后的税则于 1919 年 8 月 1 日开始实施。该税则共有 598 个税目，其中从量税目 416 个、从价税目 178 个、免税税目 4 个，平均税率仅为 3.5％，并未达到"值百抽五"的目的。

1921 年，北洋政府要求各国按有关协议修订《1919 年进口税则》。1922 年 3 月"上海修改税则委员会"成立，新修改的进口税则于当年 9 月审议通过，10 月公布，1923 年 1 月 17 日正式实施。该进口税则共分 15 类、582 个税目，平均税率为 4.29％。

1928 年 12 月，南京国民政府颁布了《中华民国海关进口税则（1929）》，并于 1929 年 2 月 1 日开始实施。该税则将进口商品分为 14 类、718 个税目，税率从 7.5％到 27.5％不等，平均税率为 8.5％。

1930 年 5 月，南京国民政府国定税则委员会重新修订了 1929 年的进口税则，并于 1931 年 1 月 1 日起实施。《1931 年国定进口税则》将进口商品分为 16 类、647 个税目，并提高了税率，增加了税级，平均税率为 15％。与此同时，1931 年 5 月颁布了《1931 年国定出口税则》，并于当年 6 月 1 日开始实施。该出口税则将出口商品分为 6 类、270 个税目，从量税税率多为 5％，从价税税率多为 7.5％。

1933 年 5 月，南京国民政府宣布废止《1931 年国定进口税则》，实施《1933 年国定进口税则》，该税则将进口商品分为 16 类、672 个税目。由于该税则修订的主要目的在于增加财政收入，所以进口税率有大幅提高，平均税率达 20％。

在财政危机和日本压力的内外交困下，南京国民政府于 1934 年 7 月 1 日颁布实施了《1934 年国定进口税则》，该税则对进口商品的分类和税目与 1933 年的进口税则完全相同，但税率的增减变化较大，平均税率提高到 25％。同年 6 月颁布实施了《1934 年国定出口税则》，该税则是在《1931 年国定出口税则》的基础上修订的，对出口货物的分类及税目与 1931 年的出口税则完全相同，但减税的税目有所增加,免税的税目也有所扩大。

1948 年南京国民政府加入关贸总协定后,将当时海关执行的《1934 年国定进口税则》修改为《1948 年协定税则》,并颁布实施。该税则基本保持了 1934 年税则旧貌,仍为 16 类、672 个税目,但税率由原来的单栏改为双栏,即增加了一栏为关贸总协定的减让税率,一律从价征收,并提高了进口关税税率。

2. 1949 年以后的海关税则

中华人民共和国成立以来,至今共实施了三部不同分类基础的海关进出口税则。

(1) 1951 年开始的海关税则。中华人民共和国成立以后第一部海关进出口税则于 1951 年 5 月 4 日经政务院批准并于当年 5 月 16 日开始实施。该税则是在参考《苏联海关税则》、《中华民国海关税则》及《日内瓦目录》的基础上,根据我国当时的生产和进出口商品情况,按照商品的自然属性、加工程度、功能用途制定的,共分 17 类、89 组、939 个税目,采用进出口税则合一的体例,共设 3 栏税率,其中进口商品设最低税率和普通税率两栏税率,出口商品设一栏税率。该税则从 1951 年到 1985 年更换新税则为止,先后对税目或税率作了 24 次修改。

(2) 1985 年开始以《海关合作理事会商品分类目录》(CCCN)为基础的海关税则。1985 年 2 月经国务院批准,以 CCCN 为基础制定的 1985 年海关进出口税则于当年 3 月 10 日正式实施。该税则同样采用进出口税则合一的形式,将商品分 21 类、99 章、1 011 个品目、1 087 个子目。税号与 CCCN 的商品编码相同。共设有四栏税率,包括三栏进口税率(即最低税率、普通税率和进口调节税率)和一栏出口税率。并调低了进出口商品的税率。从 1985 年到 1991 年底为止该税则先后进行了 19 次修订。

(3) 1992 年开始以《商品名称及编码协调制度》(HS)为基础的海关税则。经国务院批准,1992 年 1 月 1 日起开始实施新的海关进出口税则(我国于 1992 年 6 月 23 日加入《商品名称及编码协调制度国际公约》)。该税则是以国际通用的《商品名称及编码协调制度》第 1 次修订本为基础,并结合我国进出口商品的实际情况制订的,共分 21 类、97 章(其中第七十七章为空章)、5 019 个六位数子目、6 256 个八位数税目。税则号列由八位数码组成,其中前六位数码与 HS 的商品编码完全相同,最后两位数码是我国新增的子目编码。该税则继续使用进出口税则合一的形式,共设三栏税率,包括两栏进口税率(即优惠税率和普通税率)和一栏出口税率。从 1992 年到 1995 年底,该税则的第七、第八位数子目作了多次调整,并先后有 3 次较大规模自主降低关税税率的调整。

由于《商品名称及编码协调制度》第 2 次修订本于 1996 年 1 月 1 日起生效,

所以我国经国务院批准也于 1996 年 1 月 1 日起实施以新的 HS 为基础制定的海关进出口税则。该税则结构基本与 1992 年的相同,共分 21 类、97 章(其中第七十七章为空章)、5 116 个六位数子目、6 550 个八位数税目。实施时的税则与原税则税率相同。但从 1996 年 4 月 1 日大规模调低关税税率后,进口税率栏设基础税率和 1996 年税率两类,每类又分为优惠税率和普通税率两栏,共有四栏税率。从 1996 年到 2001 年底,该税则的第七、第八位数子目作了多次调整,并先后有 5 次较大规模自主降低关税税率的调整。

2002 年 1 月 1 日起《商品名称及编码协调制度》第 3 次修订本生效,我国经国务院批准也于 2002 年 1 月 1 日起实施以新的 HS 为基础制定的海关进出口税则。该税则结构基本与 1992 年、1996 年的相同,共分 21 类、97 章(其中第七十七章为空章)、5 224 个六位数子目、7 316 个八位数税目。该税则设有普通税率、最惠国税率、协定税率和特惠税率等四栏进口税率。从 2002 年到 2006 年,该税则的第七、第八位数子目作了多次调整,并按关税减让表的要求先后有 5 次对关税税率作了较大规模的调整。

2007 年 1 月 1 日起《商品名称及编码协调制度》第 4 次修订本生效,经国务院批准,我国也于 2007 年 1 月 1 日起实施以 2007 年 HS 为基础制定的海关进出口税则。该税则共分 21 类、97 章(其中第七十七章为空章)、5 052 个六位数子目、7 646 个八位数税目。从 2007 年到 2011 年该税则的第七、第八位数子目作了多次调整,并对部分商品的关税税率作了适当调整。

2012 年 1 月 1 日起,《商品名称及编码协调制度》第 5 次修订本生效。经国务院批准,我国于 2012 年 1 月 1 日起实施以新的 HS 为基础制定的进出口税则。2012 年《中华人民共和国进出口税则》共分 21 类、97 章(其中第七十七章为空章)、5 205 个六位数子目、8 194 个八位数税目。从 2012 年到 2015 年,该税则的第七、第八位数子目作了多次调整,并对部分商品的关税税率作了适当调整。

1.2.2 进出口税则与协调制度、海关统计商品目录的关系

《商品名称及编码协调制度》是一部多用途的、系统的具有严密逻辑性和科学性的国际贸易商品分类目录,是《商品名称及编码协调制度的国际公约》的附件。它将国际贸易商品分为 21 大类、97 章(其中第七十七章为空章),共有 5 000 多个六位数级的商品编码。该目录中具有法律效力的内容包括商品编码表、各种注释和六条归类总规则。其中商品编码表由协调制度编码(简称商品编

码)和货品名称(包括前四位数级的品目条文和后两位数级的子目条文)构成,任何缔约国都不能自行更改商品编码、货品名称、各种注释和归类总规则,所以它是一个以公约形式保证其统一实施的国际商品分类目录。

《进出口税则》又称为海关税则,是一国通过一定的立法程序制定和公布实施的进出口货物和物品应税和免税的关税税率表。它是海关凭以征收关税的法律依据,也是一个国家关税政策的具体体现。海关税则一般由税目和税率两个部分组成。税目部分是税则的技术部分,主要包括税则号列和商品名称,有的还带有解释税号范围的注释和说明商品分类规律的归类规则。税率部分是税则的政策部分,体现国家的关税政策,列出一栏或多栏税率,对不同的商品或不同的国家给予相同或不同的关税待遇。我国的《进出口税则》是以协调制度为基础结合我国实际进出口情况编制而成的。其结构与 HS 目录结构基本相同,是由税则号列—货品名称—税率表、注释和归类总规则组成。但与 HS 相比的不同之处有:《进出口税则》在表中增设了税率栏,并将 HS 的商品编码改称为税则号列,而且我国《进出口税则》的税则号列为八位数编码,其中前六位数码与 HS 的商品编码完全一致,只有第七、第八位数码才是我国增设的子目。

目前我国海关统计采用的《海关统计商品目录》与我国《进出口税则》的结构基本相同。为适应统计需要,《进出口税则》中的税率栏改换为计量单位栏,税则号列栏改称商品编码栏。《海关统计商品目录》共分 22 大类、99 章,其中前 97 章的内容与《进出口税则》的完全相同,增设的第二十二类的标题为"特殊交易品及未分类商品",在该大类项下分列了第九十八章与第九十九章,其中第九十八章只限单项记录商品价值在人民币 2 000 元及以下的非税、非证未分类的进口商品;计算机软件(出口)和军品(特殊交易品)。第九十九章只有一个品目,包括的货品只限新疆棉和内地棉。其余各类、章、品目及子目的货品范围与税则的完全一致,而且海关统计商品归类原则和方法也与税则归类完全相同。

1.2.3 我国进出口税则的基本结构

我国《进出口税则》是以协调制度为基础编制而成的。它由税目和税率两个部分构成,其中税目部分包括税则号列和商品名称,税率部分列出了普通税率、最惠国税率等多栏税率,此外还包括各种注释和归类总规则。《进出口税则》中的注释和归类总规则与 HS 中的规定基本上没有差别。税则号列由八位数码组成,其中前六位数码与 HS 的商品编码完全一致,只有第七、第八位数码才是我国增设的子目,分别称之为三级子目和四级子目。根据《商品名称及编码协调制度的国际公约》的规定,任何政府都无权变更 HS 前六位数的编码,但由于三级子目和四级子目是我国增设的子目,本国政府可以对其进行适当的调整,最近每年我国都会对《进出口税则》的内容作适当的修改,包括三级子目和四级子目的条文,以及税率表中的税率。例如 2007 年我国《进出口税则》共有 7 646 个八位数税号,2015 年调整为 8 285 个。而 2012 年版的《协调制度》共有 5 205 个六位数编码,在再次修改之前不会有任何变化。

《进出口税则》中具有法律效力的内容包括税则号列—货品名称—税率表、各种注释和归类总规则。税则号列—货品名称—税率表由八位数码的税则号列、货品名称以及对应的多栏税率组成,从属于 21 大类,分布在 97 个章中(其中第七十七章为空章)。税则号列的前四位数码表示品目,其中前两位数码表示货品所在章,后两位数码表示此货品在该章的序次。第五位数码是一级子目,通常表示它在所属品目中的序号;第六位数码是二级子目,通常表示它在所属一级子目中的序号;第七、第八位数码分别对应的是三级子目和四级子目。

《进出口税则》中的注释基本上与 HS 的注释相同,仅在第十三章中增加了一条本国的注释。《进出口税则》中的六条归类总规则与 HS 的完全一致。

1.2.4 我国进出口商品归类的法律依据

《中华人民共和国进出口关税条例》(以下简称《关税条例》)第三十一条规定,纳税义务人应当按照《进出口税则》规定的目录条文和归类总规则、类注、章注、子目注释以及其他归类注释,对其申报的进出口货物进行商品归类,并归入相应的税则号列;海关应当依法审核确定该货物的商品归类。

根据我国《海关法》、《关税条例》和其他相关规定,我国进出口商品归类的法律依据具体包括以下几项:

(1) 我国《进出口税则》中的归类总规则、类注、章注、子目注释以及品目条文、子目条文。

(2)《进出口税则商品及品目注释》。

(3)《中华人民共和国进出口税则本国子目注释》。

(4) 海关总署下发的关于商品归类的行政裁定和商品归类决定以及总署转发的 WCO 归类决定等。

此外,《海关法》第四十二条和《关税条例》第三十二条都明确规定,海关可以要求纳税义务人提供确定商品归类所需的有关资料；必要时，海关可以组织化验、检验，并将海关认定的化验、检验结果作为商品归类的依据。

1.2.5 我国进出口商品预归类制度

商品归类是一项技术性很强的工作。由于商品归类工作技术性强，并涉及化验等诸多环节，需要一定的时间才能得出结论，因此完全依靠在通关环节进行商品归类已不能完全适应需要。为加速货物通关，提高归类的准确性，便利报关人办理海关手续，我国海关对进出口商品实行预归类制度。

商品预归类是指货物在实际进出口前，申请人以海关规定的书面形式向海关提出申请并提供商品归类所需要的资料，必要时提供样品，海关依法作出具有法律效力的商品归类决定的行为。

《中华人民共和国海关进出口货物商品归类管理规定》中指出，在海关注册登记的进出口货物经营单位，可以在货物实际进出口的 45 日前，向直属海关申请就其拟进出口的货物预先进行商品归类。

申请人申请预归类时，应当填写并且提交《商品预归类申请表》。预归类申请应当向拟实际进出口货物所在地的直属海关提出。

直属海关经审核认为申请预归类的商品归类事项属于《进出口税则》、《进出口税则商品及品目注释》、《进出口税则本国子目注释》以及海关总署发布的关于商品归类的行政裁定、商品归类决定有明确规定的，应当在接受申请之日起 15 个工作日内制发《预归类决定书》，并且告知申请人。

申请人在制发《预归类决定书》的直属海关所辖关区进出口《预归类决定书》所述商品时，应当主动向海关提交《预归类决定书》。申请人实际进出口《预归类决定书》所述商品，并且按照《预归类决定书》申报的，海关按照《预归类决定书》所确定的归类意见审核放行。

直属海关经审核认为申请预归类的商品归类事项属于《进出口税则》、《进出口税则商品及品目注释》、《进出口税则本国子目注释》以及海关总署发布的关于商品归类的行政裁定、商品归类决定没有明确规定的，应当在接受申请之日起 7 个工作日内告知申请人按照规定申请行政裁定。

此外，海关总署可以依据有关法律、行政法规规定，对进出口货物作出具有普遍约束力的商品归类决定。进出口相同货物，应当适用相同的商品归类决定。商品归类决定由海关总署对外公布。如果作出商品归类决定所依据的法律、行政法规以及其他相关规定发生变化的,商品归类决定同时失效。对于商品归类决定失效的,应当由海关总署对外公布。

1.2.6 社会预归类服务

商品归类是国际上公认的难度较大、专业性、技术性较高的工作之一。在我国,长期以来,主要由海关无偿向进出口货物经营单位提供预归类咨询服务。随着进出口贸易量的逐年增加,海关有限的行政资源和愈加繁重的事务性工作之间的矛盾日益突出,完全依靠海关提供预归类咨询服务已不现实。因此,由社会服务机构提供的社会化预归类服务便应运而生。

社会预归类服务,是指进出口货物预归类服务单位,受进出口货物收发货人及其代理人的委托,对其拟进出口货物预先进行商品归类,并出具《进出口货物预归类服务意见书》的民事行为。

海关总署经过深入调研,于 2008 年正式启动社会预归类服务试点工作,中国报关协会在海关总署的指导下,负责预归类服务的行业管理,各地方报关协会予以协助。经过几年的试点,预归类服务获得良好的发展,预归类服务工作已日益成为归类管理工作新模式的重要组成部分。2014 年 4 月,中国报关协会发布了《进出口货物预归类服务行业管理暂行办法》和《进出口货物预归类服务操作规范》。前者对预归类服务人员及预归类服务单位的资格获取、执业、考核、退出机制等作了明确规定;后者则制定了预归类服务的规范化业务操作流程,并规定所有预归类服务应当在"全国海关预归类服务监控评估系统"开展。这两个文件的发布标志着预归类服务正式进入规范化时代。

预归类服务人员,是指经中国报关协会组织的预归类专业技能培训并考试合格,取得预归类服务人员资格证,从事进出口货物预归类服务的人员。中国报关协会统一组织预归类专业技能培训及资格考试,对通过考试的个人颁发预归类服务人员资格证。预归类服务人员资格证由中国报关协会统一监制,在全国范围内有效。预归类专业技能培训及资格考试原则上每年组织一次,可根据社会需求增加或减少。

预归类服务单位是指经中国报关协会评估并授予"预归类服务单位"资质,从事进出口货物预归类服务的单位。欲开展预归类服务的单位应向中国报关协会申请预归类服务资质,中国报关协会依据《预归类服务管理办法》进行评估,对符合条件的单位授予预归类服务单位资质,颁发牌匾和证书。预归类服务单位的资质牌匾和证书,由中国报关协会统一监制,在全国范围内有效。预归类服务单位取得资质,方可开展预归类服务。中国报关协会评估预归类服务单位,原则上每年组织一次,并在事前发布通告,可根据社会需求增加或减少。

预归类服务系统,即"全国预归类服务平台",是预归类服务单位接受预归类委托人委托,开展预归类咨询服务的全国性统一网络平台。所有预归类单位统一在该平台上开展预归类服务。预归类委托人可通过预归类服务系统发布需求信息,并指定某一预归类服务单位为其提供预归类服务。预归类单位可通过预归类服务系统接受预归类委托人委托,与委托人签订"进出口货物预归类服务委托协议",为其提供预归类服务,并将《进出口货物预归类服务意见书》电子数据上传至海关通关管理系统,也可通过系统打印纸质的意见书交给委托人。

正常情况下,预归类服务单位应自签订"进出口货物预归类服务协议"后,预归类服务单位在接到委托人交付齐全的材料之日起,10个工作日内完成预归类服务,签发预归类服务意见书给委托人,并由持有中国报关协会颁发的预归类服务资格证的人员进行复核或终审确认发送给海关。预归类服务单位发现商品归类错误时,应按相应程序重新进行商品预归类。

1.2.7　进出口税则与自然科学技术分类在体系上的差异

商品是根据其显著特征进行分类的,不同的商品其显著特征表现在不同的方面,如商品组成材料的自然属性、商品的加工工艺、商品的性能、商品的用途等。我们无法要求商品的分类体系与自然科学技术的分类体系完全一致,但在某种意义上,商品是自然科学技术的产物,因此,商品分类体系总与自然科学技术的各个分类体系有某些相通之处。但是,如果因此而以自然科学技术分类体系作为税则的归类依据,则极可能发生归类错误。因为HS与现代自然科学技术体系存在着差异,有些方面差异还比较显著。其原因主要有两个方面:

(1) HS是国际贸易分类体系,分类的详略与商品的国际贸易量大小以及商品在经济系统中的重要性有关;而自然科学技术分类体系主要考虑理论至工艺的内在逻辑性。两种分类体系在分类的详略上有很大的不同。自然科学技术几乎覆盖整个客观世界,各种科学又自有其研究对象,所以各个自然科学分类体系之间是互相交叉的。而HS面对的是国际贸易的全部商品,必须全面独立地处理各个自然科学分类体系之间所允许存在的交叉问题。因此,会发生从单一自然科学技术分类来看似乎不尽合理的现象。

（2）HS 从 1853 年第一次国际贸易统计分类会议沿革至今,已有 160 多年的历史;如果从《日内瓦目录》1931 年生效算起,也有 80 余年历史;如果从《布鲁塞尔税则目录》1959 年正式实施算起,至今也有 50 多年的历史。其间,自然科学和工业技术的发展使得分类体系已有重大变化。但是,HS 为了保持海关工作和资料的历史延续性,其结构变化不大。也就是说,从这方面看,HS 有其一定的历史局限性。但是,这样编制修订 HS 其代价是最小的,因此,HS 即使在结构上与自然科学体系有不一致也是合理的。了解 HS 的这一历史局限性,有利于更好地掌握 HS 的结构。

习题 1

1. 参加《商品名称及编码协调制度的国际公约》的成员方有哪些主要权利和义务?
2. 《商品名称及编码协调制度》的基本结构是什么?
3. 我国《进出口税则》与《商品名称及编码协调制度》、《海关统计商品目录》的联系和区别是什么?
4. 我国进出口商品归类的法律依据是什么?
5. 简述我国进出口商品预归类制度的主要内容。

2 商品归类总规则

我国《进出口税则》是以 HS 为基础制定的,因此我国《进出口税则》的归类总规则与《协调制度》的总规则完全一致。《进出口税则》的归类总规则共有六条,其中前四条承继《海关合作理事会商品分类目录》(CCCN)的归类总规则,后两条是《商品名称及编码协调制度》(HS)新增加的。归类总规则作为 HS 结构的重要组成部分,是进出口商品归类必须遵循的原则和方法。

2.1 归类总规则一

> 类、章及分章的标题,仅为查找方便而设;具有法律效力的归类,应按品目条文和有关类注或章注确定,如品目、类注或章注无其他规定,按以下规则确定。

规则一包括了以下几方面的含义:

(1) 各类、章及分章的标题对商品归类不具有法律效力,标题的设置目的仅仅在于查找方便而已。所以在商品归类时,不能完全凭借类、章或分章的标题来确定商品的税则号列。例如第一章的标题是"活动物",但并非所有的活动物都归入第一章,比如活鱼就应归入第三章,流动马戏团的活动物则应归入第九十五章。又如第六十二章的标题是"非针织或非钩编的服装及衣着附件",按标题这一章不应包括针织品和钩编制品,但品目 62.12 却又列明了包括针织或钩编的紧身胸衣等货品。

(2) 品目条文和有关的类注或章注才是具有法律效力的归类依据。许多货品可直接按品目条文进行归类,例如鲜牛肉可直接归入品目 02.01,而无须运用其他的归类总规则。有的货品要按照类注或章注的规定来归类,例如牛尾毛应根据第五章章注四的规定按"马毛"归入品目 05.11 中。

（3）只有在品目、类注和章注无专门规定时才可按照归类总规则的其他规则归类。也就是说在确定归类时应首先考虑品目条文、相关的类注和章注的规定，其次才能考虑其他归类规则。例如，机器的成套零件，品目没有条文规定，类注、章注也无专门规定，它的归类不能确定，因此就需要按其他归类规则进行归类。

2.2　归类总规则二

（一）品目所列货品，应视为包括该项货品的不完整品或未制成品，只要在进口或出口时该项不完整品或未制成品具有完整品或制成品的基本特征；还应视为包括该项货品的完整品或制成品（或按本款可作为完整品或制成品归类的货品）在进口或出口时的未组装件或拆散件。

（二）品目中所列材料或物质，应视为包括该种材料或物质与其他材料或物质混合或组合的物品。品目所列某种材料或物质构成的货品，应视为包括全部或部分由该种材料或物质构成的货品。由一种以上材料或物质构成的货品，应按规则三归类。

规则二（一）与规则二（二）的共同特点是扩大品目所列货品的范围。品目所列货品应视为包括不完整品或未制成品，以及货品的未组装件或拆散件；品目所列材料或物质应视为包括该种材料或物质与其他材料或物质混合或组合的货品；品目所列某种材料或物质构成的货品，应视为包括全部或部分由该种材料或物质构成的货品。

其中规则二（一）有条件地将不完整品、未制成品也包括在品目所列货品范围之中，具体包括了以下三种情况：

（1）品目所列的货品，不仅包括完整的货品，还包括具有完整品或制成品基本特征的不完整品或未制成品。例如，缺少车门的小汽车仍然具有小汽车的基本特征，所以应按小汽车归入相应品目。

（2）完整品或制成品的未组装件或拆散件，应按已组装货品归入完整品或制成品的相应品目中。这里通常是由于包装、装卸或运输上的需要而将货品以未组装或拆散形式进出口的。例如未拼装或拆散的木制品，如果各零部件同时进出口，则应按相应的完整木制品归类。此外对于某一货品的未组装零部件，如超出组装成品所需数量的，则超出部分应单独归类。

（3）对于以未组装或拆散形式进口或出口的不完整品或未制成品，只要它们具有完整品或制成品的基本特征，也应按已组装的完整品或制成品归入相应品目中。例如进出口时各零部件未组装的自行车，如果组装起来却缺少坐垫，这种未组装的不完整自行车仍然按完整自行车归类。

需要指出的是，上述规则二（一）的规定一般不适用于第一类至第六类所包括的货品，即该规则主要适用于第三十九章及以后各章的货品。

规则二（二）则是有条件地将该品目货品的组合物或混合物也归入该品目中，这里具体也包括三层含义：

（1）品目所提到的某种材料或物质，应包括该种材料或物质与其他材料或物质的混合品或组合品，但这种混合品或组合品不能因添加了其他材料或物质而失去品目条文所列货品的特征。例如加碘的食用盐，这种混合物并未实质性改变食用盐的基本特征，不会产生是不是盐的疑问，因此仍应按盐归入相应品目。

（2）品目所列出的由某种材料或物质制成的货品，应包括部分或全部由该种材料或物质制成的货品。对于部分由该种材料或物质制成的货品，不能因添加了其他材料或物质而失去了品目条文所列货品的特征。例如品目53.09的亚麻机织物既包括全部由亚麻制成的机织物，也包括主要由亚麻并含有部分其他纺织材料制成的机织物。又如涂有石蜡的软木塞并未因涂有石蜡而改变软木塞的特性，所以仍应按软木制品归入品目45.03。

（3）对于混合品或组合品，以及由一种以上材料或物质制成的货品，如果改变了品目条文所列货品的特征，看上去可归入两个或两个以上品目的，则不能按本规则而应按规则三进行归类。

必须指出的是，规则二只有在品目条文、类注、章注无特别规定的条件下才能运用。也就是说如果规则一能够解决归类问题的货品，就不必运用规则二及其他规则去解决。

2.3　归类总规则三

当货品按规则二（二）或由于其他原因看起来可归入两个或两个以上品目时，应按以下规则归类：

（一）列名比较具体的品目，优先于列名一般的品目。但是，如果两个或两个以上品目都仅述及混合或组合货品所含的某部分材料或物质，或零售的成套货品中的某些货品,即使其中某个品目对该货品描述得更为全面、详细,这些货品在有关品目的列名应视为同样具体。

(二)混合物、不同材料构成或不同部件组成的组合物以及零售的成套货品,如果不能按照规则三(一)归类时,在本款可适用的条件下,应按构成货品基本特征的材料或部件归类。

(三)货品不能按照规则三(一)或(二)归类时,应按号列顺序归入其可归入的最末一个品目。

规则三专用于有歧义的归类。只要按规则一和规则二不能解决的归类问题,都应先按规则三寻求正确的归类。规则三共有三种归类方法,应按规定的先后次序加以运用,其运用优先顺序为:(1)具体列名;(2)基本特征;(3)从后归类。

2.3.1 具体列名归类法

规则三(一)指出归类时列名较为具体的品目应优先于列名一般的品目。即当某种货品似乎在两个或更多的品目都涉及的情况下,应该将其归入描述得更为详细、更为接近要归类货品的品目。一般来说包括以下两种情况:

(1)同一类别货品的比较,货品的具体名称与货品的类别名称相比,货品的具体名称要具体。如机织丝制紧身胸衣是一种女内衣,有两个品目涉及到,一个是62.08所列的"女式内衣",一个是62.12所列的"紧身胸衣",显然,后者要比前者列名更具体详细,因此,女性紧身胸衣尽管也是女内衣的一种,仍应归入品目62.12而不是品目62.08。

(2)不同类别货品的比较,如果某一品目所列名称更为明确地包括某一货品,则该品目要比所列名称不完全包括该货品的其他品目更为具体。例如飞机用钢化玻璃,看起来可归入两个品目,一是按飞机零件归入品目88.03,二是按钢化玻璃归入品目70.07。但相对来说,后者要比前者描述得更为具体明确,所以该货品应归入品目70.07。

但是,运用这条标准时必须注意,用来比较的有关品目条文必须完全包括了所要归类的货品。如果两个或两个以上品目都仅述及混合或组合货品所含的某部分材料或物质,或零售成套货品中的某些货品,即使其中某个品目比其他品目对该货品描述得更为全面、详细,这些货品在有关品目的列名也应视为同样具体。也就是说在这种情况下,货品不能按具体列名的方法归类,而应按规则三(二)或(三)的规定进行归类。例如由塑料和橡胶两种材料制成的传动带,这种货品涉及两个品目,品目39.26的塑料制品和品目40.10"硫化橡胶制的传动带",由于这两个品目所列商品都不能完全包括上述传动带,所以它们的列名应视为同样具体。因此这个商品的归类,不能运用规则三(一)而应运用规则三(二)来解决。

2.3.2 基本特征归类法

规则三(二)适用于不能按以上规则归类的混合物、不同材料的组合货品、不同部件的组合货品以及零售的成套货品。这些货品如能确定构成其基本特征的材料或部件,则应按这种材料或部件归类。

这里所称"不同部件组成的组合货品",不仅包括部件相互固定组合在一起,构成实际不可分离整体的货品,还包括其部件可分离的货品,但这些部件必须是相互补充、配合使用、构成一体并且通常不单独销售的。这类组合货品的各个部件一般都装于同一个包装内。

这里所称"零售的成套货品",必须同时符合以下三个条件:(1)由至少两种看起来可归入不同品目的不同货品构成;(2)为了适应某种需要或开展某项专门活动而将这几种货品包装在一起,其用途是互相补充、配合使用的;(3)其包装形式适于直接销售给用户而货物无需重新包装,即零售包装。

例如一包装有一团速食面和一小包调味料的方便面,构成其基本特征的应是速食面而不是调味料,因此这种方便面应按面食归入品目19.02,而不应按调味品归入品目21.03。

又如由50%的大麦(品目10.03)、30%的玉米(品目10.05)和20%的稻谷(品目10.06)组成的混合物,由于大麦比重最大,构成该混合物的基本特征,因此应按大麦归入品目10.03。

再如由一把绘图尺(品目90.17)、绘图圆规(品目90.17)、一枝铅笔(品目96.09)和一把铅笔刀(品目82.14)装在一个塑料盒子(品目42.02)中用于零售的成套绘图器具,由于绘图尺构成这套器具的基本特征,所以应按绘图器具归入品目90.17。

需要指出的是,规则三(二)不适用于组件分别包装的货品,不论它们是否装入一个共同包装内。本规则也不适用于不论是否供零售的包装在一起的混合产品,例如一个礼品盒内装有一瓶威士忌酒(品目 22.08)、一瓶葡萄酒(品目 22.04)以及一块电子表(品目 91.02),由于这种零售的成套货品不符合规则三(二)基本特征归类法的条件,因此应将每种货品分别归入各自的品目中。

2.3.3 从后归类方法

规则三(三)指出,货品如果按规则三(一)或(二)都不能解决的归类问题,则应根据规则三(三)按号列顺序归入其可归入的最后一个品目。

例如由 40%的猪肉、40%的鱼肉、15%的面粉及 5%的其他调料混合制成的肉丸,由于猪肉和鱼肉比重相等,无法判断构成肉丸基本特征的材料,所以应按规则三(三)从后归入品目 16.04 中。

再如铜、锌各占 50%的铜锌合金管材,如果按铜合金管材归类则应归入品目 74.11,而按锌合金管材归类则应归入品目 79.07,由于铜、锌两种元素的比重相同,所以应按从后归类原则归入品目 79.07。

需要指出的是,规则三只有在品目条文、类注、章注无其他规定的条件下才能运用。如果品目条文、类注或章注有专门规定,则直接按这些规定归类,而不必运用规则三。例如由缝衣针、线、小剪刀、纽扣等货品组成的零售成套旅行用针线包,由于品目 96.05 条文中有具体列名,所以不必运用规则三就可直接归入品目 96.05。又如大清国龙票,既可归入品目 97.04,又可归入品目 97.06,但是根据第九十七章章注四(二)的规定,既可归入品目 97.01 至 97.05 中的某一个品目,又可归入品目 97.06 的货品,不应归入品目 97.06,所以清朝发行的这种邮票不应根据规则三(三)的规定归类,而应按章注的规定归入品目 97.04。

2.4 归类总规则四

根据上述规则无法归类的货品,应归入与其最相类似的货品的品目。

规则四适用于不能按照规则一至规则三归类的货品,这些货品应归入与其最相类似货品的品目中,所以这种方法又称为最相类似归类法。由于规则一到规则三能解决绝大多数的归类问题,而且基本上《进出口税则》中的每章都设有"其他未列名货品"的品目,每个品目下基本上都设有"其他"子目,所以规则四极其罕用。

在按照规则四归类时,必须将进出口的货品与类似货品加以比较,以确定其与哪种货品最相类似,然后将该货品归入与其最相类似货品的同一品目。当然,所谓"类似"要看许多因素,包括货品名称、特征、用途等。

2.5　归类总规则五

> 除上述规则外,本规则适用于下列货品的归类:
>
> (一)制成特殊形状仅适用于盛装某个或某套物品并适合长期使用的照相机套、乐器盒、枪套、绘图仪器盒、项链盒及类似容器,如果与所装物品同时进口或出口,并通常与所装物品一同出售的,应与所装物品一并归类。但本款不适用于本身构成整个货品基本特征的容器。
>
> (二)除规则五(一)规定的以外,与所装货品同时进口或出口的包装材料或包装容器,如果通常是用来包装这类货品的,应与所装货品一并归类。但明显可重复使用的包装材料和包装容器可不受本款限制。

规则五是关于包装容器和包装材料归类的专门规定,它是由原 CCCN 中有关包装容器和包装材料的品目条文等集中归纳而成的。

2.5.1　适合供长期使用的特制箱、盒及类似包装容器的归类

规则五(一)主要适用于特制的适合供长期使用的箱、盒等非简单包装容器的归类。这些容器必须同时符合下列条件:(1)必须制成特殊形状或形式,专门盛装某一物品或某套物品的,即专门按所要盛装的物品进行设计的。(2)必须适合长期使用,即容器的使用期限与所盛装的物品的使用期限是相称的。在物品不使用期间,这些容器还能起到保护物品的作用。(3)必须与所包装的物品同时进出口,不论其是否为了运输方便而与所装物品分开包装。(4)通常情况下是与所装物品一同出售的。(5)包装容器本身并不构成整个货品的基本特征。也就

是说容器本身只是物品的包装物,无论是从价值或是从作用来看,它们都是附属于物品的。

例如内装镶嵌钻石铂金戒指的首饰盒应按铂金戒指归入品目 71.13。又如内装小提琴的提琴箱应按小提琴这种乐器归入品目 92.02。而本身构成货品基本特征的容器不适用本款规则,例如装有茶叶的银质茶叶罐,银罐本身价值昂贵,已构成整个货品的基本特征,因此应按银制品归入品目 71.14。

2.5.2　一般无法重复使用的简单包装材料及包装容器的归类

规则五(二)是对规则五(一)的补充,适用于明显不能重复使用的包装材料和包装容器。这些材料和容器通常是货品的一次性包装物,在向海关报验时,它们必须是包装着货品的。当货品开拆后,包装材料和容器一般不能够再作原用途使用。例如装着玻璃器皿的纸板箱,应与所装的玻璃器皿一同归类。又如内装电视机的纸箱,应按电视机归入品目 85.28,而不是按纸箱归入品目 48.19。但对于明显可以重复使用但又不属于规则五(一)所述的包装材料或包装容器,就不能按此规则归类,例如内装液化气体的钢铁容器,就不能按液化气体而应按钢铁制品归入品目 73.11。

2.6　归类总规则六

> 货品在某一品目项下各子目的法定归类,应按子目条文或有关的子目注释以及以上各条规则来确定,但子目的比较只能在同一数级上进行。除本税则目录条文另有规定的以外,有关的类注、章注也适用于本规则。

规则六是专门针对品目项下子目的归类而作出的规定。在我国《进出口税则》中,税则号列的前四位数码称为品目,后四位数码称为子目,子目又可分为四级,即第五位数为一级子目(又称一杠子目,因为在货品名称栏中用一小横杠表示,下同),第六位数为二级子目(又称二杠子目),第七位数为三级子目(又称三杠子目),第八位数为四级子目(又称四杠子目),其中前六位数码是 HS 的法定编码,对参加《商品名称及编码协调制度的国际公约》的缔约国具有法律约束力,而最后两位数码是我国增加的子目,只在我国具有法律效力。

规则六包括以下几层含义:

(1)货品在子目层面归类的法律依据是子目条文或有关的子目注释,在子目条文或子目注释没有专门规定的情况下,可按类注或章注以及归类总规则一至五的规定归类。因此,当某一货品确定了其应归入某个品目后,要归入该品目项下某一子目时,其依据首先是该品目项下的子目条文或子目注释,其次才是类注、章注或其他归类规则。

(2)子目的比较只能在同一数级上进行,即子目的归类必须遵循同级比较的原则。当按照规则三(一)的规定考虑某一货品在同一品目项下的两个及两个以上一级子目的归类时,只能依据有关的一级子目条文来确定哪个一级子目所列名称更为具体或更为类似。只有确定了哪个一级子目列名更为具体后,而且该子目项下又再细分出二级子目,只能在这种情况下,才能根据有关二级子目条文考虑货品应归入这些二级子目中的哪个子目。三级子目和四级子目的归类依此类推。简言之,归类时,应首先考虑归入哪个品目,其次是该品目项下的哪个一级子目,然后才是该一级子目项下的二级子目,依次类推。而不能对分属于不同品目的子目进行比较,更不能对分属于不同章或不同类的子目进行比较。

(3)当类注或章注与子目条文或子目注释不相一致时,品目的归类应依据类注、章注或品目条文,而子目的归类应依据子目条文或子目注释。例如第七十一章章注四(二)所规定"铂"的范围就与该章子目注释二所规定"铂"的范围不相同,因此,铂金属在归类时,应先按第七十一章章注四(二)的规定将其归入品目 71.10,而在归入子目时应根据该章子目注释二的规定将其归入子目 7110.11 或子目 7110.19。

(4)下一级子目的货品范围不得超过其上一级子目的货品范围。也就是说四级子目的货品总和不得超出其所属的三级子目的货品范围,三级子目的货品总和也不得超出其所属的二级子目的货品范围,依此类推,二级子目的货品总和不得超出其所属的一级子目的货品范围,一级子目的货品总和则不得超出其所属的品目的货品范围。

例如羽毛球拍,归类时应按运动用品先确定归入第九十五章,再按一般体育运动或户外游戏用品确定归入该章品目 95.06,然后根据归类总规则六的规定,将其归入子目 9506.5900 中。

归类总规则对于正确归类是极其重要的。但是,仅仅熟练掌握归类总规则,而不熟练掌握各章的结构及类章的归类规则,不熟练掌握商品知识特别是作为归类要点的商品知识,则仍然不能做到正确归类。

习题 2

1. 如何理解归类总规则二、归类总规则三和归类总规则六？
2. 将以下货品归入我国进出口商品八位数编码中：

   (1) 观赏用活金鱼

   (2) 女式针织文胸，材质按重量计棉占 90％，氨纶占 10％

   (3) 新鲜的未炼制的猪脂肪

   (4) 缺少一个车轮的小轿车，气缸容量为 2 400 毫升，装有汽油发动机

   (5) 装在纸箱中的一套山地自行车拆散件，不缺任何零件

   (6) 已剪成手套形状的机织纯棉布

   (7) 轿车用玻璃后视镜(已镶框)

   (8) 成套的理发工具，由一个电动的理发推剪、一把木梳、一把剪刀、一把刷子组成，装于一个塑料盒中

   (9) 冻的鸡翼尖

   (10) 硫化橡胶制的汽车发动机传动带，梯形截面环形带，V 形肋状，外周长为 100 厘米

   (11) 小汽车专用皮革座椅

   (12) 50％的燕麦与 50％的荞麦混合物，供食用

   (13) 内装小提琴的皮革作面乐器盒

   (14) 内装针织印花棉制床单的纸盒

   (15) 装液化天然气的零售用钢瓶

   (16) 液态人造黄油

   (17) 浴巾，其中涤纶占 50％，粘胶纤维占 20％，棉占 30％

   (18) 粉末状铱金属

   (19) 供食用的活海螺

   (20) 未加工的牛尾毛

3 第一类 活动物；动物产品

3.1 本类概况

根据归类总规则一和六的规定，类、章及分章的标题，仅为查找方便而设；具有法律效力的归类，应按品目子目条文、有关类注或章注、子目注释以及归类总规则来确定。即类、章及分章的标题对商品归类并不具有法律效力，所以并不是所有的活动物和动物产品都归入第一类。实际上有一些活动物并不归入本类，例如归入第六类的培养微生物及其他产品、归入第二十类的流动马戏团、（流动）动物园或其他类似巡回展出用的动物；还有更多的动物产品也不归入本类，例如第三类、第四类、第六类、第八类、第十一类、第十二类、第十四类等涉及的动物产品。

本类共有5章，除极少数特例外，包括各种活动物以及经过有限度的一些简单加工的动物产品，其中活动物归入第一章、第三章，经简单加工可食用的动物产品主要归入第二章至第四章，经简单加工的不可食用的动物产品主要归入第五章。归入本类的各种活动物和动物产品，除条文另有规定的以外，都包括动物的幼仔。

本类活动物、动物产品的贮存方式和加工程度主要限于活、鲜、冷、冻、干、熏、盐腌或盐渍、细粉、粗粉等，更进一步加工的动物产品主要归入第十六章。但也有一些例外会超出简单加工的范围，在归类时应特别注意这些例外。

本类共有两条类注，规定本类动物的范围包括其幼仔，同时规定了归类时干产品的范围。

3.2 第一章 活 动 物

3.2.1 本章结构

本章共1条章注、6个品目。基本上是按牲畜到家禽再到其他动物、由常见动物到不常见动物、由大型动物到小型动物的顺序排列品目。

本章包括所有活的动物及其幼仔,不论是否食用或其他用途,也不论是否经过阉割,但以下活动物归入其他章:

(1) 各种活鱼(品目03.01);

(2) 活的甲壳动物(品目03.06);

(3) 活的软体动物(品目03.07);

(4) 活的其他水生无脊椎动物(品目03.08);

(5) 培养微生物及其他产品(品目30.02);

(6) 流动马戏团、动物园或其他类似巡回展出用的活动物(品目95.08)。

3.2.2 本章归类要点

除上述不归入本章的活动物以外,本章归类还需要注意以下几点:

(1) 运输途中死亡的动物不归入本章,而应按其鲜度是否适合供人食用分别归入第二章或第五章。适合供人食用的,按动物种类分别归入品目02.01至品目02.05、品目02.07或品目02.08,不适合供人食用的则归入品目05.11。

(2) 有一些水生活动物也归入本章而不要误归入第三章,例如鲸、海豚、海豹、海狮、海象等水生哺乳动物,以及可在水中生活的龟、鳖、蛙、鳄鱼等活动物。

(3) 品目01.05仅包括列名的五种活家禽,野禽和其他禽类归入品目01.06。品目01.01至品目01.04中的活动物则既包括畜养的,也包括野生的列名活动物。

(4) 品目01.06所称的其他活动物包括:①哺乳动物,例如猿、猴等灵长目哺乳动物,鲸、海豚等水生哺乳动物,驯鹿、猫、狗、狮、虎、熊、象、骆驼、斑马、家兔、野兔、鹿、羚羊、狐、貂及其他饲养的毛皮动物等其他哺乳动物;②爬行动物,例如蛇、龟、鳖、鳄鱼、蜥蜴等;③鸟类动物,例如雕、鹰、秃鹫等猛禽,鹦鹉等鹦形目鸟类,鹧鸪、野鸡、鹌鹑、鸽、野鸭、大雁、乌鸦、云雀、燕雀、山雀、蜂鸟、孔雀、天鹅及品目 01.05 未列名的其他禽鸟;④蜂等昆虫;⑤蛙等其他活动物。

3.2.3　历年报关员资格全国统一考试中的本章归类题

1. 供食用的活珍珠鸡(重量大于 2 千克)(2002 年考题)　　　　0105.9993
归类说明:活动物应归入第一章,珍珠鸡属于家禽,不是第一章章注中列明排除的动物,根据归类总规则一,按税目条文归入本章编码 0105.9993。

3.3　第二章　肉及食用杂碎

3.3.1　本章结构

本章共 1 条章注、10 个品目。基本上是按牲畜肉、杂碎到家禽肉、杂碎再到其他动物肉、杂碎,由鲜、冷、冻贮存方式再到干、熏、盐腌或盐渍、细粉、粗粉等加工方式的顺序排列品目。

本章主要包括适合供人食用的第一章所列动物的肉及食用杂碎,以及不论是否供人食用的未炼制的不带瘦肉的肥猪肉、猪脂肪和家禽脂肪。此外还包括供人食用的肉及食用杂碎的粗粉或细粉。一般而言,归入本章的动物产品其加工程度仅限于鲜、冷、冻、干制、熏制、盐腌、盐渍、面上撒糖或糖水的。如果超出此范围的加工,例如经过蒸、煮、煎、烧、炸、烤等烹饪方法加工的,一般归入第四类第十六章。但是不论是否经过烹煮的供人食用的肉及食用杂碎的粗粉或细粉,均归入本章。

3.3.2　本章归类要点

除上述动物产品外,本章归类还应注意以下几点:

（1）杂碎是指动物的头、脚、尾、心、舌、皮、动物内脏等。符合本章加工程度的食用杂碎一般归入本章,但不论是否供人食用的动物的肠、膀胱、胃一般归入品目 05.04、动物血归入品目 05.11 或品目 30.02。

（2）不适合供人食用的肉及杂碎一般归入品目 05.11,不适合供人食用的肉及杂碎的细粉、粗粉和团粒归入品目 23.01,可供食用的肉及杂碎的细粉、粗粉归入本章品目 02.10。用于配制药品仅限经过简单加工的动物腺体及其他动物产品归入品目 05.10。

（3）未炼制的不带瘦肉的肥猪肉、猪脂肪和家禽脂肪,不论是否供人食用均归入品目 02.09,超出此范围的动物脂肪则归入第十五章。

（4）供食用的动物生皮归入本章。但制革用的动物皮张归入第八类第四十一章或第四十三章。制革过程中产生的生皮边角废料归入品目 05.11。

（5）不论是否烹煮过的香肠及类似产品应归入品目 16.01。但盐腌、干制或熏制的肉(例如,熏腌肉、火腿),如果未经剁碎或绞碎并加有其他配料就灌入肠衣内,则应归入本章品目 02.10。

（6）鱼肉、甲壳动物、软体动物和其他水生无脊椎动物的肉、杂碎,适合供人食用的(包括鱼肝、鱼卵、鱼鳍、鱼头、鱼尾、鱼鳔等)归入第三章;不适合供人食用的归入品目 05.11。这些动物肉及杂碎的粉、粒,适合供人食用的归入第三章;不适合供人食用的归入品目 23.01。

3.3.3　历年报关员资格全国统一考试中的本章归类题

1. 冻整鸡(1998 年下半年考题)　　　　　　　　　　　　　　　0207.1200

归类说明:冻整鸡是可供食用的家禽肉,不属于第二章章注中列明排除的货品,应根据归类总规则一,按品目条文归入第二章,并注意区分冷藏和冻藏,归入子目 0207.1200。

2. 鲜整头乳猪肉(重量不足 10 千克)(2000 年考题)　　　　　　0203.1110

归类说明:根据类注一,作为动物幼仔的乳猪也应归入本类,而鲜乳猪肉是可供食用的动物肉,不属于第二章章注中列明排除的货品,应根据归类总规则一,按品目条文归入第二章,并按猪肉的存在形态归入子目 0203.1110。

3. 装入肠衣的熏腌牛肉,未经绞碎、未经调味,供食用(2001 年考题)

0210.2000

归类说明:本题容易误按香肠归入品目 16.01。但是品目 16.01 的香肠及类似品是指将剁碎或绞碎的肉或食用杂碎,加入调味料等配料,灌入肠衣内制成的食品。由于本题中的牛肉未经绞碎也未加调味料等配料即装入肠衣,只是一种简单加工的贮存方法而已,所以仍应按第二章的动物肉归入编码 0210.2000。

4. 干的猪蹄筋,500 克/袋(2009 年考题)　　　　　　　　　　　　0210.9900

归类说明:蹄筋属于可食用的动物杂碎,干的猪蹄筋应归入第二章。根据品目条文和子目条文的规定,本题货品应归入编码 0210.9900。

5. 牛尾,经去毛、清洗、切块,包装成 1 千克/袋并冷冻至 -10 ℃以下保藏(2013 年考题)　　　　　　　　　　　　　　　　　　　　　　0206.2900

归类说明:牛尾是可供食用的牛杂碎,本题中的牛尾属于冷冻状态未经复杂加工的产品,根据归类总规则一和六,应归入编码 0206.2900。

3.4　第三章　鱼、甲壳动物、软体动物及其他水生无脊椎动物

3.4.1　本章结构

本章共 2 条章注、8 个品目。基本上是按鱼到甲壳动物再到软体动物,由活、鲜、冷、冻的存在方式再到干、盐腌或盐渍、熏制、细粉、粗粉、团粒等加工方式的顺序排列品目。

本章主要包括各种活的或死的鱼、甲壳动物、软体动物及其他水生无脊椎动物。这些动物可供直接食用、工业用、产卵用或观赏用。但不包括因其种类或鲜度不适合供人食用的前述死动物(归入第五章)。

本章产品允许的加工程度仅限于活、鲜、冷、冻、干、盐腌、盐渍、熏制的,以及不论是否经过烹煮的适合供人食用的细粉、粗粉和团粒(品目 03.05、品目 03.06、品目 03.07 或品目 03.08)。此外不论是否烹煮的熏鱼(品目 03.05),不论是否烹煮的熏制的带壳或去壳甲壳动物(品目 03.06),蒸过或用水煮过的带壳甲壳动物(品目 03.06),不论是否烹煮的熏制的带壳或去壳软体动物(品目 03.07),不论是否烹煮的熏制的其他水生无脊椎动物(品目 03.08)也归入本章。超出这些加工范围,如果经过蒸、煮、煎、烧、炸、烤等烹饪方法或其他方法加工的,一般归入第四类第十六章。

3.4.2　本章归类要点

除上述动物产品外,本章归类还应注意以下几点:

(1) 本章不包括活的水生哺乳动物和其他一些能在水中生活的活动物(归入第一章);也不包括可供人食用的这些动物的肉(归入第二章)。

(2) 甲壳动物的主要种类是蟹、龙虾、大螯虾、淡水小龙虾、河虾及对虾。软体动物的主要品种是牡蛎(蚝)、海扇、贻贝、蚌、蛤、螺、鲍鱼、墨鱼、鱿鱼、章鱼及蜗牛;其他水生无脊椎动物的主要品种是海胆、海参、海蜇及沙蚕。另外可作中药用的海龙和海马属于鱼类动物,即使是干制的,也归入本章(品目 03.05)。

(3) 关于鱼肝和鱼卵的归类:适合供人食用的鲜、冷、冻、干、盐腌、盐渍的鱼肝和鱼卵归入本章(第三章),不适合供人食用的归入品目 05.11;经其他方法制作或保藏的食用鱼卵、鲟鱼子酱及用鱼卵制成的鲟鱼子酱代用品归入品目16.04。

(4) 鱼鳍、鱼头、鱼尾、鱼鳔及其他可食用的鱼杂碎,仍归入本章,但不适合供人食用的鱼杂碎,应归入品目 05.11。

(5) 不论是否用烹煮过的鱼、甲壳动物、软体动物或其他水生无脊椎动物制得的细粉、粗粉及团粒,适合供人食用的应分别归入本章品目 03.05、品目 03.06、品目 03.07 及品目 03.08;不适合供人食用的这些动物的粉、粒入品目 23.01。

(6) 归入本章的甲壳动物和软体动物可以是带壳或去壳的,只要符合品目03.06 和品目 03.07 规定的加工状态。其中不论是否烹煮的熏制的带壳或去壳甲壳动物、蒸过或用水煮过的带壳甲壳动物归入品目 03.06,不论是否烹煮的熏制的带壳或去壳软体动物归入品目 03.07,不论是否烹煮的熏制的其他水生无脊椎动物归入 03.08。但蒸过或用水煮过的去壳甲壳动物、蒸过或用水煮过的无论是带壳的还是去壳的软体动物,以及蒸过或用水煮过的其他水生无脊椎动物,只要不属于熏制的,均归入品目 16.05。

3.4.3　历年报关员资格全国统一考试中的本章归类题

1. **盐渍海蜇**(1998 年下半年考题)　　　　　　　　　　　　　　0308.3090

归类说明:海蜇是可供食用的水生无脊椎动物,不属于第三章章注中列明排除的货品,应根据归类总规则一,按税目条文归入第三章编码0308.3090。

2. 冻小虾仁(1999年上半年考题)　　　　　　　　　　　0306.1711

归类说明:虾仁是可供食用的去壳的甲壳动物肉,不属于第三章章注中列明排除的货品,应根据归类总规则一,按品目条文归入第三章,并注意区分冻藏和未冻藏,归入子目0306.1711。

3. 冷藏大麻哈鱼(1999年下半年考题)　　　　　　　　　0302.1300

归类说明:大麻哈鱼是可供食用的鲑科鱼类,不属于第三章章注中列明排除的货品,应根据归类总规则一,并注意区分冷藏和冻藏,按税目条文归入第三章编码0302.1300。

4. 冷藏的中华绒螯蟹(2005年考题)　　　　　　　　　　0306.2491

归类说明:中华绒螯蟹是可供食用的甲壳动物,不属于第三章章注中列明排除的货品,应根据归类总规则一,按品目条文归入第三章,并注意区分冷藏和冻藏,归入子目0306.2491。

5. 活的淡水小龙虾(2006年考题)　　　　　　　　　　　0306.2990

归类说明:活的淡水小龙虾是一种活的甲壳动物,根据第一章章注的规定,活的甲壳动物应归入第三章品目03.06。考虑到本题货品的贮存状态(活的,属于未冻的)、种类(淡水小龙虾,不属龙虾或小虾)和用途(非种苗),根据子目条文的规定,应将其归入编码0306.2990。

6. 活的海参(供食用)(2010年考题)　　　　　　　　　　0308.1190

归类说明:海参属于除甲壳动物和软体动物以外的其他水生无脊椎动物,根据第一章章注的规定,活的其他水生无脊椎动物应归入品目03.08。根据品目条文和子目条文,本题货品应归入编码0308.1190。

7. 黑线鳕鱼片,用盐腌制后晒干(2011年考题)　　　　　0305.3200

归类说明:黑线鳕鱼属于鳕科鱼类,根据其加工程度,应将其归入第三章品目03.05。根据品目条文和子目条文的规定,本题货品应归入编码0305.3200。

8. 牡蛎,活的,供食用(2012年考题)　　　　　　　　　　0307.1190

归类说明:牡蛎是一种可供食用的软体动物,根据归类总规则一和六,以及第一章章注,活的牡蛎应归入编码0307.1190。

9. 烟熏银大麻哈鱼,生的,冻藏(2013年考题)　　　　　0305.4120

归类说明:银大麻哈鱼是一种可供食用的鱼类。根据本题中鱼的加工状态,依据归类总规则一和六,应归入有具体列名的编码0305.4120。

3.5 第四章 乳品；蛋品；天然蜂蜜；其他食用动物产品

3.5.1 本章结构

本章共有 4 条章注、2 条子目注释、10 个品目。基本上是按照乳及乳品、禽蛋、天然蜂蜜、其他未列名产品的顺序排列品目的。

本章主要包括乳品（全脂乳、半脱脂或全脱脂的乳，奶油，酸乳及其他发酵的乳，乳清，黄油，乳酱，乳酪及凝乳等）、禽蛋及蛋黄、天然蜂蜜和未列名食用动物产品。归入本章的商品，其加工程度不得超出各个品目所列范围。其中不论是否浓缩、加糖或其他甜物质的乳品，不论是否煮过的带壳禽蛋，以及不论是否蒸过或水煮的去壳禽蛋及蛋黄，均归入本章。

3.5.2 本章归类要点

本章货品归类时应注意以下几点：

（1）本章不包括：按重量计乳糖含量超过 95％ 的乳清制品（品目 17.02）；以乳品为基本成分的食品（主要归入品目 19.01）；蛋白类物质，如白蛋白（品目 35.02）、球蛋白（品目 35.04）、酪蛋白（品目 35.01）、乳清蛋白（品目 35.02）及硬化蛋白（品目 39.13）。

（2）品目 04.05 包括天然黄油，也包括脱水黄油、印度酥油、再凝固黄油、酸败黄油及分离黄油脂。但子目 0405.10 所称"黄油"，不包括脱水黄油和印度酥油（应归入子目 0405.90）。而人造黄油则归入品目 15.17。

（3）品目 04.07 和品目 04.08 的禽蛋，既包括家禽蛋，也包括野禽蛋和其他禽类蛋。但不包括可供食用的其他动物蛋，如鳖或海龟蛋（品目 04.10）。

（4）品目 04.09 包括蜜蜂或其他昆虫所产的蜂蜜，但不包括人造蜜，以及天然蜜和人造蜜的混合制品（品目 17.02），也不包括加蜂王浆的天然蜂蜜（品目 21.06）。

（5）鲜蜂王浆和鲜蜂王浆粉归入品目 04.10，进一步加工得到的蜂王浆制剂归入品目 21.06。

3.5.3　历年报关员资格全国统一考试中的本章归类题

1. "达能"草莓果粒酸奶,125 克/瓶(2007 年考题)　　　　0403.1000

归类说明:酸奶作为一种动物乳产品,应归入第四章。根据归类总规则一,查该章品目条文,加有水果颗粒的酸奶应归入品目 04.03。再根据子目条文的规定,本题货品应归入编码 0403.1000。

2. 全脂奶粉(脂肪含量 23%),未加糖,450 克/袋(2008 年考题)　　0402.2100

归类说明:全脂奶粉,是粉状的浓缩乳,应归入第四章品目 04.02。考虑到全脂奶粉的形状(粉状)、脂肪含量(23%)以及是否加糖(未加糖),根据子目条文的规定,应将本题货品归入编码 0402.2100。

3.6　第五章　其他动物产品

3.6.1　本章结构

本章共 4 条章注、9 个品目,其中原品目 05.03 和品目 05.09 已被删除,从而使本章品目编码不连续。本章基本上是按人发、畜毛、动物杂碎、羽毛、畜骨、兽牙、动物壳、药用动物腺体、其他未列名不供人食用的动物产品的顺序排列品目的。

本章包括各种未经加工或仅经简单加工的动物产品。除品目 05.04 某些动物的肠、膀胱及胃、品目 05.11 的动物血以外,归入本章的动物产品一般不能供人食用,而且其他章也不包括它们。

3.6.2　本章归类要点

本章货品归类时应注意以下几点:

(1)未经加工或仅经简单加工的食用动物产品(整个或切块的动物肠、膀胱和胃以及液态或干制的动物血除外)主要归入第二章至第四章。

（2）除品目05.05的货品及品目05.11的生皮或毛皮的边角废料仍归入本章外,工业用的动物生皮或毛皮归入第四十一章、第四十三章;未烹煮的食用动物皮归入第二章、鱼皮归入第三章,已烹煮的动物皮则归入第十六章。

（3）除马毛及废马毛以外的动物纺织原料(例如蚕丝、羊毛)归入第十一类第五十章或第五十一章。

（4）供制帚、制刷用的成束、成簇的动物材料归入品目96.03。

（5）目录所称的"马毛",包括马科、牛科动物的鬃毛和尾毛。

（6）天然或养殖珍珠归入第七十一章。

（7）品目05.04包括整个或切块的动物肠、膀胱及胃,不论其是否适合供人食用,其贮存方式仅限于鲜、冷、冻、干、熏、盐腌或盐渍。但鱼的此类杂碎应归入第三章相应品目(供食用的)或第五章品目05.11(不适合供食用的)。

（8）品目05.11主要包括:马毛;天然海绵;动物精液;动物胚胎;液态或干制的动物血,不论是否可供食用;胭脂虫及类似昆虫;不能食用的鱼卵;蚕卵;蚁卵;生皮或皮张的边角料及类似废料;死的不供人食用的第一章或第三章所列动物及其不适合供人食用的肉或杂碎等。

3.6.3   历年报关员资格全国统一考试中的本章归类题

1. 猴枣(2001年考题)   0510.0010

归类说明:猴枣是猴科动物的胃胆结石,具有清热、解毒、消肿的功能,通常与牛黄、马宝等作为中药用的动物体内结石称为黄药。药用动物产品,不属于第五章章注中列明排除的货品,应按税目条文归入第五章编码0510.0010。

习题 3

将以下货品归入我国进出口商品八位数编码中:

（1）供食用的活甲鱼,重1千克

（2）食用活大闸蟹

（3）流动马戏团表演用的活猩猩

（4）食用活泥鳅

（5）冷藏的牛百叶,供食用

（6）未经炼制的新鲜牛脂肪

（7）冷藏供食用的液状鸭血

（8）食用鲜鸡爪

（9）干海马

（10）食用活沙蚕

（11）烹煮后熏制的鳗鱼

（12）水煮后冷藏的带壳北方长额虾

（13）水煮后冷冻的小虾仁（密封塑料袋装）

（14）经水煮后熏制的带壳花蛤

（15）脱水黄油

（16）鲜的鹌鹑蛋

（17）供食用的鲜甲鱼蛋

（18）冷冻的鸭肫

（19）犀角粉末

（20）供入药的牛黄

4 第二类 植物产品

4.1 本类概况

本类从第六章至第十四章共 9 章内容,主要包括各种活植物以及未经加工,或仅经过有限的简单加工的植物产品,包括活植物、食用植物产品和非食用植物产品三部分。其中活植物主要归入第六章,未经加工、或仅经过有限的简单加工的食用植物产品主要归入第七章至第十一章以及第十二章的部分品目,未经加工,或仅经过有限的简单加工的非食用植物产品主要归入第十三章和第十四章以及第十二章的部分品目。

但是也有许多植物产品不归入本类。例如第三类、第四类、第六类、第七类、第九类、第十类、第十一类、第十二类、第二十类等都有一些品目涉及植物产品。归入本类的植物产品与归入其他类的植物产品,主要也是根据加工程度来区分的。例如,鲜、冷、冻、干或临时保藏的食用蔬菜、食用水果主要归入本类,超出此加工程度的食品一般归入第四类的第二十章。

本类有一条类注,对"团粒"作出了规定。

4.2 第六章 活树及其他活植物;鳞茎、根及类似品;插花及装饰用簇叶

4.2.1 本章结构

本章共 2 条章注、4 个品目。基本上按植物根茎、活植物、插花、装饰用植物枝叶的顺序排列品目。

本章包括由苗圃、园林或花店供应的适于种植或装饰用的各种活植物(包括植物秧苗),以及菊苣植物及其根。还包括装饰用的插花和花蕾、簇叶、枝干及植物其他部分,以及花束、花圈、花篮及类似的花店制品。

4.2.2　本章归类要点

本章货品归类时应注意以下几点:

(1) 本章不包括未焙制的可作咖啡代用品的菊苣根(归入品目 12.12),也不包括某些块茎、鳞茎,如马铃薯、洋葱、青葱、大蒜及其他第七章的植物产品,植物种子和水果也不归入本章(主要归入本类其他章)。

(2) 关于菊苣植物的归类:主要供种植用的菊苣植物及其根归入品目 06.01;未经加工或仅经有限的简单加工的食用菊苣归入第七章;未焙制的可作咖啡代用品的菊苣根归入品目 12.12;用菊苣根制成的含咖啡的咖啡代用品归入品目 09.01;用菊苣根制成的不含咖啡的咖啡代用品归入品目 21.01。

(3) 品目 06.03 和品目 06.04 的各种货品,包括全部或部分用这些货品制成的花束、花篮、花圈及类似品,不论是否有其他材料制成的附件。但这些货品不包括品目 97.01 的拼贴画或类似的装饰板。

(4) 主要用作香料、药料、杀虫、杀菌或类似用途的花、花瓣及蓓蕾、植物枝叶不归入本章,而应归入品目 12.11。

(5) 明显不适合再栽种(例如根被锯除或根被沸水灼死)的天然圣诞树归入本章品目 06.04。

4.2.3　历年报关员资格全国统一考试中的本章归类题

1. 天然圣诞树(未经装饰)(2002 年考题)　　　　　　　　　　　0604.2090

归类说明:未装饰的天然圣诞树不能作为圣诞节用品归入第九十五章品目 95.05,因为它不具有明显节日用品特征。作为装饰用的但迄未装饰的天然圣诞树应根据归类总规则一,按品目条文归入本章编码 0604.2090。

4.3   第七章   食用蔬菜、根及块茎

4.3.1   本章结构

本章共 4 条章注、14 个品目。基本上是按鲜或冷藏的蔬菜、冷冻的蔬菜、暂时保藏的蔬菜、干蔬菜的顺序以及先食用蔬菜后食用根茎的顺序排列品目的。

本章的食用蔬菜,其加工程度仅限于鲜、冷、冻、干或经临时保藏处理(例如,使用二氧化硫气体、盐水、亚硫酸水或其他防腐液),以及加工成某些形状(例如整个的、切块、切片、破碎或制成粉状)。除冷冻前蒸煮的蔬菜外,经进一步加工的食用蔬菜主要归入第二十章。

4.3.2   本章归类要点

本章货品在归类时应注意以下几点:

(1) 品目 07.12 包括干制的归入品目 07.01 至品目 07.11 的各种蔬菜,但下列各项除外:作蔬菜用的脱荚干豆(品目 07.13);品目 11.02 至品目 11.04 所列形状的甜玉米;马铃薯细粉、粗粉、粉末、粉片、颗粒及团粒(品目 11.05);用品目 07.13 的干豆制成的细粉、粗粉及粉末(品目 11.06);用品目 07.14 的根及块茎制成的细粉、粗粉及粉末(品目 11.06);辣椒干及辣椒粉(品目 09.04)。

(2) 归入本章的鲜或干的蔬菜,可以供食用、种用或种植(例如,马铃薯、洋葱、青葱、大蒜、豆类蔬菜)。但本章不包括移植用的蔬菜秧(归入品目 06.02)。

(3) 本章还不包括:食用海草及其他海藻(品目 12.12);有时也用于烹饪的某些草本植物(例如,薄荷、芸香等)(品目 12.11);甜菜叶或胡萝卜叶(品目 23.08)。

(4) 有时作为水果对待的番茄、黄瓜、萝卜及胡萝卜、甘薯、油橄榄也归入本章;鲜、冷、冻、临时保藏的辣椒归入本章,但辣椒干及辣椒粉归入品目 09.04;有时作调味香料对待的洋葱、青葱、大蒜、韭葱等葱属蔬菜归入本章,但生姜、姜黄

等归入第九章;豌豆、鹰嘴豆、豇豆、菜豆、扁豆、蚕豆等豆类蔬菜归入本章,但大豆归入品目 12.01;甜玉米归入本章,但玉米归入第十章。

（5）本章产品一般不能经过蒸煮,但冷冻的蔬菜除外。即不论是否蒸煮的冷冻蔬菜,仍然归入本章品目 07.10。

（6）本章所称的蘑菇及块菌主要包括以下货品:白蘑菇(伞菌属蘑菇)、木耳(黑木耳)、银耳(白木耳)、香菇、金针菇、草菇、平菇、茶树菇、猴头菇、松茸、口蘑、块菌、牛肝菌、羊肚菌、鲍鱼菇、竹荪等。

4.3.3　历年报关员资格全国统一考试中的本章归类题

1. 冷冻的煮熟甜玉米粒,塑胶袋装（2001 年考题）　　　　0710.4000

归类说明:甜玉米是一种蔬菜型玉米,煮熟的甜玉米粒似乎可以归入第二十章品目 20.04。但是归入品目 20.04 的甜玉米粒还必须与黄油等调味料混合,或用其他更复杂的加工方法制得。根据归类总规则一,冷冻的未添加其他配料的甜玉米粒应按品目条文归入第七章编码 0710.4000。

2. 500 克袋装的干制的小白蘑菇（2004 年考题）　　　　0712.3100

归类说明:小白蘑菇是可供食用的蔬菜,属伞菌属蘑菇(可根据品目 20.03项下的子目来判断),不属于第七章章注中列明排除的货品,根据归类总规则一,按品目条文归入本章编码 0712.3100。

3. 绿豆（晒干的,非种用）,2 千克/袋（2010 年考题）　　　　0713.3190

归类说明:绿豆又名青豆、青小豆,属于豆类蔬菜中的豇豆属植物,可食用。根据其加工程度,干的蔬菜应归入第七章。查品目条文和子目条文,本题货品应归入编码 0713.3190。

4.4　第八章　食用水果及坚果;柑橘属水果或甜瓜的果皮

4.4.1　本章结构

本章共 3 条章注、14 个品目。基本上是按鲜或干的坚果及水果、冷冻的坚果及水果、暂时保藏的坚果及水果,以及符合本章规定的状态下的柑橘属水果或甜瓜的果皮的顺序排列品目的。

本章主要包括通常供人食用的水果、坚果及柑橘属果皮或甜瓜(包括西瓜)皮。它们可以是新鲜的(包括冷藏的)、冻的或干制的;也可以作不适合直接食用的暂时保藏(例如,使用二氧化硫气体、盐水、亚硫酸水或其他防腐液)。但是非供食用的坚果或水果不归入本章。

4.4.2　本章归类要点

本章货品在归类时应注意以下几点:

(1)冷藏的水果和坚果按相应的鲜果品目归类。

(2)切片、切碎、切丝、去核、捣浆、磨碎、去皮或去壳的水果及坚果归入本章,但加工成粉状的果粉应归入品目 11.06。

(3)"柑橘属水果",主要指甜的或苦的柑、橙、橘及类似的杂交柑橘、柠檬及酸橙、柚、金橘等。也包括供腌制用的小青橘及小柠檬。

(4)本章不包括:油橄榄、番茄、黄瓜等可作水果对待的蔬菜(第七章);花生及其他含油果实,主要供药用或制香料用的果实,刺槐豆、杏仁及类似果实(第十二章);可可豆(第十八章);咖啡、香草果、杜松果及其他产品(第九章)。

(5)干的椰子归入本章品目 08.01,但干的椰子肉归入品目 12.03。

(6)本章产品一般不能经过蒸煮,但冷冻的水果及坚果除外。即不论是否蒸煮的冷冻水果及坚果,以及不论是否加糖或其他甜物质的冷冻水果及坚果,仍然归入本章品目 08.11。

4.4.3　历年报关员资格全国统一考试中的本章归类题

1. 泰国产的鲜芒果(1998 年上半年考题)　　　　　　　　　　　0804.5020

归类说明:芒果是一种食用水果,不属于第八章章注中列明排除的货品,根据归类总规则一,按品目条文归入具体列名的本章编码 0804.5020。

2. 鲜脐橙(1999 年上半年考题)　　　　　　　　　　　　　　0805.1000

归类说明:脐橙是一种食用柑橘属水果,不属于第八章章注中列明排除的货品,根据归类总规则一,按品目条文归入具体列名的本章编码 0805.1000。

3.鲜水蜜桃(2000年考题) 0809.3000

归类说明:水蜜桃是一种食用桃属水果,不属于第八章章注中列明排除的货品,根据归类总规则一,按品目条文归入具体列名的本章编码0809.3000。

4.生的核桃,带壳(2012年考题) 0802.3100

归类说明:核桃是一种可供食用的坚果。根据归类总规则一和六,本题货品应归入有具体列名的编码0802.3100。

4.5　第九章　咖啡、茶、马黛茶及调味香料

4.5.1　本章结构

本章共2条章注、10个品目。基本上是按咖啡、茶、马黛茶及各种调味香料的顺序排列品目的。

本章主要包括咖啡、含咖啡的咖啡代用品、茶、马黛茶以及各种调味香料。这类产品可以是完整的,也可以是捣碎或制成粉末的。可以是单纯的,也可以是多种材料的混合物。

4.5.2　本章归类要点

本章货品在归类时应注意以下几点:

(1)品目09.04至品目09.10所列产品的混合物,如果是同一品目的两种或两种以上产品的混合物仍应归入该品目;如果是不同品目的两种或两种以上产品的混合物则应归入品目09.10。这些混合物如果添加了其他物质,只要所得的混合物保持了原产品的基本特性,其归类不受影响。基本特性已经改变的,则不应归入本章;构成混合调味品的归入品目21.03。

(2)本章不包括的产品有:归入第七章的蔬菜(例如,洋葱、青葱、大蒜、韭葱、欧芹、水芹等);芥子籽(品目12.07);芥了粉,不论是否调制(品目21.03);啤酒花(品目12.10);某些虽能用作调味香料,但多用于制造香料及药物的果实、籽仁及植物部分(例如,肉桂果、薄荷、芸香等)(品目12.11);混合调味品(品目21.03)。

（3）关于咖啡的归类：咖啡，不论是否焙炒（品目 09.01）；含咖啡的咖啡代用品（品目 09.01）；不含咖啡的焙炒咖啡代用品及浓缩精汁（品目 21.01）；含咖啡的咖啡代用品的浓缩精汁及不含咖啡的咖啡代用品的浓缩精汁（品目 21.01）；咖啡蜡（品目 15.21）；咖啡碱（品目 29.39）；咖啡精汁或浓缩物（如速溶咖啡）（品目 21.01）。

（4）辣椒干及辣椒粉作为调味香料归入本章品目 09.04，但鲜、冷、冻、暂时保藏的辣椒应作为蔬菜归入第七章相应品目。

4.5.3 历年报关员资格全国统一考试中的本章归类题

1. 肉豆蔻（未磨的）（1997 年考题）　　　　　　　　　　　　　　0908.1100

归类说明：肉豆蔻是一种既可用作调味香料也可入药的植物，因本章品目条文有具体列名而应归入编码 0908.1100。

2. 白豆蔻（未磨的）（1999 年下半年考题）　　　　　　　　　　　0908.3100

归类说明：白豆蔻又称豆蔻，其颗粒及种子常用作调味香料，因本章品目条文有具体列名而应归入编码 0908.3100。

3. 生姜（非种用，未磨的）（2000 年考题）　　　　　　　　　　　0910.1100

归类说明：姜是一种常用的调味植物，生姜是指未经烹煮等复杂加工的调味品，因本章品目条文有具体列名而应归入编码 0910.1100。

4. "龙井"绿茶，150 克塑料袋装（2005 年考题）　　　　　　　　0902.1090

归类说明：绿茶是茶树芽叶经过加热、揉捻、干燥等加工工序制成的不发酵茶。因本章品目条文有具体列名而应归入编码 0902.1090。

5. 普洱茶，净重 1 千克/包（2007 年考题）　　　　　　　　　　　0902.3020

归类说明：普洱茶是原产于云南普洱的一种发酵茶，应归入第九章。根据归类总规则一，茶应归入品目 09.02。考虑到普洱茶的种类（一种发酵茶）和净重（每包 1 千克），根据子目条文的规定，应将本题货品归入编码 0902.3020。

6. 一种印度咖喱粉，以丁香、小茴香子、芫荽子、芥末子、姜黄粉和辣椒粉等香料调配而成（2010 年考题）　　　　　　　　　　　　　　0910.9100

归类说明：本题货品主要由第九章不同品目调味香料混合而成，且其基本特性未改变。根据第九章章注一（二）的规定，应归入品目 09.10。查子目条文，本题货品应归入编码 0910.9100。

4.6　第十章　谷物

4.6.1　本章结构

本章共 2 条章注、1 条子目注释、8 个品目。基本上是按各种麦子、玉米、稻谷、高粱、其他谷物（如黑小麦）的顺序排列品目的。

本章仅包括谷物，不论是否成捆或成穗。从未成熟的谷类植物打下的带壳谷粒按普通谷粒归类，新鲜谷物不论是否适合作蔬菜用（第七章的甜玉米除外），仍归入本章有关品目。

去壳、碾磨、上光、磨光、半熟或破碎的稻米，如果未经其他加工，仍归入品目10.06。但其他谷物，如果去壳或经其他加工则不归入本章，一般归入第十一章。

4.6.2　本章归类要点

本章货品在归类时应注意以下几点：

（1）本章不包括甜玉米（归入第七章）。

（2）关于高粱的归类：食用高粱，不论是否种用（品目 10.07）；甜高粱（品目12.12）；饲料高粱及草高粱（品目 12.14）；帚用高粱（品目 14.04）；甜高粱、饲料高粱及草高粱、帚用高粱的种子（品目 12.09）。

（3）关于大麦的归类：未经加工的大麦，不论是否种用（品目 10.03）；大麦粉（第十一章或品目 23.02）；发芽大麦（麦芽），不论是否焙制（品目 11.07）；不含咖啡的烘焙大麦或麦芽（咖啡代用品）（品目 21.01）；含咖啡的烘焙大麦或麦芽（品目 09.01）；酿酒过程中从发芽麦粒分出来的麦芽废料（品目 23.03）。

（4）品目 10.06 所称的稻谷是指未脱壳的大米；籼米是水稻的一种，米粒细而长；糙米是指经机械脱壳，但仍包有一层米皮，它几乎总有少量的稻谷混杂在内；精米，又称白米，是指通过特殊的锥形滚筒已全部去皮的大米；碎米是指在加工过程中弄碎了的大米。

（5）关于麦类谷物的归类：未去壳或未经其他加工的小麦及混合麦（品目10.01）、黑麦（品目 10.02）、大麦（含青稞麦）（品目 10.03）、燕麦（品目 10.04）、荞麦（10.08）、黑小麦（品目 10.08）；麦类谷物粉（品目 11.01 至品目 11.03）、经去壳、滚压、制片等加工的麦类谷物及谷物胚芽(品目 11.04)、麦芽(品目 11.07)、麦类谷物淀粉(品目 11.08);经膨化或烘炒、预煮等加工的麦类谷物(品目 19.04)。

4.6.3　历年报关员资格全国统一考试中的本章归类题

1. 硬粒小麦(非种用的)(1999 年下半年考题)　　　　　　　　　　1001.1900

归类说明:小麦主要可分为普通小麦和硬粒小麦,应按谷物归入本章,因本章品目条文有具体列名而应归入编码 1001.1900。

2. 食用高粱(非种用,净重 50 千克)(2000 年考题)　　　　　　　1007.9000

归类说明:食用高粱是一种谷物类植物,因本章品目条文有具体列名而应归入编码 1007.9000。

4.7　第十一章　制粉工业产品;麦芽;淀粉;菊粉;面筋

4.7.1　本章结构

本章共有 3 条章注、9 个品目。基本上是按谷物细粉、粗粉、片状,马铃薯粉、干豆粉、水果及坚果粉,麦芽,淀粉,菊粉,面筋的顺序排列品目的。

本章主要包括:碾磨第十章的谷物及第七的甜玉米、干豆、部分食用植物根茎所得的产品;将第十章的谷物按本章各品目所列方法(如麦粒发芽、提取淀粉或面筋等)加工的产品;其他各章的原材料(干豆类、马铃薯、果实等)经过类似方法加工的产品。这些产品如果经过更进一步的加工,一般归入第十九章。

4.7.2　本章归类要点

本章货品在归类时应注意以下几点:

(1) 关于谷物的细粉、粗粉的归类:首先按照本章注释二(一)规定的淀粉及灰分含量标准来确定谷物粉是否归入本章,同时符合条件的归入本章,不符合条件的则归入品目 23.02。如果是归入本章,则根据本章注释二(二)规定的过筛率指标,来确定是否归入品目 11.01 或品目 11.02 以及品目 11.03 或品目

11.04,符合条件的归入品目 11.01 或品目 11.02;对于不符合条件的则归入品目 11.03 或品目 11.04。如果是归入品目 11.03 或品目 11.04,则根据本章注释三规定的过筛率指标来确定归入哪个品目,符合条件的归入品目 11.03,不符合条件的则归入品目 11.04。对于加工程度更深的麦精,谷物的细粉、粗粉、麦精制的其他品目未列名的食品则归入品目 19.01。

(2) 本章主要不包括:作咖啡代用品的烘焙麦芽(品目 09.01 或品目 21.01);谷壳(品目 12.13);谷物或豆类植物在筛、碾或其他加工过程中所剩的糠等残渣(品目 23.02)。

(3) 本章的货品除了可制成粉状(细粉、粗粉、团粒等)外,还可经过去壳、滚压、制片或磨碎,以及发芽干制、制成面筋等加工处理。品目 11.08 的菊粉是从菊芋、菊苣根、大丽花根等植物中提取而得,其化学成分与淀粉类似,可用于制作果糖。

4.7.3 历年报关员资格全国统一考试中的本章归类题

1. 经粗碾、破碎后呈不规则形状的薏米粗粒(薏米,又称"回回米","药玉米",是植物薏苡的种仁)(1998 年上半年考题)　　　　　1104.2990

归类说明:薏米粗粒是薏苡去壳后经粗碾破碎而得,应按去壳谷物归入本章。因本章品目条文有去壳谷物的具体列名而归入编码 1104.2990。

2. 马铃薯淀粉(1998 年下半年考题)　　　　　1108.1300

归类说明:马铃薯淀粉与简单碾磨得到的马铃薯细粉、粗粉不同,它是以马铃薯为原料,经浸泡、磨碎,将蛋白质、脂肪、纤维素等非淀粉物质分离出去而得的碳水化合物。因本章品目条文有淀粉的具体列名,而应归入编码 1108.1300。

3. 小麦胚芽,400 克/罐,如图所示。加工方法:新鲜采收,低温烘焙;功效:富含维生素 E,帮助补充体力、养颜美容(2011 年考题)　　　　　1104.3000

归类说明:小麦属于可食用的谷物,而谷物胚芽在第十一章品目 11.04 中有具体列名,此题中的货品经过低温烘焙,但这属于简单加工范围,是一种利于保藏的加工方法。根据归类总规则一的规定,本题货品应归入编码 1104.3000。

4.8　第十二章　含油子仁及果实；杂项子仁及果实；工业用或药用植物；稻草、秸秆及饲料

4.8.1　本章结构

本章共 5 条章注、1 条子目注释、14 个品目。基本上是按大豆、花生、其他含油子仁，种植用种子，啤酒花，用作香料、药料等的植物，海草、甜菜、甘蔗，未处理的谷类植物的秸秆，饲料用植物的顺序排列品目的。

本章主要包括供提取食用或工业用油脂的含油子仁及果实，种植用的种子，啤酒酿造业用的啤酒花及蛇麻腺，制糖业用的甜菜及甘蔗，饲料用的稻草、秸秆及其他植物，工业用或药用植物，海草及其他藻类，以及主要供食品工业用的其他品目未列名的食用果核等。本章各品目包括的子仁及果实可以是完整的，也可以是破碎、压碎、去衣或去壳的。

4.8.2　本章归类要点

本章货品在归类时应注意以下几点：

（1）本章不包括：品目 08.01 或品目 08.02 的产品，以及油橄榄（第七章或第二十章）；可可豆（品目 18.01）；从含油子仁及果实提取植物油后剩下的固体残渣（品目 23.04 至品目 23.06）；蘑菇菌丝（品目 06.02）；豆类蔬菜、甜玉米种子（第七章）；调味香料及其他产品的种子（第九章）；谷物（第十章）。

（2）关于啤酒花的归类：鲜或干的啤酒花（品目 12.10）；啤酒花浸膏（品目 13.02）；废啤酒花（品目 23.03）。

（3）种植用的植物种子主要涉及的品目有：干的甜玉米等蔬菜（品目 07.12）、干的豆类蔬菜（品目 07.13）、种用的可食用坚果和其他果实（第八章相关品目）、种用的咖啡、调味香料等（第九章相关品目）、种用的谷物（第十章相关品目）、种用的含油子仁及果实（品目 12.01 至品目 12.07）、种用的本身可用作香料、药料等的植物子仁及果实（品目 12.11）、种用的刺槐豆（品目 12.12），以及种植用的其他植物种子、果实及孢子（品目 12.09）。

（4）海草及其他藻类植物,不论是否适合供人食用,均归入品目 12.12。主要包括海带、紫菜、发菜、裙带菜、麒麟菜、江篱、石花菜、石莼、浒苔、海茸、角叉菜、羊栖菜等。许多藻类植物不仅可以供食用,而且可作为提取碘、甘露醇及褐藻胶、卡拉胶、琼脂的原料。在食品、造纸、化工、医药、纺织工业上用途广泛。

4.8.3 历年报关员资格全国统一考试中的本章归类题

1. 黄大豆种子(1999 年上半年考题)　　　　　　　　　　　1201.1000

归类说明:大豆既可作蔬菜供人食用,也可用于制作植物油。归类时应防止误归入第七章豆类蔬菜中,而应按含油子仁归入本章。因本章品目条文有大豆的具体列名而归入编码 1201.1000。

2. 晒干的莲子,500 克袋装(2005 年考题)　　　　　　　　1212.9994

归类说明:莲子是莲藕开花后所结的果实,可供人食用,应按杂项子仁归入本章。因本章子目条文有莲子的具体列名而归入编码 1212.9994。

3. 长寿牌西洋参片,干的,50 克/盒(2006 年考题)　　　　1211.2010

归类说明:西洋参作为一种人参,是一种可作药用的植物,应将其归入第十二章。根据归类总规则一,查品目条文,干的药用植物应归入品目 12.11。考虑到本题货品是人参中的西洋参,根据子目条文的规定,应将其归入编码 1211.2010。

4.9　第十三章　虫胶;树胶、树脂及其他植物液、汁

4.9.1　本章结构

木章共有 1 条章注、1 条我国子目注释、2 个品目。

本章包括虫胶;天然树胶、树脂、树胶脂、含油树脂及香树脂;植物液汁及浸膏;果胶;从植物产品中制得的琼脂等货品。

4.9.2　本章归类要点

本章货品归类时,应注意不包括天然橡胶、巴拉塔胶等天然树胶(品目40.01);按重量计蔗糖含量在10%以上或制成糖食的甘草浸膏(品目17.04);麦芽膏(品目19.01);水果汁、蔬菜汁(品目20.09或第二十二章);鞣料或染料的浸膏(品目32.01或品目32.03);咖啡精、茶精、马黛茶精(品目21.01);樟脑、甘草甜及品目29.14或品目29.38的其他产品;琥珀(品目25.30)等货品。

4.9.3　历年报关员资格全国统一考试中的本章归类题

1. 中国产生漆(1998年下半年考题)　　　　　　　　　　　　　　1302.1910

归类说明:生漆是从漆树切口处流出的未经加工的树液,应按植物液汁归入本章品目13.02。因本章子目条文有生漆的具体列名而归入编码1302.1910。

2. 没药(1999年下半年考题)　　　　　　　　　　　　　　　　　1301.9020

归类说明:没药是一种活血消肿的中药材,它是由没药树的树脂加工而成,应按树脂归入本章品目13.01。因本章子目条文有没药的具体列名而归入编码1301.9020。

4.10　第十四章　编结用植物材料;其他植物产品

4.10.1　本章结构

本章共有3条章注、2个品目,其中原品目14.02和品目14.03已被删除,从而使本章品目编码不连续。本章基本上是按编结用植物材料、其他未列名植物产品的顺序排列品目的。

本章具体包括的货品是:主要用于编结、制帚、制刷或作填塞、衬垫用的未经加工或简单加工的植物材料;用于雕刻、制扣及其他花哨小商品的子、核、壳、果;

棉短绒等未列名的其他植物产品。

4.10.2 本章归类要点

本章不包括的产品有：主要供纺织用的植物材料或植物纤维，不论其加工程度如何，或经过处理使其只能作为纺织原料用的其他植物材料（第十一类）；木片条（品目 44.04）；木丝（品目 44.05）；供制帚、制刷用成束、成簇的材料（品目 96.03）；软木毛（品目 45.01）；椰壳纤维（椰子皮纤维）（品目 53.05）等。

4.10.3 历年报关员资格全国统一考试中的本章归类题

1. 木棉，用于填充坐垫（1997 年考题）   1404.9090

归类说明：木棉是指木棉科植物的种子在轧棉后所包裹的一层纤细绒毛，作为填充用的植物材料应归入本章编码 1404.9090。

习题 4

将以下货品归入我国进出口商品八位数编码中：

（1）种植用的菊花

（2）装饰用的干菊花

（3）药用干菊花

（4）醋泡大蒜头

（5）煮熟后冷冻的绿豆，塑料袋装

（6）新鲜的红辣椒

（7）红辣椒干

（8）新鲜的食用小白蘑菇

（9）绿豆粉

（10）蒸煮后冷冻的去壳板栗

（11）冷藏的鸭梨

（12）新鲜供食用的带壳花生

(13) 泰国产的鲜酸橙

(14) 胡椒粉(40%)与辣椒粉(60%)的混合调味香料

(15) 用姜黄(20%)、黑胡椒(30%)、丁香(25%)、姜(15%)以及八角茴香(10%)混合而成的香料

(16) 中国桂皮,单层卷状的一种肉桂树皮

(17) 用籼米稻谷经去壳得到的糙米

(18) 去壳的食用燕麦

(19) 经烘炒的食用燕麦片

(20) 小麦与黑麦(比率为2:1)的混合麦,非种用,未经去壳或其他加工

(21) 食用栗子粉

(22) 玉米粉,淀粉含量为50%,灰分含量为1%。用500微米孔径的金属丝网筛过筛的通过率为85%,但用2毫米孔径的金属丝网筛过筛通过率为96%

(23) 种用干豌豆

(24) 种用木棉子

(25) 胡萝卜种子

(26) 新鲜的食用江蒿

(27) 经盐渍后烘焙的食用花生,500克袋装

(28) 天然的糖胶树胶

(29) 蔗糖含量为15%的甘草浸膏

(30) 用于制造无烟火药的棉短绒

5 第三类 动、植物油、脂及其分解产品;精制的食用油脂;动、植物蜡

5.1 本类概况

本类仅由第十五章1章商品构成,商品范围包括由第一类和第二类产品进一步加工得到的动物和植物油、脂、蜡。这些产品的加工程度有高有低,既可以是供人食用的油脂,也可以是工业用途经过化学改性的油脂;既包括单纯的油脂,也包括混合的油脂;既包括初榨的油脂,也包括精制的油脂。

本类没有类注。

5.2 第十五章 动、植物油、脂及其分解产品;精制的食用油脂;动、植物蜡

5.2.1 本章结构

本章共有4条章注、1条子目注释、21个品目。其中在品目15.18和品目15.20之间删除了品目15.19,从而使得本章品目编码不连续。本章基本上是按动物油脂、植物油脂、混合油脂、动植物蜡,并且是由未改性油脂再到改性油脂的顺序排列品目的。

本章商品范围包括:以第一、第二类的动物和植物为原料加工得到的动物、植物油、脂,不论是否初榨、纯净、精制或用某些方法处理的;从油、脂所得的某些产品,特别是油、脂的分解产品(例如,粗甘油);混合食用油、脂(例如,人造黄油);动物、植物蜡;处理油脂物质或动物、植物蜡所剩的残渣。

5.2.2 本章归类要点

在归类时应注意以下几点：

（1）本章不包括的主要货品有：未炼制或用其他方法提取的不带瘦肉的肥猪肉、猪脂肪及家禽脂肪（品目 02.09）；黄油及其他从乳提取的脂和油、乳酱（品目 04.05）；可可油及可可脂（品目 18.04）；油渣（品目 23.01）；提取植物油脂所剩的油渣饼、橄榄渣及其他残渣（油脚除外）（品目 23.04 至品目 23.06）；纯甘油（品目 29.05）；人造蜡及调制蜡（品目 34.04）；从动植物油脂（不论是否使用过的）得到的生物柴油（品目 38.26）；从油类提取的油膏（品目 40.02）。

（2）经过氢化、相互酯化、再酯化或反油酸化但未经进一步加工的动、植物油脂及其分离品，不论是否供食用，一律归入品目 15.16；经过熟炼、氧化、脱水、硫化、吹制或在真空、惰性气体中加热聚合及用其他化学方法改性的其他动、植物油脂及其分离品，均归入品目 15.18。各种动物、植物油脂及其分离品混合制成的食用油脂归入品目 15.16 或品目 15.17；混合制成的非食用油脂归入品目 15.16 或品目 15.18。皂料、油脚、硬脂沥青、甘油沥青及羊毛脂残渣归入品目 15.22。

（3）关于沥青物质的归类：硬脂沥青、甘油沥青（品目 15.22）；煤焦油沥青、沥青焦（品目 27.08）；石油沥青（品目 27.13）；天然沥青（地沥青）、乳化沥青、沥青岩（品目 27.14）；沥青胶粘剂、稀释沥青（品目 27.15）；植物沥青、啤酒桶沥青（品目 38.07）；沥青或类似原料（如矿物沥青）制品（品目 68.07）；以矿物沥青为基本成分的沥青混合物（品目 27.15）；以植物沥青为基本成分的制品（品目 38.07）；沥青碎石（品目 25.17）。

5.2.3 历年报关员资格全国统一考试中的本章归类题

1. 由多种食用植物油调制而成的王牌超级烹调油（1998 年上半年考题）

1517.9090

归类说明：这里的烹调油是由多种植物油混合制成的，不是本章章注中列明排除的货品，应作为混合食用油归入本章编码 1517.9090。

2. 未经过化学改性的精制豆油（1999 年下半年考题）　　　　1507.9000

归类说明：豆油是一种食用植物油，不是本章章注中列明排除的货品，应按未改性的豆油归入具体列名的本章商品编码 1507.9000。

3. 初榨的亚麻子油（未经化学改性）（2000 年考题）　　　　　1515.1100

归类说明：亚麻子油是一种可供食用的植物干性油，它不是本章章注中列明排除的货品，应按未改性的植物油归入品目 15.15 项下具体列名的子目 1515.1100。

4. 精制的玉米油（2004 年考题）　　　　　　　　　　　　　1515.2900

归类说明：玉米油是从玉米仁中制得的一种植物半干性油，可供食用，它不是本章章注中列明排除的货品，应按未改性的植物油归入品目 15.15 项下的子目 1515.2900。

习题 5

将以下货品归入我国进出口商品八位数编码中：

（1）冷冻未经炼制的鸡脂肪

（2）未经化学改性的鲸油

（3）未经化学改性的初榨棕榈仁油

（4）经过氢化处理的精制玉米油

（5）经过氧化等化学方法改性处理的鱼肝油

（6）甘油（纯丙三醇）

（7）由大豆油、芝麻油、葵花籽油和花生油混合制成的食用调和油

（8）可可油

（9）炼制亚麻子油过程中产生的油脚

（10）炼制猪油过程中产生的油渣

6 | 第四类 食品；饮料、酒及醋；烟草、烟草及烟草代用品的制品

6.1 本类概况

本类从第十六章到第二十四章共有 9 章，从用途上看本类主要包括食品、饮料、酒及醋、动物饲料、烟草及其制品；从原料属性看本类货品基本上是以第一类和第二类的动物、植物产品为原料，而加工程度或加入的物质又超过了第一类和第二类产品所允许的范围的货品。具体说来，本类商品范围为：主要以动物产品为原料的食品（第十六章）；主要以植物产品为原料的食品（第十七章至第二十一章）；饮料、酒及醋（第二十二章）；食品工业残渣及配制的动物饲料（第二十三章）；烟草及其制品（第二十四章）。

与前类各章的对应关系主要是：第二章和第三章的动物产品，经过进一步加工后主要归入本类第十六章；第十章的谷物和第十一章的谷物粉，经过进一步加工后主要归入本类第十九章；第七章和第八章的食用蔬菜、水果及坚果，经过进一步加工后主要归入本类第二十章；第五章部分品目渣粉和第十五章动植物油加工过程中产生的残渣及废料，主要归入本类第二十三章。

本类共有一条类注，对"团粒"作出了规定，内容与第二类的类注相同。

6.2 第十六章 肉、鱼、甲壳动物、软体动物及其他水生无脊椎动物的制品

6.2.1 本章结构

本章共有 2 条章注、2 条子目注释、5 个品目。基本上是按香肠、动物食品、

动物精汁、鱼及鱼子酱制品、其他水生动物制品的顺序排列品目的。

本章的货品一般是以第二章、第三章以及第五章的食用肉、食用杂碎、血、鱼、甲壳动物、软体动物及其他水生无脊椎动物产品为原料,采用超出第二章、第三章及品目05.04所列加工范围以外的其他方法制作或保藏的产品。这些加工方法主要包括:香肠及类似产品的制作;煮、蒸、烤、煎、炸、炒或其他方法烹饪;加工成精、汁,制成鲟鱼子酱或鲟鱼子酱代用品;精细均化制作;用醋、油等制作或保藏。

但是某些货品即使经过了烹煮,也不归入本章。例如经烹煮制成的可食用肉或杂碎的细粉、粗粉(品目02.10);在熏制前或熏制过程中经过烹煮的熏鱼(品目03.05);蒸过或用水煮过的带壳甲壳动物,不论是否烹煮的熏制的带壳或去壳甲壳动物(品目03.06);不论是否烹煮的熏制的带壳或去壳软体动物(品目03.07);不论是否烹煮的熏制的其他水生无脊椎动物(品目03.08);以制熟的鱼、甲壳动物、软体动物或其他水生无脊椎动物制得的供人食用的细粉、粗粉及团粒(分别归入品目03.05、品目03.06、品目03.07以及品目03.08)。

6.2.2 本章归类要点

本章货品在归类时应注意以下几点:

(1)除上述货品外,本章还不包括的货品有:适合供人食用的肉或食用杂碎的细粉及粗粉(包括海生哺乳动物的在内)(品目02.10);不适合供人食用的肉粉及团粒(包括海生哺乳动物的在内)以及鱼、甲壳动物、软体动物或其他水生无脊椎动物的粉及团粒(品目23.01);以肉、杂碎、鱼等为基料配制的动物饲料(品目23.09)等。

(2)关于肉、鱼等动物肉与其他货品的混合物的归类。

根据本章章注二的规定,如果混合物中按重量计香肠、肉、食用杂碎、动物血、鱼、甲壳动物、软体动物或其他水生无脊椎动物合计在20%以上,除另有规定的以外,应归入本章。对于含有两种或两种以上前述产品的食品,则应按其中重量最大的产品归入本章的相应品目,比较重量大小时,同一品目或同一子目的材料应合并计算。但是应注意,品目19.02所列的包馅食品、品目21.03所列的调味汁及其制品、混合调味品和品目21.04所列的汤料及其制品、均化混合食品,不论肉、鱼等的比重是否超过20%,仍应分别归入上述有关品目。

如果混合物中按重量计香肠、肉、食用杂碎、动物血、鱼、甲壳动物、软体动物或其他水生无脊椎动物低于 20%，则应按照比重最大的那种货品归类。

（3）关于均化食品的归类。

"均化食品"，是指用可食用的动物、植物原料经精细均化制成供婴幼儿食用或营养用的零售包装食品（每件净重不超过 250 克）。归类时应根据均化食品的原料以及是否为一种基本配料，优先归入相应子目 1602.1000（均化肉类食品）、子目 2005.1000（均化蔬菜）、子目 2007.1000（均化水果）、子目 2104.2000（均化混合食品）。

需要特别指出的是，以下均化食品并不归入上述子目：均化制作的鱼应归入品目 16.04；均化制作的甲壳动物、软体动物及其他水生无脊椎动物应归入品目 16.05；均化制作的番茄应归入品目 20.02；均化制作的蘑菇及块菌则应归入品目 20.03。

对于不符合子目注释的均化食品，例如每件净重超过 250 克，则应按相应的非均化食品来归类。

（4）注意本章各品目货品使用的原料范围。

品目 16.01 和品目 16.02 货品所用原料主要是第二章的动物肉、食用杂碎和第五章品目 05.04 的食用杂碎，以及品目 05.11 的动物血，但是灌入肠衣或压成香肠特有形状的鱼肉馅、肉酱、肉冻及肉糜仍归入品目 16.01，制成香肠及类似品以外的其他鱼肉馅、肉酱、肉冻及肉糜则归入品目 16.02。品目 16.03 货品所用原料可以是第二章的动物肉、第三章的鱼、甲壳动物、软体动物以及其他水生无脊椎动物。品目 16.04 货品所用原料是第三章的鱼，以及鱼卵。品目 16.05 货品所用原料是第三章的甲壳动物、软体动物及其他水生无脊椎动物。

6.2.3 历年报关员资格全国统一考试中的本章归类题

1. 水煮后经冷冻的去壳对虾（密封塑料袋装）（1997 年考题）　　　1605.2900

归类说明：对虾是一种甲壳动物，水煮的对虾可能归入品目 03.06，也可能归入品目 16.05。根据归类总规则一，按品目条文的规定，水煮的带壳甲壳动物才归入品目 03.06，而水煮的去壳对虾其加工程度已超过第三章，应归入第十六章。本题按税目条文应归入本章编码 1605.2900。

2. 密封塑料袋装婴儿均化食品，成分含量：30% 牛肉（可见小肉块）、65% 胡萝卜、5% 其他配料；净重 500 克（2002 年考题）　　　1602.5090

归类说明：本题货品由牛肉和胡萝卜两种基本配料制成，看上去可以作为均化混合食品归入品目 21.04。但是根据第二十一章章注三的规定,本题中的食品包装超过了每件 250 克,因此不能按均化混合食品归入品目 21.04。由于牛肉的重量超过食品的 20%,根据第十六章章注二的规定,应归入品目 16.02。从包装重量看,该货品也不符合第十六章子目注释一中关于"均化食品"的规定,因此本题应作为一般食品归入编码 1605.5090。

3. 煮熟的猪肝罐头(2003 年考题)　　　　　　　　　　1602.2000

归类说明:根据加工程度,煮熟的猪肝应归入本章品目 16.02。猪肝作为一种动物肝,它又是可食用的猪杂碎,在子目归类时看上去既可归入子目 1602.2000,又可归入子目 1602.4910。根据归类总规则三(一)的规定,本题按具体列名方法应归入本章编码 1602.2000。

4. 一种可用微波炉加热的方便快餐食品,净含量 250 克,其中含面条 150 克、鸡块 50 克、卷心菜 30 克、鱿鱼丝 20 克,食品已预先烧制过,装于一次性泡沫塑料盒中(2004 年考题)　　　　　　　　　　1602.3299

归类说明:根据本章章注二的规定,这种肉与其他蔬菜、谷物的混合食品,除包馅食品、混合调味品和汤料、均化混合食品外,只要肉的重量在 20% 以上就应归入本章。经计算,鸡块加上鱿鱼丝的重量超过了整个食品的 20%,应归入本章。又由于鸡块的重量超过了鱿鱼丝,所以归入本章编码 1602.3299。

5. 美味鸭舌,一种风味小吃,真空包装,15 克/包(2005 年考题)　1602.3991

归类说明:鸭舌是一种家禽的食用杂碎。由于添加了调味配料而应归入本章编码 1602.3991。

6. "远洋"牌烤鱿鱼丝,用新鲜的鱿鱼配以白砂糖、盐、味精后烤制而成,125 克/袋(2007 年考题)　　　　　　　　　　1605.5400

归类说明:鱿鱼属于软体动物。烤鱿鱼丝的加工程度已超出第二类第三章的范围,应将其按食品归入第十六章。根据归类总规则一,查该章品目条文,应将本题货品归入品目 16.05。再根据子目条文的规定,应将其归入编码 1605.5400。

7. 一盒零售食品,内有少量薯条和番茄酱,以及一个牛肉汉堡(上下两层面包片,中间是牛肉,牛肉重量占 60%)(2008 年考题)　　　　1602.5090

归类说明:本题货品是经过烤、炸等加工的食品,由多种材料混合制成,但不属于包馅食品。由于该食品中牛肉重量超过了 20%,根据第十六章章注二的规定,应将其归入第十六章而不是归入其他章中。查该章品目条文,牛肉制成的食品应归入品目 16.02。再考虑其基本成分(牛肉)和包装(盒装),根据子目条文的规定,应将其归入编码 1602.5090。

8. 大麻哈鱼,经切块加入调料烹煮加工后制成罐头(2009 年考题) 1604.1190

归类说明:本题货品经切块烹煮,已超出第三章的加工程度,应归入第十六章。此外,大麻哈鱼属于鲑鱼(从第三章品目 03.02 项目子目条文可以看出),根据品目条文和子目条文内容,本题货品应归入编码 1604.1190。

9. 包心鱼丸,1 000 克/袋,配料为:鳗鱼肉、面粉、猪肉、河虾、香菇(重量比为:50%、20%、20%、5%、5%)。制造过程为:将鳗鱼肉泥与面粉混合加水搅拌,挤捏成丸状,以猪肉、河虾和香菇剁碎做陷,煮熟、冷却后装袋速冻(2011 年考题) 　　　　　　　1604.2099

归类说明:本题货品是由多种配料配置而成的食品,而且鱼肉、猪肉、河虾三种成分之和超过 20%,根据第十六章章注二的规定,应将其归入第十六章。考虑到鳗鱼肉比重高于猪肉、河虾,根据品目条文和子目条文内容,本题货品应归入编码 1604.2099。

6.3　第十七章　糖及糖食

6.3.1　本章结构

本章共 1 条章注、2 条子目注释、4 个品目。基本上是按列名的固体糖、其他固体糖、糖浆、人造蜜、糖蜜、糖食的顺序排列品目的。

本章货品不仅包括糖本身,例如,蔗糖、乳糖、麦芽糖、葡萄糖及果糖,还包括糖浆、人造蜜、焦糖、提取或精炼糖时所剩的糖蜜以及不含可可的糖食。本章的固体糖及糖蜜可含有添加的香料和色料。此外,五种化学纯糖(蔗糖、乳糖、麦芽糖、葡萄糖及果糖)也归入本章。

6.3.2　本章归类要点

本章不包括的货品主要有:天然蜂蜜(品目 04.09);含任何比例可可或巧克力(白巧克力除外)的糖食及甜可可粉(品目 18.06);蔗糖、乳糖、麦芽糖、葡萄糖及果糖以外的化学纯糖及其水溶液(品目 29.40);含蔗糖重量在 10% 及以下的甘草液汁及浸膏(未制成糖果的)(品目 13.02);糖渍果实、果皮等的糖食(品目 20.06);甜饲料(品目 23.09)；含糖药品(第三十章)；第十九章至第二十二章的甜食品等。

6.3.3 历年报关员资格全国统一考试中的本章归类题

1. 盒装白巧克力(1998 年下半年考题)   1704.9000

归类说明：白巧克力是由糖、可可脂、奶粉及香料制成的食品，由于归类时可可脂不视为可可，所以本题应按糖食归入本章有具体列名的品目，其商品编码为 1704.9000。

2. 棒棒糖，如图所示(2011 年考题)   1704.9000

归类说明：棒棒糖是一种糖食，应归入第十七章。根据品目条文和子目条文内容，本题货品应归入编码 1704.9000。

3. 如图所示的果冻，350 克/袋(2013 年考题)

1704.9000

归类说明：果冻是一种甜食，呈半固体状，由食用明胶加水、糖、果汁制成。根据归类总规则一和六，以及第二十章章注二的规定，本题货品应作为糖食归入编码 1704.9000。

6.4 第十八章 可可及可可制品

6.4.1 本章结构

本章共 2 条章注、6 个品目。基本上是按可可的加工程度，由可可豆、可可荚到可可膏、可可油脂、可可粉再到可可食品的顺序排列品目的。

本章主要包括各种形状的可可(包括可可豆)、可可脂、可可油及任何含量的可可食品，但本章章注一规定，有一些含可可的食品也不归入本章。

6.4.2 本章归类要点

具体说来，本章不包括的货品主要有：加可可的酸乳等产品(品目 04.03)；

按重量计含全脱脂可可在 40％以下的细粉、粗粉、淀粉或麦精食品，以及按重量计含全脱脂可可在 5％以下的品目 04.01 至品目 04.04 所列食品（品目 19.01）；按重量计含全脱脂可可不超过 6％的膨化或焙炒谷物（品目 19.04），超过 6％的归入品目 18.06；含可可的糕饼点心、饼干及类似焙烘品（品目 19.05）；含有任何比例可可的冰淇淋及其他冰制食品（品目 21.05）；即可饮用的含可可饮料（例如，可可奶油），不论是否含酒精（归入第二十二章中品目 22.02 或品目 22.08）；药品（品目 30.03 或品目 30.04）；白巧克力（品目 17.04）。

6.4.3 历年报关员资格全国统一考试中的本章归类题

　　1. 蛋形巧克力（1999 年上半年考题）　　　　　　　　　　　1806.9000
　　归类说明：巧克力是由可可膏及糖或其他甜物质制成的可可食品，应按可可食品归入本章编码 1806.9000。
　　2. 巧克力爆米花（巧克力完全包裹），袋装，配料：玉米粒（爆米花专用）70 克、玉米油 5 克、黄油 25 克、细砂糖 40 克、糖浆 50 克、巧克力 60 克（2012 年考题）　　　　　　　　　　　　　　　　　　　　　1806.9000
　　归类说明：本题货品是含可可的膨化食品，似乎应归入第 19 章，但根据第 19 章章注三、第 18 章章注二的规定，本题货品应归入编码 1806.9000。

6.5 第十九章　谷物、粮食粉、淀粉或乳的制品；糕饼点心

6.5.1 本章结构

　　本章共 4 条章注、5 个品目。基本上是按麦精及其制品、面食、珍粉、膨化食品、糕饼点心的顺序排列品目的。
　　本章主要包括通常用作食品的许多调制产品，这些调制产品直接从第十章的谷物、第十一章的产品、其他章的植物质食物粉（例如，谷物粉、淀粉、果粉、其他植物粉）或品目 04.01 至品目 04.04 的货品制得。本章还包括糕饼点心及饼干，不论是否含细粉、淀粉或其他谷物产品。

6.5.2 本章归类要点

(1) 本章不包括的货品主要有：

含香肠、肉、食用杂碎、动物血、鱼、甲壳动物、软体动物或其他水生无脊椎动物及其混合物重量超过20%的调制食品（品目19.02所列包馅产品除外）（第十六章）。

按重量计含全脱脂可可在40%及以上的细粉、粗粉、淀粉或麦精调制食品和按重量计含全脱脂可可在5%及以上的品目04.01至品目04.04所列产品的调制食品（品目18.06）。

按重量计全脱脂可可含量超过6%或裹巧克力的食品以及品目18.06的其他含可可食品（品目18.06）。

含任何比例咖啡的焙炒咖啡代用品（品目09.01）及其他不含咖啡的焙炒咖啡代用品（例如，焙炒大麦）（品目21.01）。

用细粉或淀粉专门配制的动物饲料（例如，狗食饼干）（品目23.09）。

药品（第三十章）等。

(2) 品目19.03的珍粉是指用水将木薯淀粉、马铃薯淀粉或类似淀粉调至稠浆状，倒入滤网或带孔盘中滴漏在高温金属板上形成的小圆粒或小粉片，主要用于做汤、布丁或营养食品。

(3) 品目19.02的面食是用硬麦粗粉或用面粉、玉米粉、米粉、土豆粉、绿豆粉等制成的未发酵产品。这些粉或混合粉先用水混合（可加入其他配料），然后揉成面团，再通过挤出后切割、滚轧后切割、压制、模制、在旋转筒内成团等方法加工成为特定形状，如管状、条状、丝状等，加工过程中可加少量的油。该品目的货品可以包馅，可以是干制、湿的、冻藏的，甚至可以是煮熟但未改变其原来的基本形状。

6.5.3 历年报关员资格全国统一考试中的本章归类题

1. 由添加食盐、味精等调味物质的土豆（马铃薯）粉制成的食用生土豆片
（1998年上半年考题）   1902.3090

归类说明：土豆粉制作的生土豆片应归入本章。由于品目19.01不包括用马铃薯、干豆类蔬菜的细粉及粗粉制成的食品，所以本题应归入本章品目19.02中的编码1902.3090。

2. 含脱脂奶粉、豆粉、植物油、矿物质和维生素等多种添加物的爱儿乐牌配方奶粉(1998 年上半年考题)　　　　　　　　　　　　　　　　　1901.1010

归类说明:本题中的奶粉似乎既可归入品目 04.02,又可归入本章品目 19.01。品目 04.02 是浓缩、加糖或其他甜物质的乳及奶油,而品目 19.01 包括品目 04.01 至品目 04.04 中未列名的其他食品,由于本题中的奶粉含有多种添加物,已超出第四章的商品范围,所以应归入本章编码 1901.1010。

3. 绿豆粉制的干粉丝(1998 年上半年考题)　　　　　　　　　　1902.3020

归类说明:粉丝是一种通常以豆类作为原料制成的面食,不属于本章章注列明排除的货品,应归入本章品目 19.02 项下具体列名的子目 1902.3020。

4. 纸箱包装、净重为 5 公斤的绿豆粉制的干粉丝(1998 年下半年考题)

　　　　　　　　　　　　　　　　　　　　　　　　　　　1902.3020

归类说明:本题归类理由同上述第 3 题。

5. 供早餐用的加有少量糖的燕麦片,已经烘炒加工,冲泡后即可食用(2003 年考题)　　　　　　　　　　　　　　　　　　　　　　1904.1000

归类说明:烘炒的燕麦片不属于本章章注列明排除的货品,应按归类总规则一归入本章编码 1904.1000。

6. 日本手卷水果寿司,用紫菜裹以大米饭、少许水果丁和调料后切成小卷(2006 年考题)　　　　　　　　　　　　　　　　　　　　1904.9000

归类说明:寿司是以大米饭为主制成的食品,应将其归入第十九章。考虑到其加工方法是用紫菜裹以大米饭、少许水果丁和调料后切成小卷,按品目条文,本题货品应归入品目 19.04。再根据子目条文的规定,应将其归入编码 1904.9000。本题货品不能按面食归入品目 19.02。因为品目 19.02 的货品是用硬麦粗粉或用面粉、玉米粉、米粉、土豆粉等制成的未发酵产品。

7. 韩式大麦茶,由大麦烘炒磨碎制得,每 10 克装于纸袋,食用时连袋一起在热水中浸泡(2006 年考题)　　　　　　　　　　　　　　1904.1000

归类说明:大麦属于谷物,本题货品是烘炒大麦得到的食品,应归入第十九章。根据归类总规则一,查品目条文,由谷物烘炒制成的食品应归入品目 19.04。再根据子目条文的规定,本题货品应归入编码 1904.1000。

8. 桶装方便面,内有一块面饼、两包调料和一把塑料餐叉(2009 年考题)

　　　　　　　　　　　　　　　　　　　　　　　　　　　1902.3030

归类说明:本题货品是一种零售包装的成套货品,构成该货品基本特征的材料是面饼,根据归类总规则三(二)的规定,本题货品应按方便面饼归入第十九章。根据品目条文和子目条文内容,本题货品应归入编码 1902.3030。

6.6　第二十章　蔬菜、水果、坚果或植物其他部分的制品

6.6.1　本章结构

本章共 6 条章注、3 条子目注释、9 个品目。基本上是按照制作或保藏方法排列品目的。

本章主要包括用蔬菜、水果、坚果或植物其他部分制成的食品,其制作或保藏程度通常超出第七章、第八章、第十一章及其他章所列加工的范围。具体而言,这些制作或保藏方法有:用醋或醋酸制作或保藏的;用糖保藏的;经烹煮加工而成的;经均化制作或保藏的;水果汁或蔬菜汁,未经发酵,也未加酒精的,或所含酒精浓度按容量计不超过0.5%;以及其他超出第七章、第八章、第十一章及其他章所列加工范围的制作或保藏方法。使用上述方法制作或保藏的产品可以是完整的,也可以是切开或捣碎的。

6.6.2　本章归类要点

(1) 本章不包括的货品主要有:按重量计含香肠、肉、食用杂碎、动物血、鱼、甲壳动物、软体动物、其他水生无脊椎动物及其混合物超过 20% 的食品(第十六章);用面粉制作的糕点,例如,果馅饼(品目 19.05);品目 21.04 的汤料及其制品和均化混合食品;按容量计酒精浓度超过 0.5% 的水果汁或蔬菜汁(第二十二章);制成糖食的果冻、果膏、糖衣杏仁或类似品(品目 17.04);巧克力糖食(品目 18.06)。

(2) 关于"均化蔬菜"、"均化食品"的归类。

子目号 2005.10(或子目号 2007.10)所称"均化蔬菜"(或"均化食品"),是指蔬菜(或果实)经精细均化制成供婴幼儿食用或营养用的零售包装食品(每件净重不超过 250 克)。为了调味、保藏或其他目的,均化蔬菜(或均化食品)中可以加入少量其他配料,还可以含有少量可见的蔬菜粒(或果粒)。归类时,子目号 2005.10(或子目号 2007.10)优先于品目 20.05(或品目 20.07)的其他子目。但

需要特别指出的是,以下均化蔬菜并不归入上述子目:均化制作的番茄应归入品目 20.02;均化制作的蘑菇及块菌则应归入品目 20.03。

对于不符合子目注释的"均化蔬菜"、"均化食品",例如每件净重超过 250 克,则应按相应的非"均化蔬菜"、非"均化食品"来归类。

(3)关于番茄产品的归类。

鲜的、冷藏的、冷冻的、干的、暂时保藏的(例如,使用二氧化硫气体、盐水、亚硫酸水或其他防腐液保藏的)番茄(归入第七章);用醋或醋酸制作或保藏的番茄(品目 20.01);用其他方法制作或保藏的番茄(品目 20.02);干重量在 7% 及以上的番茄汁(品目 20.02);干重量在 7% 以下的番茄汁,未发酵或酒精含量不超过 0.5%(品目 20.09);发酵或酒精含量超过 0.5% 的番茄汁(品目 22.06);番茄酱及其他番茄调味汁(品目 21.03);番茄汤料及其制品(品目 21.04)。

6.6.3　历年报关员资格全国统一考试中的本章归类题

1. 糖浆浸泡的桂圆肉(1998 年上半年考题)　　　　　　　　　2008.9990

归类说明:桂圆又称龙眼,是一种热带、亚热带水果。糖浆浸泡的桂圆肉其加工程度已超出第八章的范围,应归入本章,但似乎可以归入本章品目 20.06 和品目 20.08。品目 20.06 糖渍的水果制作方法是:先用开水处理水果,再将水果放入糖浆中反复加热至沸点,使糖浆逐渐浓缩沥干而成。而品目 20.08 包括用糖浆浸泡以便于保藏的水果。所以本题应归入品目 20.08 中的子目 2008.9990。

2. 炒熟的夏威夷果,250 克袋装(2003 年考题)　　　　　　　2008.1999

归类说明:夏威夷果是一种可食用的果仁(可根据品目 12.12 项下的子目来判断),炒熟的果仁应归入本章。本题应归入本章编码 2008.1999。

3. 甜杏仁(1 000 克塑料瓶装,已炒熟)(2004 年考题)　　　　2008.1999

归类说明:杏仁是一种可食用的果仁(可根据品目 12.12 项下的子目来判断),炒熟的果仁应归入本章。本题应归入本章编码 2008.1999。

4. 绿豆汤罐头,由绿豆煮熟并加糖制成,含固形物约 35%(2005 年考题)

　　　　　　　　　　　　　　　　　　　　　　　　　　　　2005.5110

归类说明:绿豆属于豆类蔬菜中的菜豆范围,煮熟的蔬菜应归入本章。本题应按未冷冻的脱荚菜豆归入本章编码 2005.5110。

5. 一种韩国泡菜,将大白菜、萝卜先用盐腌制,然后配上由葱、洋葱、蒜、虾

酱、糖、辣椒等做成的调料,再经发酵一段时间即成,2 千克/坛(2008 年考题)

2005.9999

归类说明:本题蔬菜经过较复杂的加工,应按蔬菜制食品归入第二十章。根据其加工方法,查该章品目条文,应将其归入品目 20.05。再考虑到蔬菜种类(以大白菜、萝卜制成),根据子目条文的规定,本题货品应归入编码 2005.9999。

6. 熟芦笋罐头(2010 年考题)   2005.6010

归类说明:本题货品是经烹煮的蔬菜,已超出第七章的加工程度,应归入第二十章。根据品目条文和子目条文内容,本题货品应归入编码 2005.6010。

7. 预炸薯条,4 公斤/袋,马铃薯经清洗、去皮、切条、油炸、冷冻、包装而成(2012 年考题)   2004.1000

归类说明:本题货品经过油炸,超出了第七章的加工范围,应考虑归入第 20章。根据归类总规则一和六,本题货品应归入编码 2004.1000。

6.7 第二十一章 杂项食品

6.7.1 本章结构

本章共 3 条章注、6 个品目。基本上是按咖啡、茶的浓缩精汁,酵母,混合调味品,汤料,冰制食品,其他食品的顺序排列品目的。

本章主要包括的杂项食品有:咖啡、茶、马黛茶的浓缩精汁及其制品;烘焙咖啡代用品及其浓缩精汁;酵母、发酵粉;调味汁及其制品,混合调味品;汤料及其制品、均化混合食品;冰淇淋及其冰制食品;其他品目未列名的食品。

6.7.2 本章归类要点

(1) 本章不包括的主要食品有:品目 07.12 的什锦蔬菜;含咖啡的焙炒咖啡代用品(品目 09.01);加香料的茶(品目 09.02);调味香料或其他产品(品目09.04 至品目 09.10);除品目 21.03 或品目 21.04 的产品以外,其他按重量计含香肠、肉、食用杂碎、动物血、鱼、甲壳动物、软体动物、其他水生无脊椎动物及其混合物超过 20%的食品(第十六章);药用酵母及其他产品(品目 30.03 或品目

30.04);酶制品(品目 35.07)。

但需要特别注意的是,上述含咖啡的咖啡代用品的精汁仍归入本章品目 21.01。

(2) 关于"均化混合食品"的归类。

品目 21.04 所称"均化混合食品",是指两种或两种以上的基本配料,例如,肉、鱼、蔬菜或果实等,经精细均化制成供婴幼儿食用或营养用的零售包装食品(每件净重不超过 250 克)。为了调味、保藏或其他目的,可以加入少量其他配料,还可以含有少量可见的小块配料。

对于不符合注释条件的"均化混合食品",如每件净重超过 250 克,则应按相应的非"均化混合食品"来归类。

此外,使用单一原料制作的均化食品,应根据其原料的不同分别归入第十六章或第二十章。例如,以第二章的动物肉、第二章或第五章的食用杂碎或动物血为原料制作的均化食品归入品目 16.02,以鱼肉为原料制作的均化食品归入品目 16.04,以甲壳动物、软体动物和其他水生无脊椎动物为原料制作的均化食品归入品目 16.05,以番茄为原料制作的均化食品归入品目 20.02,以蘑菇和块菌为原料制作的均化食品归入品目 20.03,以其他蔬菜为原料制作的未冷冻均化食品归入品目 20.05,以烹煮的水果和坚果为原料制作的均化食品归入品目 20.07。

(3) 关于品目 21.06 的货品范围。

不能归入《协调制度》其他品目的食品,主要归入品目 21.06,例如直接供人食用或加工(如用水或乳等烹煮、溶解)后供人食用的制品;全部或部分由食物组成的用于制造饮料或食品的制品。具体包括:浓缩蛋白质及人造蛋白物质;制造碳酸饮料的浓缩物;制造饮料用的复合酒精制品;蜂王浆制剂等。

(4) 品目 21.06 中的制造碳酸饮料的浓缩物以及制造饮料用的复合酒精制品等食品,与第二十二章的碳酸饮料和酒精饮料的不同之处在于:前者在报验时还不适用于作饮料饮用,必须对其进行稀释,而后者可直接饮用,不需进一步加工。

6.7.3 历年报关员资格全国统一考试中的本章归类题

1. 活性酵母(1997 年考题)   2102.1000

归类说明:活性酵母是一种可用于酿酒、发面等用途的微生物。它不属于本章章注中列明排除的货品,而且本章品目有具体列名,根据归类总规则一的规定,本题应归入本章编码 2102.1000。

2. 由多种精制的植物花粉和乳糖制成的营养保健花粉制品(1998 年上半年考题)   2106.9090

归类说明：保健食品，在其他品目未列名时应归入本章。本题货品即属于此种情形，应归入本章编码 2106.9090。

3. 超市出售的复合氨基酸口服液，含多种氨基酸、维生素和微量元素，能保持人体营养平衡、增强机体免疫力，提高健康水平（2009 年考题）　　　2106.9090

归类说明：本题货品是由多种成分配制而成的保健食品，属于较复杂加工的食品，由于该食品未在各品目中具体列名，因此应归入编码 2106.9090。

4. 蜂胶胶囊，400 粒/瓶，如图所示。成分：蜂胶、玉米油、甘油、明胶等；长期服用可调节血糖、降血脂、增强免疫力（2011 年考题）

2106.9090

归类说明：本题货品是由蜂胶等多种成分配制而成的保健食品，属于较复杂加工的食品，由于该食品未在各品目中具体列名，因此应归入编码 2106.9090。

5. "神龙"牌戒烟糖，以由金属银制成的极其微细的粉末为有效成分，添加于口香糖等基剂中配制而成，其原理是通过极微量的银分子对味觉神经的作用，使吸烟者对于烟草之烟产生厌恶感，从而达到戒烟效果（2012 年考题）　　　2106.9090

归类说明：从本题货品的描述可以看出，它是一种可供食用的食品。根据归类总规则一和六，应归入编码 2106.9090。

6. 一个纸制礼盒，内装一瓶速溶咖啡（500 克），一瓶咖啡伴侣（250 克），两把不锈钢餐匙，两只瓷杯（2013 年考题）　　　　　　　2101.1200

归类说明：本题是一种零售的成套货品，根据归类总规则二（二）和总规则三（二）的规定，本题货品应按构成成套货品基本特征的速溶咖啡归入编码 2101.1200。

6.8　第二十二章　饮料、酒及醋

6.8.1　本章结构

本章共 3 条章注、1 条子目注释、9 个品目。基本上是按无酒精饮料、含酒精饮料、醋，并且按酒精浓度由小到大的顺序排列品目的。

本章主要包括水、其他无酒精饮料及冰；经发酵的酒精饮料（啤酒、葡萄酒、苹果酒等）；经蒸馏的酒和酒精饮料（利口酒、烈性酒等）以及乙醇；醋及其代用品。

6.8.2 本章归类要点

（1）本章不包括的货品主要有：液体乳制品（第四章）；用于烹饪而不适于作为饮料的料酒（品目 21.03）；海水（品目 25.01）；蒸馏水、导电水及类似的纯净水（品目 28.53）；冰淇淋及其他冰制食品（品目 21.05）；"碳酸雪"或"干冰"（即固体二氧化碳）（品目 28.11）；按重量计浓度超过 10％的醋酸（品目 29.15）；以治病为主要目的的中药酒（品目 30.04）等。

需要说明的是，俗称为"苏打水"的汽水（充碳酸气的水），仍归入本章品目 22.01；按重量计浓度不超过 10％的醋酸仍归入本章品目 22.09，但浓度超过 10％的醋酸应归入税号 2915.2190（乙酸）。不论酒精浓度为多少，也不论是否经过化学改性，各种乙醇均归入本章品目 22.07 或品目 22.08。

（2）品目 22.02 所称"无酒精饮料"，是指按容量计酒精浓度不超过 0.5％的饮料。含酒精饮料应分别归入品目 22.03 至品目 22.06 或品目 22.08。但中药酒应按药品归入第三十章。

（3）关于各种水的归类：未加糖或其他甜物质及未加味的天然水、矿泉水、汽水、冰、雪（品目 22.01）；加糖或其他甜物质及加味的天然水、矿泉水、汽水（品目 22.02）；海水（品目 25.01）；蒸馏水、导电水及类似的纯净水（品目 28.53）；冰淇淋及其他冰制食品（品目 21.05）等。

6.8.3 历年报关员资格全国统一考试中的本章归类题

1. 按容量计浓度为 95％的未改性乙醇（瓶装，500 毫升）（2000 年考题）

2207.1000

归类说明：乙醇俗称酒精，不论酒精浓度多少、也不论是否改性的乙醇都不作为其他无环醇归入品目 29.05，而应归入本章品目 22.07 或品目 22.08。根据归类总规则一的规定，本题应按税目条文归入有具体列名的本章编码 2207.1000。

2. 菠萝原汁中加入了 20％的水组成的混合物（白利糖度值小于 20，供饮用）（2002 年考题）

2202.9000

归类说明：水果汁似乎既可归入品目 20.09，又可归入本章品目 22.02。但是品目 20.09 中的水果汁是不添加其他物质或添加了其他物质但不改变其原有特征的液汁，而品目 22.02 中的水果汁是因添加其他物质已改变了其原有特征

的无酒精饮料。本题中的菠萝汁因加入水改变了原有特征，所以应归入品目
22.02项下的编码2202.9000。

3. "女儿红"牌米酒（酒精浓度15％），用2升的陶罐盛装（2005年考题）

2206.0090

归类说明：米酒是用稻米作原料发酵后制得的低度酒精饮料，应归入本章编
码2206.0090。

4. "王老吉"凉茶，易拉罐装，含有水、白砂糖、仙草、布渣叶、菊花、金银花、
夏枯草、甘草等成分，有清热去火的功效（2008年考题）　　　　2202.1000

归类说明：本题货品应作为饮料归入第二十二章。查该章品目和子目条文，
加糖的无酒精饮料应归入编码2202.1000。

6.9　第二十三章　食品工业的残渣及废料；配制的动物饲料

6.9.1　本章结构

本章共1条章注、1条子目注释、9个品目。基本上是按动物质渣粉，加工过
程中产生的植物质残渣，葡萄酒渣，配制的动物饲料的顺序排列品目的。

本章主要包括食品加工业所用植物原料的残渣及废料，还包括某些动物质产
品以及配制的动物饲料。这些产品的大部分单独或与其他物料混合，主要用作动物
饲料，但有些也适于供人食用。某些产品（例如，酒渣、粗酒石、油渣饼）则用于工业。

6.9.2　本章归类要点

本章归类时应注意以下几点：

（1）不适于供人食用的肉、杂碎、鱼、甲壳动物、软体动物或其他水生无脊椎
动物的渣粉及团粒归入品目23.01；而适于供人食用的肉或杂碎的细粉、粗粉归
入品目02.10；适于供人食用的鱼的细粉、粗粉及团粒归入品目03.05；适于供人
食用的甲壳动物的细粉、粗粉及团粒归入品目03.06；适于供人食用的软体动物
的细粉、粗粉及团粒归入品目03.07；适于供人食用的其他水生无脊椎动物的细
粉、粗粉及团粒归入品目03.08。

油渣,不论是否适于供人食用,均归入本章品目23.01。

(2)谷壳归入品目12.13;而加工过程中产生的米糠归入品目23.02。

(3)制糖过程中产生的糖蜜归入品目17.03;而制糖过程中产生的甘蔗渣、甜菜渣及其他残渣归入品目23.03。

(4)葡萄酒渣、粗酒石(均含有酒石酸氢钾)归入品目23.07;而酿造及蒸馏过程中产生的糟粕及残渣归入品目23.03。但提取出来的酒石酸、酒石酸盐及酒石酸酯应归入品目29.18。

(5)提纯油类所剩的油脚归入品目15.22;可可荚、壳、皮及废料归入品目18.02。

(6)品目23.08主要包括的货品有:橡果及七叶树果;已脱粒的玉米芯;玉米秆及叶;甜菜叶或胡萝卜叶;蔬菜皮(豌豆或菜豆荚等);水果废料(苹果或梨的皮或芯)及水果渣(压榨葡萄、苹果、梨、柑橘等所得),用于提取果胶的也包括在内;用谷物或其他植物材料制咖啡代用品(或其精)所剩的残渣等。

6.9.3 历年报关员资格全国统一考试中的本章归类题

1. 颗粒状综合营养性专用狗粮,包装袋印刷精美并标有喂食方法,每袋净重18公斤(2002年考题)　　　　　　　　　　　　　　　2309.1090

归类说明:本题中的专用狗粮,是一种经过配制加工的零售包装的动物饲料,应归入本章编码2309.1090。

2. "宝路"牌宠物狗专用罐头,由精细研磨的牛肉(约占60%)、蔬菜(约占30%)和其他营养成分混合而成,400克装(2010年考题)　　　2309.1010

归类说明:本题货品是由多种成分配制而成的动物饲料,应归入第二十三章品目23.09。考虑到其用途(狗用)和包装(罐头),本题货品应归入编码2309.1010。

6.10　第二十四章　烟草、烟草及烟草代用品的制品

6.10.1　本章结构

本章共1条章注、1条子目注释、3个品目。基本是按原料,烟草制品,其他

制品的顺序排列品目的。

本章主要包括烟草及烟草废料、烟草及烟草代用品的制品、不含烟草的烟草
代用品。

6.10.2　本章归类要点

（1）本章不包括的主要货品有：药用卷烟（第三十章）；尼古丁（从烟草中提
取的生物碱）（品目 29.39）。但用专门配制的某些不具药物性质的产品制成的
戒烟用卷烟仍归入本章品目 24.02。

（2）品目 24.03 包括的货品主要有：供吸用的烟丝，比如制成的烟斗或卷烟
用烟丝；咀嚼烟；鼻烟；制鼻烟用的加压或浸酒烟草；制成的烟草代用品，例如不
含烟草的吸用烟混合品；"均化"或"再造"香烟；烟草精汁等。

6.10.3　历年报关员资格全国统一考试中的本章归类题

（历年考试中还未出现过本章试题。）

习题 6

将以下货品归入我国进出口商品八位数编码中：
（1）水煮后熏制的食用海胆
（2）用水煮过的盐渍带壳梭子蟹，供食用
（3）将动物血灌入猪肠制得的生的血香肠
（4）袋装东北水饺，猪肉白菜馅，其中猪肉占 25％，白菜占 20％，调味料占
　　5％，其余为面粉
（5）一种可用微波炉加热的方便快餐食品，净含量 250 克，其中含米饭 150
　　克、牛肉 50 克、白菜 30 克、沙丁鱼块 20 克，食品已预先烧制过，装于一
　　次性泡沫塑料盒中
（6）用 18％的青鱼肉、10％的蛤肉、10％的鲍鱼肉、8％的猪肝以及 50％的
　　大白菜和 4％的调味料混合制作的盒装食品

（7）均化制作的沙丁鱼罐头，净重 200 克

（8）均化制作供婴儿食用的猪肝罐头，净重 200 克

（9）均化制作供婴儿食用的番茄酱罐头，净重 250 克

（10）均化制作供婴儿食用的瓶装土豆泥，净重 200 克

（11）均化制作并经烹煮供婴儿食用的瓶装苹果泥，净重 250 克

（12）密封塑料袋装婴儿均化食品，成分含量：40％鸭肉、55％胡萝卜、5％其他配料，净重 500 克

（13）密封塑料袋装婴儿均化食品，成分含量：30％牛肉（可见小肉块）、65％胡萝卜、5％其他配料，净重 250 克

（14）用谷子、去壳燕麦及亚麻子混合制成的零售包装的配制鸟食

（15）化学纯木糖

（16）化学纯果糖

（17）500 克袋装大白兔奶糖

（18）巧克力口香糖，含全脱脂可可 10％

（19）可可粉，加有 5％的糖

（20）巧克力冰淇淋，含全脱脂可可 30％

（21）种用可可豆

（22）速食大米，煮沸 5 分钟即可食用

（23）用籼米精米制作的半熟大米

（24）经揉制用于制作糕点的生面团

（25）用马铃薯粉和成面团，添加奶酪、味精及盐调味，用植物油烹炸制成的供食用的咸脆食品

（26）以大米为基本原料并含有 8％全脱脂可可的"旺旺雪饼"

（27）以大米为基本原料并含有 5％全脱脂可可的"旺旺雪饼"

（28）以糯米为原料、中间包有豆沙并煮熟的粽子

（29）干重量为 8％的番茄汁，未发酵

（30）鲜榨番茄汁，其干重为 5％

（31）鲜榨西瓜胡萝卜混合汁，其中西瓜汁和胡萝卜汁比重各为 50％

（32）熟甜玉米粒罐头

（33）芥末酱，用芥子细粉与少量胡椒、谷物细粉混合制成

（34）由 50％丁香粉与 50％胡椒粉混合而成的调味香料

（35）太太美容口服液，其配料为水、制首乌、当归、熟地黄、白芍、桃仁、郁金、红花、川芎、蜂蜜。采用先进生产工艺精制而成，具有美容（祛黄褐

斑,改善皮肤水分)的保健功能

(36) 瓶装中药酒,用酒精浓度 30％的白酒浸泡中草药制得

(37) 专用于烹饪的一种酒,其中含酒精为 45％,香料为 5％,糖为 5％

(38) 未发酵的酿酒葡萄汁,按容量计酒精浓度为 0.5％,白利糖度值为 50

(39) 苹果酒,用苹果汁发酵而得的一种酒精饮料

(40) 谷壳,稻谷脱粒时产生,未粉碎

7 第五类 矿产品

7.1 本类概况

本类从第二十五章至第二十七章共 3 章内容,包括从地球或海洋里直接获取的原产状态或只经过洗涤、粉碎或机械物理方法精选的矿产品及残渣、废料。就加工程度而言,本类与第一类、第二类有些类似,即归入本类的矿产品只经过有限度的简单加工,如果超出这个限度而经过更深程度加工的制品则主要归入第十三类。

本类共分三大部分,依次为(1)非金属矿产品,有盐、石料、各种天然砂、粘土、浮石、大理石、花岗石等;(2)金属矿产品,有各种金属矿砂、矿渣等;(3)其他矿产品,有矿物燃料、矿物油、矿物蜡等。具体而言这些商品归入以下 3 章;第二十五章主要是非金属矿产品;第二十六章主要是金属矿砂;第二十七章主要是矿物燃料。

本类无类注。

7.2 第二十五章 盐;硫磺;泥土及石料;石膏料、石灰及水泥

7.2.1 本章结构

本章共有 4 条章注、29 个品目,其中品目 25.26 与品目 25.28 之间删除了品目 25.27 的内容,因而使得本章品目序号不连续。本章基本是按矿产品的基本成分、聚集状态及来源排列品目的。

一般说来,本章仅包括天然的或经洗涤(包括用化学物质清除杂质但不改变

产品本身结构的洗涤)、砸碎、磨碎、研粉、淘洗、细筛、粗筛以及用浮选、磁选或其他机械或物理方法(不包括结晶法)精选的矿产品。经其他方法更进一步加工的矿物一般归入以后的各章(例如第二十八章或第六十八章)。但归入本章某些品目的商品其加工程度也可以超出上述的加工范围。例如:

(1) 某些化学纯的物质也归入本章,如纯氯化钠(品目 25.01);精制硫(品目 25.03);纯氧化镁(品目 25.19)。

(2) 经过煅烧的某些物质仍归入本章,如高岭土及类似土(品目 25.07);其他粘土、红柱石、蓝晶石及硅线石(品目 25.08);天然碳酸钡(毒重石)(品目 25.11);硅质化石粗粉(如硅藻土)及类似的硅质土(品目 25.12);白云石(品目 25.18);天然硼酸盐及其精矿(品目 25.28);三氧化二铁含量在 70% 以下的土色料(品目 25.30);菱锶矿(品目 25.30)。

经过热加工处理的某些物质也归入本章,如天然石榴石及其他天然磨料(品目 25.13);铺路用的碎石等(品目 25.17);碑用或建筑用石的碎粒、碎屑及粉末(品目 25.17);白云石(品目 25.18);熔凝镁氧矿、烧结镁氧矿(品目 25.19)等。

(3) 归入本章的某些材料可以经过粗加修整或仅用锯或其他工具简单切割成矩形(包括正方形)的板状、块状,如石英岩(品目 25.06);板岩(品目 25.14);大理石等石灰质碑用或建筑用石(品目 25.15);花岗岩、玄武岩等碑用或建筑用石(品目 25.16);白云石(品目 25.18);天然冻石(品目 25.26)。除此之外的更深加工的石材主要归入第六十八章。

7.2.2 本章归类要点

除上述内容之外,本章归类时还应注意以下几点:

(1) 本章不包括的物质主要有:升华硫磺、沉淀硫磺及胶态硫磺(品目 28.02);按重量计三氧化二铁含量在 70% 及以上的土色料(品目 28.21);长方砌石、路缘石、扁平石(品目 68.01)、镶嵌石或类似石料(品目 68.02)及铺屋顶、饰墙面或防潮用的板岩(品目 68.03);宝石或半宝石(品目 71.02 或品目 71.03);每颗重量不低于 2.5 克的氯化钠或氧化镁培养晶体(光学元件除外)(品目 38.24);氯化钠或氧化镁制的光学元件(品目 90.01)。

(2) 关于石墨物质的归类:天然石墨(又称黑铅)(品目 25.04);人造石墨、胶态或半胶态石墨(品目 38.01);以石墨为基本成分的糊状、块状、板状制品或半制成品(品目 38.01);非电器用的石墨或其他碳精制品(品目 68.15);电器用的石墨或其他碳精制品(如碳电极、碳刷等)(品目 85.45);石墨制的耐火建材(品目 69.02);石墨制的耐火陶瓷制品(品目 69.03)。

(3) 关于石棉物质的归类:未加工的石棉纤维(品目 25.24);已加工的石棉纤维(品目 68.12);以石棉为基本成分的混合物、石棉制品(如纱线、织物、服装、帽类、鞋靴、衬垫等)(品目 68.12);以石棉为基本成分的未装配摩擦材料及其制品(品目 68.13)。

(4) 关于云母及其制品的归类:原状云母、云母片、云母粉、云母废料(品目 25.25);天然云母氧化铁(品目 25.30);用云母粉涂布的纺织物(品目 59.07);已加工的云母及其制品(非电器用)(品目 68.14);电器用的云母制品,例如云母制的电容器(品目 85.32)、云母制的绝缘子(品目 85.46)等。

(5) 天然硫酸钡,又名重晶石;天然碳酸钡,又名毒重石;天然碳酸镁,又称菱镁矿;熔凝镁氧矿,俗称电熔镁;烧结镁氧矿,俗称重烧镁;萤石,即氟石。这些商品均归入本章。

(6) 既可归入品目 25.17 又可归入本章其他品目的产品,应优先归入品目 25.17。

(7) 品目 25.30 的矿产品主要包括本章章注四列名的货品,例如蛭石,珍珠岩,绿泥石,三氧化二铁含量在 70% 以下的土色料,天然云母氧化铁,海泡石,琥珀,简单加工的粘聚海泡石及粘聚琥珀,黑玉(一种褐煤),菱锶矿,碎的陶器、砖或混凝土。此外硫镁矾矿及泻盐矿(天然硫酸镁)、稀土金属矿砂(如磷钇矿、硅铍钇矿、氟碳铈镧矿等)、矿物性药材(例如雄黄、砒霜、硝石、玄明粉等)、硅灰石、天然冰晶石、明矾石等也归入该品目。

7.2.3　历年报关员资格全国统一考试中的本章归类题

1. 氯化钠(符合化学定义)(1999 年下半年考题)　　　　　　　2501.0020

归类说明:化学纯的氯化钠是一种无机物,似乎可以归入第二十八章。但第二十八章章注三(一)将其排除在外,同时第二十五章章注中未列明将其排除在外,所以本题应归入本章有具体列名的编码 2501.0020。

2. 氧化镁(符合化学定义、非培养晶体、非光学元件)(2001 年考题)

2519.9091

归类说明:化学纯的氧化镁是一种无机物,似乎可以归入第二十八章。但第二十八章章注三(一)将其排除在外,同时第二十五章章注中未列明将其排除在外,所以本题应归入本章有具体列名的编码2519.9091。

3. 氟碳铈镧矿,用于制取铈族稀土元素(2011年考题)　　　　2530.9020

归类说明:氟碳铈镧矿是一种含稀土金属的矿砂,根据品目条文和子目条文的规定,应归入编码2530.9020。

7.3　第二十六章　矿砂、矿渣及矿灰

7.3.1　本章结构

本章共3条章注、2条子目注释、21个品目。分为两部分,第一部分品目26.01至品目26.17是冶金工业用的金属矿砂及其精矿,它们在商业上主要用于提取第七十一章所述的贵金属(即银、金、铂、铱、锇、钯、铑或钌),第十五类所述冶金工业的贱金属[即铁、铜、镍、铝、铅、锌、锡、钨、钼、钽、钴、铋、镉、钛、锆、锑、锰、铬、锗、钒、铍、镓、铪、铟、铌(钶)、铼、铊],品目28.05的水银以及品目28.44的金属。第二部分品目26.18至品目26.21是各种加工过程中产生的矿渣和矿灰。

品目26.01至品目26.17的产品可经过包括物理、物理—化学或化学加工,只要这些工序在提炼金属上是正常的,但不包括不是以冶金工业正常加工方法处理的各种矿物。除煅烧、焙烧或燃烧(不论是否烧结)引起的变化外,这类加工不得改变所要提炼金属的基本化合物化学成分。物理或物理—化学加工包括破碎、磨碎、磁选、重力分离、浮选、筛选、分级、矿粉造块(例如,通过烧结或挤压等制成粒、球、砖、块状,不论是否加入少量粘合剂)、干燥、煅烧、焙烧以使矿砂氧化、还原或使矿砂磁化等(但不得使矿砂硫酸盐化或氯化等)。化学加工(例如,溶解加工)主要是为了清除不需要的物质。

本章不包括经煅烧或焙烧以外其他处理后改变了基本矿砂的化学成分或晶体结构的精矿(通常归入第二十八章),也不包括由于多次物理变化(分级结晶、升华作用等)制得的几乎纯净的产品,即使其基本矿砂的化学成分并未发生变化。

7.3.2　本章归类要点

除上述内容外,本章归类时还应注意以下几点:

(1) 除条文另有规定的以外,含有一种以上矿物的矿砂及精矿,应根据归类总规则三(二)或三(三)归入本章相应的品目。

(2) 除章注一列明的货品之外,本章的金属矿砂还不包括:其他品目已经列名的矿砂,例如未焙烧黄铁矿(品目 25.02);所含金属无商业提炼价值的,例如三氧化二铁含量在 70% 以下的土色料(品目 25.30)、宝石或半宝石(第七十一章);报验时为了用于提炼镁的矿物,即白云石(品目 25.18)、菱镁矿(天然碳酸镁)(品目 25.19)及光卤石(品目 31.04);品目 28.05 所列碱金属或碱土金属(即锂、钠、钾、铷、铯、钙、锶及钡)的矿物;含盐的上述矿物(品目 25.01);重晶石及毒重石(品目 25.11);菱锶矿(品目 25.30);从脉石或杂矿石中分选出来的天然金属(例如,金属块或金属粒)及天然合金(归入第十四类或第十五类);品目 25.30 的稀土金属矿砂。但含有金属钍的独居石仍归入本章品目 26.12。

(3) 关于钢铁冶炼中产生的矿渣相关货品的归类:粒状熔渣(熔渣砂)(品目 26.18);粒状熔渣以外的熔渣、浮渣〔如高炉渣或转炉渣(品目 26.19)〕;氧化皮及其他废料(品目 26.19);筑路用的矿渣、浮渣(品目 25.17);矿渣水泥(品目 25.23);矿渣棉、泡沫矿渣(品目 68.06);剪切等加工过程中产生的钢铁废碎料(品目 72.04)。

(4) 含铅汽油的淤渣及含铅抗震化合物的淤渣(主要用于回收铅或铅的化合物)归入本章品目 26.20;但主要含有石油的石油储罐的淤渣归入品目 27.10。

(5) 焚化城市垃圾所得的灰、渣,矿质(如煤、褐煤或泥煤)灰及烧结块,海草灰及其他植物灰,露天煅烧的动物骨灰,榨糖工业中处理糖蜜残渣所得的粗钾盐等均归入本章品目 26.21。

7.3.3 历年报关员资格全国统一考试中的本章归类题

1. 原状铁矿砂,平均粒度为 0.6 毫米(1997 年考题)   2601.1110
归类说明:铁矿砂是一种贱金属矿砂,应归入本章。本题在品目 26.01 有具体列名,根据归类总规则一,按税目条文的规定应归入本章编码 2601.1110。

2. 钨矿砂(1998 年下半年考题)   2611.0000
归类说明:钨矿砂是一种贱金属矿砂,应归入本章。本题在品目 26.11 有具体列名,根据归类总规则一,按税目条文的规定应归入本章编码 2611.0000。

3. 铜矿砂(1999 年上半年考题)   2603.0000
归类说明:铜矿砂是一种贱金属矿砂,应归入本章。本题在品目 26.03 有具体列名,根据归类总规则一,按税目条文的规定应归入本章编码 2603.0000。

7.4 第二十七章 矿物燃料、矿物油及其蒸馏产品;沥青物质;矿物蜡

7.4.1 本章结构

本章共有 3 条章注、5 条子目注释、16 个品目。基本是按照煤及其蒸馏产品、石油及其蒸馏产品、矿物蜡、沥青物质、电力的顺序排列品目的。

总的来说,本章包括煤及其他天然矿物燃料、石油及从沥青矿物中提取的油、这些油的蒸馏产品以及用任何其他方法获得的类似产品,也包括矿物蜡及天然沥青物质。本章的货品可以是天然的,也可以是精制的;除甲烷及丙烷(不论是否纯净)归入本章品目 27.11 以外,其余的如果是单独的已有化学定义的有机化合物或处于商业纯状态的,应归入第二十九章。

7.4.2 本章归类要点

(1) 本章不包括的货品主要有:纯甲烷及纯丙烷以外的单独的已有化学定义的有机化合物(归入第二十九章);香烟打火机及类似打火器充气用的液体燃料或液化气体燃料,其包装容器的容量不超过 300 立方厘米的(品目 36.06)。

(2) 品目 27.07 应与品目 29.02、品目 29.07、品目 29.33 的部分货品相区分。

苯(C_6H_6),按重量计纯度在 95% 以下、50% 以上的,归入品目 27.07;纯度在 95% 及以上的,归入品目 29.02。

甲苯($C_6H_5CH_3$),按重量计纯度在 95% 以下、50% 以上的,归入品目 27.07;纯度在 95% 及以上的,归入品目 29.02。

一甲苯[$C_6H_4(CH_3)_2$],按重量计纯度在 95% 以下、50% 以上的,归入品目 27.07;纯度在 95% 及以上的,归入品目 29.02。

萘($C_{10}H_8$),结晶点在 79.4 ℃ 以下、含量在 50% 以上的归入品目 27.07;结晶点在 79.4 ℃ 及以上的归入品目 29.02。

蒽($C_{14}H_{10}$),按重量计纯度在 90% 以下的归入品目 27.07;纯度在 90% 及以上的,归入品目 29.07。

苯酚($C_6H_5 \cdot OH$),按重量计纯度在 90% 以下的归入品目 27.07;纯度在 90% 及以上的,归入品目 29.07。

甲酚($CH_3 \cdot C_6H_4 \cdot OH$),按重量计纯度在 95% 以下的归入品目 27.07;纯度在 95% 及以上的,归入品目 29.07。

二甲苯酚$[(CH_3)_2 \cdot C_6H_3 \cdot OH]$,按重量计纯度在 95% 以下的归入品目 27.07;纯度在 95% 及以上的,归入品目 29.07。

吡啶,按重量计纯度在 95% 以下的归入品目 27.07;纯度在 95% 及以上的,归入品目 29.33。

甲基吡啶,按重量计纯度在 90% 以下的归入品目 27.07;纯度在 90% 及以上的,归入品目 29.33。

(3) 品目 27.11 应与品目 29.01 的部分货品相区分。

饱和无环烃类,通式为 C_nH_{2n+2},不饱和无环烃类,通式为 C_nH_{2n}。

甲烷(CH_4)及丙烷(C_3H_8),不论是否纯净,均应归入品目 27.11。

乙烷(C_2H_6),按体积计算纯度低于 95% 的,归入品目 27.11;纯度在 95% 及以上的,归入品目 29.01。

丁烷(C_4H_{10})及其他气态烃,纯度低于 95% 的归入品目 27.11;纯度在 95% 及以上的,归入品目 29.01。

以上为饱和无环烃类物质。以下为不饱和无环烃类物质:

乙烯(C_2H_4),按体积计算纯度低于 95% 的,归入品目 27.11;纯度在 95% 及以上的,归入品目 29.01。

丙烯(C_3H_6),按体积计算纯度低于 90% 的,归入品目 27.11;纯度在 90% 及以上的,归入品目 29.01。

丁烯(C_4H_8),按体积计算纯度低于 90% 的,归入品目 27.11;纯度在 90% 及以上的,归入品目 29.01。

丁二烯(C_2H_4),按体积计算纯度低于 90% 的,归入品目 27.11;纯度在 90% 及以上的,归入品目 29.01。

(4) 关于沥青物质的归类:硬脂沥青、甘油沥青(品目 15.22);煤焦油沥青、沥青焦(品目 27.08);石油沥青(品目 27.13);天然沥青(地沥青)、乳化沥青、沥青岩(品目 27.14);沥青胶粘剂、稀释沥青(品目 27.15);植物沥青、啤酒桶沥青(品目 38.07);沥青或类似原料(如矿物沥青)制品(品目 68.07);以矿物沥青为基本成分的沥青混合物(品目 27.15);以植物沥青为基本成分的制品(品目

38.07);沥青碎石(品目 25.17)。

7.4.3 历年报关员资格全国统一考试中的本章归类题

1. 正构烷烃(1999 年上半年考题)　　　　　　　　　　　　2710.1919

归类说明:正构烷烃呈液态,是一类饱和链烃的混合物,是由石油分馏制取的,属于煤油的分馏产品。本题应按煤油的馏分归入本章编码 2710.1919。

2. 石油原油(1999 年下半年考题)　　　　　　　　　　　　2709.0000

归类说明:石油原油是未经提炼的石油,属于重要的矿物燃料,应归入本章。本题根据归类总规则一,按税目条文的规定归入本章编码 2709.0000。

3. 航空煤油(2000 年考题)　　　　　　　　　　　　　　　2710.1911

归类说明:航空煤油是由石油分馏制取的,属于煤油的分馏产品。本题应按煤油的馏分归入有具体列名的子目 2710.1911。

4. 天然沥青(地沥青)(2000 年考题)　　　　　　　　　　　2714.9010

归类说明:天然沥青是一种天然存在的含惰性矿物的烃混合物,应按沥青物质归入本章。本题根据归类总规则一,按税目条文的规定归入本章编码 2714.9010。

5. 液化煤气(2003 年考题)　　　　　　　　　　　　　　　2705.0000

归类说明:煤气通常是在煤气厂或炼焦炉内在无空气存在下干馏煤制得的,是一种氢、甲烷、一氧化碳等的复杂混合物,作为一种矿物燃料应归入本章。本题按税目条文的规定归入本章编码 2705.0000。

习题 7

将以下货品归入我国进出口商品八位数编码中:

(1) 焙烧黄铁矿

(2) 天然碳酸镁

(3) 天然硫酸镁

(4) 煅烧的毒重石

(5) 经煅烧的土色料,按重量计三氧化二铁含量为 65%

(6) 土色料,按重量计三氧化二铁含量为 80%

（7）天然雄黄石

（8）零售包装的食用碘盐

（9）具有放射性的钍矿砂

（10）汞矿砂

（11）磷钇矿，一种稀土金属矿砂

（12）经过染色加工的青石棉纤维

（13）未加工的黑玉（一种褐煤）

（14）肥料用泥煤

（15）化学纯的气态丙烷

（16）油漆溶剂油，含从沥青矿物提取的油类按重量计占 80%

（17）粗制凡士林

（18）生物柴油。一种从植物油或动物脂肪中获得的长链脂肪酸的单烷基
酯混合物，可用做燃料和燃料添加剂

（19）重质液体石蜡

（20）植物沥青

8 | 第六类 化学工业及其相关工业的产品

8.1 本类概况

8.1.1 本类商品结构

第六类共有11章,即第二十八章至第三十八章,除部分产品外,包括几乎所有的化学工业产品及以化学工业产品为原料的相关工业的产品。本类产品大体上可分为两大部分。第一部分由第二十八章的无机化学品(包括部分有机化学品)及第二十九章的有机化学品构成,这些产品都是基本的化工原料,是单独的已有化学定义的化学品(少数产品除外),用于合成或制造其他相关工业的各种制成品。第二部分由第三十章至第三十八章构成,包括药品、化肥、染料、颜料、涂料、化妆品、表面活性剂及其制品、蛋白质、炸药、感光材料以及杂项化学产品等,都是不符合化学定义的混合物,基本按其主要用途来归类。本类产品绝大多数是由人工合成的(尤其是基本化工原料部分),如无机化合物、有机化合物、化肥等。少数产品是以天然的动植物或矿物为原料,经过一系列复杂加工处理制得的,如精油、明胶等。

本类商品在各章的分布情况大致如下:

第六类及相关化工业工品	符合化学定义的纯净物(第二十八章至第二十九章)	无机化学品	第二十八章
		有机化学品	第二十九章
	不符合化学定义的混合物(第三十章至第三十八章)	药品	第三十章
		肥料	第三十一章
		鞣料、染料、颜料、油漆、油墨	第三十二章
		化妆用品	第三十三章

	表面活性剂及制品、各种蜡制品	第三十四章
第业及相关化工学业工品｜六类品 ｜ 不符合化学定义的混合物（第三十章至第三十八章）	蛋白类物质	第三十五章
	炸药、烟火、易燃制品	第三十六章
	照相及电影用品	第三十七章
	杂项化学产品	第三十八章

8.1.2　本类货品的归类原则

本类共有类注三条，分别解释如下。

1. 注释一：优先归类原则

（1）整个《协调制度》目录的优先归类原则：按照注释一（一）的规定，所有的放射性化学元素、放射性同位素及这些元素与同位素的化合物（不论是无机或有机，也不论是否已有化学定义），即使本来可以归入《协调制度》目录的其他品目，也一律归入品目 28.44。例如，放射性氯化钠应归入品目 28.44 而不归入品目 25.01。第二十八章注释六对归入品目 28.44 的货品作了详细的规定，即品目 28.44 只适用于锝（原子序数 43）、钷（原子序数 61）、钋（原子序数 84）及原子序数大于 84 的所有化学元素；天然或人造放射性同位素（包括第十四类及第十五类的贵金属和贱金属的放射性同位素），不论是否混合；上述元素或同位素的无机或有机化合物，不论是否已有化学定义或是否混合；含有上述元素或同位素及其无机或有机化合物并且具有某种放射性强度超过 74 贝可勒尔/克（0.002 微居里/克）的合金、分散体（包括金属陶瓷）、陶瓷产品及混合物；核反应堆已耗尽（已辐照）的燃料元件（释热元件）；放射性的残渣，不论是否有用。

但是放射性矿砂仍归入第五类，例如铀矿砂及其精矿应归入品目 26.12 而不归入品目 28.44。

对于非放射性同位素及其化合物，不论无机或有机，也不论是否已有化学定义，均归入品目 28.45 而不归入其他品目。例如，碳的同位素应归入品目 28.45，而不归入品目 28.03。

（2）第六类产品适用的优先归类原则：根据注释一（二）的规定，除放射性物质或非放射性同位素归入品目 28.44 或品目 28.45 外，如果符合品目 28.43、品目 28.46 或品目 28.52 所述的货品，应优先归入这三个品目中最合适的一个，而不应归入第六类的其他品目。例如硝酸银，即使已制成零售包装供摄影用，也应归入品目 28.43 而不归入品目 37.07。

需要说明的是,品目 28.43、品目 28.46 及品目 28.52 只在第六类中优先于其他品目。如果品目 28.43、品目 28.46 或品目 28.52 所述货品也可归入其他类时,其归类取决于有关类或章的注释以及归类总规则。例如硅铍钇矿,一种稀土金属化合物,本应归入品目 28.46,却因为第二十八章的注释三(一)规定该章不包括所有归入第五类的矿产品,而归入了品目 25.30。

2. 注释二:对制成一定剂量或零售包装货品的归类原则

根据注释二规定,制成一定剂量或零售包装的货品应优先归入品目 30.04、品目 30.05、品目 30.06、品目 32.12、品目 33.03、品目 33.04、品目 33.05、品目 33.06、品目 33.07、品目 35.06、品目 37.07 或品目 38.08(品目 28.43 至品目 28.46 以及品目 28.52 的货品除外)。例如,供治疗疾病用的零售包装硫应归入品目 30.04,而不归入品目 25.03 或品目 28.02;作为胶用的零售包装糊精应归入品目 35.06,而不归入品目 35.05。

具体而言,以下货品如制成一定剂量或零售包装应优先归入相应品目:

治病或防病用药品(品目 30.04);医疗用软填料、纱布、绷带等(品目 30.05);特定的医药用品(品目 30.06)。

染料或其他着色料(品目 32.12)。

各种化妆盥洗用品(分别归入品目 33.03、品目 33.04、品目 33.05、品目 33.06、品目 33.07)。

未列名的调制胶及其他调制粘合剂;适于作胶或粘合剂用的产品,零售包装每件净重不超过 1 千克(品目 35.06)。

摄影用化学制剂(品目 37.07)。

杀虫剂、杀鼠剂、杀菌剂等类似产品(品目 38.08)。

3. 注释三:由两种或两种以上独立成分的配套货品的归类原则

根据注释三的规定,涉及由两种或两种以上独立组分(部分或全部归入第六类)的配套货品的归类问题,仅限于混合后构成第六类或第七类所列产品的配套货品。这些配套货品的组分如果符合规定,则按混合后产品归入相应的品目。

需要说明的是,如果组分不需事先混合而是逐个连续使用的,不属本类注释三的规定范围。制成零售包装的这类货品,应按《协调制度》归类总规则[一般是规则三(二)]的规定进行归类;对于那些未制成零售包装的则应分别归类。

本类化工品归类流程图见图 8.1：

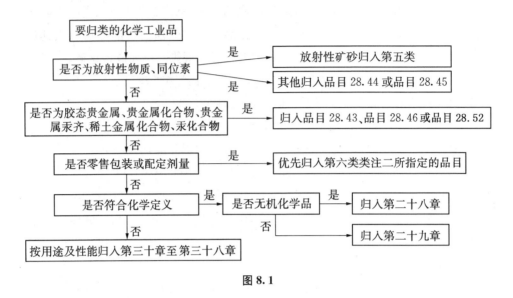

图 8.1

8.2 第二十八章 无机化学品；贵金属、稀土金属、放射性元素及其同位素的有机及无机化合物

8.2.1 本章结构

本章共有 8 条章注、1 条子目注释、6 个分章、51 个品目，其中原品目 28.38 和品目 28.51 已被删除，从而使本章品目编码不连续。本章包括绝大部分的无机化学品及少数有机化学品，其品目结构按商品的分子结构从简单到复杂排列，共分为六个分章。需要说明的是，分章的标题与章、类的标题一样仅是为了方便查找而设，对归类并不具有法律效力。各分章的主要货品包括：第一分章化学元素，从品目 28.01 至品目 28.05 共 5 个品目；第二分章无机酸及非金属无机氧化物，从品目 28.06 至品目 28.11 共 6 个品目；第三分章非金属卤化物及硫化物，从品目 28.12 至品目 28.13 共 2 个品目；第四分章无机碱和金属氧化物、氢氧化物及过氧化物，从品目 28.14 至品目 28.25 共 12 个品目；第五分章无机酸盐、无机过氧酸盐及金属酸盐、金属过氧酸盐，从品目 28.26 至品目 28.42 共 16 个品目；第六分章杂项产品，从品目 28.43 至品目 28.53 共 10 个品目。

总的来说,第二十八章主要限于单独的化学元素及单独的已有化学定义的无机化合物。但有一些既不是单独化学元素,也不是单独的已有化学定义的化合物的产品仍归入本章。同时有一些单独的化学元素及某些单独的已有化学定义的无机化合物,即使是纯净的,也一律不得归入第二十八章。

本章51个品目的排列顺序大致为:

1. 化学元素:第一分章。

　　(1) 氟、氯、溴及碘(品目28.01)。

　　(2) 升华硫磺、沉淀硫磺;胶态硫磺(品目28.02)。

　　(3) 碳(如碳黑等)(品目28.03)。

　　(4) 氢、稀有气体及其他非金属(品目28.04)。

　　(5) 碱金属、碱土金属;稀土金属、钪及钇;汞(品目28.05)。

2. 无机酸及非金属无机氧化物:第二分章。

　　(1) 氯化氢(盐酸);氯磺酸(品目28.06)。

　　(2) 硫酸(品目28.07)。

　　(3) 硝酸(品目28.08)。

　　(4) 磷酸(品目28.09)。

　　(5) 硼酸(品目28.10)。

　　(6) 其他无机酸及非金属无机氧化物(品目28.11)。

3. 非金属卤化物及硫化物:第三分章。

　　(1) 非金属卤化物及卤氧化物(品目28.12)。

　　(2) 非金属硫化物;商品三硫化二磷(品目28.13)。

4. 无机碱和金属氧化物、氢氧化物及过氧化物:第四分章。

　　(1) 氨及氨水(品目28.14)。

　　(2) 氢氧化钠(烧碱);氢氧化钾(苛性钾);过氧化钠及过氧化钾(品目28.15)。

　　(3) 氢氧化镁及过氧化镁;锶或钡的氧化物、氢氧化物及过氧化物(品目28.16)。

　　(4) 氧化锌及过氧化锌(品目28.17)。

　　(5) 人造刚玉;氧化铝;氢氧化铝(品目28.18)。

　　(6) 铬的氧化物及氢氧化物(品目28.19)。

　　(7) 锰的氧化物(品目28.20)。

　　(8) 铁的氧化物及氢氧化物;土色料(品目28.21)。

　　(9) 钴的氧化物及氢氧化物;商品氧化钴(品目28.22)。

(10) 钛的氧化物(品目 28.23)。

(11) 铅的氧化物;铅丹及铅橙(品目 28.24)。

(12) 肼(联氨)、胲(羟胺)及其无机盐;其他无机碱;其他金属氧化物、氢氧化物及过氧化物(品目 28.25)。

5. 无机酸盐、无机过氧酸盐及金属酸盐、金属过氧酸盐:第五分章。

(1) 氟化物;氟硅酸盐、氟铝酸盐及其他氟络盐(品目 28.26)。

(2) 氯化物、氯氧化物及氢氧基氯化物;溴化物及溴氧化物;碘化物及碘氧化物(品目 28.27)。

(3) 次氯酸盐;商品次氯酸钙;亚氯酸盐;次溴酸盐(品目 28.28)。

(4) 氯酸盐及高氯酸盐;溴酸盐及过溴酸盐;碘酸盐及高碘酸盐(品目 28.29)。

(5) 硫化物;多硫化物(品目 28.30)。

(6) 连二亚硫酸盐及次硫酸盐(品目 28.31)。

(7) 亚硫酸盐;硫代硫酸盐(品目 28.32)。

(8) 硫酸盐;矾;过硫酸盐(品目 28.33)。

(9) 亚硝酸盐;硝酸盐(品目 28.34)。

(10) 次磷酸盐、亚磷酸盐及磷酸盐;多磷酸盐(品目 28.35)。

(11) 碳酸盐;过碳酸盐;含氨基甲酸铵的商品碳酸铵(品目 28.36)。

(12) 氰化物、氧氰化物及氰络合物(品目 28.37)。

(13) 硅酸盐;商品碱金属硅酸盐(品目 28.39)。

(14) 硼酸盐及过硼酸盐(品目 28.40)。

(15) 金属酸盐及过金属酸盐(品目 28.41)。

(16) 其他无机酸盐及过氧酸盐(包括不论是否已有化学定义的硅铝酸盐),但叠氮化物除外(品目 28.42)。

6. 杂项产品:第六分章。

(1) 胶态贵金属;贵金属的无机或有机化合物;贵金属汞齐(品目 28.43)。

(2) 放射性化学元素及放射性同位素及其化合物(品目 28.44)。

(3) 品目 28.44 以外的同位素及其他无机或有机化合物(品目 28.45)。

(4) 稀土金属、钇、钪及其混合物的无机或有机化合物(品目 28.46)。

(5) 过氧化氢(品目 28.47)。

(6) 磷化物,但不包括磷铁(品目 28.48)。

(7) 碳化物(品目 28.49)。

(8) 氢化物、氮化物、叠氮化物、硅化物及硼化物,但可归入品目 28.49 的碳化物除外(品目 28.50)。

(9) 汞的有机或无机化合物,汞齐除外(品目 28.52)。

(10) 其他无机化合物(包括蒸馏水、导电水及类似的纯净水);液态空气;压缩空气;汞齐,但贵金属汞齐除外(品目 28.53)。

8.2.2 本章归类要点

本章品目较多,需要的商品知识相当专业,归类时容易产生错误,应注意以下几点:

(1) 根据本章注释一的规定,含有杂质或溶于水的单独化学元素和已有化学定义的单独化合物仍归入第二十八章。这些元素和化合物如果是溶于水以外的溶剂,一般不得归入第二十八章,除非它们处于溶液状态完全是为了安全或运输需要所采取的一种正常必要方法,在这种情况下,所用溶剂不得使产品改变其一般用途而专门适合于某些特殊用途。

上述单独的已有化学定义的元素及化合物,如果为了保存或运输的需要加入了稳定剂,仍应归入本章。例如,加入硼酸稳定的过氧化氢仍归入品目 28.47。

如果所添加的物品并不改变产品的一般用途而使之专门适合某些特殊用途,本章的产品还可含有:抗尘剂(如对某些有毒的化学品加入矿物油以防止搬运时尘土飞扬);着色物质,加入后以便识别或为了安全需要而加入到危险或有毒化学品中(例如,加入到品目 28.42 的砷酸铅)用以提醒或告诫接触这些产品的人。但为了其他原因而加入着色物质的[如硅胶加入了钴盐以作为湿度指示剂(品目 38.24)]不应归入本章。

(2) 根据本章注释二的规定,某些含碳化合物仍然归入第二十八章的相关品目,具体包括品目 28.11 至品目 28.13、品目 28.31、品目 28.36 至品目 28.37、品目 28.42 至品目 28.47、品目 28.49 以及品目 28.53 的货品。其他含碳化合物都不归入第二十八章而应归入其他各章中。

(3) 某些其他单独的元素或单独的已有化学定义的化合物,本来可归入第二十八章,但如果制成某些形状,或经过某种不改变其化学成分的处理,则不能归入第二十八章。这些货品除了第二十八章注释三和注释八规定的之外,还包括:处理后能发冷光的用作发光体的产品(如钨酸钙)(品目 32.06);制成灭火器装填料或装于灭火弹内的产品(如硫酸)(品目 38.13);零售包装的除墨剂(品目

38.24）；碱金属或碱土金属卤化物（如氟化锂、氟化钙、溴化钾、溴碘化钾等）制成光学元件形状（品目 90.01）或为每颗重量不低于 2.5 克的培养晶体（非光学元件）（品目 38.24）。

但是该项规定并不影响品目 28.43 至品目 28.46 所列产品的归类，因为第六类注释一对此作了优先归类原则的安排。

（4）化学元素可分为两类，非金属元素及金属元素。一般来说，第二十八章包括所有非金属元素，而许多金属元素归入其他章，例如，贵金属（第七十一章）、贱金属（第七十二章至第七十六章、第七十八章至第八十一章）；但胶态贵金属（品目 28.43）、放射性化学元素和放射性同位素（品目 28.44）以及稳定的其他同位素（品目 28.45）仍归入本章。

（5）关于归入品目 28.44 的放射性化学元素，是指锝、钷、钋及原子序数大于 84 的所有化学元素，具体包括表 8.1 已知的元素：

表 8.1

元素	符号	原子序数	元素	符号	原子序数
锝	Tc	43	镎	Np	93
钷	Pm	61	钚	Pu	94
钋	Po	84	镅	Am	95
砹	At	85	锔	Cm	96
氡	Rn	86	锫	Bk	97
钫	Fr	87	锎	Cf	98
镭	Ra	88	锿	Es	99
锕	Ac	89	镄	Fm	100
钍	Th	90	钔	Md	101
镤	Pa	91	锘	No	102
铀	U	92	铹	Lw	103

注：元素的原子序数为该元素的一个原子所含的核外电子总数。

此外，归入品目 28.44 的天然或人造放射性同位素主要有：氢 3（即氚），钠 24，磷 32，硫 35，钾 42，钙 45，铬 51，铁 59，钴 60，氪 85，锶 90，钇 90，钯 109，碘 131，碘 132，氙 133，铯 137，铥 170，铱 192，金 198 等。

（6）归入品目 28.45 的货品包括：不论是否已有化学定义的稳定的非放射性同位素及其无机或有机化合物，主要有重氢（氢 2 或氘）；重水（氧化氘）；重石蜡、重醋酸、重甲烷、重乙炔；锂的非放射性同位素（锂 6 或锂 7）及其化合物；碳的非放射性同位素（碳 13）及其化合物等。但是放射性同位素应归入品目 28.44。

（7）关于汞及其汞齐的归类：汞能溶解许多金属，生成汞合金称为汞齐。朱砂（汞矿砂）归入品目 26.17；汞（即水银）归入品目 28.05；贵金属汞齐归入品目 28.43；汞的化合物（汞齐除外）应优先归入品目 28.52；非贵金属的汞齐归入品目 28.53。

（8）关于碳物质的归类：天然石墨（又称黑铅）（品目 25.04）；主要含碳的煤及石油（归入第二十七章）；焦炭、半焦炭、甑炭（品目 27.04）；碳（碳黑及其他未列名的碳）（品目 28.03）；二氧化碳、一氧化碳、碳酸（品目 28.11）；碳化物（品目 28.49）；印刷油墨、书写墨水（品目 32.15）；含有碳成分的矿物着色料（品目 32.06）；人造石墨、胶态或半胶态石墨（品目 38.01）；活性炭、动物碳黑（品目 38.02）；木炭（品目 44.02）；碳纤维及其制品，非电器用的石墨或其他碳精制品，如轴承、管子、过滤器等（品目 68.15）；石墨耐火材料（品目 69.02）；石墨耐火制品（品目 69.03）；电器用石墨或碳精制品，如碳电极、碳电刷、灯碳棒、电池碳棒等（品目 85.45）；钻石、金刚石（碳的结晶）（品目 71.02）；钻石粉末（品目 71.05）；图画炭笔（品目 96.09）。

（9）一些归入本章的化合物的俗称与其学名的对应关系为：盐酸——氯化氢（品目 28.06）；干冰——固体二氧化碳（品目 28.11）；磷酰氯——氧氯化磷（品目 28.12）；光气——碳酰二氯（品目 28.12）；烧碱——氢氧化钠（品目 28.15）；苛性钾——氢氧化钾（品目 28.15）；人造刚玉——经过煅烧的氢氧化铝（品目 28.18）；铅黄、黄丹——一氧化铅（品目 28.24）；人造冰晶石——六氟铝酸钠（品目 28.26）；洋硝——氯酸钾（品目 28.29）；纯碱——碳酸钠（品目 28.36）；小苏打——碳酸氢钠（品目 28.36）；精炼硼砂——四硼酸钠（品目 28.40）；重水——氧化氘（品目 28.45）。

8.2.3　历年报关员资格全国统一考试中的本章归类题

1. 贵重金属汞齐（1998 年下半年考题）　　　　　　　　　　　　2843.9000
归类说明：汞齐是由汞溶解金属而成的汞合金，本题似乎可以按贵金属合金归入第七十一章，但根据第七十一章章注三（一）以及第六类类注一（二）的规定，贵金属汞齐应优先归入本章有具体列名的编码 2843.9000。

2. 饼状过氧化钠（分子式为 Na_2O_2）（1999 年上半年考题）　　　2815.3000
归类说明：过氧化钠是金属钠的过氧化物，属无机化学品，它不属于本章章注列明应排除的货品，所以应归入本章中第四分章有具体列名的品目，商品编码为 2815.3000。

3. 元明粉（精制硫酸钠，分子式为 Na_2SO_4）（1999 年下半年考题）

2833.1100

归类说明：硫酸钠是金属钠的硫酸盐，属无机酸盐，它不是本章章注中列明应排除的货品，应归入本章第五分章，其编码为 2833.1100。

4. 纯碱（化学纯）（2000 年考题） 2836.2000

归类说明：纯碱学名叫碳酸钠，是金属钠的碳酸盐，属无机酸盐，它不是本章章注中列明应排除的货品，应归入本章第五分章，其编码为 2836.2000。

5. 重醋酸（2001 年考题） 2845.9000

归类说明：重醋酸是由氢的同位素氘（重氢）制得的醋酸，应作为同位素的化合物归类。根据第六类类注一（一）的规定，本题应优先归入编码 2845.9000。

6. 钴 60（2002 年考题） 2844.4020

归类说明：钴是一种贱金属，应归入第八十一章。但钴 60 属于放射性同位素，根据第六类类注一（一）的规定，它应优先归入品目 28.44 而不应归入品目 81.05，本题应归入品目 28.44 项下有具体列名的子目 2844.4020。

7. 硫化汞（符合化学定义）（2007 年考题） 2852.1000

归类说明：本题货品是一种汞的化合物。根据第六类类注一（二）的规定，除品目 28.44 和 28.45 的货品外，汞的化合物应优先归入第二十八章品目 28.52。根据税目条文规定，本题货品应归入编码 2852.1000。

8.3 第二十九章 有机化学品

8.3.1 本章结构

本章共有 8 条章注、1 条子目注释、13 个分章、42 个品目，本章的品目基本上是按商品的分子结构从简单到复杂排列。需要说明的是，分章的标题与章、类的标题一样仅是为了方便查找而设，对归类并不具有法律效力。

各分章的标题及包括的品目情况是：第一分章烃类及其卤化、磺化、硝化或亚硝化衍生物，从品目 29.01 至品目 29.04 共 4 个品目；第二分章醇类及其卤化、磺化、硝化或亚硝化衍生物，从品目 29.05 至品目 29.06 共 2 个品目；第三分章酚、酚醇及其卤化、磺化、硝化或亚硝化衍生物，从品目 29.07 至品目 29.08 共

2 个品目；第四分章醚、过氧化醇、过氧化醚、过氧化酮、三节环环氧化物、缩醛及半缩醛及其卤化、磺化、硝化或亚硝化衍生物，从品目 29.09 至品目 29.11 共 3 个品目；第五分章醛基化合物，从品目 29.12 至品目 29.13 共 2 个品目；第六分章酮基化合物及醌基化合物，仅有 1 个品目 29.14；第七分章羧酸及其酸酐、酰卤化物、过氧化物和过氧酸以及它们的卤化、磺化、硝化或亚硝化衍生物，从品目 29.15 至品目 29.18 共 4 个品目；第八分章非金属无机酸酯及其盐以及它们的卤化、磺化、硝化或亚硝化衍生物，从品目 29.19 至品目 29.20 共 2 个品目；第九分章含氮基化合物，从品目 29.21 至品目 29.29 共 9 个品目；第十分章有机—无机化合物、杂环化合物、核酸及其盐以及磺（酰）胺，从品目 29.30 至品目 29.35 共 6 个品目；第十一分章维生素原、维生素及激素，从品目 29.36 至品目 29.37 共 2 个品目；第十二分章天然或合成再制的苷（配糖物）、植物碱及其盐、醚、酯和其他衍生物，从品目 29.38 至品目 29.39 共 2 个品目；第十三分章其他有机化合物，从品目 29.40 至品目 29.42 共 3 个品目。

总的来说，除另有规定的以外，第二十九章仅限于单独的已有化学定义的有机化合物。但并不是单独的已有化学定义的有机化合物均归入该章，也有一部分单独的已有化学定义的有机化合物归入其他章。同时还有一部分不是单独的已有化学定义的化合物仍归入第二十九章。

本章 42 个品目的排列顺序大致为：

1. 烃类及其卤化、磺化、硝化或亚硝化衍生物：第一分章。
   （1）无环烃（品目 29.01）。
   （2）环烃（品目 29.02）。
   （3）烃的卤化衍生物（品目 29.03）。
   （4）烃的磺化、硝化或亚硝化衍生物，不论是否卤化（品目 29.04）。
2. 含氧基化合物。
   （1）醇类及其卤化、磺化、硝化或亚硝化衍生物：第二分章。
   ① 无环醇及其卤化、磺化、硝化或亚硝化衍生物（品目 29.05）；
   ② 环醇及其卤化、磺化、硝化或亚硝化衍生物（品目 29.06）。
   （2）酚、酚醇及其卤化、磺化、硝化或亚硝化衍生物：第三分章。
   ① 酚；酚醇（品目 29.07）；
   ② 酚及酚醇的卤化、磺化、硝化或亚硝化衍生物（品目 29.08）。
   （3）醚、过氧化醇、过氧化醚、过氧化酮、三节环环氧化物、缩醛及半缩醛及其卤化、磺化、硝化或亚硝化衍生物：第四分章。
   ① 醚、醚醇、醚酚、醚醇酚、过氧化醇、过氧化醚、过氧化酮及其卤化、

磺化、硝化或亚硝化衍生物(品目 29.09);

②三节环环氧化物、环氧醇、环氧酚、环氧醚及其卤化、磺化、硝化或亚硝化衍生物(品目 29.10);

③缩醛及半缩醛,及其卤化、磺化、硝化或亚硝化衍生物(品目 29.11)。

(4)醛基化合物:第五分章。

①醛;环聚醛;多聚甲醛(品目 29.12);

②品目 29.12 所列产品的卤化、磺化、硝化或亚硝化衍生物(品目 29.13)。

(5)酮基化合物及醌基化合物:第六分章。

①酮及醌,及其卤化、磺化、硝化或亚硝化衍生物(品目 29.14)。

(6)羧酸及其酸酐、酰卤化物、过氧化物和过氧酸以及它们的卤化、磺化、硝化或亚硝化衍生物:第七分章。

①饱和无环一元羧酸及其酸酐、酰卤化物、过氧化物和过氧酸以及它们的卤化、磺化、硝化或亚硝化衍生物(品目 29.15);

②不饱和无环一元羧酸、环一元羧酸及其酸酐、酰卤化物、过氧化物和过氧酸以及它们的卤化、磺化、硝化或亚硝化衍生物(品目 29.16);

③多元羧酸及其酸酐、酰卤化物、过氧化物和过氧酸以及它们的卤化、磺化、硝化或亚硝化衍生物(品目 29.17);

④含附加含氧基的羧酸及其酸酐、酰卤化物、过氧化物和过氧酸以及它们的卤化、磺化、硝化或亚硝化衍生物(品目 29.18)。

(7)非金属无机酸酯及其盐以及它们的卤化、磺化、硝化或亚硝化衍生物:第八分章。

①磷酸酯及其盐,包括乳磷酸盐,以及它们的卤化、磺化、硝化或亚硝化衍生物(品目 29.19);

②其他非金属无机酸酯(不包括卤化氢的酯)及其盐以及它们的卤化、磺化、硝化或亚硝化衍生物(品目 29.20)。

3. 含氮基化合物:第九分章。

(1)氨基化合物(品目 29.21)。

(2)含氧基氨基化合物(品目 29.22)。

(3)季铵盐及季铵碱;卵磷脂及其他磷氨基类脂(品目 29.23)。

(4)羧基酰胺基化合物;碳酸酰胺基化合物(品目 29.24)。

(5) 羧基酰亚胺化合物(包括糖精及其盐)及亚胺基化合物(品目29.25)。

(6) 腈基化合物(品目29.26)。

(7) 重氮化合物、偶氮化合物及氧化偶氮化合物(品目29.27)。

(8) 肼(联氨)及胲(羟胺)的有机衍生物(品目29.28)。

(9) 其他含氮基化合物(品目29.29)。

4. 有机—无机化合物、杂环化合物、核酸及其盐以及磺(酰)胺:第十分章。

(1) 有机硫化合物(品目29.30)。

(2) 其他有机—无机化合物(品目29.31)。

(3) 仅含有氧杂原子的杂环化合物(品目29.32)。

(4) 仅含有氮杂原子的杂环化合物(品目29.33)。

(5) 核酸及其盐;其他杂环化合物(品目29.34)。

(6) 磺(酰)胺(品目29.35)。

5. 从动植物原料提取的初始原料。

(1) 维生素原、维生素及激素:第十一分章。

① 天然或合成再制的维生素原和维生素(包括天然浓缩物)及其主要用作维生素的衍生物,上述产品的混合物(品目29.36);

② 天然或合成再制的激素、前列腺素、血栓烷、白细胞三烯及其衍生物和结构类似物,包括主要用作激素的改性链多肽(品目29.37)。

(2) 天然或合成再制的苷(配糖物)、植物碱及其盐、醚、酯和其他衍生物:第十二分章。

① 天然或合成再制的苷(配糖物)及其盐、醚、酯和其他衍生物(品目29.38);

② 天然或合成再制的生物碱及其盐、醚、酯和其他衍生物(品目29.39)。

6. 其他有机化合物:第十三分章。

(1) 化学纯糖,但蔗糖、乳糖、麦芽糖、葡萄糖及果糖除外;糖醚、糖缩醛、糖酯及其盐,但不包括品目29.37至品目29.39的产品(品目29.40)。

(2) 抗菌素(品目29.41)。

(3) 其他有机化合物(品目29.42)。

8.3.2   本章归类要点

本章品目较多,需要的商品知识专业,归类时容易产生错误,应注意以下几点:

(1) 根据本章注释一的规定,含有杂质或溶于水的单独的已有化学定义的有机化合物,以及同一有机化合物的异构体混合物,仍归入第二十九章。这些化合物如果溶于水以外的溶剂,一般不得归入第二十九章,除非它们处于溶液状态完全是为了安全或运输所采取的一种正常必要方法,在这种情况下,所用溶剂不得使产品改变其一般用途而专门适合于某些特殊用途。

上述化合物,如果为了保存或运输的需要加入了稳定剂,仍应归入本章。例如,苯乙烯加入作为抑制用的叔丁基邻苯二酚后仍归入品目 29.02。

如果所添加的物品并不改变产品的一般用途以使之专门适合某些特殊用途,本章的产品还可含有:抗尘剂、着色剂或气味剂。

(2) 除第二十八章注释二所列的化合物以外,其他的有机—无机化合物均归入第二十九章。

(3) 归入第二十九章的不是单独的已有化学定义的化合物主要有品目 29.09、品目 29.12、品目 29.19、品目 29.23、品目 29.34、品目 29.36 至品目 29.41 的货品。

(4) 某些单独的已有化学定义的化合物即使是纯净的,也一律不归入第二十九章。这些化合物除归入第二十八章的产品外,还有:蔗糖(品目 17.01);乳糖、麦芽糖、葡萄糖及果糖(品目 17.02);乙醇(品目 22.07 或品目 22.08);甲烷及丙烷(品目 27.11);尿素(品目 31.02 或品目 31.05);动、植物着色料(如叶绿素)(品目 32.03);合成有机染料(包括颜料)以及用作荧光增白剂(如某些芪衍生物)的合成有机产品(品目 32.04)。

此外,该章也不包括粗甘油(品目 15.20)、酶(品目 35.07)等货品。

(5) 某些原本应归入第二十九章的单独的已有化学定义的有机产品,如果制成一定形状或经过某些不改变其化学成分的处理后,就不能再归入第二十九章。例如:制成一定剂量或制成零售形状或包装的治疗或预防疾病用的产品(品目 30.04);经过处理使其发光后用作发光体的产品(如邻羟苄基醛连氮)(品目 32.04);制成零售形状或包装的染料及其他着色料(品目 32.12);制成零售形状或包装的香水、化妆品及盥洗品(如丙酮)(品目 33.03 至品目 33.07);制成净重不超过 1 千克的零售包装胶或胶粘产品(品目 35.06);制成一定形状的固体燃料(如聚乙醛、六亚甲基四胺),或包装容器的容积不超过 300 立方厘米的

直接灌注香烟打火机及类似打火器用的液体或液化气体燃料（如液体丁烷）
（品目 36.06）；制成标准份额或零售形式供摄影用的氢醌及其他未混合产品
（品目 37.07）；制成一定形状的消毒剂、杀虫剂等（品目 38.08）；制成灭火器用
的装配药或装于灭火弹的产品（如四氯化碳）（品目 38.13）；制成零售包装的除
墨剂（如品目 29.35 氯胺的水溶液）（品目 38.24）；光学元件（如酒石酸乙二胺）
（品目 90.01）。

（6）根据第二十九章注释三的规定：可以归入该章两个或两个以上品目的
货品，一般应归入有关品目中的最后一个品目，即采取从后归类的原则。例如，
抗坏血酸既可作为内酯归入品目 29.32，也可作为维生素归入品目 29.36，根据
此规定，最终应归入品目 29.36。

（7）一些归入本章的化合物的俗称与其化学成分的对应关系为：氯仿——
三氯甲烷（品目 29.03）；TNT——三硝基甲苯（品目 29.04）；甘油——丙三醇
（品目 29.05）；阿司匹林——邻乙酰水杨酸（品目 29.18）；尼龙 66 盐——己二酸
己二胺盐（品目 29.21）；盘尼西林——青霉素（品目 29.41）；阿莫西林——羟氨
苄青霉素（品目 29.41）；金霉素、土霉素、强力霉素——四环素（品目 29.41）；先
锋霉素——头孢菌素（品目 29.41）。

8.3.3　历年报关员资格全国统一考试中的本章归类题

　　1. 纯净丙三醇（俗称甘油）（1997 年考题）　　　　　　　　　　2905.4500
　　归类说明：丙三醇，俗称甘油，可以通过纯化（如蒸馏）粗甘油制得或用丙烯
作原料合成制得，属于一种多元醇，应归入第二分章有具体列名的编
码 2905.4500。

　　2. 500 毫升瓶装化学纯级乙酸乙酯（1998 年上半年考题）　　　2915.3100
　　归类说明：乙酸乙酯是一种乙酸酯，属有机化学品，根据本章章注五（二）的
规定，应按酸基化合物归入第七分章。经查，本题应归入有具体列名的编
码 2915.3100

　　3. 福尔马林（1998 年下半年考题）　　　　　　　　　　　　　2912.1100
　　归类说明：福尔马林是甲醛的水溶液，它是一种醛基化合物，属有机化学品，
根据本章章注一（四），应归入本章第五分章有具体列名的编码 2912.1100。

　　4. 头孢拉啶（先锋霉素类抗菌素原药）（1999 年上半年考题）　　2941.9054
　　归类说明：头孢拉啶是一种抗菌素，原药是制造药品的原料，应作为有机化
学品归入本章第十三分章有具体列名的编码 2941.9054。

5. 奎宁碱（1999 年上半年考题）　　　　　　　　　　　　　　　2939.2000

归类说明：奎宁碱是一种从金鸡纳树等植物的皮中提取出来的生物碱，可用于制造退热药和抗疟药。本题应作为有机化学品归入本章第十二分章有具体列名的编码 2939.2000。

6. 尼龙 66 盐（1999 年下半年、2000 年考题）　　　　　　　　　2921.2210

归类说明：尼龙 66 盐又称己二酸己二胺盐，是一种含氮基化合物，可以用于制造化学纤维聚酰胺。本题应作为有机化学品归入本章第九分章有具体列名的编码 2921.2210。

7. 磺胺嘧啶（磺胺类原药，通式为 $NH_2—C_6H_4—SO_2NHR$）（1999 年下半年考题）　　　　　　　　　　　　　　　　　　　　　　　　　2935.0010

归类说明：磺胺在医药上主要用于制作强力杀菌剂，是一种有机化学品，在本章第十分章中有具体列名。本题应归入编码 2935.0010

8. 作饲料添加剂用的化学纯氨基酸（谷氨酸，非零售包装）（2000 年考题）

2922.4210

归类说明：氨基酸是一种含氮基的有机化学品，在本章第九分章品目 29.22 中有具体列名，所以本题应归入本章编码 2922.4210。

9. 作饲料添加剂用的天然维生素 D 浓缩物和天然维生素 A 浓缩物的混合物（非零售包装、未配定剂量）（2001 年考题）　　　　　　　　　2936.9000

归类说明：维生素是人类或其他动物机体正常活动所必需的活性剂，常用于医药及工业上，属于一种有机化学品。本题中的维生素混合物应归入第十一分章品目 29.36，其编码为 2936.9000。

10. 氢化可的松（未配定剂量，非零售包装）（2002 年考题）　　　2937.2100

归类说明：氢化可的松是一种调节蛋白质及碳水化合物新陈代谢的糖（肾上腺）皮质激素，具有局部消炎的作用。归类时应按激素原药归入本章中的第十一分章。本题作为有机化学品应归入品目 29.37 项下有具体列名的子目 2937.2100。

8.4　第三十章　药品

8.4.1　本章结构

本章共 4 条章注、6 个品目。基本是按器官疗法用人体或动物制品，抗血清类产品,混合非零售药品,零售药品,医疗用纱布、绷带等物品,其他医药用品的顺序排列品目的。

本章主要包括两类货品:具有防治人类或动物疾病的内服或外用药品(即具有治病或防病作用的产品);本身没有治病或防病作用,但可单独供医疗、外科、牙科或兽医用的产品。

8.4.2 本章归类要点

(1)根据本章注释一的规定,本章不包括的货品主要有:食品及饮料(如营养品、糖尿病食品、强化食品、保健食品、滋补饮料及矿泉水)(第四类),但供静脉注射用的滋养品仍归入第三十章;经煅烧或研磨的牙科用熟石膏(品目 25.20);适合医药用的精油水馏液及水溶液(品目 33.01);品目 33.03 至品目 33.07 的制品,不论是否具有治疗及预防疾病的作用;加有药料的肥皂及品目 34.01 的其他产品;以熟石膏为基本成分的牙科用制品(品目 34.07);不作治疗及预防疾病用的血清蛋白(品目 35.02);品目 38.08 的杀虫剂、消毒剂等。

(2)根据本章注释三的规定,品目 30.03、品目 30.04 以及品目 30.06 中所称的非混合产品是指:溶于水的非混合产品;第二十八章及第二十九章的所有货品;以及品目 13.02 的单一植物浸膏,只经标定或溶于溶剂的。

至于混合产品是指:胶体溶液及悬浮液(胶态硫磺除外);从植物性混合物加工所得的植物浸膏;蒸发天然矿质水所得的盐及浓缩物。

(3)根据本章注释四的规定,品目 30.06 仅适用于下列物品,这些物品只能归入该品目而不能归入其他品目:无菌外科肠线、类似的无菌缝合材料及外伤用的无菌粘合胶布;无菌昆布及无菌昆布塞条;外科及牙科用无菌吸收性止血材料;用于病人的 X 光检查造影剂及其他诊断试剂,这些药剂是由单一产品配定剂量或由两种以上成分混合而成的;血型试剂;牙科粘固剂及其他牙科填料;骨骼粘固剂;急救药箱、药包;以激素、品目 29.37 的其他产品或杀精子剂为基本成分的化学避孕药物;专用于人类或作兽药用的凝胶制品,作为外科手术或体检时躯体部位的润滑剂,或者作为躯体和医疗器械之间的耦合剂;废药物,即因超过有效保存期等原因而不适于作原用途的药品。

(4)品目 30.03 与品目 30.04 均包括用以防治人类或动物疾病的内服或外用药品。二者的区别在于:品目 30.03 的药品未配定剂量或未制成零售包装,而且这些药品是通过将两种或两种以上物质混合制成。而品目 30.04 的药品已配定剂量或已制成零售包装,这些药品可以是多种成分混合而成,也可以是单一成分制成的。所谓的零售包装通常包括片剂、针剂、胶囊、扁囊、滴剂、锭剂、制成小量粉剂、制成一次使用剂量供治病或防病用。但是品目30.01、品目30.02、品目30.05和品目30.06的药品除外。

8.4.3 历年报关员资格全国统一考试中的本章归类题

1. 含有头孢克罗的药品(未配定剂量或制成零售包装)(2000年考题)

3003.2015

归类说明:头孢克罗是一种抗菌素,属先锋霉素类中的头孢菌素。由于已制成药品,所以不能归入第二十九章抗菌素原药中,而应归入本章。由于本题的药品未配定剂量、未制成零售包装,根据本章品目条文和相应的子目条文,应按具体列名法将其归入本章编码3003.2015。

2. 氯霉素眼药水,10毫升/支(2003年考题)   3004.2090

归类说明:氯霉素是一种抗菌素。由于已制成药品,所以不能归入第二十九章抗菌素原药中,而应归入本章。由于本题的药品已制成零售包装,根据本章品目条文和相应的子目条文,应将其归入本章编码3004.2090。

3. 云南白药药粉,含三七等中药原料,有止血、消炎等功效,5公斤装(2004年考题)   3003.9090

归类说明:云南白药是一种非抗菌素类中药,其成分中不含磺胺和青蒿素。由于已制成药品,所以不能归入其他章而应归入本章。由于本题的药品未制成零售包装,根据本章品目条文和相应的子目条文,应将其归入本章编码3003.9090。

4. 用作局部麻醉的普鲁卡因针剂(2005年考题)   3004.9090

归类说明:普鲁卡因是一种含氧基氨基化合物,属于氨基酸的一种。由于已制成药品,所以不能按原药归入第二十九章中,而应归入本章。由于本题的药品已制成零售包装,根据本章品目条文和相应的子目条文,应将其归入本章编码3004.9090。

5. 达菲,一种抗H5N1型禽流感病毒的口服药物,0.25克/粒,化学名称磷酸奥司他韦(2006年考题)   3004.9090

归类说明:从本题货品的作用(抗禽流感病毒)和包装(0.25克/粒),可以判断其为零售包装的药品。根据第六类类注二的规定,零售包装的药品应优先归入品目 30.04。再考虑其不含抗菌素、激素、生物碱、维生素等成分,也不是中式成药,根据子目条文的规定,本题货品应归入编码 3004.9090。

6. 利福平胶囊,24 粒/盒,抗结核病药(2007 年考题)　　　　　3004.2090

归类说明:本题货品为一种抗结核病的药品,从其包装(每盒 24 粒的胶囊),可以判断为零售包装的药品,应将其归入第三十章。根据第六类类注二的规定,零售包装的药品应优先归入品目 30.04。考虑到利福平属于一种非青霉素、链霉素和头孢菌素类的抗菌素(可通过品目 29.41 项下的子目来判断),根据品目 30.04 项下子目条文的规定,应将本题货品归入编码 3004.2090。

7. 头孢西丁胶囊,一种抗菌素药物,0.5 克/粒,12 粒/盒(2008 年考题)

3004.2013

归类说明:头孢西丁胶囊,作为一种已制成的抗菌素药物,应归入第三十章。本题货品是零售包装货品(0.5 克/粒,12 粒/盒),根据第六类类注二的规定,零售包装的药品应优先归入第三十章品目 30.04。考虑到本题货品为头孢菌素类的抗菌素,根据子目条文的规定,应将其归入有具体列名"头孢西丁制剂"的编码 3004.2013。

8.5　第三十一章　肥料

8.5.1　本章结构

本章共 6 条章注、5 个品目。基本上是按动、植物肥料,氮肥,磷肥,钾肥,多种肥效元素的肥料、其他肥料及零售包装的肥料的顺序来排列品目的。

本章主要包括通常作天然或人造肥料用的绝大多数产品,可分为动植物肥料、一元矿物或化学肥料、多元矿物或化学肥料、其他混合肥料以及零售包装的肥料。

8.5.2　本章归类要点

(1) 一般归入本章的货品不是单独的已有化学定义的化合物,但也有一些化学品,不论是否纯净、也不论是否作为肥料使用,仍然归入本章,例如:硝酸钠、硝酸铵、硫酸铵、氰氨化钙、尿素(即碳酸二酰胺)、硫酸铵及硝酸铵的复盐、硝酸钙及硝酸铵的复盐、硝酸钙及硝酸镁的复盐(品目 31.02 或品目 31.05);氯化钾、硫酸钾、硫酸镁钾(品目 31.04 或品目 31.05);磷酸二氢铵、磷酸氢二铵(品目 31.05)。

(2) 某些含氮、磷、钾或复合肥效元素的符合化学定义的无机化合物,即使用作肥料,也不归入本章而应归入第二十八章,例如氯化铵(品目 28.27);硝酸钾、硝酸钙(品目 28.34)、磷酸二氢钾(品目 28.35)、碳酸钾、碳酸氢铵(品目 28.36)等。

(3) 第三十一章注释二、三、四对归入品目 31.02、品目 31.03、品目 31.04 的货品作了详细规定。一般说来,归入这三个品目的矿物或化学肥料是指仅含氮、磷、钾三种肥效元素中的一种元素的肥料,具体范围仅限本章章注二、三、四提及的化合物,以及同一品目下不同肥料的混合物,且未制成片状及类似形状或每包毛重超过 10 千克。对于归入品目 31.05 的肥料,主要包括:该章注释五中提及的肥料;含氮、磷、钾三种肥效元素中两种或三种元素的矿物或化学肥料;其他品目未列名的,仅适用于其基本成分至少含氮、磷、钾三种肥效元素中的一种元素的肥料;以及制成片状或类似形状或每包毛重不超过 10 千克的本章各种肥料。

(4) 本章不包括的货品还有:能改良土壤,但不能增加肥力的石灰(品目 25.22)、泥灰及腐烂植物质土(不论是否天然含有少量的氮、磷或钾肥效元素)(品目 25.30)、泥煤(品目 27.03),另外已制成的植物生长培养介质,例如盆栽土也不归入本章(以泥煤、泥煤与砂的混合物、泥煤与粘土的混合物为基料制成的归入品目 27.03,以泥土、砂、粘土等的混合物为基料制成的归入品目 38.24)。本章也不包括品目 05.11 的液态或干的动物血;非光学元件的氯化钾培养晶体(每颗重量不低于 2.5 克)(品目 38.24);氯化钾光学元件(品目 90.01);骨、木材、泥煤或煤烧成的灰(品目 26.21);不适合供人食用的肉、杂碎、鱼、甲壳动物、软体动物或其他水生无脊椎动物的细粉、粗粉及团粒(品目 23.01)以及归入第二十三章的其他产品(油渣饼、酿造或蒸馏糟粕等);不适宜作皮革制品用的皮革边角废料、皮革粉末(品目 41.15)。

(5) 品目 31.01 的动物、植物肥料主要包括:鸟粪(含有氮和磷);只适于作肥料用的排泄物、人畜粪肥及污秽废羊毛等;只适于作肥料用的腐烂植物产品;已粉碎的鸟粪;用硫酸处理皮革后剩余的产品;由已腐烂废植物和其他物质组成并用石灰等进行加速或控制腐烂的堆肥等。

8.5.3 历年报关员资格全国统一考试中的本章归类题

1. 每袋毛重 10 公斤的过磷酸钙(1997 年考题)　　　　　　　　　3105.1000

归类说明:过磷酸钙作为一种过磷酸盐,似乎应归入第二十八章,但根据第二十八章章注三(三)的规定,它作为一种磷肥,应按肥料归入第三十一章。看上去本题似乎应归入品目31.03,但根据该章章注三的规定,不超过10公斤包装的肥料均应归入第三十一章品目31.05。据此本题归入该章编码3105.1000。

2. 20公斤装、化学纯级、粉末状硝酸钠(1998年上半年考题)　3102.5000

归类说明:硝酸钠作为钠的硝酸盐,似乎应归入第二十八章,但根据第二十八章章注三(三)的规定,它又是一种氮肥,应按肥料归入第三十一章。看上去本题似乎既可归入第三十一章品目31.02,又可归入品目31.05,但根据该章章注二的规定,不超过10公斤包装的肥料才归入品目31.05。据此本题应归入该章编码3102.5000。

3. 尿素[分子式为$(NH_2)_2CO$,每包毛重大于10公斤](1999年上半年考题)　3102.1000

归类说明:尿素即碳酸二酰胺,又称脲。作为一种有机化学品,似乎应归入第二十九章,但根据第二十九章章注二(五)的规定,它又是一种氮肥,应按肥料归入第三十一章。看上去本题似乎既可归入第三十一章品目31.02,又可归入品目31.05,但根据该章章注二的规定,不超过10公斤包装的肥料才归入品目31.05。据此本题应归入该章编码3102.1000。

4. 磷酸二氢铵(每包毛重大于10千克)(1999年上半年考题)　3105.4000

归类说明:磷酸二氢铵作为一种无机化合物,似乎应归入第二十八章,但根据第二十八章章注三(三)的规定,它应按肥料归入第三十一章。根据第三十一章章注五的规定,磷酸二氢铵应归入该章编码3105.4000。

5. 脲$(NH_2)_2CO$(毛重大于10公斤;生产脲醛树脂用原料)(2000年及2001年考题)　3102.1000

归类说明:脲即碳酸二酰胺,又称尿素。作为一种有机化学品,似乎应归入第二十九章,但根据第二十九章章注二(五)的规定,它又是一种氮肥,应按肥料归入第三十一章。看上去本题似乎既可归入第三十一章品目31.02,又可归入品目31.05,但根据该章章注二的规定,不超过10公斤包装的肥料才归入品目31.05。据此本题应归入该章编码3102.1000。

6. 硫酸铵化肥,以每袋5公斤包装(2003年考题)　3105.1000

归类说明:硫酸铵作为一种硫酸盐,似乎应归入第二十八章,但根据第二十八章章注三(三)的规定,它作为一种氮肥,应按肥料归入第三十一章。看上去本题似乎应归入第三十一章品目31.02,但根据该章章注二的规定,不超过10公斤包装的肥料均应归入品目31.05。据此本题归入该章编码3105.1000。

8.6　第三十二章　鞣料浸膏及染料浸膏；鞣酸及其衍生物；染料、颜料及其他着色料；油漆及清漆；油灰及其他类似胶粘剂；墨水、油墨

8.6.1　本章结构

本章共 6 条章注、15 个品目。基本上是按鞣料浸膏、鞣酸，鞣料，动植物质着色料，有机合成着色料，其他着色料，着色剂，油漆及清漆，颜料，油灰及其他类似胶粘剂，墨水、油墨的顺序来排列品目的。

本章主要包括用于鞣制及软化皮革的制剂（植物鞣膏、不论是否与天然鞣料混合的合成鞣料以及人造脱灰碱液）；植物、动物或矿物着色料及有机合成着色料；以及用这些着色料制成的大部分制剂（油漆、陶瓷着色颜料、墨水等）；还包括清漆、干燥剂及油灰等各种其他制品。

8.6.2　本章归类要点

（1）本章不包括的主要货品。

本章一般不包括单独的已有化学定义的化学元素或化合物，这些产品一般归入第二十八章或第二十九章。但以下货品仍归入本章：动植物质着色料（品目32.03）；有机合成着色料、用作荧光增白剂或发光体的有机合成产品（品目32.04）；用作发光体的无机产品（品目 32.06）；制成粉、粒或粉片状的熔融石英或其他熔融硅石制成的玻璃（品目 32.07）；制成零售形式或包装的染料及其他着色料（品目 32.12），不论是否符合化学定义。

本章不包括的货品还有：品目 29.36 至品目 29.39、品目 29.41 及品目 35.01 至品目 35.04 的鞣酸盐及其他鞣酸衍生物；动物碳黑（品目 28.03）；染发用"染料"（品目 33.05）；演员化妆用油彩及其他化妆用制剂（品目 33.04）；生漆（品目 13.02）；彩色蜡笔及粉笔（品目 96.09）；沥青胶粘剂（品目 27.15）；照相、复印机用的显影剂（品目 37.07）；打字机用色带或印台（品目 96.12）等。

（2）需要特别说明的是：根据第六类类注二的规定，制成零售形状或零售包

装的染料、颜料或其他着色料应优先归入品目 32.12,如零售包装的硫化染料硫化氢应归入品目 32.12,而不应归入品目 32.04。

(3) 根据本章章注四以及第三十九章章注二(四)的规定,品目 39.01 至品目 39.13 所列的任何聚合物溶于挥发性有机溶剂的溶液,如果溶剂的重量超过溶液重量的 50%,则归入品目 32.08,如果溶剂的重量不超过溶液重量的 50%,则按照塑料归入第三十九章相应品目。但溶于挥发性溶剂的胶棉,不论其溶剂的比例如何,均归入品目 39.12。

8.6.3 历年报关员资格全国统一考试中的本章归类题

1. 50 公斤铁桶装染布用灰色分散染料(1998 年下半年考题)　　3204.1100

归类说明:分散染料是一种有机合成着色料,应归入本章。铁桶装被视为非零售包装,不能根据第六类类注二的规定归入品目 32.12。本题根据品目条文应归入本章编码 3204.1100。

2. 直接染料(铁桶装)(1999 年上半年考题)　　3204.1400

归类说明:直接染料是一种有机合成着色料,应归入本章。铁桶装被视为非零售包装,不能根据第六类类注二的规定归入品目 32.12。本题根据品目条文应归入本章编码 3204.1400。

3. 还原靛蓝(非零售包装)(1999 年下半年考题)　　3204.1510

归类说明:还原靛蓝即合成靛蓝,是一种有机合成着色料,应归入本章。非零售包装的着色料,不能根据第六类类注二的规定归入品目 32.12。本题根据品目条文应归入本章编码 3204.1510。

4. 红色还原颜料(铁桶装)(2000 年考题)　　3204.1590

归类说明:还原染料是一种有机合成着色料,应归入本章。铁桶装被视为非零售包装,不能根据第六类类注二的规定归入品目 32.12。本题根据品目条文应归入本章编码 3204.1590。

5. 溶于挥发性有机溶剂中的丙烯酸聚合物,丙烯酸聚合物占溶液总重量的 45%(2002 年考题)　　3208.2010

归类说明:丙烯酸聚合物似乎可以按照塑料归入第三十九章,但是根据第三十九章章注二(四)的规定,如果溶剂的重量不超过溶液重量的 50%,则按塑料归入品目 39.06;如果溶剂的重量大于 50%,则归入品目 32.08。本题丙烯酸聚合物占溶液总重量的 45%,意味着其他溶剂比重为 55%,所以应归入本章编码 3208.2010。

6. 酸性红 B,一种有机合成染料,红色,主要用于化学纤维的染色,25 千克包装(2006 年考题)   3204.1200

归类说明:酸性红 B 是一种红色酸性染料,属有机合成染料,应归入本章。由于其包装(25 千克)不属于零售包装,应作为非零售包装的有机合成染料归入品目 32.04。根据子目条文的规定,本题货品应归入编码 3204.1200。

7. "立邦"梦幻系列硝基木器漆,以硝酸纤维素为基本成膜成分,加上有机溶剂、颜料和其他添加剂调制而成(2007 年考题)   3208.9090

归类说明:本题货品是以天然聚合物(硝酸纤维素)为基本成分、用以保护或装饰木器表面的清漆,会形成一层干燥防水、光洁平滑而且略带透明或半透明的连续性硬质薄膜,分散于或溶于非水介质,应归入本章。查该章品目条文,本题货品应归入品目 32.08。根据子目条文的规定,应将其归入本章编码 3208.9090。

8. 一种色母粒,选用高浓度色素(碳黑,含量 45%)和 ABS 树脂(含量 52%,ABS 化学名称为丙烯腈-丁二烯-苯乙烯共聚物),颜料助剂(含量 3%),经高速密炼挤出水冷切粒而成,用于 ABS 塑料制品的着色(2013 年考题)   3206.4990

归类说明:本题货品是一种以碳黑为基本成分的着色料,根据第 32 章章注三的规定,以第 28 章的颜料为基本成分的制品,应归入编码 3206.4990。

8.7　第三十三章　精油及香膏;芳香料制品及化妆盥洗品

8.7.1　本章结构

本章的精油及香膏、芳香料制品及化妆盥洗品共有 4 条章注、7 个品目,包括芳香物质、某些芳香物质的制品。基本上是按精油及香膏、工业用香料、香水、美容品或化妆品及护肤品、护发品、口腔及牙齿清洁剂、其他芳香料制品的顺序来排列品目的。

具体看,本章 7 个品目的排列顺序为:精油及香膏(品目 33.01)——芳香料制品(品目 33.02 至品目 33.03)——美容化妆品、护发品、口腔清洁制品(品目 33.04 至品目 33.06)——其他芳香料制品及化妆盥洗品(品目 33.07)。

8.7.2　本章归类要点

(1) 根据第六类类注二和本章注释三的规定,品目 33.03 至品目 33.07 包括适合作这些品目所列用途的零售包装产品,不论是否混合,而且其归类具有优先性,但精油水馏液及水溶液除外。根据第三十章注释一(四)的规定,品目 33.03 至品目 33.07 的产品,不论是否含有起辅助作用的药物或消毒成分,也不论是否具有辅助治疗或预防疾病作用,都应归入这些品目。至于室内除臭剂即使其消毒性能已超出辅助作用,仍应归入品目 33.07。

(2) 本章不包括的货品主要有:天然油树脂或植物浸膏(品目 13.01 或品目 13.02);凡士林(品目 27.12),但制成零售包装供润肤用的仍归入本章品目 33.04;肥皂及用肥皂或洗涤剂浸渍、涂布、包覆的纸、絮胎、毡呢及无纺织物(品目 34.01);具有芳香料制品、化妆品或盥洗品等辅助用途的药品(品目 30.03 或品目 30.04);脂松节油、木松节油和硫酸盐松节油及其他产品(品目 38.05)等。

(3) 品目 33.07 所称"芳香料制品及化妆盥洗品",主要适用于下列产品:香袋;通过燃烧散发香气的制品;香纸及用化妆品浸渍或涂布的纸;隐形眼镜片或假眼用的溶液;用香水或化妆品浸渍、涂布、包覆的絮胎、毡呢及无纺织物;动物用盥洗品。

8.7.3　历年报关员资格全国统一考试中的本章归类题

1. 胡椒薄荷油(1999 年上半年考题)　　　　　　　　　　　　　3301.2400

归类说明:胡椒薄荷油是由胡椒和薄荷制得的混合精油,属非柑橘属果实的精油,它是食品、香料及其他工业的原料。应归入本章有具体列名的商品编码 3301.2400。

2. 隐形眼镜片用药水(2002 年考题)　　　　　　　　　　　　　3307.9000

归类说明:本题容易误归入第三十章药品中。但实际上隐形眼镜片用药水是一种在佩戴过程中用以清洁、消毒或浸泡隐形眼镜片的盥洗液。根据本章章注四的规定,它应归入本章品目 33.07 项下的子目 3307.9000。

3. 液体口香糖,20 克/支,成分为食用酒精、香精、巴斯甜、甘油、山梨醇等,使用时喷于口腔,起清新口气的作用(2006 年考题)　　　　　3306.9000

归类说明:本题货品尽管称为"口香糖",但考虑到其成分(食用酒精、香精、巴斯甜、甘油、山梨醇等)、用途(使用时喷于口腔,起清新口气的作用),应将其作为口腔清洁剂产品归入本章。查品目条文,口腔清洁剂产品应归入品目 33.06。再根据子目条文的规定,本题货品应归入编码 3306.9000。

4. "SK Ⅱ"洗发香波,500 毫升/瓶(2007 年考题)   3305.1000

归类说明:洗发香波是一种护发品,应归入本章。本题货品是零售包装货品(每瓶 500 毫升),根据第六类类注二的规定,零售包装的护发品应优先归入品目 33.05。根据子目条文的规定,应将其归入编码 3305.1000。

5. "舒适"牌男士抑汗清新喷雾,成分为三氯化铝、香料、防腐剂等。使用时喷于腋下,能有效抑制汗液,保持皮肤干爽,避免出汗引起的过重汗味(2009 年考题)   3307.2000

归类说明:从本题货品的用途可以判断,这是一种化工产品止汗剂。根据第三十三章品目条文和子目条文内容,本题应归入编码 3307.2000。

6. "天使"牌保养面膜,16 片/盒。该面膜是将调配好的营养美容液(含有去除粉刺、死皮、老化角质、油污的清洁成分和保湿成分、皮肤营养成分)涂在薄型无纺布上,使用时将面膜直接紧贴在脸部,对改善肤质有一定效果(2010 年考题)   3307.9000

归类说明:本题货品是一种美容化妆用品,是一种用美容化妆品涂布的无纺织物。根据第三十三章章注四的规定,本题货品应归入品目 33.07,查品目条文和子目条文,应归入编码 3307.9000。

8.8　第三十四章　肥皂、有机表面活性剂、洗涤剂、润滑剂、人造蜡、调制蜡、光洁剂、蜡烛及类似品、塑型用膏、"牙科用蜡"及牙科用熟石膏制剂

8.8.1　本章结构

本章共有 5 条章注、7 个品目。基本上是按肥皂、有机表面活性剂、润滑剂、人造蜡、光洁剂、蜡烛、塑型用膏的顺序排列品目的。

本章主要包括通过工业处理各种油、脂或蜡而得的产品,例如,肥皂、某些润滑剂、调制蜡、某些光洁剂、蜡烛;也包括某些人造产品,例如,表面活性剂、表面活性制品及人造蜡。单独的已有化学定义的化合物、未混合或未经处理的天然

产品不归入本章。

8.8.2　本章归类要点

(1) 关于肥皂的归类:水溶性肥皂归入品目 34.01,它可以含有添加料(如消毒剂、磨料粉、填料或药料)。条状、块状或模制形状的含磨料粉的产品,仍归入品目 34.01。但其他形状的作为"去污粉及类似品"归入品目 34.05。归入品目 34.01 的肥皂主要包括盥洗皂、除臭皂、甘油皂、剃须皂、药皂、具有消毒辅助作用的消毒皂以及用于特殊用途的工业用皂等。

(2) 关于有机表面活性剂产品的归类:以下用途的表面活性剂制品,归入品目 34.02:日常生活中的各种洗涤制剂(如洗衣粉);纺织工业用的去垢剂、润湿剂、乳化剂;毛皮工业用的生皮浸湿剂、去脂剂、均化剂、调色剂;造纸工业及合成橡胶工业用的分散剂;采矿工业用的浮选剂;制药工业及化妆品生产用的乳化剂。其他用途的表面活性剂制品通常按用途归入其他具体列名品目,如润滑剂及对纺织等材料的油脂处理制剂(石油或沥青矿物油的重量不低于70%的产品归入品目 27.10;低于 70%的产品则归入品目 34.03);杀虫剂、杀菌剂等产品(品目 38.08);纺织、造纸、制革等工业用的整理剂、媒染剂等产品(品目 38.09);含有有机表面活性剂的洗发剂、洁齿品、剃须膏及沐浴用制剂等化妆盥洗品归入第三十三章相关品目;条状、块状或模制形状的作肥皂用的有机表面活性产品、液状或膏状并制成零售包装的洁肤用的有机表面活性产品归入品目 34.01;条状、块状、模制、液状或膏状之外形状的含磨料粉的产品归入品目 34.05;未在其他品目具体列名的不溶于水的表面活性剂归入品目 38.24。

(3) 关于蜡的归类:未混合的动物蜡或植物蜡,不论是否精制或着色(品目15.21);矿物蜡或类似产品,不论是否着色(品目 27.12);人造蜡,不论是否为水溶性的(品目 34.04);各种蜡混合制成的调制蜡(不同植物蜡的混合物、不同动物蜡的混合物、植物蜡或动物蜡与颜料以外其他材料的混合物等)(品目34.04);人造蜡蜂房(品目 96.02)。

(4) 关于牙科用制品的归类:牙科用熟石膏(品目 25.20);牙科粘固剂及其他牙科填料(品目 30.06);假牙模膏及粉(品目 33.06);牙科用蜡、牙科造形膏、以熟石膏为基本成分的牙科用其他制品(品目 34.07)等。

(5) 品目 34.05 包括供鞋靴、家具、地板、车身、玻璃或金属(银器、铜器等)

用的光洁剂,擦洗炊具、洗涤盆、瓷砖、炉具等用的擦洗膏及去污粉,以及皮革上光等用的类似制剂,也包括具有防腐性能的光洁剂。还包括用这些制剂浸渍、涂面或包覆的纸、絮胎、毡呢、无纺织物、泡沫塑料或海绵橡胶,但不包括类似浸渍、涂面或包覆的抹布及金属擦锅器(分别归入第十一类及第十五类)。这些制品常常制成零售包装,并通常呈液态、膏状、粉状、片状、条状等,可供家庭或工业用途。但是不包括品目 34.04 的人造蜡及调制蜡,也不包括未混合的研磨粉(通常归入第二十五章或第二十八章)、衣服洗涤用的干洗液及去污渍剂(这类制剂应按组成成分归类。通常为品目 27.10 的石油溶剂油或品目 38.14 或品目 38.24 的产品)。

8.8.3 历年报关员资格全国统一考试中的本章归类题

1. 非离子型有机表面活性剂(非零售包装)(1999 年上半年考题)

3402.1300

归类说明:有机表面活性剂是一种不仅能溶解于水或其他有机溶剂,而且还能改变液体表面张力的有机化合物。它应归入本章。因本章品目和相应的子目均有具体列名,所以本题归入的商品编码是 3402.1300。

2. 合成洗衣粉(非零售包装)(2000 年考题) 3402.9000

归类说明:合成洗衣粉作为一种洗涤剂应归入本章品目 34.02。在考虑子目归类时,非零售包装的合成洗衣粉应归入商品编码 3402.9000。

3. 洗手液,400 毫升塑料瓶装,含有机表面活性剂、杀菌剂、香精等成分(2004 年考题) 3401.3000

归类说明:本题的洗手液是一种零售包装的液状洁肤用的有机表面活性剂,应归入本章编码 3401.3000。

4. "美丽"牌柠檬香型亮光液,600 毫升压力罐装,使用时喷于家具表面(2005 年考题) 3405.2000

归类说明:本题中的产品是一种家具用的类似于上光剂的产品,应归入本章有具体列名的商品编码 3405.2000。

5. "美孚"牌 5w-40 车用机油,由全合成基础油加上特有的添加剂配制而成,用于汽车发动机的润滑(2011 年考题) 3403.9900

归类说明:本题货品是一种车用润滑剂,看上去可以归入品目 27.10,又可归入品目 34.03。由于品目 27.10 的润滑油,必须以石油或从沥青矿物提取的油类为基本成分,按重量计不低于70%;而品目34.03的润滑油,其以石油或从沥青矿物提取的油类低于70%。本题货品由全合成基础油加上特有的添加剂配制而成,其以石油或从沥青矿物提取的油类低于70%,因此应归入品目34.03。查子目条文,本题货品应编码3403.9900。

8.9 第三十五章 蛋白类物质;改性淀粉;胶;酶

8.9.1 本章结构

本章共2条章注、7个品目。基本上是按酪蛋白,白蛋白,明胶,蛋白胨,糊精,零售包装的作胶或粘合剂用的产品,酶及酶制品的顺序排列品目的。

本章主要包括蛋白类物质及其衍生物、糊精及其他改性淀粉、适于作胶或粘合剂的产品、酶及其酶制品。

8.9.2 本章归类要点

(1) 本章不包括:酵母(品目21.02);浓缩蛋白质及人造蛋白物质(品目21.06);预鞣用酶制剂(品目32.02);硬化蛋白(品目39.13);未加工淀粉(品目11.08);所含还原糖以右旋糖的干重量计超过10%的淀粉降解产品(如糊精)(品目17.02);用于纺织、造纸、制革或类似工业的上光剂及调制浆料(以淀粉或糊精为基料的)(品目38.09);建筑用胶粘剂(品目32.14)等。

(2) 根据第六类类注二的规定,零售包装的适于作胶或粘合剂用的产品,应优先归入品目35.06。例如每件净重不超过1公斤的酪蛋白胶、明胶、以淀粉糊精等为基本成分的胶等。

8.9.3 历年报关员资格全国统一考试中的本章归类题

1. 酪蛋白(1999年下半年考题)   3501.1000

归类说明:酪蛋白是构成乳的主要蛋白,通常用酸或粗制凝乳酶沉淀脱脂奶而得，主要用于制胶水、油漆或水浆涂料。作为一种蛋白类物质它应归入本章有具体列名的商品编码 3501.1000。

2. 香烟滤嘴成型用热熔胶，由乙烯-乙酸乙烯酯共聚物树脂、增黏树脂、蜡、抗氧剂等组成，20 千克/桶（2008 年考题）　　　　　　　　　3506.9190

归类说明：本题货品是一种以第三十九章的聚合物为基本成分的胶，应归入第三十五章品目 35.06。再考虑其包装（20 千克/桶）和基本成分（树脂等），根据子目条文的规定，本题货品应归入编码 3506.9190。

8.10 第三十六章　炸药；烟火制品；火柴；引火合金；易燃材料制品

8.10.1 本章结构

本章共 2 条章注、6 个品目，基本上是按发射药、导火索、烟火制品、火柴、引火合金的顺序排列各品目的。

本章的货品主要包括发射药及配制炸药；引爆时所需的辅助产品（雷管或火帽、引爆管等）；用爆炸、发光、易燃或可燃的材料制成的用以产生光、声、烟、火焰或火花的制品（例如，烟火制品、火柴、铈铁及某些易燃材料制品）等。

8.10.2 本章归类要点

（1）除本章注释二所述的某些燃料外，本章不包括单独的已有化学定义的化合物（通常归入第二十八章或第二十九章）；也不包括第九十三章的弹药，例如，炮弹引信及弹壳，不论是否带有撞击帽（品目 93.06）。此外还不包括硝酸纤维素，例如火棉（品目 39.12）。

（2）对于直接灌注香烟打火机及类似打火器用的液体燃料或液化气体燃料，其包装容器的容积不超过 300 立方厘米的，应归入本章品目 36.06；但包装容器的容积超过 300 立方厘米的，则主要归入品目 27.11。

8.10.3 历年报关员资格全国统一考试中的本章归类题

（历年考试中还未出现过本章试题。）

8.11 第三十七章 照相及电影用品

8.11.1 本章结构

本章共有 2 条章注、7 个品目，基本上是按未曝光的感光材料、已曝光未冲洗的感光材料、已曝光已冲洗的感光材料、摄影用化学制剂的顺序排列品目的。

本章主要包括不论是否已曝光或已冲洗的摄影感光硬片及软片（可以是负片、正片或反转片）；不论是否曝光的未冲洗的摄影感光纸、纸板及纺织物；摄影用化学产品及闪光灯材料等。本章按照货品未曝光、已曝光未冲洗、已曝光且已冲洗、摄影用化学制剂、零售包装的摄影用品的顺序排列品目。但是已冲洗的摄影感光纸、纸板及纺织物不归入本章，而应归入第四十九章或第十一类。

8.11.2 本章归类要点

（1）除上述不包括的货品外，本章也不包括摄影及电影用品的废碎料。主要用于回收贵金属的含贵金属或贵金属化合物的摄影或电影用品的废碎料应归入品目 71.12。其他的摄影或电影用品的废碎料应根据其构成材料归类（例如，塑料的应归入品目 39.15，纸的应归入品目 47.07）。

（2）品目 37.07 的摄影用化学制剂，包括直接用以显现摄影图像的产品，例如乳剂、显影剂、定影剂、调色剂、去污渍剂等，但是不包括上光漆、胶水、粘合剂及类似制剂，这些化学产品应分别归入各自的品目。

（3）需要说明的是，根据第六类类注二的规定，定量包装或零售包装可立即使用的摄影用未混合产品，应优先归入品目 37.07。例如，制成供一次性冲洗用的小包装粉剂。

8.11.3　历年报关员资格全国统一考试中的本章归类题

1. 胶片长 1.5 米、宽为 35 毫米的彩色胶卷,未曝光,有齿孔,非幻灯片用
(1998 年上半年考题)　　　　　　　　　　　　　　　　　　　　3702.5410

归类说明:胶卷作为照相用品应归入本章。由于是未曝光的成卷感光胶片,
所以应归入品目 37.02。再根据其是否有齿孔、是否为彩色摄影用以及其尺寸
和用途,将其归入本章编码 3702.5410。

2. 零售包装供冲洗照相胶卷用显影剂(1998 年下半年考题)　　3707.9010

归类说明:显影剂能使曝过光的潜在的影像显现出来,是一种常见的摄影用
化学制剂,应归入本章编码 3707.9010。

3. 一次成像感光平片,未曝光(2004 年考题)　　　　　　　　3701.2000

归类说明:感光平片作为一种感光材料应归入本章。由于是未曝光的感光
平片,在本章品目和子目中都有具体列名,应归入本章编码 3701.2000。

8.12　第三十八章　杂项化学产品

8.12.1　本章结构

本章共 7 条章注、2 条子目注释、26 个品目,主要包括不能归入第二十八章
至第三十七章的许多化学产品及相关工业产品,尤其是各种化学制剂。除本章
章注一、二、三所提到的少数某些产品以外,本章不包括单独的已有化学定义的
元素及化合物(它们通常归入第二十八章或第二十九章)。

具体地说,符合化学定义的以下货品,仍然归入本章相关品目:人造石墨(品
目 38.01);零售形状或零售包装的杀虫剂、杀鼠剂、杀菌剂、除草剂、抗萌剂、植
物生长调节剂、消毒剂及类似产品(品目 38.08);灭火器的装配药及已装药的灭
火弹(品目 38.13);检定参照物(品目 38.22);每颗重量不低于 2.5 克的氧化镁、
碱金属或碱土金属卤化物制成的培养晶体(光学元件除外)(品目 38.24);零售
包装的除墨剂(品目 38.24)。

8.12.2 本章归类要点

除上述货品外,本章归类时还应注意以下几点:

(1) 根据第六类类注二的规定,零售形状或零售包装的杀虫剂、杀鼠剂、杀菌剂、除草剂、抗萌剂、植物生长调节剂、消毒剂及类似产品,应优先归入品目38.08。

(2) 关于"食物或其他营养物质"的归类。

根据本章章注一(二)的规定,配制食品用的与食物或其他营养物质混合的化学品,一般归入品目21.06。这里所称的"食物或其他营养物质",主要包括第一类至第四类的食用产品;也包括某些其他产品,例如,用于食品中作矿物添加剂的第二十八章产品、品目29.05的糖醇、品目29.22的人体所需的氨基酸、品目29.23的卵磷脂、品目29.36的维生素原及维生素、品目29.40的糖、品目30.02的用于食品的动物血份、品目35.01的酪蛋白及酪蛋白酸盐、品目35.02的白蛋白、品目35.03的食用明胶、品目35.04的食用蛋白质、品目35.05的糊精及其他食用改性淀粉、品目38.24的山梨醇、第三十九章的食用产品(例如,品目39.13的支链淀粉及直链淀粉)等。

(3) 关于"诊断用试剂"的归类:诊断用试剂用于对动物和人体内物理、生物物理、生物化学过程及状况的评估,其功能是以构成试剂的生物或化学物质中所发生的可测量或可观察的变化为基础的。本章品目38.22所称的诊断用试剂与第三十章品目30.06中所称的诊断试剂的差别在于,前者的试剂是用于体外而非用于体内,例如验尿用试剂 pH 值试纸等;而第三十章编码3006.3000中所称的诊断试剂主要用于体内而非体外,例如口服剂、注射剂等。

(4) 关于"检定参照物"的归类:"检定参照物",是指附有证书的适用于分析、校准和比较的参照物。除第二十八章和第二十九章的产品外,检定参照物应优先归入品目38.22。

(5) 关于品目38.24的货品范围。

本章章注三规定了品目38.24的货品范围,它包括:每颗重量不小于2.5克的氧化镁、碱金属或碱土金属卤化物制成的培养晶体(光学元件除外);杂醇油;骨焦油;增炭剂;零售包装的除墨剂;零售包装的蜡纸改正液及其他改正液和改正带;可熔性陶瓷测温器等。

此外,该品目还包括铸模及铸芯用粘合剂;环烷酸及其水不溶性的盐和酯;

未烧结金属碳化物;水泥、灰泥及混凝土用添加剂;非耐火灰泥及混凝土;部分山梨醇等化学产品。

(6) 生物柴油及其混合物,不含或含有按重量计低于70％的石油或从沥青矿物提取的油类,应归入品目 38.26。这里所称的"生物柴油"是指从动植物油脂(不论是否使用过)得到的用作燃料的脂肪酸单烷基酯。

8.12.3 历年报关员资格全国统一考试中的本章归类题

1. 附有证书的牛奶检定参照物(该奶粉具有确定的组分)(2002 年考题)

3822.0090

归类说明:检定参照物是指附有证书的适用于分析、校准和比较的参照物,本题中的牛奶检定参照物是用于牛奶诊断或实验用的试剂,应优先归入本章品目 38.22。本题应归入的商品编码是 3822.0090。

2. 早孕自测卡,纸质、涂有检测试剂,通过与尿液接触后的颜色变化来初步判断是否怀孕(2005 年考题) 3822.0010

归类说明:本题中的早孕自测卡是用于体外诊断是否怀孕的纸质试剂,应优先归入本章品目 38.22。由于试剂是附着于纸卡上的,所以本题应归入本章编码 3822.0010。

3. "暖宝宝"牌一次性使用取暖片,由铁粉、水、活性炭、蛭石、吸水性树脂、食盐等混合置于无纺布袋内,并密封成片状。使用时打开包装,贴于人体的肩部、背部、腰部、胃部或者关节部位,取暖片中的成分在空气中氧气的作用下发生放热反应,可在 12—20 小时内持续不断地释放热量,起到驱寒保暖的作用(2009年考题) 3824.9099

归类说明:从本题货品的描述看,它是通过化学反应产生热量的,可判断是一种化学制品。由于没有一个品目对该种货品有具体列名,根据品目条文的规定,应将其归入品目 38.24。查子目条文,最终归入编码 3824.9099。

4. F-1硝基漆防潮剂,由沸点较高、挥发速度较慢的酯类、醇类、酮类等有机溶剂混合而成,该防潮剂与硝基漆的稀释剂配合使用,可在湿度较高的环境下施工,以防止硝基漆发白(2010 年考题) 3824.9099

归类说明:本题货品是一种由多种成分混合配制而成的化学制品,由于没有一个品目对该种货品有具体列名,根据品目条文的规定,应将其归入品目38.24。查子目条文,最终归入编码 3824.9099。

5. 唾液酒精快速检测条。将能与酒精起高特异性化学反应的双酶试剂固化于吸水纸上,使用时将检测条的反应端沾上被测试者的唾液,根据颜色变化判定被测试者体内酒精含量,用于交警部门检查酒后驾车(2011年考题)

3822.0010

归类说明:本题货品是一种附于衬背上的诊断或实验用配制试剂,根据品目条文和子目条文的规定,本题应归入编码3822.0010。

6. 由地沟油炼制加工成的航空煤油(2012年考题)　　3826.0000

归类说明:本题货品是由地沟油炼制而成的煤油,符合第38章章注七"生物柴油"的定义,根据归类总规则一和六,应按生物柴油归入编码3826.0000。

7. 磺化煤,一种阳离子交换剂,由烟煤或褐煤经发烟硫酸或浓硫酸处理而得的磺化物,用于硬水软化、废水中贵金属的回收和污水处理等(2013年考题)

3824.9099

归类说明:本题货品作为一种离子交换剂,属于未列名的工业用化学产品,根据归类总规则一和六,本题应归入编码3824.9099。

习题 8

将以下货品归入我国进出口商品八位数编码中:

(1) 钚

(2) 碘131

(3) 铜汞齐

(4) 钛铀精矿

(5) 碳13

(6) 重石蜡

(7) 固态烧碱

(8) 氧化钕

(9) 硅铍钇矿砂

(10) 零售包装摄影用硝酸银

(11) 肥料用氯化铵,符合化学定义

(12) 化学纯肥料用硫酸钾,每包毛重50千克

(13) 符合化学定义的樟脑

(14) 化学纯阿司匹林

(15) 符合化学定义的普鲁卡因

(16) 符合化学定义的糖精

(17) 符合化学定义的三聚氰胺

(18) 地塞米松

(19) 尼古丁,从烟草中提取的烟碱

(20) 金霉素(一种抗菌素原药)

(21) 派立明滴眼液。该商品性状为白色或类白色的均匀混悬液,每支 5 毫升,主要成分为布林佐胺(一种磺胺类碳酸酐酶抑制剂),其他成分有苯扎氯胺、甘露醇糖、四丁酚醛、依地二钠、氯化钠、盐酸/氢氧化钠(调节 pH 值)和纯水

(22) 以强效孕激素为主要成分的零售包装口服紧急避孕药"毓婷"

(23) 瓶装隐形眼镜片用消毒药水

(24) 沐浴用块状药皂

(25) 麦迪霉素片剂,每盒 12 片

(26) 泰诺酚麻美敏片,每片含对乙酰氨基酚 325 毫克,盐酸伪麻黄碱 30 毫克,氢溴酸右美沙芬 15 毫克,马来酸氯苯那敏 2 毫克

(27) 肥料用硝酸钾,50 公斤袋装

(28) 由硫酸钾与氯化钾混合而成的片状肥料,每包毛重 5 公斤

(29) 液体尿素,每桶毛重 50 公斤

(30) 氯化铵与白垩混合而成的肥料,每包毛重 25 公斤

(31) 50％的硫酸铵、30％的过磷酸钙和 20％的硫酸钾混合而成的肥料,每包毛重 50 公斤

(32) 40％的过磷酸钙与 60％的硫酸钾混合而成的肥料,每包毛重 20 公斤

(33) 还原靛蓝(零售包装)

(34) 聚乙烯溶于挥发性有机溶剂的溶液,其中聚乙烯占溶液重量的 45％

(35) 溶于挥发性有机溶剂中的丙烯酸聚合物,溶剂重量占溶液总重量的 45％

(36) 以聚氯乙烯为基本成分的分散于水介质的油漆,非零售包装

(37) 零售包装的睫毛油

(38) 零售包装的演员化妆用油彩

(39) 零售包装染发霜

(40) 零售包装牙线

(41) 狗用洗毛剂

（42）浸有洗涤剂的洗手纸

（43）纺织工业用的洗涤剂，一种非零售包装的表面活性剂制品

（44）厕所去污粉

（45）每包净重为 500 克、适于作胶用的明胶

（46）初级形状的硬化蛋白

（47）直接灌注香烟打火机用的液化丁烷，装于容积为 500 立方厘米罐子中

（48）直接灌注香烟打火机用的液化丁烷，用容积为 100 立方厘米的瓶子包装

（49）已装灭火药的灭火弹

（50）零售包装摄影用感光乳液

（51）固体酒精

（52）零售包装摄影用的增厚化学制剂（冲洗照相胶卷用），其主要成分为硫氰酸汞

（53）宽度为 16 毫米、长 2 米的未曝光摄影用黑白胶卷，带齿孔

（54）宽度为 35 毫米的成卷彩色摄影用感光纸，未曝光

（55）宽度为 500 毫米的成卷摄影感光布，已曝光但未冲洗

（56）已曝光并已冲洗的书籍缩微胶片

（57）已曝光且已冲洗的宽度为 16 毫米的电影胶片，教学专用，配有声道

（58）"一喷即死"牌灭蚊喷雾剂（含有杀虫脒物质），零售包装

（59）检查胃时喝的钡造影剂

（60）石蕊试纸

9 第七类 塑料及其制品;橡胶及其制品

9.1 本类概况

本类从第三十九章至第四十章共 2 章,分别是塑料及其制品、橡胶及其制品。这两章所包括的货品从加工程度来看都包括原料、半成品和制成品。这些原料都属于高聚物,主要用于化学加工业,而制品用途广泛,使用于国民经济各个领域。

本类共有两条注释。类注一规定了两种或两种以上单独成分配套货品的归类原则,即由两种或两种以上单独成分配套的货品,如果其部分或全部成分属于第七类范围以内,混合后构成第六类或第七类的货品,只要其组成成分同时符合类注一中规定的三项条件,则应按混合后产品归入相应的品目。这些条件是:其包装形式足以表明这些成分不需经过改装就可以一起使用;一起进口或出口;这些成分的属性及相互比例足以表明是相互配用的。但是如果在使用时不是预先混合而是相继加入的货品则不能按混合后的产品归类。这些货品如属零售包装,应按归类总规则[一般按规则三(二)]归类;如属非零售包装,则按各单独成分分别归类。这条注释与第六类类注三的内容大体一致。

类注二对印有花纹、字画的塑料及橡胶制品的归类作了规定。即品目39.18 的货品(塑料铺地制品或糊墙品)及品目 39.19 的货品(自粘塑料板、片、带等材料),即使以所印的花纹、字符或图画为其主要用途,仍按塑料制品归入品目 39.18 或品目 39.19 而不归入第四十九章。但所有其他第七类所列的塑料或橡胶制品,如以所印花纹、字画作为主要用途,则应按印刷品归入第四十九章相关品目。

9.2　第三十九章　塑料及其制品

9.2.1　本章结构

　　本章共有 11 条章注、3 条子目注释、2 个分章、26 个品目。基本上是按加工程度由低至高的顺序排列品目的，主要包括初级形状的高聚物（塑料）及其半制成品和制成品，具体有人造树脂、合成树脂、塑料、纤维素酯、纤维素醚、其他一些具有树脂特性的人造高聚物以及塑料材料和制品。

　　本章分为两个分章，第一分章包括初级形状的聚合物，第二分章包括废碎料及下脚料、半制品及制成品。

　　在第一分章中，品目 39.01 至品目 39.11 的初级形状产品是通过化学合成方法制得的。品目 39.12 及品目 39.13 的初级形状产品则包括天然聚合物及经化学处理的天然聚合物。品目 39.14 包括以品目 39.01 至品目 39.13 的聚合物为基料制得的离子交换剂。

　　在第二分章中，品目 39.15 包括塑料的废碎料及下脚料。品目 39.16 至品目 39.25 包括塑料的半制成品或列名的塑料制品。品目 39.26 包括其他品目未列名的塑料制品及品目 39.01 至品目 39.14 所列其他材料制成的物品。

　　本章 26 个品目的排列顺序大致如下：

　　1. 初级形状的塑料（第一分章品目 39.01 至品目 39.14）。

　　　　（1）乙烯聚合物（品目 39.01）。

　　　　（2）丙烯或其他烯烃聚合物（品目 39.02）。

　　　　（3）苯乙烯聚合物（品目 39.03）。

　　　　（4）氯乙烯或其他卤化烯烃聚合物（品目 39.04）。

　　　　（5）乙酸乙烯酯或其他乙烯酯聚合物（品目 39.05）。

　　　　（6）丙烯酸聚合物（品目 39.06）。

　　　　（7）聚缩醛、其他聚醚及环氧树脂；聚碳酸酯、醇酸树脂、聚烯丙基酯及其他聚酯（品目 39.07）。

　　　　（8）聚酰胺（品目 39.08）。

　　　　（9）氨基树脂、酚醛树脂及聚氨酯类（品目 39.09）。

　　　　（10）聚硅氧烷（品目 39.10）。

(11) 石油树脂、苯并呋喃-茚树脂、多萜树脂、多硫化物、聚砜等（品目 39.11）。

(12) 其他品目未列名的纤维素及其化学衍生物（品目 39.12）。

(13) 其他品目未列名的天然聚合物及改性天然聚合物（品目 39.13）。

(14) 离子交换剂（品目 39.14）。

2. 塑料的废碎料及下脚料（第二分章品目 39.15）。

3. 塑料半成品（第二分章品目 19.16 至品目 39.21）。

(1) 塑料制的单丝、条、杆、型材及异型材，未经其他加工（品目 39.16）。

(2) 塑料制的管子及其附件（品目 39.17）。

(3) 块状或成卷的塑料铺地制品；塑料糊墙品（品目 39.18）。

(4) 塑料板、片、膜、箔及扁条。

　　① 自粘的（品目 39.19）；

　　② 其他非泡沫的（品目 39.20）；

　　③ 泡沫的及其他塑料半成品（品目 39.21）。

4. 塑料制成品（第二分章品目 39.22 至品目 39.26）。

(1) 塑料浴缸、盥洗盆等卫生洁具（品目 39.22）。

(2) 供运输或包装用的塑料制品；塑料制的塞子、盖子等（品目 39.23）。

(3) 塑料制的餐具、厨房用具（品目 39.24）。

(4) 其他品目未列名的建筑用塑料制品（品目 39.25）。

(5) 其他塑料制品（品目 39.26）。

9.2.2　本章归类要点

本章货品归类时涉及较多专业知识，应重点注意以下几个问题。

1. 关于塑料的定义

第三十九章所称"塑料"，是指由该章注释一所规定的品目 39.01 至品目 39.14 的材料。这些材料能够在聚合时或聚合后在外力（一般是热力和压力，必要时加入溶剂或增塑剂）作用下通过模制、浇铸、挤压、辊轧或其他工序制成一定的形状，成形后除去外力，其形状仍保持不变。这里所称的"塑料"，还包括钢纸（编码 3920.7900），但不包括第十一类的纺织材料。需要注意，塑料这一定义适用于整个目录。

2. 关于共聚物的归类

根据本章章注四的规定，本章所称"共聚物"，是指在整个聚合物中按重量计没有一种单体单元的含量在95%及以上的各种聚合物。例如,由96%的丙烯单体单元及4%的其他烯烃单体单元组成的聚合物,就不能视为是一种共聚物。共聚物包括共缩聚物、共加聚物、嵌段共聚物及接枝共聚物。

聚合物是由以一种或多种重复结构单元为特征的分子所组成,可由化学结构相同或不同的多个分子相互反应形成,也可经化学改性而成。

(1) 聚合物品目的归类。

根据本章章注四的规定,除条文另有规定的以外,共聚物及聚合物混合体应按聚合物中重量最大的那种共聚单体单元所构成的聚合物归入相应品目。其中聚合物所含的归入同一品目的共聚单体单元,应作为一种单一的共聚单体单元对待。例如,非水分散体的氯乙烯-乙酸乙烯酯共聚物,如果含有55%的氯乙烯单体单元就应归入编码3904.3000,但如果含有55%的乙酸乙烯酯单体单元则归入编码3905.2900。同样,由45%乙烯、35%丙烯及20%异丁烯的单体单元组成的共聚物应归入编码3902.3090,因为丙烯及异丁烯单体单元的聚合物均归入品目39.02,两者合起来占共聚物的55%,超过了乙烯单体单元。

如果没有任何一种共聚单体单元(或其各种聚合物均归入同一品目的多种共聚单体单元)重量为最大,共聚物或聚合物混合体应按号列顺序归入其可归入的最末一个品目。例如氯乙烯单体单元和乙酸乙烯酯单体单元重量各占50%的氯乙烯-乙酸乙烯酯共聚物(非水分散体)归入编码3905.2900。

化学改性聚合物,例如,聚乙烯或聚氯乙烯的氯化、聚乙烯的氯磺化、纤维素的乙酰化或硝化以及聚乙酸乙烯酯的水解,应按未改性的聚合物的相应品目归类(但本规定不适用于接枝共聚物)。聚合物混合体中所含任何一种聚合物如已经化学改性,则整个混合体均视为已经化学改性。例如,氯化聚乙烯及氯磺化聚乙烯均应归入品目39.01。需要说明的是,化学改性聚合物在同一品目下子目的归类,应依据本章子目注释一的规定来进行。

(2) 聚合物子目的归类。

在货品归入子目前,必须首先根据本章章注四及章注五的规定确定适当的品目。

根据本章子目注释的规定,聚合物(包括共聚物)及化学改性聚合物应视同级子目中有无列明为"其他"的子目,而分别按照本章子目注释一或三的规定确定归类。列明为"其他"的子目,不包括诸如"其他聚醚"、"其他聚酯"和"其他氨基树脂"之类的子目。

① 在同级子目中有列明为"其他"的子目的归类。

A. 本章品目的子目项下聚合物名称冠有"聚(多)"的(例如,聚乙烯及聚酰胺-6，6)，是指列名的该种聚合物单体单元含量在整个聚合物中按重量计必须占95％及以上。对于以类列名的聚合物名称冠有"聚（多）"的（例如，子目号3911.10的多萜树脂），所有该类的单体单元（例如，多萜树脂的各种单体单元）含量在聚合物中按重量计必须占95％及以上。值得强调的是，这一规定仅适用于子目所列的聚合物，而它们的同级子目中又有一个列明为"其他"的子目。

例如，由96％的乙烯单体单元和4％的丙烯单体单元组成，比重在0.94及以上的聚合物，应作为聚乙烯归入子目号3901.2000，因为乙烯单体单元含量在整个聚合物中已占95％以上，而在同级子目中又有一个列明为"其他"的子目。

上述关于聚合物名称冠有"聚（多）"的规定对于聚乙烯醇来说，并不要求名为乙烯醇的单体单元按重量计占95％及以上。但是，乙酸酯基（如乙烯乙酸酯）和乙烯醇两者的单体单元含量在聚合物中按重量计必须达到95％及以上。

B. 归入3901.30、3903.20、3903.30及3904.30这四个子目的共聚物，其子目所列聚合物的单体单元含量按重量计必须占95％及以上。

例如，由61％的氯乙烯、35％的乙烯乙酸酯和4％的丙烯的单体单元组成的共聚物，应作为氯乙烯-乙烯乙酸酯共聚物归入子目号3904.3000，因为氯乙烯和乙烯乙酸酯两者的单体单元含量在整个聚合物中已占96％。

又如，由60％的苯乙烯、30％的丙烯腈和10％的乙烯的单体单元组成的共聚物，应归入子目号3903.9000而不归入子目号3903.2000，因为苯乙烯和丙烯腈两者的单体单元含量在整个聚合物中仅占90％。

C. 根据本章章注五的规定，化学改性聚合物应按未改性的聚合物归入相应品目。但是根据本章子目注释一（一）3的规定，化学改性聚合物如未在其他子目中具体列名，应归入列明为"其他"的子目内。即化学改性聚合物与未改性聚合物并非归入同一个子目，除非未改性聚合物本身也归入列明为"其他"的子目。例如，氯化或氯磺化聚乙烯是品目39.01的化学改性聚乙烯，应归入子目号3901.9090。又如，通过水解聚乙烯乙酸酯制取的聚乙烯醇应归入已具体列名的子目号3905.3000。

但是，化学改性聚合物如果在有关同级子目中没有列明为"其他"的子目，根据本章子目注释一（二）2的规定，则应与未改性聚合物归入同一子目。例如，乙酰化的酚醛树脂与未改性的酚醛树脂均归入子目号3909.4000，因为在同级子目中没有列明"其他"的子目。

D. 如果不能根据上述规定归类的聚合物，应归入列明为"其他"的子目中，除非在该同级子目中有列名更为具体的子目，该子目包括了与其他各种单体单元相比重量最大的那种单体单元的聚合物。为此,归入同一子目的聚合物的单体单元应作为一种单体单元对待。只有在同级子目中的聚合物的单体单元才可以进行比较。

要归入这些子目,仅需要有关子目所列名的单体单元含量超过每种同级子目所列的其他单体单元即可,也就是说,有关子目所列名的单体单元在同级子目的聚合物总含量中不一定超过50%。

例如,由40%的乙烯和60%的丙烯的单体单元组成的乙烯-丙烯共聚物,应作为一种丙烯共聚物归入子目号3902.30,因为丙烯是归类时应考虑的唯一所含单体单元。

同样,由45%的乙烯、35%丙烯和20%异丁烯的单体单元组成的共聚物应归入子目号3902.3090,因为只有丙烯和异丁烯的单体单元进行比较(乙烯单体单元不参与比较),而丙烯单体单元超过了异丁烯单体单元。

又如,由45%的乙烯、35%异丁烯和20%丙烯的单体单元组成的共聚物应归入子目号3902.9000,因为只有异丁烯和丙烯的单体单元进行比较,而异丁烯单体单元超过了丙烯单体单元。

② 在同级子目中没有列明为“其他”的子目的归类。

A. 根据本章子目注释一(二)1规定,如果在同级子目中没有列明为“其他”的子目,应按聚合物中重量最大的那种单体单元所构成的聚合物归入该级相应子目。只有在有关同级子目中的聚合物单体单元才可以进行比较。

例如,由尿素和苯酚与甲醛缩聚而成的共缩聚物,如果尿素单体单元超过了苯酚单体单元,应归入子目号3909.1000;如果苯酚单体单元超过了尿素单体单元,则应归入子目号3909.4000,因为在同级子目中没有列明为“其他”的子目。

需要特别说明的是,本章子目注释一(一)1中关于聚合物名称冠有“聚(多)”的规定,不适用于子目注释一(二)中所述的子目。例如,含有聚碳酸酯和聚对苯二甲酸乙二酯的单体单元的共聚物,如果聚碳酸酯重量大于后者应归入子目号3907.4000;如果聚对苯二甲酸乙二酯(非切片的)重量大于前者应归入子目号3907.6090,因为在同级子目中没有列明为“其他”的子目。

B. 化学改性聚合物如果在有关同级子目中没有列明为“其他”的子目,它们应与未改性聚合物归入同一子目。例如,乙酰化的酚醛树脂应作为酚醛树脂归入子目号3909.4000,因为在同级子目中没有列明为“其他”的子目。

(3) 聚合物混合体的归类。

根据本章子目注释一(二)最后一段的规定,聚合物混合体应按单体单元比例相等、种类相同的聚合物归入相应子目。

例如,由 96% 的聚乙烯和 4% 的聚丙烯组成,比重大于 0.94 的聚合物混合体,应作为聚乙烯归入子目号 3901.2000,因为乙烯单体单元占整个聚合物含量的 95% 以上。

又如,由 60% 的聚酰胺-6 和 40% 的聚酰胺-6,6 组成的聚合物混合体,应归入子目号 3908.9000,因为聚合物中两者的单体单元含量均未达到整个聚合物含量的 95% 及以上。

再如,由聚丙烯(45%)、聚丁烯对苯二酸酯(42%)和聚对苯二甲酸乙二酯(13%)组成的混合体应归入品目 39.07,因为其所含两种聚酯单体单元合起来超过了聚丙烯单体单元。然而,该混合体应归入子目号 3907.9990,因为在仅考虑聚酯的单体单元的情况下,所含"其他聚酯"的单体单元超过了聚对苯二甲酸乙二酯的单体单元。

3. 关于初级形状塑料的归类

根据本章章注六和七的规定,"初级形状"的塑料应归入品目 39.01 至品目 39.14。"初级形状"是指以下形状:液状及糊状,包括分散体(乳浊液及悬浮液)及溶液;不规则形状的块、团、粉(包括压型粉)、颗粒、粉片及类似的散装形状。对于已制成初级形状的单一的热塑材料废碎料及下脚料,不归入品目 39.15,而应根据其成分归入品目 39.01 至品目 39.14。

4. 关于塑料废碎料及下脚料的归类

塑料废碎料及下脚料的归类应考虑其加工程度、组成成分等因素。根据第三十九章章注七的规定,已制成初级形状的单一成分的热塑材料废碎料及下脚料,应按其聚合物成分归入品目 39.01 至品目 39.14,其他的塑料废碎料及下脚料应归入品目 39.15。

5. 关于聚合物混合溶液的归类

根据本章章注二(五)的规定,以品目 39.01 至品目 39.13 所列的任何产品溶解在挥发性有机溶剂中所构成的溶液(胶棉除外),如果溶剂重量超过溶液总重 50% 的,则不归入本章而应归入品目 32.08。如果溶剂重量不超过溶液总重 50% 的,则归入第三十九章相关品目。

不含溶剂的液状聚合物,明显只能作为清漆使用的,应归入品目 32.10。不是明显只能作为清漆使用的归入本章。

6. 对塑料制品不同形态的定义

本章注释中对品目 39.17 所称的"管子"、品目 39.18 所称的"塑料糊墙品"、品目 39.20 及品目 39.21 所称的"板、片、膜、箔、扁条",以及品目 39.25 适用的货品范围作了规定。

7. 关于塑料与纺织材料的复合制品的归类

符合本章注释九规定的糊墙品应归入品目 39.18。其他塑料与纺织品的复合制品则主要按照第十一类注释一(八)款、第五十六章注释三和第五十九章注释二的规定进行归类。

其中,仍然归入本章的复合制品有:以塑料浸渍、涂布、包覆或层压的毡呢,其中纺织材料占总重量的 50% 及以下,以及完全嵌入塑料中的毡呢;完全嵌入塑料的或两面均完全用塑料涂布或包覆的无纺织物,但所涂覆的塑料须能够用肉眼分辨出来(涂覆引起的颜色变化不计在内);泡沫塑料与毡呢或无纺织物复合制成的板、片及扁条,其中的纺织材料仅起增强作用的。

但是用塑料浸渍、涂布、包覆或套裹的纺织纱线以及化学纤维扁条应归入品目 56.04。

8. 关于塑料与纺织品以外其他材料的复合制品的归类

本章还包括由一道或多道工序制成的下列产品,只要这些产品仍保持塑料制品的基本特征:嵌有其他材料(金属丝、玻璃纤维等)制成的增强物或支撑网的塑料板、片等;用其他材料(例如,金属箔、纸板等)隔层的塑料板、片等;纸质增强层压塑料片,以及在一层纸或纸板上涂布或包覆一层塑料,其塑料层厚度超过总厚度一半以上的产品,但品目 48.14 的壁纸除外;由浸渍了塑料的玻璃纤维或纸张压制而成的产品,但要具有硬挺的特征(如其只具有纸张或玻璃纤维制品的特征时,则应酌情归入第四十八章或第七十章)。

9.2.3　历年报关员资格全国统一考试中的本章归类题

1. 初级形状的低压聚乙烯(单位体积的重量比为 0.95)(1997 年考题)

3901.2000

归类说明:聚乙烯是乙烯聚合物,它是一种热塑性通用塑料,应归入本章。根据本章章注四、子目注释一(一)的规定,本题应归入品目 39.01,又因其比重在 0.94 以上而归入商品编码 3901.2000。

2. 聚氯乙烯制宽度为 2 厘米的成卷电工用绝缘胶带(1998 年上半年考题)

3919.1099

归类说明:聚氯乙烯制电工绝缘胶带是一种自粘塑料带,应作为塑料制品归入本章品目 39.19,再根据其包装形态(成卷)和宽度大小将其归入商品编码 3919.1099。

3. 粒状、比重为 0.90 的 50 千克袋装线性低密度聚乙烯(1998 年下半年考题)

3901.9020

归类说明:聚乙烯是乙烯聚合物,它是一种热塑性通用塑料,它有低密度和高密度之分,其中低密度聚乙烯是指温度为 20 ℃时比重低于 0.94 的聚乙烯。根据本章章注四、章注六、子目注释一(一)的规定,可判断其为初级形状的乙烯聚合物,应归入商品编码 3901.9020。

4. 塑料制离子交换柱(用丙烯酸聚合物填充)(1998 年下半年考题)

3926.9090

归类说明:本题容易误归入品目 39.14。根据本章章注六的规定,柱状并不属于初级形状,所以塑料制离子交换柱不能按初级形状产品归入第一分章,而应按塑料制品归类。本题商品在本章未具体列名,所以应归入商品编码 3926.9090。

5. 按重量计由 60% 的苯乙烯单体单元与 40% 的甲苯乙烯单体单元组成的共聚物(初级形状)(1999 年上半年考题)　　　　3903.9000

归类说明:根据本章章注四的规定,可判断本题商品是苯乙烯共聚物,应归入品目 39.03。再根据子目注释一(一)1、4 的规定,本题应归入商品编码 3903.9000。

6. 初级形状的聚丙烯(1999 年下半年考题)　　　　3902.1000

归类说明:聚丙烯是丙烯聚合物,它是一种热塑性通用塑料,应归入本章。根据本章章注四、子目注释一(一)的规定,本题应归入商品编码 3902.1000。

7. 氯乙烯-乙酸乙烯酯共聚物,按重量计含乙酸乙烯酯单体单元为 60%(非水分散体,初级形状)(1999 年下半年考题)　　　　3905.2900

归类说明:根据本章章注四的规定,可判断本题商品是乙酸乙烯酯共聚物,应归入品目 39.05。再根据子目注释一(一)1、4 的规定,本题应归入商品编码 3905.2900。

8. 聚丙烯颗粒(由纯聚丙烯制品的废料制得)(2000 年考题)　　3902.1000

归类说明:聚丙烯是丙烯聚合物,它是一种热塑性通用塑料,应归入本章。根据本章章注四、章注六(二)、章注七、子目注释一(一)的规定,本题应作为初级形状的聚丙烯归入商品编码 3902.1000。

9. 高抗冲聚苯乙烯(初级形状)(2000 年考题)　　　　3903.9000

归类说明:高抗冲聚苯乙烯通常指由 5%—30% 的橡胶微粒分散在聚苯乙烯中形成的改性聚苯乙烯,应作为塑料归入本章。根据木章章注四、五的规定,改性聚苯乙烯应按未改性的相应品目归入品目 39.03,再根据子目注释一(一)1的规定,应将其归入商品编码 3903.9000。

10. 塑料盥洗盆(2000 年考题) 　　　　　　　　　　　3922.1000

归类说明:本题商品是一种塑料制品,它不属于本章章注中列明排除的货品,应归入本章,并按具体列名法将其归入商品编码 3922.1000。

11. 聚乙烯(比重 0.92)与聚乙酸乙烯酯组成的聚合物混合体(颗粒状)。按占聚合物混合体总重量计算:乙烯单体单元为 50%、乙酸乙烯酯单体单元为50%(2001 年考题) 　　　　　　　　　　　3905.2900

归类说明:根据本章章注四、六(二)以及归类总规则三(三)的规定,本题商品是初级形状的共聚物,应按从后归类原则归入本章品目 39.05。再根据子目注释一(一)1、4 的规定,将其归入商品编码 3905.2900。

12. 氯乙烯-乙酸乙烯酯共聚物,按重量计含氯乙烯单体单元为 45%,乙酸乙烯酯单体单元为 55%(水分散体,初级形状)(2002 年考题) 　　　3905.2100

归类说明:根据本章章注四的规定,将本题商品按乙酸乙烯酯共聚物归入品目39.05,再根据子目注释一(一)1、4 的规定,应将其归入商品编码 3905.2100。

13. 用机器将回收的废"可乐"饮料瓶粉碎成的细小碎片(该饮料瓶是由化学名称为聚对苯二甲酸乙二酯的热塑性塑料制成的)(2003 年考题)　3907.6090

归类说明:根据本章章注七、章注六(二)以及章注四的规定,本题商品应按初级形状的共聚物归入本章品目 39.07。再根据子目注释一(二)的规定,将其归入商品编码 3907.6090。

14. 有机玻璃板(有机玻璃的化学名称为聚甲基丙烯酸甲酯)(2003 年考题)
　　　　　　　　　　　3920.5100

归类说明:有机玻璃板是一种热塑性塑料,应归入本章。根据本章章注六的规定,本题商品不属于初级形状的塑料,再根据章注十的规定,应将其归入商品编码 3920.5100。

15. 乙烯-乙酸乙烯酯-氯乙烯接枝共聚物,其中乙烯单体单元为 36%,乙酸乙烯酯单体单元为 24%,氯乙烯单体单元为 40%,外观为白色粉末,未加增塑剂(2004 年考题) 　　　　　　　　　　　3904.4000

归类说明:根据本章章注四和章注六(二)的规定,本题商品是初级形状的共聚物,应归入本章品目 39.04。再根据子目注释一(一)1、4 的规定,应按氯乙烯共聚物将其归入商品编码 3904.4000。

16. 线性低密度聚乙烯粒子(2005 年考题) 　　　　　　3901.9020

归类说明:聚乙烯是乙烯聚合物,它是一种热塑性通用塑料,它有低密度和高密度之分,其中低密度聚乙烯是指温度为 20 ℃时比重低于 0.94 的聚乙烯。根据本章章注四、章注六(二)、子目注释一(一)的规定,可判断其为初级形状的乙烯聚合物,应归入商品编码 3901.9020。

17. MS 非泡沫板,MS 即甲基丙烯酸甲酯(单体单元占 30%)-苯乙烯(单体单元占 70%)共聚物(2006 年考题)　　　　　　　　　　　　　3920.3000

归类说明:根据本章章注六的规定,板状塑料不能按初级形状的塑料归类,而应作为塑料半制品归入第二分章。考虑到本题货品属非泡沫塑料板,根据品目条文,应将其归入品目 39.20。再根据本章子目注释一(一)的规定,按子目条文,本题货品应归入编码 3920.3000。

18. 纳米隔热膜,宽 1.524 米,成卷,一种新型的汽车玻璃用隔热膜,它将氮化钛材料用真空溅射技术在优质的聚对苯二甲酸乙二酯薄膜上形成纳米级的涂层,起隔热、防紫外线、防爆等效果(2007 年考题)　　　　　　　3920.6200

归类说明:本题货品是在塑料膜上以真空喷射技术涂有一层材料,不视为用其他材料强化、层压、支撑或以类似方法合制的塑料膜,应作为塑料产品归入本章。根据归类总规则一,查品目条文,非泡沫塑料膜应归入品目 39.20。再考虑到其基本材料(聚对苯二甲酸乙二酯),根据子目条文的规定,本题货品应归入编码 3920.6200。

19. ABS(丙烯腈-丁二烯-苯乙烯共聚物,其中苯乙烯单体单元占 60%)塑料粒子(未改性的)(2008 年考题)　　　　　　　　　　　　　3903.3090

归类说明:ABS 通常是以苯乙烯单体单元为主要成分的共聚物。根据第三十九章章注六的规定,本题中的塑料粒子属于“初级形状”的塑料,应归入第三十九章中的第一分章品目 39.03。再根据子目条文的规定,应将其归入编码 3903.3090。

20. 北京奥运游泳馆“水立方”使用的一种 ETFE 薄膜材料,中文名乙烯-四氯乙烯共聚物(其中四氯乙烯单体单元占 75%),厚 0.1 毫米,宽 1.5 米,长 30 米(2009 年考题)　　　　　　　　　　　　　　　　　　　　　　3920.9990

归类说明:本题货品是一种以乙烯-四氯乙烯共聚物为基本成分的非自粘塑料膜,根据品目条文和子目条文内容,最终应归入编码 3920.9990。

21. 如图所示的“LOCK & LOCK”牌食品储藏盒。每套由不同大小、形状的盒子组成,用于厨房存放各种食品和调料,由聚碳酸酯(PC)制成(2010 年考题)　　　　　　　　　　　　　3924.1000

归类说明：本题货品是一种塑料制的家庭厨房用具，根据品目条文和子目条文内容，应将其归入编码 3924.1000。

22. TPU 薄膜（TPU 是 Thermoplastic Urethane 的缩写，中文名称为热塑性聚氨酯弹性体），规格：300 毫米×100 米，用于制作手机按键（2011 年考题）

3920.9990

归类说明：本题货品是一种以热塑性聚氨酯为基本成分的非自粘塑料膜，根据品目条文和子目条文内容，应归入编码 3920.9990。

23. 硅橡胶制药用瓶用瓶塞（硅橡胶学名聚硅氧烷）（2012 年考题）

3923.5000

归类说明：硅橡胶是一种塑料，本题应作为塑料制品，根据归类总规则一和六，按税目条文，应归入编码 3923.5000。

24. 一种塑料粒子，由聚乙烯 40%（重量百分比，下同）、聚丙烯 30%、聚异丁烯 30%三种粒子混合后，再重新塑化造粒而成（2013 年考题）　3902.9000

归类说明：根据第 39 章章注六的规定，本题货品属于初级形状的塑料，再根据第 39 章章注四的规定，本题货品应按共聚物归类，因丙烯聚合物和异丁烯聚合物同属品目 3902 的聚合物，应合并计算重量与乙烯单体单元比较，归入品目 3902。再根据第 39 章子目注释一的规定，本题货品应按从后归类原则，将其按异丁烯共聚物归入编码 3902.9000。

25. 如图所示的生料带，厚度 1 毫米，宽 1.5 厘米，长 10 米，绕于圆形塑料卷轴上。生料带是由聚四氟乙烯树脂经糊状挤出、压延而成的不含任何添加剂的带状制品，呈白色，表面光滑，质地均匀，具有优异的耐热性、耐腐蚀性、自粘性、贴合性好，常用于水管接头处起密封作用（2013 年考题）　3920.9910

归类说明：本题货品属于一种塑料膜制品，而且不属于自粘的塑料产品，品目 3919 自粘的塑料产品仅限于在常温下无需润湿或加入其他助剂，一经与各种不同的表面接触，仅用手指或手按压，即可永久牢固地粘着（单面或双面）的扁平状材料。根据归类总规则一和六，按税目条义的规定，本题货品应归入编码 3920.9910。

9.3 第四十章 橡胶及其制品

9.3.1 本章结构

本章共 9 条章注、17 个品目,基本上是按加工程度由低至高的顺序排列品目的,包括不论是否硫化或硬化的橡胶原料或半制品,以及完全由橡胶制成或以橡胶为基本特征的制品,但本章注释二所列不包括的产品除外。这里所称的"橡胶",包括天然橡胶及类似(橡胶状)的天然树胶;合成橡胶;从油类提取的油膏以及再生橡胶。

各品目的具体安排为:品目 40.01 至品目 40.06 主要包括初级形状或板、片及带状的生橡胶、再生橡胶、未硫化橡胶混合物,橡胶(硬质橡胶除外)的废碎料及下脚料和由其制得的粉末及颗粒,以及不论是否混合的其他形状的未硫化橡胶及未硫化橡胶制品;品目 40.07 至品目 40.16 主要包括除硬质橡胶以外的硫化橡胶半制成品及制成品;品目 40.17 则包括各种形状的硬质橡胶,以及硬质橡胶的废料、下脚料及制品。

9.3.2 本章归类要点

(1) 关于初级形状和板、片及带的界定。

根据本章注释三的规定,品目 40.01 至品目 40.03 及品目 40.05 中所称的"初级形状",只限于下列形状:液状及糊状,包括胶乳(不论是否预硫化)及其他分散体和溶液;不规则形状的块、团、包、粉、粒、碎屑及类似的散装形状。必须注意,"初级形状"的定义中特别包括了预硫化胶乳,因此,预硫化胶乳应作为未硫化对待。因为品目 40.01 及品目 40.02 不包括加有有机溶剂的橡胶或橡胶混合物,所以本章注释三所称"其他分散体和溶液"只适用于品目 40.05。

根据本章注释九的规定,品目 40.01 至品目 40.03、品目 40.05 及品目 40.08 中所称的"板、片及带",仅指未切割或只简单切割成矩形(包括正方形)的板、片、带及正几何形块,不论是否具有成品的特征,也不论是否经过印制或其他表面加工(如压纹、铣槽、起肋等),但未切割成其他形状或进一步加工。

(2) 关于未复合(品目 40.01 及品目 40.02)与复合(品目 40.05)橡胶的归类。

根据本章注释五的规定,对于是凝结前还是凝结后复合的橡胶不加区别。该注释规定允许归入品目 40.01 及品目 40.02 的橡胶或橡胶混合物含有某些物质,只要这些橡胶或橡胶混合物仍保持原料的基本特征,允许含有的物质包括乳化剂、防粘剂、少量(一般不超过 5%)乳化剂的分解产物,以及非常少量(一般低于 2%)的特殊用途添加剂。但是如果含有硫化剂、促进剂、防焦剂或活性剂、颜料或其他着色料、增塑剂或增量剂、填料、增强剂、有机溶剂或其他物质,则应根据其所呈形状分别归入品目 40.05 或品目 40.06。

(3) 关于硫化橡胶的归类。

本章所称的"硫化",一般是指橡胶(包括合成橡胶)与硫磺或其他硫化剂(例如氯化硫等)反应而产生交联,使橡胶从主要为塑性状态转化为弹性状态,不论是否需加热、加压以及通过高能或辐射。必须注意,一旦某种物质被确定为合成橡胶,不论其是以硫磺还是其他硫化剂硫化的,其产品均可作为品目 40.07 至品目 40.17 的硫化橡胶产品来对待。

硬质橡胶(例如,纯硬质胶)是用含硫磺比例较高而变得非常硬实和无弹性的硫化橡胶制得。除品目条文另有规定的以外,硫化橡胶也包括硬质橡胶。

(4) 关于橡胶与纺织物的复合物的归类。

橡胶与纺织物复合物的归类主要根据第十一类注释一(九)款、第五十六章注释三及第五十九章注释四的规定办理,其中传动带或输送带则按照第四十章注释八及第五十九章注释六(二)的规定办理。

其中归入本章的橡胶与纺织物的复合物有:以橡胶浸渍、涂布、包覆或层压的毡呢,其中纺织材料占总重量的 50% 及以下,以及完全嵌入橡胶的毡呢;完全嵌入橡胶的或两面均完全用橡胶涂布或包覆的无纺织物,但所涂覆的橡胶须能够用肉眼分辨出来(涂覆引起的颜色变化不计在内);以橡胶浸渍、涂布、包覆或层压的纺织物,其重量超过每平方米 1 500 克,且所含纺织材料的重量在 50% 及以下的;与纺织物、毡呢或无纺织物复合制成的海绵橡胶板、片及带,其中的织物仅起增强作用的。

但是用纺织材料包覆的橡胶线及绳;用橡胶浸渍、涂布、包覆或套裹的纺织纱线以及化学纤维扁条归入品目 56.04。

(5) 关于硫化橡胶线的归类。

全部用硫化橡胶制成的线,其任一截面的尺寸超过 5 毫米的,应作为带、杆或型材及异型材归入品目 40.08。其他的硫化橡胶线和绳则归入品目 40.07。

(6) 关于硫化橡胶制成的传动带、输送带的归类。

用橡胶浸渍、涂布、包覆或层压的织物制成的或用橡胶浸渍、涂布、包覆或套裹的纱线或绳制成的传动带、输送带归入品目 40.10。需要说明的是，机械器具、电气设备等使用的硫化橡胶制的传动带、输送带均归入品目 40.10。

9.3.3　历年报关员资格全国统一考试中的本章归类题

1. 氯丁橡胶胶乳（1998 年下半年、1999 年下半年、2000 年考题）　4002.4100

归类说明：氯丁橡胶是一种合成橡胶，应归入本章。根据本章章注三（一）的规定，本题商品属于初级产品应归入本章商品编码 4002.4100。

2. 烟胶片（简称 R. S. S）（1999 年上半年考题）　4001.2100

归类说明：烟胶片是已压去水分、经过烟熏而制成的片状天然生橡胶。它不属于本章章注中列明排除的货品，应归入本章商品编码 4001.2100。

3. 新的"米其林"牌充气轮胎，轿车用（2009 年考题）　4011.1000

归类说明：本题货品是一种机动小客车用的橡胶制品，根据品目条文和子目条文内容，应将其归入编码 4011.1000。

4. 如图所示的门垫，海绵橡胶制成（2012 年考题）　4016.1090

归类说明：本题货品属于一种橡胶制品，根据归类总规则一和六，按税目条文的规定，应归入编码 4016.1090。

习题 9

将以下货品归入我国进出口商品八位数编码中：

(1) 以聚丙烯为基本成分的块状塑料地板（上面印有卡通图案是其主要用途），规格为 30×30 厘米

(2) 印刷了世界地图的教学用塑料板（该塑料基本成分为聚苯乙烯）

(3) 以丙烯酸聚合物为基本成分的离子交换剂颗粒

(4) 乙烯单体单元占 45%，丙烯单体单元占 40%，丙烯腈单体单元占 15% 的聚合物粉片

(5) 乙烯单体单元占 40%，丙烯单体单元占 45%，丙烯腈单体单元占 15%

的聚合物粉片

(6) 由 45％的乙烯、40％的丙烯及 15％的异丁烯单体单元组成的聚合物液体

(7) 由 45％的乙烯、20％的丙烯及 35％的异丁烯单体单元组成的聚合物液体

(8) 由 3％的乙烯、2％的丙烯及 95％的异丁烯单体单元组成的聚合物液体

(9) 由 96％的苯乙烯和 4％的丙烯腈单体单元组成的可发性聚合物粉末

(10) 由 60％的苯乙烯、35％的丙烯腈、5％的氯乙烯单体单元组成的聚合物颗粒

(11) 由 20％的苯乙烯、35％的丙烯腈、45％的氯乙烯单体单元组成的聚合物颗粒

(12) 由 40％的苯乙烯、35％的丙烯腈、25％的氯乙烯单体单元组成的聚合物颗粒

(13) 由 30％的苯乙烯、45％的乙酸乙烯酯、25％的氯乙烯单体单元组成的聚合物颗粒

(14) 氯磺化聚乙烯颗粒,比重为 0.95

(15) 乙酰化的酚醛树脂粉末

(16) 化学改性的聚甲醛颗粒

(17) 聚氯乙烯制分指手套

(18) 塑料拖鞋

(19) 以聚丙烯为基本成分的成卷自粘塑料膜,宽度为 10 厘米

(20) 基本成分为聚苯乙烯的非泡沫塑料板,未经其他加工

(21) 基本成分为聚苯乙烯的泡沫塑料板

(22) 硅橡胶液体,即聚硅氧烷液体

(23) 硫化橡胶制成的单股线,任一截面尺寸为 4 毫米

(24) 硫化海绵橡胶制成的单股线,任一截面尺寸为 10 毫米

(25) 用金属丝加强的硫化橡胶输送带

(26) 用于独轮手推车的半实心轮胎

(27) 橡胶制高统防水鞋

(28) 硫化橡胶制的泳帽

(29) 自行车用的橡胶内胎

(30) 硫化橡胶制的热水袋

10

第八类 生皮、皮革、毛皮及其制品;鞍具及挽具;旅行用品、手提包及类似容器;动物肠线(蚕胶丝除外)制品

10.1 本类概况

本类从第四十一章到第四十三章共分 3 章,包括了绝大部分皮革行业的动物质原料以及各种材料制的具有皮革行业产品特征的制品。生皮及未鞣生毛皮虽然是未经过加工或仅经过了有限的简单加工的动物产品,但由于它们通常作为皮革行业原料使用而归入本类。

需要说明的是,并不是所有的生皮都归入本类。例如,供人食用的动物皮张应归入第二章或第十六章,不供人食用的生皮边角废料归入第五章。某些皮革制品也不归入本类,例如皮鞋归入第六十四章,皮帽归入第六十五章,皮鞭归入第六十六章,皮革制成的乐器归入第九十二章,皮革制成的家具归入第九十四章等。与此同时也有许多不是皮革或毛皮制品归入本类。例如不限于皮革材料制成的各种鞍具、衣箱、公文箱等仍归入本类第四十二章。对于这些制品的归类,应注意其材料的限制范围。

本类无类注。

10.2 第四十一章 生皮(毛皮除外)及皮革

10.2.1 本章结构

本章共 3 条章注、11 个品目,其中品目 41.07 和品目 41.12 之间删除了 4 个

品目,因而使得本章品目号丧失了其连续性。

本章基本按照加工程度由浅至深的顺序排列品目,主要包括不带毛的生皮及去毛的皮张,以及本章注释一(三)和品目41.01至品目41.03所述的带毛动物生皮,但不包括带羽毛或羽绒的鸟皮及毛皮(品目05.05或品目67.01);包括经过预鞣、鞣制(包括油鞣)、鞣制后进一步加工或羊皮纸化处理的这类皮张,但不包括经过预鞣、鞣制或进一步加工的带毛皮张(品目43.02);包括皮革或再生皮革的边角废料,但不包括生皮或毛皮的类似边角废料(品目05.11);包括以皮革或皮革纤维为基本成分的再生皮革。

皮张和皮革,不论是整张(可去掉头、脚部分)、部分(例如,半边皮、肩皮、整张或半张背皮、腹皮、颊皮)、成条或成块的,均归入本章。但切成特殊形状的小块皮革应作为其他章的制品归类,特别是归入第四十二章或第六十四章。剖层皮和剖层革应按整张皮或整张革的相应品目归类。

10.2.2　本章归类要点

(1)归入本章的生皮也可以是带毛生皮,根据本章章注一(三)的规定,归入本章的带毛生皮仅限于以下动物皮:牛(包括水牛)、马、绵羊及羔羊(不包括阿斯特拉罕、喀拉科尔、波斯羔羊或类似羔羊,印度、中国或蒙古羔羊)、山羊或小山羊(不包括也门或蒙古山羊及小山羊)、猪、小羚羊、瞪羚、骆驼(包括单峰骆驼)、驯鹿、麋、鹿、狍或狗。其他带毛生皮,包括特种羔羊生毛皮(阿斯特拉罕、喀拉科尔、波斯羔羊或类似羔羊皮、印度、中国或蒙古羔羊皮)、特种山羊生毛皮(也门或蒙古山羊及小山羊皮)在内均归入第四十三章品目43.01。

(2)羊皮纸化处理的皮革。

羊皮纸化处理的皮革是生皮不经鞣制而使其能够长期保存的方法制得的。即,将生皮加以柔化、去毛、刮肉、洗涤,然后绷紧固定在框架上,涂以含有白垩粉及苏打或熟石灰的粉浆,削刮至所需厚度,再用浮石磨平,最后可用明胶及淀粉加以处理。羊皮纸化处理的皮革应根据其原料归入品目41.07、品目41.12或品目41.13。

(3)本章不包括的货品主要有:未烹煮的食用动物皮(第二章)(已烹煮的应归入第十六章);生皮的边角废料(品目05.11);以真皮革以外的其他材料为基本成分的仿皮革,例如,塑料仿皮革(第三十九章)、橡胶仿皮革(第四十章)、纸及纸板仿皮革(第四十八章)或涂布纺织品(第五十九章)等。

10.2.3　历年报关员资格全国统一考试中的本章归类题

（历年考试中还未出现过本章试题。）

10.3　第四十二章　皮革制品；鞍具及挽具；旅行用品、手提包及类似容器；动物肠线（蚕胶丝除外）制品

10.3.1　本章结构

本章共 4 条章注、5 个品目，其中原品目 42.04 已被删除，从而使本章品目编码不连续。本章主要按照货品的用途排列各个品目，包括皮革或再生皮革的制品。具体包括的货品有：各种材料制的鞍具及挽具，包括其他材料制的衣箱、手提包等容器，皮革制的衣服，皮革的其他制品，肠线类制品。其中品目 42.01 及品目 42.02 也包括某些具有皮革业产品特征但是用其他材料制成的制品。本章还包括某些肠线、肠膜、膀胱或筋腱制品。但某些皮革制品归入其他章。所以该章不是完全按材料列目，而是以皮革制品为主，但也包括某些不是用皮革材料制成的、具有皮革制品特征的货品。

10.3.2　本章归类要点

（1）根据本章章注四的规定，品目 42.03 所称的"衣服及衣着附件"，主要包括分指手套、连指手套及露指手套（包括运动及防护手套）、围裙及其他防护用衣着、裤吊带、腰带、子弹带及腕带，但不包括表带（品目 91.13）。

（2）本章不包括的货品主要有：外科用无菌肠线或类似的无菌缝合材料（品目 30.06）；以毛皮或人造毛皮衬里或作面（仅饰边的除外）的衣服及衣着附件（分指手套、连指手套及露指手套除外）（品目 43.03 或品目 43.04）；网线袋及类似品（品目 56.08）；鞭子、马鞭或其他物品（品目 66.02）；单独报验的挽

具附件或装饰物,例如,马镫、马嚼子、马铃铛及类似品、带扣(一般归入第十五类)等。

(3) 关于品目 42.01 的货品范围。

包括适合各种动物用的皮革、再生皮革、毛皮、纺织物或其他材料制成的各种器具。这些货品包括在骑畜、挽畜、驮畜用的鞍具及挽具(包括缰、辔、挽绳),马用护膝垫、眼罩和护蹄,马戏团动物的装饰品,任何动物的口套,狗或猫的颈圈、挽绳及饰物,鞍褥、鞍垫及鞍囊,制成特殊形状专门供骑马用的毯子、狗外套等。

(4) 关于品目 42.02 的货品范围。

品目 42.02 仅包括该品目具体列名的物品和类似容器。除本章注释另有规定的以外,该品目第一部分所包括的容器可用任何材料制成,这些容器是衣箱、提箱、小手袋、公文箱、公文包、书包、眼镜盒、望远镜盒、照相机套、乐器盒、枪套等。但本品目第二部分所包括的容器,必须是用该品目所列材料制成,或者全部或主要用这些材料或纸(基底可以是木头、金属等)包覆的,这些容器主要有旅行包、保温包、化妆包、钱包、手提包、烟袋、工具包、运动包、瓶盒、首饰盒等,这些材料限定为皮革或再生皮革、塑料片、纺织材料、钢纸或纸板。

10.3.3　历年报关员资格全国统一考试中的本章归类题

1. 木制的衣箱(2001 年考题)　　　　　　　　　　　　　　4202.1900

归类说明:木制的衣箱作为木制品,看上去似乎可以归入第四十四章。但根据第四十四章章注一(五)的规定,以及品目 42.02 的具体条文,衣箱不论是什么材料制成的,一律归入本章品目 42.02。本题商品应归入商品编码 4202.1900。

2. "鳄鱼"牌牛皮公文包(2005 年考题)　　　　　　　　　　4202.1190

归类说明:牛皮公文包是皮革制品,它不属于本章章注中列明排除的货品,应归入本章品目 42.02。实际上不论什么材料制成的公文包均应归入品目 42.02。本题应归入商品编码 4202.1190。

3. 牛皮制公文包(2010 年考题)　　　　　　　　　　　　4202.1190

归类说明:本题货品是牛皮革制品,对于公文包,只要不是第四十二章章注二所列产品,其他任何材料制的公文包都应归入品目 42.02。根据品目条文和子目条文内容,本题货品应归入编码 4202.1190。

10.4　第四十三章　毛皮、人造毛皮及其制品

10.4.1　本章结构

本章共有 5 条章注、4 个品目，是按照加工程度由浅至深的顺序排列品目。

本章主要包括：生毛皮，但不包括品目 41.01、品目 41.02 及品目 41.03 的生皮和皮张；未缝制或已缝制的已鞣带毛皮张；毛皮制的衣服、衣着附件及其他制品；人造毛皮及其制品。

应该注意，带羽毛或羽绒的整张或部分鸟皮，不能作为毛皮对待，应归入品目 05.05 或品目 67.01。

10.4.2　本章归类要点

（1）在目录中所称的"毛皮"，是指已鞣的各种动物的带毛毛皮，但不包括品目 43.01 的生毛皮。

（2）毛皮的碎片及头、尾、爪等部分，只要是生毛皮，均归入品目 43.01。但明显不能作皮革用的毛皮废料，则不归入该品目，而应归入品目 05.11。

（3）品目 43.03 包括下列材料制成的各种衣服及其部分品和衣着附件（手筒、女用披肩、领带、衣领等）：①毛皮。②以毛皮衬里的其他材料。③以毛皮作面的其他材料（仅以毛皮镶边的除外）。但不包括用皮革与毛皮制成的分指手套、连指手套及露指手套（品目 42.03）（章注二（三）规定）。

10.4.3　历年报关员资格全国统一考试中的本章归类题

1. 男式大衣，面料为纯羊毛华达呢，衬里为兔毛皮（2002 年考题）

$$4303.1010$$

归类说明：根据本章章注四的规定，以毛皮衬里或作面的衣服应归入品目

43.03。本题商品符合其规定,应归入商品编码 4303.1010。

2. 羊驼毛皮床毯,如图所示,由 8 块经过
处理的羊驼的毛片缝制而成(2011 年考题)

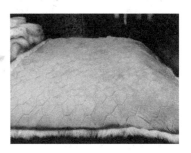

4303.9000

归类说明:本题货品是一种动物毛皮制
品,根据品目条文和子目条文规定,本题货品
应归入编码 4303.9000。

习题 10

将以下货品归入我国进出口商品八位数编码中:

(1) 新鲜的未经任何其他处理的整张生马皮,重 15 公斤

(2) 新鲜的整张带毛兔皮

(3) 经鞣制后干制的山羊皮坯革

(4) 未缝制的已鞣整张水貂皮

(5) 棉制狗外套

(6) 塑料制钥匙包

(7) 藤条编结而成的手提箱

(8) 山羊皮革制的皮帽

(9) 以鹿皮革作面、狐毛皮衬里的普通分指手套

(10) 带毛的貂皮女披肩

11 第九类 木及木制品；木炭；软木及软木制品；稻草、秸秆、针茅或其他编结材料制品；篮筐及柳条编结品

11.1 本类概况

本类从第四十四章至第四十六章共分 3 章，其商品大致包括木及木制品、木炭；软木及软木制品；编结材料制品、篮筐及柳条编结品。本类从原料至制品都是植物类产品，包括木材工业的原料和大部分木材工业的制品以及编结材料制品。原木、天然软木等虽然是未经过加工或仅经过了有限的简单加工的植物产品，但因为它们通常是作为木材等工业原料使用的，所以也归入本类，而不归入第二类。

需要注意的是，有一些木制品并不归入本类，例如木浆及其制品归入第十类，木制衣箱等容器归入第四十二章，木制船舶归入第八十九章，木制家具归入第九十四章。此外也有一些归入其他章的材料与本章的制品有关，例如第十四章的编结植物材料就是本类编结制品的原料等等，归类时需要注意它们之间的关系。

本类无类注。

11.2 第四十四章 木及木制品；木炭

11.2.1 本章结构

本章共有 6 条章注、2 条子目注释、21 个品目，基本上是按照加工程度由浅

至深的顺序排列品目的。

本章主要包括未加工的木材、木的半制成品及普通的木制品以及木炭,这些产品大体可分类为:原木及薪柴、木废料及碎片、锯末、木片或木粒;箍木、木杆、木桩等;木炭;木丝及木粉;铁道及电车道用枕木(一般归入品目 44.01 至品目 44.06)。经锯、削、切片、旋切、刨平、砂光、端接,例如,指榫接合,以及制成连续形状的木材(品目 44.07 至品目 44.09)。木质碎料板及类似木质材料板、纤维板、胶合板及强化木(品目 44.10 至品目 44.13)。木制品(品目 44.14 至品目 44.21)。

总的来说,木材的归类既不受因保存所需而进行处理的影响,例如,干燥、表面炭化、填缝及塞孔、浸杂酚油或其他木材防腐剂;也不受涂油漆、着色剂或清漆的影响。但是这些一般的规则不适用于品目 44.03 及品目 44.06 的子目,因为这些子目对某些涂油漆、着色剂或作防腐处理的木材在归类上作了明确的规定。

本章 21 个品目的排列顺序大致如下:

1. 原材料。

　(1) 薪柴;木片或木粒;锯末、木废料及碎片(品目 44.01)。

　(2) 木炭(品目 44.02)。

　(3) 原木(品目 44.03)。

　(4) 箍木;木劈条;木桩;木棒;木片条等(品目 44.04)。

　(5) 木丝;木粉(品目 44.05)。

2. 半成品。

　(1) 铁道及电车道枕木(品目 44.06)。

　(2) 经简单加工的木材。

　　① 经纵锯、纵切、刨切或旋切的木材,厚度超过 6 毫米(品目 44.07);

　　② 饰面用薄板、制胶合板或类似多层板用薄板以及其他经纵锯、刨切或旋切的木材,厚度不超过 6 毫米(品目 44.08);

　　③ 任何一边、端或面制成连续形状的木材(品目 44.09)。

　(3) 经进一步加工的木材。

　　① 木质碎料板及其他类似木质材料板(品目 44.10);

　　② 木纤维板或其他木质材料纤维板(品目 44.11);

　　③ 胶合板、单板饰面板及类似的多层板(品目 44.12);

　　④ 强化木(品目 44.13)。

3. 制成品。

　(1) 木制的画框、相框、镜框及类似品(品目 44.14)。

　　(2) 木制包装容器;木制电缆卷筒等(品目 44.15)。

　　(3) 木制容器(大桶、琵琶桶、盆和木制箍桶及其零件)(品目 44.16)。

　　(4) 木制工具、工具支架、工具柄、鞋楦等(品目 44.17)。

　　(5) 建筑用木工制品(品目 44.18)。

　　(6) 木制餐具及厨房用具(品目 44.19)。

　　(7) 镶嵌木;装珠宝或刀具用的木制盒子、匣子;木制小雕像及其他装饰品;第九十四章以外的木制家具(品目 44.20)。

　　(8) 其他木制品(品目 44.21)。

11.2.2　本章归类要点

　　(1) 本章不包括的主要货品。

　　本章所称的"木",也包括竹和其他木质材料,但是品目 14.01 中竹或主要作编结用的其他木质材料除外。此外本章还不包括主要用作香料、药料、杀虫、杀菌或类似用途的木片、刨花、碎木、木粒及木粉(品目 12.11)以及主要作染料或鞣料用的木片、刨花、木粒或木粉(品目 14.04);涂有树脂或以其他方法制成点火物的木及木废料(品目 36.06);活性炭(品目 38.02);木制的衣箱、提箱、小手袋、公文箱、公文包、书包、眼镜盒、望远镜盒、照相机套、乐器盒、枪套及类似容器(品目 42.02);用水泥、石膏等矿物粘合材料粘合刨花、木片屑、木粉、锯末或木废料制成的镶板、平板、瓦、砖及类似品(品目 68.08);木制的仿首饰(品目 71.17)等。

　　(2) 关于竹子与柳条的归类。

　　某些木质材料,例如竹子及柳条,主要用于制造篮筐编结品。未加工状态的这些材料应归入品目 14.01,而制成篮筐的则归入第四十六章。但是,诸如竹片或竹粒之类的产品(用于制造木质碎料板、纤维板或植物纤维浆)及竹制品或其他木质材料制品(篮筐、家具或具体列入其他章的其他制品除外),除条文另有规定的以外(例如,品目 44.10 及品目 44.11),应与本章相应的木制品一并归类。

　　(3) 关于木板与塑料组成的板材的归类。

　　一般来说,凡属木板与塑料构成的建筑板材应归入本章,但这些板材应根据用途按其具有主要特性的表面进行归类。例如,用于屋顶、墙壁或地板作结构件的建筑板材,由一木质碎料板外层和一绝缘塑料层组成,不论塑料层有多厚,都应归入品目44.10,因为是坚硬的木板部分使之能作为结构件,而塑料层只具有辅助的绝缘功能。但是如果外层为塑料而木材仅起背衬支撑作用的板材,则一般归入第三十九章。

(4) 关于未拼装或拆散的木制品的归类。

未拼装或拆散的木制品,如果各部件同时报验,应按相应的完整木制品归类。同样,玻璃、大理石、金属或其他材料制的木制品的零、配件如果与木制品一同报验,则不论其是否装配在一起,均应按木制品归类。

(5) 关于木炭的归类。

一般的木炭(品目44.02);制成药品形状的木炭(第三十章);与香料混合后制成片状或其他形状的木炭除臭剂(品目33.07);活性炭(品目38.02);绘图用木炭(炭笔)(品目96.09)。

11.2.3 历年报关员资格全国统一考试中的本章归类题

1. 表层为巴栲红柳桉木薄板、其他两层为针叶木薄板制的三合板(每层薄板厚度为1 mm)(1998年上半年考题) 4412.3100

归类说明:三合板是一种多层胶合板,应归入本章。又根据本章子目注释,巴栲红柳桉木属于热带木,据此并考虑薄板厚度将其归入商品编码4412.3100。

2. 表层为西非褐红椴木薄板,其他两层为针叶木薄板压制的三合板(每层薄板厚度为1毫米)(1998年下半年考题) 4412.3100

归类说明:三合板是一种多层胶合板,应归入本章。又根据本章子目注释,西非褐红椴木属于热带木,据此并考虑薄板厚度将其归入商品编码4412.3100。

3. 一种大芯板,厚12毫米,由两面是针叶木饰面、中间层为碎木料的芯板(厚8毫米)胶合而成(2006年考题) 4412.9992

归类说明:本题货品是一种木质的胶合板,应归入本章。根据归类总规则一,查品目条文,应将其归入品目44.12。考虑到其材质(木质)、厚度(中间层厚8毫米,另两个表层各厚2毫米)、芯板材料(碎木料)、表层木材(两个表层均为针叶木),根据子目条文的规定,本题货品应归入编码4412.9992。

4. 一种强化复合地板,规格700毫米×190毫米×10毫米,由耐磨层(三氧化二铝膜)、表层(印木纹的纸)、基层(干法生产的中密度木纤维板,密度0.85克/立方厘米,厚9.5毫米)、背板平衡层(一种纸)经树脂浸渍后高温强压复合而成,边、端制成榫接企口以便于安装(2008年考题) 4411.1419

归类说明:本题复合地板,是在中密度纤维板的基础上,与纸等材料复合而成,应按木纤维板归入第四十四章。由于它不是用两层或以上的薄板胶合而成,所以不能按胶合板、单板饰面板等多层板归入品目 44.12。再根据第四十四章章注三、四的规定,边、端尽管制成榫接企口状,仍按木纤维板归入品目 44.11。再考虑纤维板类型(中密度板)、厚度(厚 9.5 毫米)、密度(0.85 克/立方厘米),根据子目条文的规定,应将其归入编码 4411.1419。

5. 如图所示的柚木实木地板,规格 910 毫米 × 122 毫米 × 18 毫米(2009 年考题)   4409.2910

归类说明:本题货品是经舌榫和槽榫加工的实木地板,应归入第四十四章品目 44.09。考虑到柚木是一种非针叶木,根据子目条文规定,本题货品应归入编码 4409.2910。

11.3 第四十五章 软木及软木制品

11.3.1 本章结构

本章共 1 条章注、4 个品目,基本上是按加工程度由浅至深的顺序排列品目的。

本章包括各种形状的天然软木、压制软木及其制品,即未加工或简单加工的天然软木;软木废料;软木粉粒(品目 45.01);经进一步加工成某些形状的天然软木(品目 45.02);天然软木制品(品目 45.03);压制软木及其制品(品目 45.04)。

11.3.2 本章归类要点

(1) 品目 45.03 包括的货品主要有:天然软木制的各种塞子;天然软木的圆片、垫片及薄片;切割成矩形(包括正方形)以外其他形状的天然软木块、板、片及条;救生圈、渔网的浮子、浴室防滑垫、桌垫、打字机垫及其他垫;各种柄类(刀柄夹等)、垫圈及密封垫(品目84.84所列的各式成套垫圈及密封垫除外)等。

但是该品目不包括:鞋靴及其零件,包括鞋垫(第六十四章);帽类及其零件(第六十五章);衬有软木圆片的贱金属制冠形瓶塞、盖子(品目83.09);钓鱼竿浮子(品目95.07)等。

(2)品目45.04所称的压制软木,通常是将软木碎片、粒或粉加入粘合物,或者不加粘合物而将温度升至约300℃高压制得,是一种很好的绝热或隔音材料,被广泛用作建筑材料。

11.3.3　历年报关员资格全国统一考试中的本章归类题

(历年考试中还未出现过本章试题。)

11.4　第四十六章　稻草、秸秆、针茅或其他编结材料制品;篮筐及柳条编结品

11.4.1　本章的结构

本章共3条章注、2个品目,是按加工程度由浅至深排列品目的。

本章除丝瓜络制品以外,包括经交织、编织或类似方法将未纺材料组合起来的半制成品(品目46.01)及某些制成品(品目46.01和品目46.02)。这些未纺材料主要有:品目14.01的稻草、柳条、竹、灯芯草、藤、芦苇、品目12.13或品目14.01的秸秆、品目44.04的木片条等植物材料,只要其状态或形状适于编织、交织或类似加工的;未纺的天然纺织纤维;第三十九章的塑料单丝、扁条及类似品(包括第五十四章的截面尺寸超过1毫米的化纤单丝及表观宽度超过5毫米的化纤扁条及类似品);纸带(包括包有塑料的纸);由纺织材料做芯(未纺的纤维、缏条等)、绕或裹上塑料扁条,或厚厚地用塑料涂布所构成的某些材料,这些材料不再以芯子本身的纤维、缏条等为特征。

以上某些材料,特别是植物材料可经加工处理(例如,劈开、拉拔、削皮等或用蜡、甘油等浸渍),使其更适合于编结、交织或类似加工。

11.4.2　本章归类要点

（1）需要特别说明的是，编结材料制成的衣箱、提箱、小手袋等容器应归入本章品目 46.02 而不应归入品目 42.02。因为其制作方式有很大不同。

（2）本章不包括的主要货品。

下列材料尽管也可以编结某些货品，但其制成品并不归入本章：马毛（品目 05.11 或第十一类）；截面尺寸不超过 1 毫米的化纤单丝及表观宽度不超过 5 毫米的扁条或扁平管条，不论是否紧压或搓捻（如人造草及类似品）（第十一类）；纺织粗纱（第十一类）；用塑料浸渍、涂布、包覆或套裹的纺织纱线（第十一类）；皮革或再生皮革条（一般归入第四十一章或第四十二章）、毡呢或无纺织物扁条（第十一类）及人发扁条（第五章、第五十九章、第六十五章或第六十七章）。

本章还不包括：鞍具及挽具（品目 42.01）；第四十四章的竹产品或竹制品；用编结材料盖面的壁纸（品目 48.14）；不论是否编结而成的线、绳、索、缆（品目 56.07）；鞋靴及其零件（第六十四章）；帽类及其零件（第六十五章）；鞭子（品目 66.02）；人造花（品目 67.02）；扫帚或刷子（品目 96.03）等。

11.4.3　历年报关员资格全国统一考试中的本章归类题

1. 如图所示的手提包，用玉米皮为原材料手工编结而成（2012 年考题）　　　　　　　　　　　　　4602.1920

归类说明：本题货品作为手提包，似乎可以归入第 42 章品目 4202，但根据第 42 章章注三和第 46 章章注一的规定，编结材料制品应归入品目 4602。根据税目条文，本题货品应归入编码 4602.1920。

习题 11

将以下货品归入我国进出口商品八位数编码中：

（1）经纵锯、厚度为 2 厘米的柚木板

（2）制胶合板用的白松单板,厚 5 毫米

（3）加工有舌榫和槽榫形状的竹制地板条

（4）用热固性树脂粘聚而成的木制碎料板

（5）竹制拼装的两层板(地板用)

（6）一次性木筷

（7）木制小提琴箱

（8）厚 12 毫米的大芯板,它由两面是白松木饰面,中间层为木块芯板(厚 8
毫米)胶合而成

（9）木制擀面杖

（10）天然软木制的塞子,上部装有贱金属,用于热水瓶塞,单独报验

（11）天然软木制的钓鱼竿浮子,单独报验

（12）蔺草编结而成的供零售用的草帽

（13）柳条编结的衣箱

（14）竹编的捕虾篓

（15）皮革条编结而成的手提包

12 第十类　木浆及其他纤维状纤维素浆；回收（废碎）纸或纸板；纸、纸板及其制品

12.1　本类概况

本类从第四十七章至第四十九章共分 3 章,基本上是按纸张加工工艺由低至高的顺序排列章次。其中第四十七章主要是用各种材料制得的纸浆,第四十八章则主要用前一章的材料加工得到的纸张和纸制品,在纸品的基础上印刷有文字图画的印刷品则归入第四十九章。但在具体归类时,每章都有一些例外情况使得某些产品看上去应该归入该章,但实际不归入该章,或看上去不应该归入该章,但实际却归入该章。所以类章标题不是归类的法律依据,对于这些例外应有足够的重视才能使商品的归类正确。

本类无类注。

12.2　第四十七章　木浆及其他纤维状纤维素浆；回收（废碎）纸或纸板

12.2.1　本章结构

本章共 1 条章注、7 个品目,基本是按照制浆方法和所用原料排列品目,主要包括各种纸浆及回收纸或纸板。品目大致是这样排列的:机械木浆,溶解级化学木浆,非溶解级化学木浆,机械—化学木浆,从回收纸中提取的纤维浆或其他纤维状纤维素浆,回收纸或纸板。

本章的纸浆主要是从各种植物材料或植物质纺织废料中获得的纤维素纤维。其中最重要的纸浆是木浆，根据加工方法可分为"机械木浆"、"化学木浆"和"机械与化学木浆（半化学木浆）"。最常用的制浆木材是松木、云杉木及杨木，但也使用较硬的木材，例如，山毛榉木、栗木、桉木及某些热带树木。

12.2.2　本章归类要点

（1）机械木浆是在水冲刷下通过机械碾磨将已去树皮的木材离解或研磨成木质纤维的木浆。化学木浆是先将木材切成木片或木粒，然后用化学品加以处理制得的木浆。机械—化学木浆是通过机械和化学联合制浆法生产出来的木浆，又称为半化学木浆、半机械木浆。

（2）其他用于制纸浆或纤维素浆的材料包括：棉短绒；回收（废碎）纸或纸板；破布（尤其是棉布、亚麻布或大麻布）及其他纺织废料（例如，旧绳）；稻草、针茅、亚麻、苎麻、黄麻、大麻、西沙尔麻、蔗渣、竹及各种草和芦苇等。

12.2.3　历年报关员资格全国统一考试中的本章归类题

1. 亚硫酸盐未漂白针叶木浆（非溶解级）（1998 年下考题）　　　　4704.1100
归类说明：本题商品是非溶解级的亚硫酸盐木浆。在本章有亚硫酸盐木浆的具体列名，应将其归入商品编码 4704.1100。

2. 褐色磨木浆（桦木）（1999 年下考题）　　　　4701.0000
归类说明：磨木浆是一种机械木浆，桦木是一种落叶乔木。本章有机械木浆的具体列名，应归入商品编码 4701.0000。

3. 化学机械木浆（2000 年考题）　　　　4705.0000
归类说明：本题商品是一种机械与化学联合制浆法制得的木浆，本章有机械—化学木浆的具体列名，应将其归入商品编码 4705.0000。

12.3 第四十八章 纸及纸板;纸浆、纸或纸板制品

12.3.1 本章的结构

本章共有 12 条章注、7 条子目注释、22 个品目,其中原品目 48.15 已被删除,从而使本章品目号不连续。本章基本按照加工程度由浅至深的顺序排列品目,包括由第四十七章的纸浆制成的纸、纸板及其制品,也包括复合纸及其制品。许多纸品,是由第四十七章的纤维素纤维纸浆粘合成片构成,例如,茶袋纸材料,是由上述纤维素纤维及纺织纤维(尤其是第五十四章注释一所规定的化学纤维)混合组成。如果这些材料按重量计以纺织纤维为主,则不作为纸,而应作为无纺织物归类(品目 56.03)。除条文另有规定的以外,本章所称的"纸"包括不论其厚度或重量如何的"纸板"。

本章 22 个品目的排列顺序大致如下:

1. 纸及纸板。

   (1) 新闻纸。

   　① 成卷或成张的,符合章注八的要求(品目 48.01);

   　② 成卷或成张的,但不符合章注八的要求(品目 48.02);或者其他形状任何尺寸的(品目 48.23)。

   (2) 书写、印刷用的未经涂布的纸及纸板,未打孔的穿孔卡片纸及穿孔纸带纸,成卷或成张矩形的,包括任何尺寸的,但必须符合章注五的要求;手工制纸及纸板(品目 48.02)。

   (3) 卫生纸、面巾纸、餐巾纸等家庭或卫生用纸、纤维素絮纸和纤维素纤维网纸。

   　① 成卷或成张的,符合章注八的要求(品目 48.03);

   　② 成卷或成张的,但不符合章注八的要求;或者其他形状任何尺寸的(品目 48.18)。

   (4) 牛皮纸及纸张。

   　① 未经涂布的牛皮纸及纸张。

   　　A. 成卷或成张的,符合章注八的要求(品目 48.04);

   　　B. 成卷或成张的,但不符合章注八的要求;或者其他形状任何尺

寸的(品目 48.23)。

　② 已涂布的牛皮纸及纸张。

　　A. 成卷或成张的,任何尺寸的(品目 48.11);

　　B. 其他形状任何尺寸的(品目 48.23)。

(5) 其他未经涂布的纸及纸张,包括滤纸。

　① 成卷或成张矩形的,符合章注八和章注三的要求(如瓦楞原纸、包
　　 装纸、滤纸、毡纸)(品目 48.05);

　② 成卷或成张的,但不符合章注八和章注三的要求;或者其他形状
　　 任何尺寸的不符合其他品目要求的(品目 48.23)。

(6) 经技术处理的纸,如植物羊皮纸、防油纸、描图纸、半透明纸及其他
　　 高光泽透明或半透明纸。

　① 成卷或成张的,符合章注八的要求(品目 48.06);

　② 成卷或成张的,但不符合章注八的要求;或者其他形状任何尺寸
　　 的(品目 48.23)。

(7) 复合纸及纸板。

　① 未经表面涂布或未浸渍的复合纸及纸板。

　　A. 成卷或成张的,符合章注八的要求(品目 48.07);

　　B. 成卷或成张的,但不符合章注八的要求;或者其他形状任何尺
　　　 寸的(品目 48.23)。

　② 经涂布的复合纸及纸板。

　　A. 成卷或成张矩形的,任何尺寸的(品目 48.10 或品目 48.11);

　　B. 其他形状任何尺寸的,不符合其他品目要求的(品目 48.23)。

(8) 瓦楞纸、皱纹纸、压纹纸、穿孔纸及其纸板。

　① 成卷或成张的,符合章注八的要求(品目 48.08);

　② 成卷或成张的,但不符合章注八的要求;或者其他形状任何尺寸
　　 的(品目 48.23)。

(9) 复写纸、自印复写纸及其他拷贝或转印纸(包括油印蜡纸或胶印
　　 版纸)。

　① 成卷或成张的,符合章注八的要求(品目 48.09);

　② 成卷或成张的,但不符合章注八的要求;或者其他形状任何尺寸
　　 的(品目 48.16)。

(10) 经涂布高岭土或其他无机物质的纸及纸板,但未涂布其他涂料(品
　　 目 48.10)。

(11) 经涂布、浸渍、覆盖、染面、饰面或印花的纸、纸板、纤维素絮纸及纤维素纤维网纸。

　　① 成卷或成张矩形的,任何尺寸的(品目 48.11);

　　② 其他形状任何尺寸的(品目 48.23)。

(12) 纸浆制的滤块、滤板及滤片(品目 48.12)。

(13) 卷烟纸(品目 48.13)。

2. 纸及纸板制品。

(1) 壁纸及类似品;窗用透明纸(品目 48.14)。

(2) 纸或纸板制的信封、封缄信片、素色明信片及通信卡片;内装各种纸制文具的纸制盒子、袋子及夹子(品目 48.17)。

(3) 纸制的手帕、台布、床单、衣服等(品目 48.18)。

(4) 纸或纸板制的箱、盒、匣、袋等包装容器;卷宗盒、信件盘等(品目 48.19)。

(5) 纸或纸板制的笔记本、账本等文具用品;样品簿、粘贴簿及书籍封面(品目 48.20)。

(6) 纸或纸板制的标签,不论是否印制(品目 48.21)。

(7) 纸或纸板制的筒管、卷轴等(品目 48.22)。

(8) 纸或纸板制的其他制品(品目 48.23)。

12.3.2　本章归类要点

(1) 本章货品的大致范围。

成卷或成张的符合尺寸要求的各类纸、纸板、纤维素絮纸及纤维素纤维网纸(品目 48.01 至品目 48.11);纸浆制的滤块、滤板及滤片(品目 48.12),卷烟纸(品目 48.13),壁纸及类似品和窗用透明纸(品目 48.14);成卷或成张但所切尺寸不符合规定的尺寸,或切成矩形(包括正方形)以外任何形状的纸、纸板、纤维素絮纸及纤维素纤维网纸,以及纸浆、纸、纸板、纤维素絮纸及纤维素网纸的制品(品目 48.16 至品目 48.23)。但本章不包括本章注释二及注释十二所述的不能归入本章的货品。

(2) 关于成卷或成张的纸的归类。

归入品目 48.01 至品目 48.11 的纸基本上都是成卷或成张的形态,但也有一个例外,即不论其形态是否成卷或成张的手工制纸及纸板均归入品目 48.02。

归入这些品目的成卷或成张的纸,尺寸并不完全相同。其中品目 48.02、品目 48.10 和品目 48.11 的纸没有尺寸上的限制,但是品目 48.01、品目 48.03 至品目 48.09 的纸必须符合本章章注八规定的尺寸要求,即对于成条或成卷的纸,其宽度须超过 36 厘米;对于成张矩形(包括正方形)的纸,必须一边超过 36 厘米,另一边超过 15 厘米(以未折叠计)。

如果不是成卷或成张形态的纸一般应归入品目 48.23,但非成卷或成张形态的卫生纸及类似纸、家庭或卫生用纤维素絮纸及纤维素纤维网纸(品目 48.18)、非成卷或成张形态的复写纸、自印复写纸及其他拷贝或转印纸(品目 48.16)除外。

如果成卷或成张的有章注八尺寸限制的纸,当不符合尺寸方面的要求时,一般也应归入品目 48.23,但尺寸不符合要求的成卷或成张的新闻纸(一般归入品目 48.02)、尺寸不符合要求的成卷或成张的卫生纸及类似纸、家庭或卫生用纤维素絮纸及纤维素纤维网纸(品目 48.18)、尺寸不符合要求的成卷或成张的复写纸、自印复写纸及其他拷贝或转印纸(品目 48.16)除外。

根据本章章注七的规定,除另有规定的以外,符合品目 48.01 至品目 48.11 中两个或两个以上品目所规定的纸、纸板、纤维素絮纸及纤维素纤维网纸,应按号列顺序归入有关品目中的最末一个品目。

根据本章章注三的规定,归入品目 48.01 至品目 48.05 的纸可以经过适当的加工。而品目 48.06 至品目 48.11 包括某些特种纸或纸板(例如,羊皮纸、防油纸、复合纸),或经过各种处理的纸、纸板、纤维素絮纸及纤维素纤维网纸。这些处理包括涂布、印图案、划线、浸渍、起纹、压花、打孔及制成瓦楞形。

根据章注四的规定,归入品目 48.01 或本章其他品目的"新闻纸"还必须符合章注四规定的技术指标。根据章注五的规定,对于归入品目 48.02 中的"书写、印刷或类似用途的纸及纸板"、"未打孔的穿孔卡片纸及穿孔纸带纸"必须符合章注五规定的各项技术指标。同样根据章注六的规定,对于归入品目 48.04 或本章其他品目的"牛皮纸及纸板"也必须符合章注六规定的技术指标。

(3) 关于"壁纸及类似品"的归类。

本章章注九对归入品目 48.14 的"壁纸及类似品"作了限制。同时在章注十二中规定,印有图案、文字或图画的"壁纸及类似品"以及"窗用透明纸",不论所印图案、文字或图画是否作为其主要用途,均归入品目 48.14 而不归入第四十九章。

对于既可作铺地制品,也可作壁纸的以纸或纸板为底的产品,应按从后归类原则归入品目 48.23(铺地制品)中。

(4) 关于纸制标签的归类。

根据本章章注十二的规定,印有图案、文字或图画的"纸或纸板制的各种标签",不论所印图案、文字或图画是否作为其主要用途,均归入品目 48.21 而不归入第四十九章。

（5）关于涂布纸及纸板的归类。

涂布纸及纸板是指在纸或纸板的单面或双面加以涂料,使纸面产生特殊的光泽或使其适于某种特定需要。所涂的物料可以是无机物质,例如,高岭土（中国粘土）、硫酸钡、碳酸钙、硫酸钙、硅酸镁、氧化锌及金属粉末等,这种涂布纸有涂布印刷纸及纸板（包括铜版纸或彩色印刷纸）、涂金属粉纸、涂云母粉纸、蜡图纸等;也可以是有机物质,例如,焦油、沥青、塑料、蜡、硬脂、纺织纤维屑、锯末、软木粒、虫胶等,这种涂布纸有防水包装纸（板）、涂胶或胶粘纸、绒面纸、软木粒面纸、石墨纸、焦油包装纸等。

成卷或成张的且符合章注八尺寸要求的复写纸、自印复写纸及其他拷贝或转印纸归入品目 48.09;其他形状的,以及成卷或成张的但不符合章注八尺寸要求的则归入品目 48.16。

成卷或成张矩形（包括正方形）不论尺寸多少的涂高岭土（中国粘土）或其他无机物质（未涂布其他涂料）的纸及纸板,归入品目 48.10;其他形状不论尺寸多少则归入品目 48.23。

成卷或成张矩形（包括正方形）不论尺寸多少的涂有焦油、沥青、塑料或其他有机物质的纸或纸板,归入品目 48.11;其他形状不论尺寸多少则归入品目 48.23。

用塑料覆盖或涂布的纸、纸板、纤维素絮纸及纤维素纤维网纸,其塑料层不超过总厚度的一半时归入本章品目 48.11 或品目 48.23;如果塑料层占总厚度的一半以上,则归入第三十九章。

（6）关于浸渍纸及纸板的归类。

大多数浸渍纸及纸板均经过油、蜡、塑料等材料处理,这些纸及纸板大都用作保护性质包装材料或绝缘材料。

复写用油纸或蜡纸,油印蜡纸,胶印版纸,如果是成卷或成张且符合章注八尺寸要求的,归入品目 48.09;其他形状,以及成卷或成张但不符合章注八尺寸要求的,则归入品目 48.16。

用焦油或沥青浸渍的纸及纸板、用塑料等浸渍的绝缘纸及纸板、橡胶浸渍纸、防水包装用油纸等,如果是成卷或成张矩形（包括正方形）的,不论尺寸多少均归入品目 48.11;如果是其他形状的,不论尺寸多少则归入品目 48.23。

需要说明的是,也有一些浸渍或涂布的纸不归入本章,例如香纸及用化妆品浸渍或涂布的纸（第三十三章）;用肥皂或洗涤剂浸渍、覆盖或涂布的纸或纤维素絮纸（品目 34.01）;用光洁剂、擦光膏及类似制剂浸渍、覆盖或涂布的纸或纤维素絮纸(品目 34.05);摄影用的感光纸或感光纸板(品目 37.01 至品目 37.04);用于诊断或实验用试剂浸渍的纸,例如 pH 试纸(品目 38.22);涂有天然或人造研磨料的砂纸或纸板(品目 68.05)等。

(7) 部分经过特殊加工或具有特殊用途的纸及纸板的归类。

植物羊皮纸、防油纸、描图纸、半透明纸及其他高光泽透明或半透明纸,如果是成卷或成张且符合章注八尺寸要求的,归入品目 48.06;如果是其他形状,以及成卷或成张但不符合章注八尺寸要求的,则归入品目 48.23。

未经表面涂布或未浸渍的复合纸及纸板,如果是成卷或成张且符合章注八尺寸要求的,归入品目 48.07;如果是其他形状,以及成卷或成张但不符合章注八尺寸要求的,则归入品目 48.23。

瓦楞纸、皱纹纸、压纹纸、穿孔纸及其纸板,如果是成卷或成张且符合章注八尺寸要求的,归入品目 48.08;如果是其他形状,以及成卷或成张但不符合章注八尺寸要求的,则归入品目 48.23。

卷烟纸,不论是否切成一定尺寸、成小本或管状,均归入品目 48.13。

壁纸及类似品、窗用透明纸,不论形状和尺寸如何,也不论是否印有图案、文字或图画,均归入品目 48.14。

(8) 其他某些易混淆纸的归类。

胶版印刷纸,归入品目 48.02 或品目 48.23;胶版印刷涂布纸(即铜版纸),归入品目 48.10 或品目 48.23;铸涂纸(又称高光泽铜版纸或玻璃卡纸),归入品目 48.10 或品目 48.23;胶印版纸,归入品目 48.09 或品目 48.16。

未经涂布的滤纸及纸板,归入品目 48.05 或品目 48.23;经涂布的滤纸及纸板,归入品目 48.10、品目 48.11 或品目 48.23。

纸浆制的滤块、滤板及滤片,不论尺寸大小,均归入品目 48.12。

(纸浆制的)玻璃纸,即一种高光泽透明纸,其制造方法与防油纸相同,但在制造的最后阶段,通过把纸置于高度研光机的加热滚筒之间反复湿化及加压上光,使纸获得特有的透明度及高密度,应作为纸张归入品目 48.06 或品目 48.23。

"赛璐玢纸",也称(塑料制的)玻璃纸,它是将化工用浆浸渍于氢氧化钠溶液中生成碱化纤维素,再与二硫化碳作用生成纤维素磺酸钠粘液从喷孔中喷出而形成的一种高度透明的装饰性包装用纸,应作为塑料制品归入子目号 3920.7100。

钢纸,归入子目号 3920.7900。

照相原纸,归入品目 48.02 或品目 48.23;感光纸或纸板,归入品目 37.01 至品目 37.04。

(9) 关于信封等邮品的归类。

纸或纸板制的信封、封缄信片、素色明信片及通信卡片(品目 48.17);印刷或有图画的明信片以及印有个人问候、祝贺、通告的卡片(品目 49.09);印有邮票尚未使用的信封、明信片等(品目 49.07);印有图画的首日封及集邮大型张:未附邮票的(品目 49.11),附有邮票的但尚未使用的(品目 49.07),已使用过的(品目 97.04)。

12.3.3　历年报关员资格全国统一考试中的本章归类题

1. 成卷的宽度为 14.5 厘米的自粘的胶粘纸(1997 年考题)　　4811.4100

归类说明:胶粘纸是一种涂有胶水的纸,应归入本章。根据其成卷的形状,本题应归入商品编码 4811.4100。

2. 植物羊皮纸(卷装,宽度>36 厘米)(1999 年上半年考题)　　4806.1000

归类说明:植物羊皮纸是一种变性加工纸,仍应按纸张归入本章。根据其成卷的形状,以及根据本章章注八(一)的规定,本题商品应归入商品编码 4806.1000。

3. 铜版纸(100% 漂白化学木浆制造,300 克/平方米,规格为 787 毫米×1 092 毫米)(2000 年考题)　　4810.1900

归类说明:铜版纸是由铜版原纸经表面涂布了白色的无机涂料层(一般为高岭土),并经过超级研光机挤压成的高档印刷纸,多以木浆、竹浆配合制成。应作为涂布纸归入本章。根据其成张矩形的形状,本题商品应归入商品编码 4810.1900。

4. 未印有图画的首日封(未贴邮票)(2001 年考题)　　4817.1000

归类说明:首日封上的文字并非其主要用途。根据本章章注十二的规定,本题商品不应作为印刷品归入第四十九章,而应作为纸制品归入本章商品编码 4817.1000。

5. 玻璃卡纸(100% 漂白化学木浆制造,300 克/平方米,规格为 787 毫米×1 092 毫米)(2001 年考题)　　4810.1900

归类说明:玻璃卡纸又称铸涂纸、铸涂白卡纸。其加工工艺为,用第四十八章的原纸经过涂布后,在涂料层还处于半湿状态时,使涂布面紧贴于经过高度抛光的、表面非常光滑的、几乎是镜面一样的烘缸,使涂料被加热干燥成膜,从而得到像镜面一样光滑发亮的铸涂面。应作为涂布纸归入本章。根据其成张矩形的形状,本题商品应归入商品编码 4810.1900。

6. 成卷的半透明纸,宽 30 厘米(2003 年考题)　　　　　　4823.9090

归类说明:本题商品应作为纸张归入本章。根据其成卷的形状,以及根据本章章注八(一)的规定,本题商品不能归入品目 48.06,而应归入商品编码 4823.9090。

7. 经研光处理的书写纸,A4 规格(21 厘米×29.7 厘米),80 克/平方米,用化学木浆制得(2004 年考题)　　　　　　4802.5600

归类说明:根据本章章注三和章注五的规定,以及其成张矩形的形状、尺寸及重量,本题商品应归入商品编码 4802.5600。

8. "天天"牌盒装面巾纸,250 张/盒,规格为 19 厘米×20 厘米(2005 年考题)　　　　　　4818.2000

归类说明:根据其成张的形状,以及根据本章章注八(二)的规定,本题商品不符合品目 48.03 的尺寸要求,不能归入品目 48.03,而应归入商品编码 4818.2000。

9. 牛奶包装盒用纸板,由漂白过的纸(每平方米重 350 克)与塑料薄膜复合而成,其中纸构成了基本特征,宽 1.6 米,成卷(2007 年考题)

4811.5199

归类说明:本题货品尽管与塑料薄膜复合而成用作防水包装材料,但因为仍具有纸的基本特征,所以应按纸张归入本章。考虑到其形状(成卷)和覆面材料(塑料薄膜),查品目条文,应将其归入品目 48.11。再考虑其加工工艺(塑料薄膜复合、漂白的)和重量(每平方米重 350 克),根据子目条文的规定,本题货品应归入编码 4811.5199。

10. 一种热敏传真纸,规格 210 毫米×30 米,以热敏原纸为纸基,在其一面涂布一层热敏发色层,发色层是由胶粘剂、显色剂、无色染料组成。当热敏纸遇到发热的打印头时,打印头所打印之处的显色剂与无色染料即发生化学反应而变色并形成图文(2009 年考题)　　　　　　4811.9000

归类说明:本题货品是一种涂有胶粘剂等物质的纸,根据品目条文的规定,只要是成卷或成张矩形(包括正方形)的涂布有机物质的纸,不论其尺寸大小,均归入品目 48.11。根据子目条文内容,本题货品应归入编码 4811.9000。

11. 一种压纹的高级书信用纸,表面压有仿大理石花纹,由亚硫酸盐纸浆制得,规格为 787 毫米×1 092 毫米,35 克/平方米(2011 年考题)　　4808.9000

归类说明:本题货品是一种成张矩形的压纹纸,根据本章章注八的规定,应将其归入品目 48.08。查子目条文内容,本题货品应归入编码 4808.9000。

12. 瓦楞纸板,由牛皮纸板浸渍石蜡后再加工制成(2013 年考题)　4811.6090

　　归类说明:本题货品是经石蜡浸渍的成张矩形纸板,根据归类总规则一和六,按税目条文的规定,应归入编码 4811.6090。

12.4　第四十九章　书籍、报纸、印刷图画及其他印刷品;手稿、打字稿及设计图纸

12.4.1　本章结构

　　本章共 6 条章注、11 个品目,基本上是按书籍、报刊、儿童书、地图、手稿、票证、明信片、日历及其他印刷品的顺序排列品目的。

　　除极个别的物品以外,本章包括所印花纹图案、文字或图画决定其基本性质及用途的各种印刷品,具体包括书籍、报纸、印刷图画及其他印刷品,手稿、打字稿及设计图纸。本章还包括以手工绘制的类似品(包括手绘地图及设计图表),以及手稿或打字稿的复写本。

　　本章的货品一般是印于纸上的,但也可印于其他材料上,只要其具有印刷品特征。但对于商店招牌或橱窗用的带印刷图画或文字内容的字母、数字、标志及类似符号,如果用陶瓷、玻璃或贱金属制成的,应分别归入品目 69.14、品目 70.20 及品目 83.10;如果带有照明装置的,则应归入品目 94.05。

　　除较常见的印刷品(如书籍、报纸、小册子、图画、广告品)以外,本章还包括:印刷的转印贴花纸;印刷或有图画的明信片、贺卡;日历、地图、设计图表及绘画;邮票、印花税票及类似票证;以及本章货品的不透明底基缩微本(品目 49.11)。

12.4.2　本章归类要点

　　(1) 某些印有花纹图案、文字或图画的货品的归类。

　　除品目 48.14(壁纸或类似品,窗用透明纸)或品目 48.21(纸制的各种标签)的货品以外,纸、纸板或纤维素絮纸及其制品,如所印内容仅附属于主要用途(例如,印制的包装纸及文具),应归入第四十八章。同样,印制的纺织品(如围巾或手帕),如其所印内容主要是为了装饰或新颖,并不影响货品的基本性质,应归入

第十一类。印有图案的刺绣织物和制成的装饰毯帆布也归入第十一类。

品目39.18的塑料铺地制品和塑料糊墙品、品目39.19的自粘塑料板、片、膜、箔、带、扁条等货品,即使它们所印花纹图案、文字或图画不仅仅是附属于货品的主要用途,也仍应归入第三十九章的这两个品目而不归入第四十九章。

(2) 关于"印刷"的界定。

本章所称"印刷"不仅包括以普通手工印刷(例如,雕版印刷或木版印刷,但雕版画及木版画原本除外)或机械印刷(例如,活版印刷、胶版印刷、平版印刷、照相凹版印刷等)的方法复制,还包括用复印机复制、在计算机控制下打印绘制、压印、冲印、感光复印、热敏复印或打字,不论印刷文字的形式如何。但"印刷"一词不包括着色、装饰性或重复图案的印制。

(3) 关于品目49.01印刷品的归类。

本章章注二、三、四对归入品目49.01的印刷品作了规定。除宣传品及更具体地列入本章其他品目的产品以外,品目49.01几乎包括所有出版物及印刷读物,不论是否插图。它们有:书籍及小册子;单行本、小册子及散页印刷品;供装入活页封皮并印有文字内容的散页;用纸以外的材料装订成册的报纸、杂志和期刊,以及一期以上装订在同一封面里的成套报纸、杂志、期刊,不论是否有广告材料;已装订的图画书(品目49.03的儿童图画书除外);附有说明文字(例如,艺术家的传记),每页编有号数以适于装订成册的整集美术、绘画等作品的印刷复制品;随同成册书籍带说明文字的图画附刊。

但是没有说明文字的印刷图画或图解,以及主要作广告用的出版物,应归入品目49.11。

(4) 关于明信片的归类。

素色明信片(品目48.17);印刷或有图画的明信片(品目49.09);印有或压有邮票印记尚未使用的明信片(品目49.07);盖有邮戳已使用的明信片(品目97.04)。

(5) 关于邮品的归类。

以下邮品是指在我国境内的邮品:

我国新发行的邮票(品目49.07);我国发行的但已使用过的邮票(品目97.04);外国新发行的邮票(品目97.04);外国发行的但已使用过的邮票(品目97.04);未印图画的首日封(未贴邮票)(品目48.17);印有图画的首日封(未贴邮票)(品目49.11);印有图画的首日封(已贴邮票、未使用过,由我国发行的)(品目49.07);印有图画的首日封(已贴邮票、已使用过,由我国发行的)(品目97.04);印有图画的首日封(已贴邮票、未使用过,由外国发行的)(品目97.04);

印有图画的首日封(已贴邮票、已使用过,由外国发行的)(品目 97.04);无邮票的集邮大型张(品目 49.11)。

(6) 品目 49.11 的货品范围。

对于已镶框的图画及照片,如果是图画或照片构成物品的主要特征,应归入本品目;否则,应按框架属性,作为木头、金属等制品归入相应的品目。

本品目还包括:广告印刷品(包括海报),主要以广告为目的的年刊及类似出版物、各种商品目录册(包括书籍或音乐制品出版商的清单,以及艺术作品目录)及旅游宣传品;载有马戏节目、体育大事、歌剧、戏剧或类似表演消息的小册子;电影票、戏票、音乐会票、火车票及其他入场券;无邮票的集邮大型张及印有图画的首日封等。

12.4.3　历年报关员资格全国统一考试中的本章归类题

1. 书籍:《中华人民共和国进出口税则》(2009 年考题)　　　　　4901.9900

归类说明:本题货品是印刷品,应归入第四十九章。根据品目条文和子目条文规定,本题货品应归入编码 4901.9900。

习题 12

将以下货品归入我国进出口商品八位数编码中:

(1) 经漂白的云杉制的亚硫酸盐木浆,当温度在 20℃时浸入含 18% 的氢氧化钠的苛性碱溶液内一小时后,按重量计含有 80% 的不溶级分,且按重量计的灰分含量为 0.2%

(2) 造纸用的竹浆

(3) 成张的、边长为 15 厘米的等边三角形的、涂布高岭土的铜版印刷纸

(4) 成卷的热敏照相原纸,宽度为 30 厘米

(5) 洁云牌抽取式家用卫生纸,规格为 200 毫米×155 毫米

(6) 成张矩形压花餐巾纸,规格为 380 毫米×200 毫米

(7) 漂白的牛皮挂面纸,成卷,宽度为 40 厘米

(8) 漂白的牛皮挂面纸,成卷,宽度为 30 厘米

(9) 未漂白的袋用牛皮纸,规格为 20 厘米×15 厘米,每平方米重 100 克

（10）压花的袋用皱纹牛皮纸,规格为 40 厘米×18 厘米

（11）成卷的草浆瓦楞原纸,宽度为 400 毫米,每平方米重 140 克

（12）成张矩形的穿孔瓦楞纸,规格为 80 厘米×80 厘米

（13）瓦楞纸板箱

（14）成张的复写纸,规格为 38 厘米×18 厘米

（15）成卷的复写纸,宽度为 35 厘米

（16）成张的未经涂布的滤纸,规格为 400 毫米×360 毫米

（17）成张的未经涂布的滤纸,规格为 360 毫米×120 毫米

（18）成卷的单面涂有硫酸钡物质的印刷纸,用 100％化学木浆制得,宽度为 30 厘米

（19）涂有石蜡的成张绝缘纸,规格为 35 厘米×12 厘米

（20）用牛皮纸制成的特大号信封

（21）涂布研磨材料的砂纸

（22）医院用的一次性纸床单

（23）印有文字图案的纸标签,文字图案是其主要功能

（24）用竹浆纸制的盛蛋糕用的纸盘

（25）《知音》月刊

（26）照相馆中冲印出来的照片

（27）既可作壁纸用,又可作铺地制品用的纸板制品

（28）印有图画的纸制明信片,未印邮票,一面的大部印有上海外滩风景画,另一面印有明显的供写地址和邮政编码的标记

（29）仅印有供写地址、邮政编码和贴邮票标记的素色明信片,纸制

（30）印有生肖图画的纸制明信片,印有邮票,也印有供写地址、邮政编码标记,但未经使用

13 第十一类 纺织原料及纺织制品

13.1 本类概况

13.1.1 本类的结构

第十一类从第五十章至第六十三章共 14 章,是本商品目录章数最多的一类。本类共有 14 条类注、2 条子目注释,也是注释最多的一类。

总的来说,本类包括纺织工业用的原料(丝、羊毛、棉、化纤等)、半成品(例如纱线及机织物)以及用这些半成品制成的物品,但不包括某些材料和产品,例如第十一类注释一所列的货品、本类某些章的注释中所列不包括的货品。尤其是下列各项货品,一律不得归入第十一类:(1)人发及人发制品(一般归入品目 05.01、品目 67.03 或品目 67.04),但用于榨油机器或类似机器的滤布除外(品目 59.11);(2)石棉纤维及石棉制品(纱线、织物、衣服等)(品目 25.24、品目 68.12 或品目 68.13);(3)碳素纤维和其他非金属矿物纤维(例如碳化硅、岩石棉)及其制品(第六十八章);(4)玻璃纤维、纱线、织物及其制品,以及由玻璃纤维与纺织纤维混纺制成并具有玻璃纤维制品特征的货品(第七十章),但在可见底布上用玻璃丝刺绣的刺绣品除外(品目 58.10)。

本类可分为两部分。第一部分(第五十章至第五十五章)是根据纺织原料的性质分章的,包括纺织原料、普通纱线和机织物;第二部分(第五十六章至第六十三章)除品目 58.09(其他品目未列名的金属线机织物及品目 56.05 所列含金属纱线的机织物,用于衣着、装饰及类似用途)及品目 59.02(尼龙或其他聚酰胺,聚酯或粘胶纤维高强力纱制的帘子布)以外,品目一级所列产品,不分纺织原料性质,这部分包括各种纺织制成品及一些以特殊方式或工艺制成的或有特殊用途的纱线、织物及制成品。

第一部分：只包括纯纺织材料及以其为原料的半制成品，不包括纺织材料与非纺织材料混合制商品（肉眼辨别为准）和制成品。商品范围包括：长度在5毫米以上的全部纺织纤维（含长丝）；扩大范围的普通纱线；扩大范围的普通机织物。扩大范围的含义是：已被非纺织材料浸渍、涂布、包覆或层压的纱线和机织物，在肉眼看不到非纺织材料存在时视作纯纺织材料商品；构成机织物的纱线还包括粗纱、单丝、扁条、纵行起圈纱线、窄带、编带和用粘合法制成的有经无纬的狭幅织物等；在经、纬纱线交叠处用化学药剂或热熔法粘结而成的织物即网络平纹织物，也视为普通机织物；对纱线而言，马毛应视作纺织材料；对机织物而言，金属丝、含金属纱线、马毛纱线均应视作纺织材料；对机织印花织物而言，塑料等非纺织材料形成的印花图案，应视作纺织材料。

第一部分按纤维属性排列章次：先天然纤维后化学纤维；天然纤维中先蛋白质纤维后纤维素纤维；同类纤维以长短为序，长丝居前，较长居中，短的居后。各章按商品加工程度由低至高列目，通常按纤维、废料、已梳纤维、纱线、机织物顺序排列。

第二部分：商品范围广泛，主要包括：长度在5毫米及以下的纺织纤维、特种纱线、线绳索缆、絮胎、非织造布、特种机织物和簇绒织物、狭幅织物、针织物和钩编织物、地毯料及地毯、与非纺织材料混合制纺织商品、各种纺织制成品、未拉松的碎或旧纺织商品，以及符合第六十三章章注三规定的石棉以外任何材料制旧鞋帽等。其中第六十章和除品目条文另有规定的第五十六章至第五十九章以外，一般不含制成品。

第二部分各章的划分一般不考虑原料的性质，而是根据产品的用途、特征、制造方法或处理方式等分列章次。各章内除品目58.09和品目59.02外，列目时都是直接开列商品名称，不考虑纤维属性。例如品目61.06列名为针织或钩编女衬衫，在品目级不分原料，只列出货品名称，而在该品目下进一步按原料区分子目。

13.1.2 第五十章至第五十五章货品的归类

第五十章至第五十五章各章分别涉及一种或多种单一或混纺的纺织材料，包括织成普通机织物之前各工序的产品（含机织物）。因此，这些章主要包括原料、回收废料（包括拉松的废碎料，但未拉松的除外）、呈梳条或粗纱等形状的粗梳或精梳纤维、纱线及机织物。

1. 混纺产品(包括废料、纱线、机织物等)的归类

根据本类类注二(一)规定:可归入第五十章至第五十五章任何品目(废料、纱线、机织物等)或归入品目 58.09 或品目 59.02 的由两种或两种以上不同纺织材料混合制成的产品,应按其中重量最大的那种纺织材料归类。当没有一种纺织材料的重量较大时,应按可归入的有关品目中最后一个品目所列的纺织材料归类。

纺织材料可在纺纱之前或纺纱过程中混合、在加捻过程中混合或在织造过程中混合。

凡以缝合、胶粘等方式将两种或多种不同成分的纺织物叠层拼合而成的产品(品目 58.11 的产品除外),应按归类总规则的规则三来确定归类。据此,第十一类注释二仅适用于需要确定其哪种纺织材料的重量最大,以便按这种纺织材料的织物进行归类的产品。

纺织材料与非纺织材料混合组成的产品如果按照《协调制度》的归类总规则的规定应作为纺织产品归类,则第十一类注释二同样适用于这些产品。

根据本类类注二(二)规定,在应用上述规定时应注意下列事项。

(1) 如果一章或一个品目列出了由不同种类的纺织材料组成的产品,而所列材料又与其他材料混合制成了类似的产品,归类时同一章或同一品目所列的几种不同材料应合并计算;在确定适当的品目时应首先确定章,然后才是该章内适当的品目,不论所含材料是否都归入该章。〔见第十一类类注二(二)2、4 规定〕

例如:

① 按重量计含有 30% 的精梳羊毛,25% 的精梳兔毛,45% 的聚酯短纤的普通机织物。这种产品不归入品目 55.15(合成纤维短纤纺制的其他机织物)而归入品目 51.12 项下(精梳羊毛或精梳动物细毛的机织物,即 5112.3000),因为在这种情况下羊毛及兔毛所占的比例应合并计算。

② 按重量计含有 46% 的棉,27% 的粘胶纤维短纤,27% 的涤纶短纤的每平方米重量为 210 克的漂白机织物。这种产品不归入品目 52.11(棉机织物,按重量计含棉量在 85% 以下,主要或仅与化学纤维混纺,每平方米重量超过 200 克)或品目 55.14(合成纤维短纤制的机织物,按重量计合成纤维短纤含量在 85% 以下,主要或仅与棉混纺,每平方米重量超过 170 克)而归入品目 55.16(人造纤维短纤机织物,即子目号 5516.4100)。上述产品在归类时应首先确定有关的章(在这里应归入第五十五章,因为合成纤维涤纶与人造纤维粘胶纤维的比例必须

合并计算),然后确定该章内的适当品目。这个例子所述产品应归入品目
55.16,因为该品目在可归入的品目中按序号为最末一个。

③ 按重量计含有 45% 的棉,30% 的亚麻,25% 的黄麻的未漂白机织物。这
种产品不归入品目 52.12(其他棉机织物)而归入品目 53.09(亚麻机织物)。上
述产品归类时应首先确定有关的章(在这里应归入第五十三章,因为亚麻与黄麻
的比例必须合并计算),然后确定该章内的适当品目。这个例子所述产品应归入
品目 53.09(子目号为 5309.2110),因为亚麻重量大于黄麻,而根据本类注释二
(二)2 的规定,含棉量可不予考虑。

(2) 当归入第五十四章和第五十五章的货品与其他章的货品进行比较时,
应将这两章作为一个单一的章对待。[见第十一类类注二(二)3 规定]

例如:按重量计含有 35% 的精梳羊毛,33% 的腈纶长丝,32% 的醋酸纤维短
纤的漂白机织物。这种产品不归入品目 51.12(精梳羊毛的机织物)而归入品目
54.07(合成纤维长丝纱线的机织物,即子目号 5407.9100),因为在这里合成纤
维长丝及合成纤维短纤的比例必须合并计算。

(3) 马毛粗松螺旋花线(品目 51.10)和含金属纱线(品目 56.05)应作为一
种单一的纺织材料对待,其重量应为它们在纱线中的合计重量。在机织物的归
类中,金属线(品目 56.07)应作为一种纺织材料对待。[见第十一类类注二(二)
1 规定]

(4) 纺织纤维所含的浆料[例如,对蚕丝增重(加重)浆料],以及浸渍、涂布、
包覆或旋覆所用的产品,不应视为非纺织材料;换言之,纺织纤维的重量是按报
验时其所处状态的重量计算的。

在确定一种混纺材料主要由哪种纺织材料构成时,应按混纺材料中重量超
过所含其他任何一种纺织材料的那种纺织材料归类。

例如:按重量计含有 8% 的丝,12% 的羊毛,15% 的涤纶,65% 的棉的漂白平
纹机织物,重量为每平方米 180 克。这种产品不归入品目 52.12(其他棉机织
物)而归入品目 52.10(即子目号 5210.2100,棉机织物,按重量计含棉量在 85%
以下,主要或仅与化学纤维混纺,每平方米重量不超过 200 克)。

2. 纱线的归类

(1) 纱线概况。

① 纺织纱线可以是单纱、多股纱线或缆线。

单纱是指含有下列其中一种材料的纱线:通常加捻抱合的短纤(短纤纱);品
目 54.02 至品目 54.05 的一根长丝(单丝),以及品目 54.02 或品目 54.03 的两
根及以上长丝(复线),不论是否加捻抱合的(长丝纱线)。

多股(合股)纱线是指由两股或多股单纱,包括用品目 54.04 或品目 54.05 所列单丝制得的单纱(二股、三股、四股等纱线)在一次合股工序中加捻纺成的纱线。多股纱线中的"股"是指构成多股纱的每根单纱。但仅用品目 54.02 或品目 54.03 的单丝加捻制成的纱线不能作为多股纱线,而应看作是单纱中的长丝纱线。

缆纱是指至少有一条是股纱的两股或多股纱线在一次或多次合股工序中加捻纺成的纱线。缆纱中的"股"是指构成缆纱的每一根单纱或股纱。

② 纱线的质量指标。

纱线的规格是根据测得的一定量来表示的。

A. 纱线的细度指标:目前使用的细度计量或支数制各种各样。但主要包括特数制[特克斯制(tex,特、号、T)]和支数制[公制支数(公支)]两种。

特数制即特克斯是指 1 000 米长的纱线(包括长丝、纤维或其他纺织材料)在公定回潮率条件下的重量(克)。它属于定长制,纱线特数愈大,纱线就愈粗。1 000 米长的纱线在公定回潮率时的重量为 1 克,称为 1 特。1 特=10 分特。

支数制即公制支数(公支)是指在公定回潮率时,1 克重的纱线(包括长丝、纤维或其他纺织材料)所具有的长度以米表示的数值。它属于定重制,支数越大,纱线愈细。1 克重的纤维纺出 1 米长的纱,称为 1 公支。

以上两种细度指标之间的换算公式为:$1 \text{ 特(克斯)} = \dfrac{1\ 000}{\text{公制支数}}$。

股线的特数以组成股线的单纱特数乘以股数来表示,如 14 特×2。当股线中单纱特数不同时,以单纱的特数相加来表示,如 16 特+18 特。

股线的公制支数,以组成股线的单纱支数除以股数表示,如 26 公支/2。

B. 纱线的捻度指标。

捻度是指一定长度的纱线沿轴向的捻回数,以捻/10 厘米或捻/英寸表示。加捻,可以使纱线中的纤维抱合紧密,纤维间的压力、阻力也随之增加,从而提高纱线强力。纱线捻度的适当,既可使纱线具有相当的强力,又可使纱线具有一定的柔软性,同时还可以改善纱线的光泽和赋予纱线特殊的外观效果。

纱线捻度的捻向有 S 捻和 Z 捻之分。纱线的捻向从右下角倾向左上角,倾斜方向与"S"的形状相一致,称为 S 捻。纱线的捻向从左下角倾向右上角,倾斜方向与"Z"的形状相一致,称为 Z 捻。见示意图 13.1:

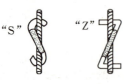

"S"   "Z"

S 捻   Z 捻

图 13.1

C. 纱线的断裂强度。

强度:表示纤维承受拉伸外力的最大能力。

用单纱强力表示，单位为厘牛顿/特克斯，或克力。断裂强度（千米）＝$\dfrac{\text{细度公支（米/克力）}}{1\,000}$。一般而言，纤维质量越好，纱线的强度就越好。

③ 纱线的加工处理。

纱线可以未漂白，也可以经洗涤、漂白、半漂白、染色、印花、夹色等，还可以作烧毛（把造成纱线毛状外观的纤维烧去）、丝光（即在拉紧状态下用氢氧化钠进行处理）、润滑等处理。本类子目注释一（一）至（三）对未漂白纱线、漂白纱线以及着色（染色或印色）纱线作出了解释。

④ 第五十章至第五十五章不包括的纱线。

用纺织材料包覆的橡胶线，以及用橡胶或塑料浸渍（包括浸泡）、涂布、包覆或套裹的纺织纱线（品目 56.04）；含金属纱线（品目 56.05）；粗松螺旋花线、绳绒线、纵行起圈纱线（品目 56.06）；编织的纺织纱线（酌情归入品目 56.07 或品目 58.08）；用金属线增强的纺织纱线（品目 56.07）；平行排列后用粘合剂粘合的纱线、单丝或纺织纤维（包扎匹头用带）（品目 58.06）；平行排列后用橡胶粘合的纺织纱线（品目 59.06）等。零售包装用于清洁牙缝的纱线（牙线）归入品目 33.06。

（2）第五十章至第五十五章的单纱、多股纱线或缆线与品目 56.07 的线、绳、索、缆和品目 58.08 的编带之间的区别。

根据本类类注三的规定，第五十章至第五十五章并不包括所有的纱线。纱线应根据其特征（规格、加光或上光与否、股数）归入第五十章至第五十五章有关纱线的品目，或作为线、绳、索、缆归入品目 56.07，或作为编带归入品目 58.08。表 13.1 列明了在各种情况下纱线的正确归类：

表 13.1　纺织材料制的纱线、线、绳、索、缆的归类

种　　类	确定归类的特征	应归品目
丝或绢丝制纱线*	1. 细度在 20 000 分特及以下 2. 细度在 20 000 分特以上	第五十章 品目 56.07
化学纤维制（包括第五十四章的用两根及多根单丝制）的纱线*	1. 细度在 10 000 分特及以下 2. 细度在 10 000 分特以上	第五十四章或第五十五章 品目 56.07
亚麻或大麻制纱线	1. 加光或上光的： （1）细度在 1 429 分特及以上 （2）细度在 1 429 分特以下 2. 未加光或上光的： （1）细度在 20 000 分特及以下 （2）细度在 20 000 分特以上	 品目 56.07 第五十三章 第五十三章 品目 56.07

（续表）

种　类	确定归类的特征	应归品目
椰壳纤维制纱线	1. 一股或两股的 2. 三股及以上的	品目 53.08 品目 56.07
棉或其他植物纤维制纱线	1. 细度在 20 000 分特及以下 2. 细度在 20 000 分特以上	第五十二章或第五十三章 品目 56.07
用金属线加强的纱线	任何情况	品目 56.07
含金属纱线制的纱线	任何情况	品目 56.05
羊毛或其他动物毛制纱线	任何情况	第五十一章
纸制纱线	任何情况	品目 53.08
粗松螺旋花线、绳绒线及纵行起圈纱线	马毛粗松螺旋花线 含金属纱线的螺旋花线 其他粗松螺旋花线、绳绒线及纵行起圈纱线	品目 51.10 品目 56.05 品目 56.06
编织纺织纱线	1. 紧密编结，结构密实的 2. 其他	品目 56.07 品目 58.08

＊品目 50.06 的蚕胶丝、第五十四章未加捻或捻度每米少于 5 转的复丝纱线、第五十四章的单丝以及第五十五章的化纤长丝束在任何情况下均不得归入品目 56.07。

（3）零售用的纱线与非零售用纱线的区别。

根据本类类注四的规定：第五十章、第五十一章、第五十二章、第五十四章及第五十五章的某些品目列出了供零售用的纺织纱线。这些纱线必须符合表 13.2 所列标准方能归入这些品目。

表 13.2　供零售用的纱线（下述不包括的货品除外）

包装方式	纱线类型	供零售用纱线的条件
绕于纸板、线轴、纱管或类似芯子上	1. 蚕丝、绢丝或化纤长丝纱线 2. 羊毛、其他动物细毛、棉或化纤短纤纱线	重量（包括芯子）在 85 克及以下 重量（包括芯子）在 125 克及以下
绕成团、绞或束	1. 细度在 3 000 分特以下的化纤长丝纱线，蚕丝或绢丝纱线 2. 细度在 2 000 分特以下的其他纱线 3. 其他纱线	重量在 85 克及以下 重量在 125 克及以下 重量在 500 克及以下

（续表）

包装方式	纱线类型	供零售用纱线的条件
绕成绞或束,每绞或每束中有若干用线分开使之相互独立的小绞或小束,每小绞或小束的重量相等*	1. 蚕丝、绢丝或化纤长丝纱线	每小绞或小束的重量相等并且重量在 85 克及以下
	2. 羊毛、其他动物细毛、棉或化纤短纤纱线	每小绞或小束的重量相等并且在 125 克及以下

* 由一条连续不断的纱线绕成的绞或束,每绞或每束中有若干用线分开的小绞或小束,若把那条连续不断的纱线剪断,各小绞或小束即可分开。小束之间用一条或多条线将各束分隔开来,通常还用纸带包缠。其他由一条连续不断的纱线绕成的绞或束,以及隔离线不是为了将大绞分隔为重量相等的小绞或小束,而仅为防止加工(例如,染色)时纱线的缠结,不作为供零售用对待。

但是根据本类类注四(二)的规定,下列纱线一律不能视为供零售用:

① 丝、绢丝、棉或化纤的单纱,不论何种包装。

② 羊毛或动物细毛的单纱,经漂白、染色或印花的,细度在 5 000 分特及以下,不论何种包装。

但是未漂白的羊毛或动物细毛的单纱;以及细度在 5 000 分特以上,经漂白、染色或印花的羊毛或动物细毛的单纱,在符合本类类注四(一)的规定时,视为供零售用的纱线。

③ 丝或绢丝制的未漂白多股纱线或缆线,不论何种包装。

④ 棉或化纤等其他纺织材料制的未漂白多股纱线或缆线,成绞或成束的。

但是成绞或成束的羊毛或动物细毛制的未漂白多股纱线或缆线,在符合本类类注四(一)的规定时,视为供零售用的纱线。

⑤ 丝或绢丝制的多股纱线或缆线,经漂白、染色或印花的,细度在 133 分特及以下。

⑥ 任何纺织材料制的单纱、多股纱线或缆线,交叉绕成绞或束的。

⑦ 任何纺织材料制的单纱、多股纱线或缆线,绕于纱芯上(例如,绕于纱管、加捻管、纬纱管、锥形筒管或锭子上),或以其他方式卷绕(例如,绕成蚕茧状以供绣花机使用的,或离心式纺纱绕成饼状的),明显用于纺织工业的。

(4) 纱线中的缝纫线与非缝纫线的区别。

根据本类类注五的规定:品目 52.04、品目 54.01 及品目 55.08 所称"缝纫线",是指下列多股纱线或缆线:①绕于芯子(例如,线轴、纱管)上,重量(包括纱芯)不超过 1 000 克;②上过浆的;③终捻为反手捻(即 Z 捻)的。

所称"上过浆的",是指经过了整理处理,这项处理(例如,赋予减摩性能或耐热性能、防止静电的形成或改善其外观)旨在有助于纺织纱线作为缝纫线使用。这种处理需要使用以聚硅氧烷、淀粉、蜡、石蜡等为基料的物质。

(5) 高强力纱。

在第五十四章及第五十九章中,"高强力纱"及用高强力纱制成的织物在品目中已有列名。

根据本类类注六的规定:本类所称"高强力纱",是指具有一定韧度的纱线,以厘牛顿/特为单位大于第十一类类注六中规定标准的单纱、多股纱线或缆线。

3. 普通机织物的归类

第五十章至第五十五章的机织物是在经纬织机上将纺织纱线(不论是第五十章至第五十五章的纱线,还是品目 56.07 的线、绳等),第五十四章的粗纱、单丝或扁条及类似品,纵行起圈纱线、窄带、编带或狭幅织物(用粘合剂等粘合制成的有经纱而无纬纱的织物)交织而成的产品。

但第五十章至第五十五章的机织物不包括某些纺织物,例如:地毯及其他铺地品(第五十七章);品目 58.01 的起绒织物或绳绒织物;品目 58.02 的毛巾织物及类似毛圈机织物;品目 58.03 的纱罗;品目 58.05 的壁毯;品目 58.06 的狭幅机织物以及品目 58.09 的金属线或含金属纱线的机织物;品目 59.01 及品目 59.03 至品目 59.07 的涂布、浸渍等织物;品目 59.02 的帘子布或品目 59.11 的技术上用的纺织物;符合第十一类注释七定义的制成品。

除以上货品以外,根据第十一类注释九的规定,第五十章至第五十五章的机织物包括以下织物:由一层平行"经"纱以锐角或直角叠于一层平行"纬"纱之上组成的织物;或者在两层平行"经"纱中间以锐角或直角插入一层"纬"纱组成的织物。这些织物的主要特征是,纱线并不像正常的机织物相互交织在一起,而是在纱线交叉点用粘合剂或以热粘合法粘结而成。这些织物有时称为网眼窗帘布,其用途包括用于加强其他材料(塑料、纸)。它们也用于保护农作物等。

第五十章至第五十五章的机织物可以未漂白,或经洗涤、漂白、染色、色织、印花、起云纹、丝光、上光、起波纹、拉绒(起绒)、起皱、缩绒、烧毛等处理。本织物包括非提花及提花织物,以及由在织造期间引入的附加经线或纬线产生图案的挖花织物。这些织物不能视为刺绣织物。本类子目注释一(四)至(九)对未漂白机织物、漂白机织物、染色机织物、色织机织物、印花机织物以及平纹机织物作出了解释。

4. 关于纺织材料的归类

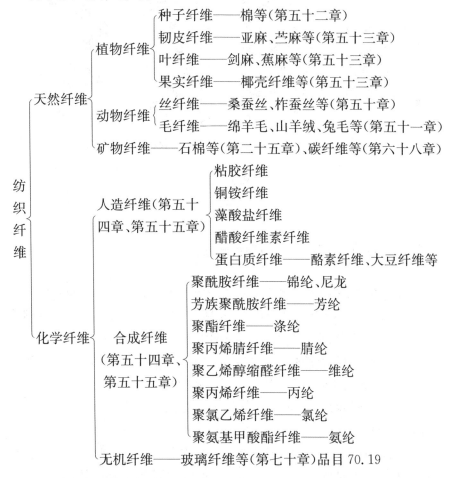

化纤的命名,有统一的规定。对化纤短纤而言:人造纤维称纤,如粘纤、醋纤等;合成纤维称纶,如涤纶、锦纶、腈纶等。对化纤长丝而言:人造纤维称丝,如粘胶丝等;合成纤维在"纶"后加"丝",如涤纶丝、锦纶丝等。

5. 关于织物组织的知识

织物组织包括平纹、斜纹、缎纹等形式。平纹组织是指每根纬纱在并排的经纱间上下交错而过,而每根经纱也在并排的纬纱间上下交错而过的织物组织。在斜纹组织中,第一根经线被第一根纬线所束缚,第二根经线被第二根纬线所束缚,第三根经线被第三根纬线所束缚,依此类推。缎纹组织中,一根纱线的各个单独浮点间的距离较远,织物的表面由另一组纱线的较长浮点所覆盖,所以一般在织物表面上显示不出浮点短的一根纱线。

平纹和常见斜纹组织式样图解如图 13.2。

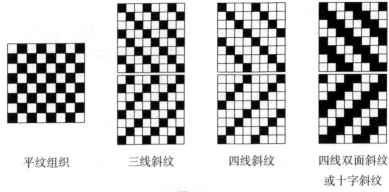

| 平纹组织 | 三线斜纹 | 四线斜纹 | 四线双面斜纹
或十字斜纹 |

图 13.2

13.1.3　第五十六章至第六十三章货品的归类

第五十六章至第六十三章包括第五十章至第五十五章未包括的纺织物及其他纺织品(例如,起绒织物;狭幅机织物;品目 56.06 或品目 58.08 的绳绒线、粗松螺旋花线、编带、缎带及其他装饰带;网眼薄纱及其他网眼织物;花边;绣在机织物或其他纺织材料上的刺绣品;针织品或钩编织品),还包括制成的纺织品(某些第十一类不包括而应归入其他类的制成品除外)。

制成的纺织品的归类:根据本类类注七的规定,第五十六章至第六十三章所称"制成的"是指:

(1) 仅裁切成除正方形或长方形以外的其他形状。例如,纺织材料的服装式样;具有锯齿边的物品(如某些抹布)也可视为"制成的"纺织品。

(2) 呈制成状态,无需缝纫或其他进一步加工(或仅需剪断分隔联线)即可使用的。这类货品包括直接针织或钩编成形的产品及某些抹布、毛巾、台布、方披巾、毯子等,其沿经线的纱线未织造或其纬边切成毛边。这些物品可以在织机上分别织造而成,也可从每隔一定间隔便有一小截未经织造纱线(一般是经线)的成段织物中简单裁剪下来的。经简单剪断分隔联线即可将这些成段织物制成以上所述的制成品,也可视为"制成的"物品。

但仅从大块布料裁剪下来的长方形(包括正方形)物品,如果未经加工和不带剪断分隔联线形成的流苏,不应视为本款所述的"呈制成状态"。这些物品报验时可以折叠或包装(如作零售包装),其归类不受影响。

(3) 裁剪成一定尺寸,至少有一边为带有可见的锥形或压平形的热封边,其余各边经过第十一类类注七其他各项所述加工,但不包括为防止剪边脱纱而用热切法或其他简单方法处理的织物。

(4)已缝边或滚边,或者在任一边带有结制的流苏(不论是否外加纱线)(如滚边的手帕及带有结制流苏的台布),但不包括为防止剪边脱纱而锁边或以其他简单方法处理的织物。

(5)裁剪成一定尺寸并经抽纱加工的。所称"抽纱加工",是指织布后仅简单抽去某些经线或纬纱而未对织物作进一步加工(如刺绣品)。经这样处理的成匹材料通常供进一步加工成女内衣用。

(6)缝合、胶合或用其他方法拼合而成的,这些货品品种繁多,包括衣着。但应注意,将两段或两段以上同样料子的织物首尾连接而成的匹头以及由两层或两层以上的织物层叠而成的匹头,不应视为"制成的"物品。通过绗缝或其他方法用一层或几层纺织材料与胎料组合而成的匹头产品,也不视为"制成的"物品。

(7)针织或钩编成一定形状,不论报验时是单件还是以若干件相连成幅的。

根据本类类注八的规定:第五十章至第五十五章及第六十章,除条文另有规定以外的第五十六章至第五十九章,不适用于上述类注七所规定的制成货品;第五十章至第五十五章及第六十章也不包括第五十六章至第五十九章的货品。

13.1.4　与橡胶、塑料混合制成的纺织产品的归类

与橡胶混合制成的纺织产品的归类:见第十一类类注一(九);第十一类类注十;第五十六章章注三、四;第五十九章章注四的规定。根据本类类注十的规定,用纺织材料和橡胶线制成的弹性产品归入第十一类。用纺织材料包覆的橡胶线及绳归入品目56.04。与橡胶线混合制成的其他纺织产品主要酌情归入第五十章至第五十五章、第五十八章或第六十章至第六十三章。

与塑料混合制成的纺织品的归类:见第十一类类注一(八);第五十六章章注三、四;第五十九章章注二的规定。

13.1.5　关于服装的归类

根据本类类注十四的规定:除条文另有规定的以外,各种服装即使成套包装

供零售用,也应按各自品目分别归类。本注释所称"纺织服装",是指品目 61.01 至品目 61.14 及品目 62.01 至品目 62.11 所列的各种服装。

13.1.6 关于第五十六章至第六十三章子目的归类

根据本类子目注释二的规定:含有两种或两种以上纺织材料的第五十六章至第六十三章的产品,在归入子目时应根据本类类注二对第五十章至第五十五章或品目 58.09 的此类纺织材料产品品目归类的规定来确定。在运用此项规定时:应酌情考虑按归类总规则三的规定来确定归类;对于由底布和绒面或毛圈面构成的纺织品,在归类时可不考虑底布的属性;对品目 58.10 的刺绣品及其制品,归类时应只考虑底布的属性,但不见底布的刺绣品及其制品应根据绣线的属性确定归类。

13.1.7 本类主要不包括的货品

根据本类类注一的规定,主要不包括的货品有:制刷用的动物鬃、毛(品目 05.02);马毛及废马毛(品目 05.11);人发及人发制品(品目 05.01、品目 67.03 或品目 67.04),但通常用于榨油机或类似机器的滤布除外(品目 59.11);第十四章的棉短绒或其他植物材料;品目 25.24 的石棉、品目 68.12 或品目 68.13 的石棉制品或其他产品;品目 30.05 或品目 30.06 的物品(如医疗、外科、牙科或兽医用的软填料、纱布、绷带及类似品,外科用无菌缝合材料);品目 33.06 的用于清洁牙缝的纱线(牙线),单独零售包装的;品目 37.01 至品目 37.04 的感光布;截面尺寸超过 1 毫米的塑料单丝和表面宽度超过 5 毫米的塑料扁条及类似品(如人造草)(第三十九章),以及上述单丝或扁条的缏条、织物、篮筐或柳条编结品(第四十六章);带毛皮张(第四十一章或第四十三章)、品目 43.03 或品目 43.04 的毛皮制品、人造毛皮及其制品;品目 42.01 或品目 42.02 的用纺织材料制成的物品;皮革及再生皮革制的衣服等(品目 42.03);涂有研磨料的纺织材料(品目 68.05)以及品目 68.15 的碳纤维及其制品;玻璃纤维及其制品,但可见底布的玻璃线刺绣品除外(第七十章);卫生巾(护垫)及止血塞、婴儿尿布及尿布衬里(品目 96.19)等。

13.2 第五十章 蚕丝

13.2.1 本章结构

本章无章注,共 7 个品目。基本上是按商品加工程度由低至高排列品目,包括从原料到机织物各个生产阶段的丝,具体说主要包括丝的原料、落绵或其他废丝、普通纱线和丝绸(机织),还包括蚕胶丝和作为丝归类的混纺材料。

13.2.2 本章归类要点

(1) 本章中所称的"丝",不仅包括家蚕(桑蚕)所分泌的纤维物质,也包括类似昆虫(例如野蚕)分泌的名为野蚕丝的产品。野蚕丝中最重要的品种是柞蚕丝。蜘蛛丝及海丝或贝足丝(某些海贝靠其附于岩石的长丝)也归入本章。

(2) 本章子目中所称的桑蚕丝"厂丝"是指用机器缫制的桑蚕丝。"土丝"是用手工缫制的桑蚕丝。"双宫丝"是指以两只或两只以上的蚕在一起结成的茧为原料缫制的桑蚕丝。绢纺是指以疵茧、废丝为原料加工成纱线的工艺过程。绢纺分为绢丝纺和䌷丝(noil)纺两种纺纱系统,分别纺制绢丝纱线和䌷丝纱线。䌷丝纱线是指以绢丝纺末道梳棉机梳落下的长度短(一般不超过 5 厘米)、整齐度差、含绵粒杂质多的落绵为原料纺制而成的纱线。

(3) 本章不包括的货品主要有:消毒的医疗用蚕胶丝(品目 30.06)、丝绒(品目 58.01)、丝纱罗织物(品目 58.03)、装有鱼钩的蚕胶丝或已制成的钓鱼线(品目 95.07)等。

13.2.3 历年报关员资格全国统一考试中的本章归类题

1. 纯桑蚕丝漂白双绉机织物(幅宽 110 cm)(1999 年上半年考题)

5007.2011

归类说明:双绉机织物是一种机织丝绸织物,应归入本章有具体列名的商品编码 5007.2011。

2. 白厂丝(未加捻)(1999 年下半年考题)   5002.0011

归类说明:厂丝是用机器缫制的桑蚕丝生丝,应归入本章有具体列名的商品
编码 5002.0011。

3. "香云纱",我国特有的一种绸布,以上等桑蚕丝机织成布(幅宽＞30 厘
米),天然染料染色,再经用河中黑泥涂抹、漂洗、曝晒,反复多次而成(2010 年
考题)   5007.2019

归类说明:本题货品以原料为桑蚕丝的绸布(平纹组织)为坯布,经染色加工
而成,尽管使用黑泥涂抹,但最终漂洗干净,因此不能看作是用其他材料涂布的
纺织物,并且因其幅宽大于 30 厘米而不属于狭幅机织物,本题货品应作为普通
机织物归入第五十章。根据品目条文和子目条文规定,本题货品应归入编码
5007.2019。

13.3 第五十一章 羊毛、动物细毛或粗毛;马毛纱线及其机织物

13.3.1 本章结构

本章共 1 条章注、13 个品目。基本上是按商品加工程度由低至高排列品
目,包括从原料到机织物各个生产阶段的羊毛及动物细毛或粗毛,具体说主要包
括毛纺纤维原料(羊毛、其他动物细毛或粗毛)、普通毛纱线和呢绒(机织),还包
括马毛纱线及织物,以及作为羊毛或动物毛归类的混纺材料。

13.3.2 本章归类要点

(1) 根据本章章注的规定:本目录所称的"羊毛",是指绵羊或羔羊身上长的
天然纤维;"动物细毛",是指羊驼、美洲驼、驼马、骆驼、牦牛、安哥拉山羊、西藏山
羊、喀什米尔山羊及类似山羊(普通山羊除外)、家兔(包括安哥拉兔)、野兔、海
狸、河狸鼠或麝鼠的毛;"动物粗毛",是指以上未提及的其他动物的毛,但不包括
制刷用鬃、毛(品目 05.02)以及马毛(品目 05.11)。根据第五章注释四的规定,

本目录所称"马毛",是指马科动物或牛科动物的鬃毛或尾毛,所以牛毛也不归入本章。

(2) 本章不包括的货品主要有:马毛及废马毛(品目 05.11);猪毛,制刷用鬃、毛(品目 05.02);长毛绒(品目 58.01);加工后供制假发或类似品的羊毛(品目 67.03);制刷用成束兽毛(品目 96.03)等。

(3) 归入本章品目 51.11 的粗纺呢绒是用粗梳毛纱织制的毛织品,分为麦尔登类、大衣呢类、海军呢类、制服呢类、女式呢类、法兰绒类、粗花呢类、大众呢类和其他类等九类。

归入本章品目 51.12 的精纺呢绒是用精梳毛纱织制的毛织品,分为哗叽和啥味呢类、华达呢类、中厚花呢类、凡立丁和派力司类、女衣呢类、贡呢类(马裤呢、巧克丁、驼丝锦等)、薄花呢类、其他类八类。

13.3.3　历年报关员资格全国统一考试中的本章归类题

1. 山羊绒(未梳)(1997 年、1999 年下半年考题)　　　　　　　5102.1920

归类说明:山羊绒是一种动物细毛,本题中未梳的山羊绒有具体列名,应归入本章商品编码 5102.1920。

2. 纯精梳羊毛纱线织造的华达呢织物,150 克/平方米,幅宽 180 厘米(2000 年考题)　　　　　　　　　　　　　　　　　　　　　　5112.1100

归类说明:毛华达呢织物是以精纺羊毛为原料的一种机织物,应归入本章品目 51.12,再根据其含量及重量将其归入商品编码 5112.1100。

3. 如图所示的 32 公支粗梳多股羊毛绒线,每盒 500 克,有 6 个线团(2009 年考题)　　　5109.1090

归类说明:本题货品是以羊毛为原料的纱线,根据第十一类类注四(一)的规定,可以判断本题货品为供零售用的普通纱线。根据品目条文和子目条文规定,本题货品应归入编码 5109.1090。

13.4　第五十二章　棉花

13.4.1　本章结构

本章共 1 条子目注释、12 个品目,基本上是按商品加工程度由低至高排列品目,包括从原料到机织物各个生产阶段的棉纤维,具体说主要包括棉花、废棉、已梳棉、普通棉纱线和普通机织物,还包括作为棉归类的混纺材料。

13.4.2　本章归类要点

(1) 本章纱线主要应根据第十一类类注二、三、四、五、十三以及第十一类子目注释一、二的规定,并考虑其含量、细度来归类。机织物的归类则主要应根据第十一类类注二和该类子目注释一的规定,并考虑其含量、重量和织物组织来归类。特别要注意混纺材料的归类。

(2) 本章不包括的主要货品有:棉短绒(品目 14.04);经药物浸渍或零售用的药棉和绷带(品目 30.06);灯芯绒和平绒(品目 58.01);毛巾布(品目 58.02)等。

(3) 通常所说的平布、细纺、罗布、巴里纱、府绸等是平纹组织织物;斜纹布、哔叽、卡其、华达呢等是斜纹组织织物;直贡、横贡等是缎纹组织织物。

13.4.3　历年报关员资格全国统一考试中的本章归类题

1. 平纹印花纯棉坯布,每平方米重量 150 克,幅宽超过 30 厘米(1997 年考题)　　　　　　　　　　　　　　　　　　　　　　　　　5208.5200

归类说明:纯棉坯布是不含其他纺织材料的棉机织物,考虑其含量和重量应归入品目 52.08,再根据其染整方式(印花)、织物组织(平纹)和重量归入商品编码 5208.5200。

2. 精梳全棉纤维纺制的多股纱线(每根纱线细度为 50 公支,非供零售用)

（1998 年上半年考题）　　　　　　　　　　　　　　　　5205.4300

　　归类说明：根据第十一类类注三和类注五的规定，将其排除归入品目56.07，也不归入本章品目52.04。再根据棉含量及是否零售，应将其归入品目52.05，最后根据其是否精梳和细度大小归入商品编码5205.4300。

　　3. 按重量计，由 2％的蚕丝、10％的精梳羊毛、33％的粘胶短纤和55％的精梳棉材料织成的匹状、色织平纹机织物（该织物每平方米重量为 190 克，幅宽大于 30 厘米）（1998 年上半年考题）　　　　　　　　　　5210.4100

　　归类说明：根据第五十八章章注五的规定，本题商品不应归入品目58.06。再根据第十一类类注二的规定，应将其归入第五十二章。再考虑其含量、混纺材料和重量，将其归入品目52.10，再根据其染整方式（色织）、织物组织（平纹）将其归入商品编码5210.4100。

　　4. 纯棉劳动布（经纱紫蓝色，纬纱浅灰色，织物重为 210 克/平方米，幅宽 110厘米）（1999 年上半年考题）　　　　　　　　　　5209.4200

　　归类说明：纯棉劳动布是一种以棉为原料的机织物。先根据第五十八章章注五的规定，因本题商品超过 30 厘米幅宽，将其排除归入品目58.06，而应归入第五十二章。再根据棉含量和织物重量，应将其归入品目52.09，最后根据第十一类子目注释一（七）和第五十二章子目注释的规定，可判断其为色织斜纹布，将其归入商品编码5209.4200。

　　5. 纯棉漂白平纹机织物（织物重为 50 克/平方米，幅宽 110 厘米）（1999 年下半年考题）　　　　　　　　　　　　　　　5208.2100

　　归类说明：先根据第五十八章章注五关于幅宽的规定，将其排除归入品目58.06，而应归入第五十二章。再根据棉含量和织物重量，应将其归入品目52.08，最后根据其染整方式（漂白）、织物组织（平纹）将其归入商品编码5208.2100。

　　6. 纯棉精梳单纱（细度 100 分特）（2000 年考题）　　5205.2700

　　归类说明：根据第十一类类注三的规定，将其排除归入品目56.07。再根据其含量、梳理工艺和纱线细度，将其归入商品编码5205.2700。

　　7. 全棉漂白平纹机织物，250 克/平方米（2005 年考题）　　5209.2100

　　归类说明：棉机织物应归入第五十二章。根据棉含量和织物重量，应将其归入品目52.09，再根据其染整方式（漂白）、织物组织（平纹）将其归入商品编码5209.2100。

　　8. 全棉静电植绒布，宽 1.5 米，成卷，220 克/平方米。加工方法：在全棉机织平纹布的表面涂胶，以粘胶短纤作为绒毛，利用异电荷相吸的原理，使绒毛垂

直下落到印有胶粘剂图案的底布上,形成如图所示的产品(2011年考题)

5209.5100

归类说明:本题货品是以棉为原料制成的机织平纹布,尽管其表面涂胶,但所涂胶的面积有限,而且在机织物底布上不能直接看到所使用的胶,因此不能看作是用胶涂布的纺织物,而应作为普通机织物归入第五十二章。考虑其棉含量和每平方米的重量,根据品目条文和子目条文规定,本题货品应归入编码5209.5100。

9. 彩色棉花,是采用现代生物工程技术培育出来的一种在棉花吐絮时纤维就具有天然色彩的新型纺织原料(2012年考题)　　　　　　5201.0000

归类说明:棉花作为一种纺织材料,根据归类总规则一和六,按税目条文,应归入编码5201.0000。

10. 印花布,平纹机织,棉65％、涤纶35％,180克/平方米,宽120厘米,成卷(2012年考题)　　　　　　　　　　　　　　　　　　5210.5100

归类说明:本题货品是一种机织物,根据第十一类类注二以及子目注释二的规定,本题货品应接棉制印花平纹机织物归入编码5210.5100。

13.5 第五十三章　其他植物纺织纤维;纸纱线及其机织物

13.5.1 本章结构

本章无章注、共10个品目,其中原品目53.04已被删除。本章基本上是按商品加工程度由低至高排列品目,包括从原料到机织物各个生产阶段的植物纺织材料(棉除外),具体说主要包括除棉以外的各种植物纺织材料的原料(如麻、椰壳纤维等)、普通纱线和普通机织物,还包括纸纱线及其机织物,以及根据第十一类注释二的规定可视同本章产品归类的混纺材料。

13.5.2　本章归类要点

本章不包括的主要货品有:纸条交织编结而成的机织物(品目 46.01);符合线绳索缆定义的麻绳(品目 56.07);废碎绳索缆(品目 63.10)等。

本章要特别注意混纺材料制的纱线和织物的归类,其归类主要依据第十一类类注二的规定。

13.5.3　历年报关员资格全国统一考试中的本章归类题

1. 按重量计,由 35％的亚麻、25％的黄麻和 40％的棉花织成的匹状印花机织物(幅宽大于 30 厘米)(1998 年上半年考题)　　　　5309.2900

归类说明:根据第五十八章章注五关于幅宽的规定,本题商品不应归入品目 58.06。再根据第十一类类注二的规定,应将其归入第五十三章。再对比亚麻与黄麻的含量,应将其归入品目 53.09。再根据其含量和染整方式(印花)将其归入商品编码 5309.2900。

13.6　第五十四章　化学纤维长丝;化学纤维纺织材料制扁条及类似品

13.6.1　本章结构

本章共 2 条章注、8 个品目。基本上是按商品加工程度由低至高排列品目,主要包括化学纤维长丝、纱线及其普通机织物,以及根据第十一类注释二的规定可视同化学纤维纱线和机织物归类的混纺纱线和织物。此外本章还包括品目 54.04 或品目 54.05 的单丝和其他产品及其机织物。

本章包括长丝丝束,但符合第五十五章注释定义的除外。它们一般用于生产香烟滤嘴,而第五十五章的长丝丝束则用于生产短纤维。

根据本章章注二的规定,品目 54.02(合成纤维长丝纱线)及品目 54.03(人造纤维长丝纱线)不适用于第五十五章的合成纤维或人造纤维的长丝丝束。

13.6.2 本章归类要点

（1）化学纤维的界定。

根据第五十四章注释一的规定，第五十四章及第五十五章或本目录其他章所称的"化学纤维"，是指通过下列任一方法加工制得的有机聚合物的短纤或长丝：将有机单体物质加以聚合而制得的（合成纤维）；将天然有机聚合物经化学变化而制得的（人造纤维）。

① 合成纤维。制造这类纤维的基本原料，一般是从煤或石油的蒸馏产品或天然气体中制得。首先，将聚合所得的物质熔化或用适当的溶剂溶解，然后通过喷丝头（喷嘴）喷入空气或适当的凝结浴中，冷却后或溶剂挥发后即凝固成丝，也可沉淀于溶液中成为长丝。

主要的合成纤维有：聚丙烯腈纤维（腈纶）；变性聚丙烯腈纤维；聚丙烯纤维（丙纶）；尼龙和其他聚酰胺纤维（锦纶或尼龙），这里包括了芳族聚酰胺纤维（芳纶）；聚酯纤维（涤纶）；聚氨基甲酸酯纤维（氨纶，又称莱卡）；聚乙烯纤维；以及含氯纤维、含氟纤维、聚碳酚胺纤维、三乙烯以及乙烯醇纤维等。

② 人造纤维。制造这类纤维的基本原料，是将天然原料经过化学变化提取的有机聚合物。

主要的人造纤维有：纤维素纤维，包括黏胶人造丝、铜铵人造丝、醋酸纤维素（包括三醋酯纤维）等；动物质或植物质蛋白质纤维，包括乳酪蛋白溶解于碱中所得的产品、用同样方法处理花生、大豆、玉米等的蛋白质所得的其他纤维等；藻酸纤维，包括藻酸钙铬纤维、藻酸钙纤维等。

（2）本章不包括的主要货品。

截面尺寸大于1毫米的合成纤维或人造纤维单丝、表观宽度大于5毫米的合成纤维纺织材料或人造纤维纺织材料制扁条及类似品（人造草）（第三十九章）以及它们的机织物（品目46.01）；化学纤维长丝丝束（品目55.01至品目55.02）；化学纤维长丝的废料（品目55.05）；起绒机织物（品目58.01）；零售包装清洁牙缝用的纱线（牙线）（品目33.06）；石棉纤维（品目25.24）及其制品（品目68.12或品目68.13）；碳纤维及其制品（品目68.15）；玻璃纤维及其制品（品目70.19）等。

13.6.3　历年报关员资格全国统一考试中的本章归类题

1. 由黏胶纤维长丝纱线纺制、经漂白的机织物（1998 年上半年考题）

5408.2110

归类说明：黏胶纤维长丝属于化学纤维中的人造纤维长丝，应归入第五十四章。本题商品应归入品目 54.08，再根据其含量和染整方式（漂白）将其归入商品编码 5408.2110。

2. 黏胶空气变形丝，未加捻（仿棉型纱线，非缝纫线，非零售用）（1998 年下半年考题）

5403.3190

归类说明：空气变形丝又称长丝肢体纱，是一种高蓬松性的变形纱线，属于长丝纱线的一种。黏胶丝属于化学纤维中的人造纤维长丝，应归入第五十四章。本题商品应归入编码 5403.3190。

3. 涤纶丝缝纫线，双股，捻度约 600 捻/米，终捻为 Z 捻，长度为 5 000 米，卷绕成单边宝塔形，经硅油乳液处理，总重量为 1 000 克（1999 年上半年考题）

5401.1010

归类说明：涤纶丝是合成纤维长丝，涤纶丝缝纫线应归入第五十四章品目 54.01，再根据第十一类类注四的规定，可判断本题商品是非零售用的，所以应将其归入商品编码 5401.1010。

4. 涤纶弹力丝单纱（每根单纱细度小于 50 特），供针织用（2001 年考题）

5402.3310

归类说明：涤纶是一种聚酯，属于合成纤维，涤纶弹力单纱是一种变形长丝纱线，应归入品目 54.02，并根据其成分归入商品编码 5402.3310。

5. 涤纶弹力丝（由聚酯化学纤维长丝加工成的变形纱线），非供零售用（2007 年考题）

5402.3310

归类说明：涤纶弹力丝是化学纤维中的合成纤维长丝，是一种聚酯纤维变形纱线，应归入本章。由于本题货品不是缝纫线，考虑到其纺织材料（涤纶，合成纤维长丝）和用途（非供零售用），按品目条文，应将其归入品目 54.02。再考虑其纱线类型（变形纱线）、纺织材料（涤纶，聚酯纤维）、品种（弹力丝），根据子目条文的规定，本题货品应归入编码 5402.3310。

6. 一种金拉线，又称烟用拆封拉带，材料是涂有特种黏合剂的聚丙烯，主要用于开拆包装卷烟条盒和小盒的薄膜，也可用于光碟、扑克等外包装薄膜的拆封，厚 25 微米，宽 2.5 毫米，长 5 000 米（2008 年考题）

5404.9000

归类说明:本题货品,看上去似乎可以按塑料扁条归入第三十九章。但根据第三十九章章注二(十五)、第十一类类注一(七)的规定以及品目 54.04、品目 54.05 的条文内容,表观宽度不超过 5 毫米的塑料扁条应按纺织材料归入第十一类第五十四章,只有表观宽度超过 5 毫米的塑料扁条才按塑料产品归入第三十九章。由于本题货品宽 2.5 毫米,所以应归入第十一类第五十四章,考虑到其材料为合成纤维,查品目条文,应将本题货品归入品目 54.04。再根据子目条文的规定,将其归入编码 5404.9000。

13.7　第五十五章　化学纤维短纤

13.7.1　本章结构

本章共 1 条章注、16 个品目,基本上是按商品加工程度由低至高排列品目,主要包括化学纤维长丝丝束、化学纤维短纤、普通纱线及其普通机织物,以及根据第十一类注释二的规定可视同化学纤维短纤产品归类的混纺产品。化学纤维长丝或短纤的废料(包括落绵、废纱及回收纤维)也归入本章。

13.7.2　本章归类要点

(1) 关于化学纤维长丝的归类。

本章章注规定,品目 55.01 和品目 55.02 仅适用于每根与丝束长度相等的平行化学纤维长丝丝束。这些丝束应同时符合下列规格:丝束长度超过 2 米;捻度每米少于 5 转;每根长丝细度在 67 分特以下;合成纤维长丝丝束,须经拉伸处理,即本身不能被拉伸至超过本身长度的一倍;丝束总细度大于 20 000 分特。长度不超过 2 米的化学纤维长丝丝束应归入品目 55.03 或品目 55.04。归入第五十五章的长丝丝束主要用于生产短纤维。

除上述长丝丝束归入第五十五章外,其他长丝丝束应归入第五十四章。它们一般用于生产香烟滤嘴。

(2) 本章不包括的主要货品。

以下货品不归入本章:长度不超过 5 毫米的纺织纤维(纤维屑)(品目 56.01);

品目 25.24 的石棉,以及品目 68.12 或品目 68.13 的石棉制品和其他产品;碳素纤维及其制品(品目 68.15);玻璃纤维及其制品(品目 70.19);灯芯绒、平绒和长毛绒(品目 58.01);毛巾布(品目 58.02)等。

13.7.3　历年报关员资格全国统一考试中的本章归类题

1. 由 40% 的棉、30% 的人造纤维短纤和 30% 的合成纤维短纤混纺制成的未漂白机织物(该织物每平方米重量 220 克,幅宽超过 30 厘米)(1997 年考题)

5516.4100

归类说明:根据第五十八章章注五关于幅宽的规定,本题商品不应归入品目 58.06。再根据第十一类类注二的规定,人造纤维短纤和合成纤维短纤的含量合并计算与棉对比,应将其归入第五十五章。再根据类注二从后归类原则将其归入品目 55.16。再根据其含量、混纺主要材料和染整方式(未漂白)将其归入商品编码 5516.4100。

2. 按重量计含涤纶短纤 50%、醋酸短纤 25%、黏胶纤维短纤 25%,每平方米重 170 克的四线斜纹色织机织物(幅宽 110 厘米)(1998 年下半年考题)

5516.9300

归类说明:涤纶为聚酯纤维,属合成纤维。而醋酸短纤和黏胶纤维短纤属人造纤维。根据第五十八章章注五关于幅宽的规定,本题商品不应归入品目 58.06。再根据第十一类类注二的规定,人造纤维短纤和合成纤维短纤的含量相同,根据类注二从后归类原则将其归入品目 55.16。再根据其含量、混纺主要材料和染整方式(色织)将其归入商品编码 5516.9300。

3. 按重量计含棉 35%、含涤纶短纤 65%、每平方米重 210 克的染色平纹机织物(幅宽 110 厘米)(1999 年上半年考题)

5514.2100

归类说明:根据第五十八章章注五关于幅宽的规定,本题商品不应归入品目 58.06。再根据第十一类类注二的规定,按基本特征方法将其归入第五十五章品目 55.14。再根据其含量、混纺主要材料和织物重量将其归入品目 55.14,最后根据染整方式(染色)和织物组织(平纹)将其归入商品编码 5514.2100。

4. 按重量计,含羊毛 45%、黏胶短纤 30%、锦纶短纤 25%,每平方米 190 克的色织平纹精纺机织物(幅宽 180 厘米)(1999 年下半年考题)

5516.3300

归类说明:锦纶为聚酰胺纤维,属合成纤维,而黏胶短纤属人造纤维。根据第五十八章章注五关于幅宽的规定,本题商品不应归入品目 58.06。再根据第十一类类注二的规定,人造纤维短纤和合成纤维短纤的含量合并计算与羊毛对比,应将其归入第五十五章。再对比锦纶和黏胶短纤含量将其归入品目 55.16,最后根据其含量、混纺主要材料和染整方式(色织)将其归入商品编码 5516.3300。

5. 蓝色平纹机织物,按重量计含棉 40%、含黏胶短纤 30%、含锦纶短纤 30%(210 克/平方米,幅宽 110 厘米)(2000 年考题)　　　　　　5516.4200

归类说明:根据第五十八章章注五关于幅宽的规定,本题商品不应归入品目 58.06。再根据第十一类类注二的规定,人造纤维短纤和合成纤维短纤的含量合并计算与棉对比,应将其归入第五十五章。再对比锦纶和黏胶短纤含量按从后归类原则将其归入品目 55.16,最后根据其含量、混纺主要材料和第十一类子目注释一(六)的规定将其归入商品编码 5516.4200。

6. 由漂白的棉线和浅黄色的人造棉线织成的平纹机织物,300 克/平方米,其中按重量计,棉和人造棉含量各为 50%(2005 年考题)　　　　5516.4300

归类说明:人造棉是一种人造纤维短纤,通常是黏胶短纤。根据第十一类类注二的规定,按从后归类方法将其归入第五十五章品目 55.16,最后根据其含量、混纺主要材料以及第十一类子目注释一(七)的规定将其归入商品编码 5516.4300。

7. 天丝棉单股纱线,由天丝 65%、棉 35%混纺而成,其中的天丝(tencel)是一种新型纤维,是由木质浆粕为原料进行再生的纤维素纤维(2006 年考题)

5510.3000

归类说明:天丝属于化学纤维中的人造纤维。根据第十一类类注二、四、五的规定,本题货品不是缝纫线,不属于零售用纱线,应归入本章品目 55.10。根据子目条文的规定,本题货品应归入编码 5510.3000。

8. 棉 30%、羊毛 30%、涤纶短纤 25%、腈纶短纤 15%的浅黄色平纹机织物,250 克/平方米(2006 年考题)　　　　　　　　　　　　5515.1900

归类说明:根据第十一类类注二的规定,本题货品应按重量更大的化学纤维短纤制机织物归入本章品目 55.15。由于涤纶短纤属于聚酯短纤,腈纶短纤属于聚丙烯腈短纤,应按含量更大的聚酯短纤制的机织物归入相应子目。由于其混纺的主要材料是棉和羊毛(均为 30%),按从后归类原则,本题货品应归入编码 5515.1900。

9. 50%棉、50%涤纶短纤的平纹机织布,未漂白,宽 1.5 米,成卷,200 克/平方米(2008 年考题)　　　　　　　　　　　　　　　　5514.1110

归类说明:涤纶属于化学纤维中的合成纤维。本题机织布作为普通机织物,应归入第十一类。根据第十一类类注二(一)的规定,由于棉和涤纶短纤的重量相同(均为 50%),所以应按从后归类原则,将其按涤纶短纤制的机织物归入第五十五章。考虑到涤纶的含量(为 50%)、混纺材料(仅与棉混纺)以及重量(200 克/平方米),查品目条文,应将其归入品目 55.14。再考虑其加工工艺(未漂白)、合成纤维种类(涤纶属聚酯类纤维)、织物结构(平纹机织物),根据子目条文的规定,应归入编码 5514.1110。

10. 一种桃皮绒,一种新型超细纤维(70%涤纶短纤和 30%锦纶短纤)织成平纹机织物,染色,再在表面砂磨出一层精致细密似桃皮的小绒毛(2009 年考题)　　　　　　　　　　　　　　　　　　　　　　5512.9900

归类说明:本题货品是由平纹机织物经表面砂磨而成,应作为普通机织物归入第五十五章。涤纶和锦纶均为合成纤维。根据品目条文和子目条文规定,本题货品应归入编码 5512.9900。

11. 玉米纤维短纤(以玉米淀粉发酵制得的乳酸为原料,经聚合成聚乳酸,再经纺丝而制成纤维)(2011 年考题)　　　　　　　　　　　　5503.2000

归类说明:本题货品以玉米淀粉发酵制得的乳酸为原料,经聚合成聚乳酸,再经纺丝而制成纤维,可判断其为合成纤维,应归入第五十五章。由于聚乳酸属于聚酯家族,根据品目条文和子目条文规定,本题货品应归入编码 5503.2000。

13.8 第五十六章　絮胎、毡呢及无纺织物;特种纱线;线、绳、索、缆及其制品

13.8.1 本章结构及商品知识简介

本章共 4 条章注、9 个品目。包括一些具有专门特性的纺织品,例如,絮胎、毡呢、无纺织物、特种纱线、绳、索及其某些制品。

絮胎是由粗梳纺织纤维(常为棉纤维或人造纤维短纤)网或气流成网法制成的网,经一层一层相叠加,然后压紧以增强纤维间抱合力而制成的。其特点为:呈蓬松柔韧海绵状,厚度均匀,其他内层纤维很易分开,这一点与无纺织物不同。絮胎主要用于衬垫(如用于制垫肩、衣服衬里、首饰盒垫等,用于家具及熨衣机),用作包装材料或用于卫生方面。

毡呢是把数层纺织纤维(通常以羊毛或其他动物纤维为主经过粗梳或气流

成网片)相互叠层,然后加湿加热,并以重压及摩擦或打击,使纤维相互连结,形成厚度均匀的呢片。其特点为:比絮胎结实、纤维很难分离,同时又明显不同于呢绒中的缩绒织物(一般归入第五十章至第五十五章)。毡呢通常用羊毛或其他动物毛做原料,也有用这些动物毛与其他天然纤维(如植物纤维、马毛)或化纤的混合纤维做原料。毡呢可用于制衣、帽、鞋、鞋底、钢琴音锤、装饰制品及花哨物品等,也可作各种专门的技术用途,例如作隔热或隔音材料等。

无纺织物(有时称无纺布),是先将纺织纤维(短纤或长丝)定向或随意排列形成纤维片网(或薄片),成网后按整张网片的厚度或宽度,将纤维黏合(连续法)或将纤维点状或片状黏合(间歇法)制成,黏合工艺包括化学黏合、热黏合或机械黏合。所用纤维可以是天然纤维或化学纤维,也可以是短纤(天然纤维或化学纤维)或化学纤维长丝。

13.8.2　本章归类要点

(1) 本章不包括的主要货品。

根据本章章注一的规定,本章不包括的货品主要有:用各种物质或制剂(如第三十三章的香水或化妆品、品目 34.01 的肥皂或洗涤剂、品目34.05的光洁剂及类似制剂、品目 38.09 的织物柔软剂)浸渍、涂布、包覆的絮胎、毡呢或无纺织物,其中的纺织材料仅作为承载介质;品目 58.11 的纺织产品;以毡呢或无纺织物为底的砂布及类似品(品目 68.05);以毡呢或无纺织物为底的黏聚或复制云母(品目 68.14);以毡呢或无纺织物为底的金属箔(第十四类或第十五类);卫生巾(护垫)及止血塞、婴儿尿布及尿布衬里(品目 96.19)等。

(2) 毡呢、无纺织物等纺织材料与塑料或橡胶混合制成的货品的归类。

① 与塑料混合制成的毡呢。

用塑料浸渍、涂布、包覆或层压,按重量计纺织材料含量在 50% 及以下的毡呢(第三十九章);纺织材料含量在 50% 以上的毡呢(品目 56.02)。

完全嵌入塑料之内的毡呢(第三十九章);非完全嵌入塑料之内的毡呢(品目56.02)。

与毡呢混制的泡沫塑料板、片或扁条,纺织材料仅在其中起增强作用(第三十九章);否则应归入品目 56.02。

用肉眼可以辨别出是用塑料浸渍、涂布、包覆或套裹的纺织纱线及品目

54.04 或品目 54.05 的扁条及类似品(品目 56.04);用肉眼无法辨别出是否经过浸渍、涂布或包覆的纺织纱线或品目 54.04 或品目 54.05 的扁条及类似品(通常归入第五十章至第五十五章)。

② 与塑料混合制成的无纺织物。

完全嵌入塑料之内的无纺织物(第三十九章);非完全嵌入塑料之内的无纺织物(品目 56.03)。

用肉眼可辨别出两面都用塑料涂布、包覆的无纺织物,涂布或包覆所引起的颜色变化可不予考虑(第三十九章);用肉眼无法辨别出两面都用塑料涂布、包覆的无纺织物(品目 56.03)。

与无纺织物混制的泡沫塑料板、片或扁条,纺织材料仅在其中起增强作用(第三十九章);否则应归入品目 56.03。

用塑料作黏合材料的无纺织物也归入品目 56.03。

③ 与橡胶混合制成的毡呢。

用橡胶浸渍、涂布、包覆或层压,按重量计纺织材料含量在 50% 及以下的毡呢(第四十章);纺织材料含量在 50% 以上的毡呢(品目 56.02)。

完全嵌入橡胶之内的毡呢(第四十章);非完全嵌入橡胶之内的毡呢(品目 56.02)。

与毡呢混制的海绵橡胶板、片或扁条,纺织材料仅在其中起增强作用(第四十章);否则应归入品目 56.02。

④ 与橡胶混合制成的无纺织物。

完全嵌入橡胶之内的无纺织物(第四十章);非完全嵌入橡胶之内的无纺织物(品目 56.03)。

用肉眼可辨别出两面都用橡胶涂布、包覆的无纺织物,涂布或包覆所引起的颜色变化可不予考虑(第四十章);用肉眼无法辨别出两面都用橡胶涂布、包覆的无纺织物(品目 56.03)。

与无纺织物混制的海绵橡胶板、片或扁条,纺织材料仅在其中起增强作用(第四十章);否则应归入品目 56.03。

用橡胶作黏合材料的无纺织物也归入品目 56.03。

⑤ 与塑料或橡胶混合制成的其他货品。

用肉眼可以辨别出是用塑料或橡胶浸渍、涂布、包覆或套裹的纺织纱线及品目 54.04 或品目 54.05 的扁条及类似品(品目 56.04);用肉眼无法辨别出是否经过浸渍、涂布或包覆的纺织纱线或品目 54.04 或品目 54.05 的扁条及类似品(通常归入第五十章至第五十五章)。

用纺织材料包覆的橡胶线及绳(品目 56.04)。

用塑料或橡胶浸渍、涂布、包覆或套裹的线、绳、索、缆(品目 56.07)。

(3) 关于螺旋花线的归类。

"粗松螺旋花线"是指以一根或数根纺织纱线为芯(常见棉制),用另一根或数根纱线螺旋卷绕于该纱芯上制成。

粗松螺旋花线、品目 54.04 或品目 54.05 的扁条及类似品制的螺旋花线归入品目 56.06;马毛粗松螺旋花线归入品目 51.10;用纺织材料螺旋绕裹的橡胶线归入品目 56.04;含金属螺旋花线归入品目 56.05;绝缘电线归入品目 85.44。

13.8.3　历年报关员资格全国统一考试中的本章归类题

1. 聚酯薄膜真空镀铝扁条(表观宽度为 1 毫米)(1998 年下半年考题)

5605.0000

归类说明:本题商品是一种含金属纱线,它不属于第十一类类注一(七)排除的范围,应作为特种纱线归入本章编码 5605.0000。

2. 正方形台布,涤纶短纤维无纺织物裁切而成(110 克/平方米),塑料袋装(2002 年考题)

5603.9390

归类说明:根据第十一类类注七的规定,本题商品似乎应作为制成品归入第六十三章。但根据第六十三章章注二(一)的规定,能归入第五十六章至第六十二章的货品不归入第六十三章的第一分章。由于它是用化学纤维短纤无纺织物制成的,所以应归入本章商品编码 5603.9390。

3. 黏胶纤维短纤维纺制成多股纱线,12 000 分特(2003 年考题)　5607.9090

归类说明:本题商品看上去似乎应作为化学纤维短纤纱线归入第五十五章。但根据第十一类类注三(一)2 项的规定,本题商品应作为"线、绳、索、缆"归入第五十六章品目 56.07,又由于黏胶纤维是一种人造纤维,所以本题应归入本章商品编码 5607.9090。

4. 尼龙线绳,材质:尼龙 66 强力纱;规格:直径 0.6 毫米,卷状;用途:制作半成品橡胶宽片;加工程度:肉眼可辨别出该纱线经过橡胶涂布(2013 年考题)

5604.9000

归类说明:本题货品是经过橡胶涂布的纺织材料线绳,根据归类总规则一和六,按税目条文,应归入编码 5604.9000。

13.9 第五十七章 地毯及纺织材料的其他铺地制品

13.9.1 本章结构

本章共 2 条章注、5 个品目,基本上是按照加工方法分列品目的,主要包括使用时以纺织材料作面的地毯及纺织材料的其他铺地制品,也包括具有纺织材料铺地制品特征(例如,具有铺地制品的厚度、硬挺性及强度)但作其他用途的物品。

归入本章的产品可以是制成的(即直接制成一定尺寸、镶边、加衬、加穗、拼合等),呈小方地毯、床边地毯、炉边地毯形状的,或是呈供布置房间、走廊、过道或楼梯的毯料形状,不论是大段供剪裁的或是制成的。还可以经浸渍处理(例如,用胶乳浸渍)或用机织物、无纺织物、海绵橡胶或泡沫塑料等材料衬背。

13.9.2 本章归类要点

本章不包括:铺地制品衬垫,即置于地板与地毯之间的粗糙织物或毡呢衬垫(按其构成材料归类);列诺伦及其他以织物为底布加以涂布或盖面的铺地制品(品目 59.04)。

13.9.3 历年报关员资格全国统一考试中的本章归类题

1. 用于小汽车的羊毛簇绒地毯(1997 年考题)　　　　　　　　　　5703.1000

归类说明:本题商品看上去既可归入品目 87.08,又可归入本章品目 57.03,根据归类总规则三(一)的规定,品目 57.03 列名更为具体,所以本题应归入本章编码 5703.1000。

2. 结织栽绒地毯,按重量计算:栽绒层含羊毛 45%、含黏胶短纤维 30%、含涤纶短纤维 25%(2001 年考题)　　　　　　　　　　5701.9010

归类说明:结织栽绒地毯是用绒纬至少在一根紧经上绕一圈打结或绞扭,而所嵌入的紧地纬固定不动而成的地毯。本章有具体列名的品目,应归入品目

57.01,再根据第十一类类注二的规定,黏胶纤维和涤纶短纤维作为化学纤维合并计算含量超过羊毛,应归入本章编码 5701.9010。

13.10 第五十八章　特种机织物;簇绒织物;花边;装饰毯;装饰带;刺绣品

13.10.1 本章结构

本章共 7 条章注、11 个品目。包括种类繁多的各种纺织产品,例如起绒机织物及绳绒织物、毛巾织物及毛圈机织物、簇绒织物、纱罗、网眼织物、花边、装饰毯、狭幅机织物、装饰带、刺绣品以及用于衣着、装饰和类似用途的金属线机织物、被褥状纺织品等。除品目 58.09 的金属线机织物外,其他纺织品在品目范围内是不论其由何种纺织原料构成的。

13.10.2 本章归类要点

本章除了品目 58.05 的手工装饰毯可以是制成品,品目 58.07 的纺织材料制标签、徽章及类似品可以裁成一定形状或尺寸,品目 58.08 流苏、绒球及类似品可以独立成件外,本章其他货品只有未达到第十一类类注七所述"制成的"程度,方可归入本章。

需注意,本章章注五规定了归入品目 58.06 的狭幅机织物的尺寸等条件。

13.10.3 历年报关员资格全国统一考试中的本章归类题

1. 棕色机织长毛绒,绒面按重量计含羊毛 50%,含涤纶短纤 50%(已割绒,幅宽 110 厘米,360 克/平方米)(2002 年考题) 　　　　　　　5801.3720

归类说明:机织长毛绒是一种经起绒织物,应归入本章品目 58.01。再根据第十一类类注二的规定,本题应按从后归类原则归入商品编码 5801.3720。

2. 全棉染色的灯芯绒(已割绒)机织物,450 克/平方米(2003 年考题)

5801.2200

归类说明:灯芯绒机织物是一种特种起绒机织物,应归入本章。根据纺织原料及是否割绒,本题应归入本章编码 5801.2200。

3. 含棉 40%、涤纶短纤 40%、桑蚕丝 20% 的灯芯绒(已割绒),已染色,250克/平方米(2004 年考题)

5801.3200

归类说明:灯芯绒机织物是一种特种起绒机织物,应归入本章。根据第十一类类注二的规定,并按从后归类原则应将其归入本章编码 5801.3200。

13.11 第五十九章 浸渍、涂布、包覆或层压的纺织物;工业用纺织制品

13.11.1 本章结构

本章共 7 条章注、11 个品目。主要按照商品加工方式、与纺织物混合的非纺织材料的属性以及用途排列品目,包括各种用肉眼可以分辨出的用浆料、塑料或橡胶以及其他非纺织材料浸渍、涂布、包覆或层压的纺织物;常用于工业、机械或技术上的纺织物及制品。

本章 11 个品目的排列顺序大致如下:

1. 浸渍、涂布、包覆或层压的纺织物。
   (1)用胶或淀粉涂布的纺织物(品目 59.01)。
   (2)尼龙或其他聚酰胺、聚酯或黏胶纤维高强力纱制的帘子布(品目 59.02)。
   (3)用塑料浸渍、涂布、包覆或层压的纺织物(品目 59.03)。
   (4)亚麻油地毡;以织物为底布经涂布或覆面的铺地制品(品目 59.04)。
   (5)糊墙织物(品目 59.05)。
   (6)用橡胶处理的纺织物(品目 59.06)。
   (7)用其他材料浸渍、涂布或包覆的纺织物;已绘制画布(品目 59.07)。
2. 工业用纺织制品。
   (1)灯芯及类似品;煤气灯纱筒及纱罩(品目 59.08)。
   (2)水龙软管及类似的管子(品目 59.09)。
   (3)传动带或输送带及带料(品目 59.10)。

（4）章注七规定的纺织品（品目 59.11）。

13.11.2 本章归类要点

（1）本章纺织物的范围。

根据本章章注一的规定，本章所称的纺织物，包括第五十章至第五十五章中的普通机织物、品目 58.03 的纱罗、品目 58.06 的狭幅机织物、品目 58.08 的成匹编带和装饰带、品目 60.02 至品目 60.06 的针织物或钩编织物。对于第五十六章的毡呢、无纺织物，第五十八章的起绒机织物及绳绒织物、毛巾织物及类似的毛圈机织物、簇绒织物、网眼织物、金属线机织物不属于第五十九章所称纺织物的范围。

（2）关于糊墙织物的归类。

根据本章章注三的规定，以纺织材料作面、固定在一衬背上或在背面进行处理（浸渍或涂布以便于裱糊）、适于装饰墙壁或天花板、且宽度不小于 45 厘米的成卷糊墙织物归入品目 59.05；以纺织纤维屑或粉末直接黏于纸上的糊墙物品归入品目 48.14；以纺织纤维屑或粉末直接黏于布底上的糊墙物品，通常归入品目 59.07。

对糊墙品的归类小结：

以纸衬底，以塑料为面	品目 48.14
非以纸衬底，但以塑料为面	品目 39.18
以任何材料衬底，以纺织材料为面	品目 59.05
以纺织纤维屑或粉末直接黏于纸上	品目 48.14
以纺织纤维屑或粉末直接黏于布底上	品目 59.07

（3）纺织材料与非纺织材料混合制成的货品的归类。

① 塑料与纺织物（不包括毡呢、无纺织物）混合的货品的归类。

根据章注二、六的规定：

用塑料浸渍、涂布、包覆或套裹的纺织纱线及品目 54.04 或品目 54.05 的扁条及类似品（品目 56.04）；

用塑料浸渍、涂布、包覆或套裹的线、绳、索、缆（品目 56.07）；

尼龙或其他聚酰胺、聚酯或黏胶纤维高强力纱制的帘子布（品目 59.02）；

肉眼可以辨别出是用塑料浸渍、涂布、包覆或层压的纺织物（不包括毡呢、无纺织物等）（品目 59.03）；

用肉眼无法辨别出是否经过塑料浸渍、涂布、包覆或层压的纺织物（通常归

入第五十章至第五十五章、第五十八章或第六十章);

温度在 15 ℃至 30 ℃时,用手工将其绕于直径 7 毫米的圆柱体上会发生断裂的产品(通常归入第三十九章);

纺织物完全嵌入塑料内或在其两面均用塑料完全包覆或涂布,而这种包覆或涂布用肉眼是能够辨别出的产品(第三十九章);

用塑料部分涂布或包覆并由此而形成图案的织物(通常归入第五十章至第五十五章、第五十八章或第六十章);

与纺织物混制而其中纺织物仅起增强作用的泡沫塑料板、片或带(第三十九章);

品目 58.11 的用一层或几层纺织材料与胎料经纫缝或其他方法组合制成的被褥状纺织品;

用塑料浸渍、涂布、包覆或层压的厚度不小于 3 毫米的纺织材料制的传动带、输送带(品目 59.10);

用塑料浸渍、涂布、包覆或层压的厚度小于 3 毫米的纺织材料制的传动带、输送带及带料(按其材料归类);

塑料与毡呢、无纺织物混合制成的货品的归类详见本书对第五十六章货品的解释。

② 橡胶与纺织物(不包括毡呢、无纺织物)混合的货品的归类。

根据本章章注四、六、七的规定:

用纺织材料包覆的橡胶线及绳(品目 56.04);

用橡胶浸渍、涂布、包覆或套裹的纺织纱线及品目 54.04 或品目 54.05 的扁条及类似品(品目 56.04);

用橡胶浸渍、涂布、包覆或套裹的线、绳、索、缆(品目 56.07);

平行纺织纱线经橡胶黏合的纺织物(不包括毡呢、无纺织物等)(品目 59.06);

由品目 56.04 的用橡胶浸渍、涂布、包覆或套裹的纱线、扁条或类似品制成的织物(品目 59.06);

用橡胶浸渍、涂布、包覆或层压的纺织物,每平方米重量不超过 1 500 克;或每平方米重量超过 1 500 克,按重量计纺织材料含量在 50%以上(品目 59.06);

用橡胶浸渍、涂布、包覆或层压的纺织物,每平方米重量超过 1 500 克,按重量计纺织材料含量在 50%及以下(第四十章);

与纺织物混制而其中纺织物仅起增强作用的海绵橡胶板、片或带(第四十章);

品目 58.11 的用一层或几层纺织材料与胎料经纫缝或其他方法组合制成的被褥状纺织品;

用橡胶浸渍、涂布、包覆或层压的织物制成的或用橡胶浸渍、涂布、包覆或套裹的纱线或绳制成的传动带及输送带（品目 40.10）；

用橡胶涂布、包覆或层压的作针布用的纺织物、毡呢及毡呢衬里机织物，以及其他专门技术用途的类似织物，包括用橡胶浸渍的用于包覆纺锤（织轴）的狭幅丝绒织物，成匹的、裁成一定长度或仅裁成矩形（包括正方形）的纺织品（品目 59.11）；

橡胶与毡呢、无纺织物混合制成的货品的归类详见本书对第五十六章货品的解释。

③ 其他材料与纺织物混合的货品的归类。

涂有研磨材料的砂布、线绳、纤维粘合织物等（品目 68.05）；

用胶或淀粉物质涂布的纺织物（品目 59.01）；

涂布亚麻子油的列诺伦（亚麻油地毡）（品目 59.04）；

涂布焦油、沥青、蜡、油漆或金属粉、软木粉、玻璃粉末、云母粉屑等材料的织物（品目 59.07）；

用皮革或其他材料涂布、包覆或层压的作针布用的纺织物、毡呢及毡呢衬里机织物，以及其他专门技术用途的类似织物，成匹的、裁成一定长度或仅裁成矩形（包括正方形）的（品目 59.11）（根据本章章注七的规定）；

用肉眼无法辨别出是否经过浸渍、涂布或包覆的织物（通常归入第五十章至第五十五章、第五十八章或第六十章）；

以纺织物为底的木饰面板（品目 44.08）；

以纺织物为底的砂布及类似品（品目 68.05）；

以纺织物为底的黏聚或复制云母片（品目 68.14）；

以纺织物为底的金属箔（通常归入第十四类或第十五类）。

(4) 关于专门技术用途的纺织制品的界定。

本章章注七规定了归入品目 59.11 的货品范围。

特别需要说明的是：第十六类类注一（五）规定，机电设备用的纺织材料制的传动带、输送带及带料（品目 59.10）或专门技术用途的其他纺织材料制品（品目 59.11），并不归入第十六类，而应归入本章。

13.11.3 历年报关员资格全国统一考试中的本章归类题

1. 聚氯乙烯涂布的人造革（温度在 15 ℃ 至 30 ℃ 时，用手工将其绕于直径 7

毫米的圆柱体上不会发生断裂)(1998年上半年考题)　　　　　　5903.1020

　　归类说明:人造革是一种在纺织物底基上涂覆塑料的复合织物。根据本章章注二(一)2的规定,温度在15℃至30℃时,用手工将其绕于直径7毫米的圆柱体上会发生断裂的产品通常归入第三十九章,但本题商品不会发生断裂,所以应归入本章品目59.03项下子目5903.1020。

　　2.一种牛津布,用尼龙短纤织成机织物,染成黑色,然后在其一面(此面作为背面)薄薄地涂上聚氨基甲酸酯(肉眼可见涂层)以防止雨水渗透,用于制作箱包(2007年考题)　　　　　　5903.2090

　　归类说明:本题货品是用塑料单面涂布的机织物,应归入本章。根据本章章注二的规定,用塑料涂布的机织物应归入品目59.03。根据子目条文的规定,本题货品应归入编码5903.2090。

13.12　第六十章　针织物及钩编织物

13.12.1　本章结构

　　本章共3条章注、6个品目,基本上是按照织物组织形式(织物外观特征)分列品目,归入本章的货品在品目归类时不受纺织纤维类别的限制。本章所包括的纺织物,其生产方式不同于以经纱和纬纱交织而成的机织物,而是通过一系列相互串联的线圈制成的。本章包括成匹(包括圆筒织物匹头)或简单裁成矩形(包括正方形)的针织物和钩编织物,不论其使用第十一类所列哪一种纺织材料制成,也不论是否加有弹性纱或橡胶线制成的。本品目还包括明显用作衣料、家具布或类似用途的细金属线针织物或钩编织物。但将成匹织物裁剪成矩形(包括正方形)后经过进一步加工(如缝边)的制成品,现成的可即供使用的制成品(如围巾),以及针织或钩编成一定形状,不论报验时是单件还是若干件相连成幅的物品均不归入本章。

13.12.2　本章归类要点

　　本章不包括的主要货品有:从织物的纤维网上将纺织纤维拉起而制成的缝

编织物(品目 56.02);品目 56.08 的网子及网料;针织地毯(品目 57.05);网眼织物及钩编花边(品目 58.04);品目 58.07 的针织或钩编的标签、徽章及类似品;第五十九章的经浸渍、涂布、包覆或层压的针织物及钩编织物。但经浸渍、涂布、包覆或层压的起绒针织物及起绒钩编织物仍归入品目 60.01。

13.12.3　历年报关员资格全国统一考试中的本章归类题

(历年考试中还未出现过本章试题。)

13.13　第六十一章　针织或钩编的服装及衣着附件

13.13.1　本章结构

本章共 10 条章注、17 个品目,包括针织或钩编的男、女式服装(含童装)以及制成的针织或钩编衣着附件,还包括服装及衣着附件的针织或钩编制成的部分品。但不包括针织或钩编的乳罩、束腰带、紧身胸衣、吊裤带、吊袜带、束袜带和类似品及其零件(品目 62.12)。

本章品目排列顺序大体是先列外衣后列内衣,同类服装先列男装后列女装,然后是婴儿服装、运动装、袜子、手套、衣着附件及零件。

本章物品不因带有其他材料(例如,机织物、毛皮、羽毛、皮革、塑料或金属)的零件或附件而影响其归类。

本章还适用于各品目所列物品的未制成品或不完整品,其中包括用于制造上述物品的已成形针织或钩编织物,即只要这些产品具备了相应物品的基本特征,就可与制成品归入同一品目。但服装或衣着附件的钩编零件(品目 62.12 的物品除外)应归入品目 61.17。

根据第十一类注释七(七)的规定,针织或钩编成形的服装和衣着附件以及它们的零件,不论报验时是单件还是若干件相连成幅的,均视为制成的物品。

本章 17 个品目的排列顺序大致如下。

1. 外衣类。

 (1) 大衣类。

  ① 男式大衣、斗篷、防风衣等(品目 61.01);

  ② 女式大衣、斗篷、防风衣等(品目 61.02)。

 (2) 套装类。

  ① 男式西服套装、便服套装、上衣、长裤、短裤等(品目 61.03);

  ② 女式西服套装、便服套装、上衣、长裤、短裤、连衣裙、裙子、裙裤等(品目 61.04)。

 (3) 衬衫类。

  ① 男衬衫(品目 61.05);

  ② 女衬衫(品目 61.06)。

2. 内衣类。

 (1) 内裤、睡衣、浴衣类。

  ① 男式内裤、睡衣、浴衣等(品目 61.07);

  ② 女式衬裙、内裤、睡衣、浴衣等(品目 61.08)。

 (2) T 恤衫、汗衫及其他背心(品目 61.09)。

 (3) 套头衫、开襟衫、外穿背心及类似品(品目 61.10)。

3. 其他服装及衣着附件。

 (1) 婴儿服装及衣着附件(品目 61.11)。

 (2) 运动服、滑雪服及游泳服(品目 61.12)。

 (3) 用品目 59.03、品目 59.06 或品目 59.07 的针织物或钩编织物制成的服装(品目 61.13)。

 (4) 其他服装(品目 61.14)。

 (5) 袜类(品目 61.15)。

 (6) 手套类(品目 61.16)。

 (7) 其他衣着附件及零件(品目 61.17)。

13.13.2　本章归类要点

(1) 本章不包括的主要货品。

针织或钩编的乳罩、束腰带、紧身胸衣、吊裤带、吊袜带、束袜带和类似品及其零件(品目 62.12);旧衣着或其他旧物品(品目 63.09);矫形器具、外科手术带、疝气带及类似品(品目 90.21);动物穿用的挽具(品目 42.01);塑料制的服装及衣着附件(品目 39.26);橡胶制的服装及衣着附件(品目 40.15);皮革或再生皮革制的服装及衣着附件(品目 42.03);毛皮或人造毛皮制的服装及衣着附件(品目 43.03 或品目 43.04);石棉制的服装及衣着附件(品目 68.12);经过某些加工(例如,缝边或形成领口)的针织物片或钩编织物片,准备用于制衣,但还未加工成服装或服装零件的(品目 63.07)等。

(2)男女式服装的判断与归类(适用于第六十一章和第六十二章)。

根据第六十一章章注九和第六十二章章注八的规定:对于服装,凡门襟扣或搭上时为左压右的,应视为男式;凡门襟扣或搭上时为右压左的,则应视为女式。但此规定不适用于其式样已明显为男式或女式的服装。对于无法区别是男式还是女式的服装,应按女式服装归入有关品目。

(3)关于婴儿服装及衣着附件的归类(适用于第六十一章和第六十二章)

根据第六十一章章注六和第六十二章章注四的规定:"婴儿服装及衣着附件",是指用于身高不超过 86 厘米幼儿的服装。需要指出的是,这里不包括婴儿尿布。对于既可归入品目 61.11 的婴儿服装及衣着附件,也可归入该章其他品目的物品,应归入品目 61.11。对于既可归入品目 62.09 的婴儿服装及衣着附件,也可归入该章其他品目的物品,应归入品目 62.09。

(4)用塑料、橡胶、其他非纺织材料处理的纺织物制的服装的归类(适用于第六十一章和第六十二章)。

根据第六十一章章注八的规定:既可归入品目 61.13,也可归入该章其他品目的服装,除品目 61.11 所列的仍归入该品目外,其余的应一律归入品目 61.13。即用塑料、橡胶或其他非纺织材料处理的针织物或钩编织物制成的服装,如果是婴儿服装就归入品目 61.11,其他服装不论其他品目是否有具体列名,一律归入品目 61.13。

根据第六十二章章注五的规定:既可归入品目 62.10,也可归入该章其他品目的服装,除品目 62.09 所列的仍归入该品目外,其余的应一律归入品目 62.10。即无论是否经过处理的毡呢和无纺织物,用塑料、橡胶或其他非纺织材料处理的非针织物或非钩编织物制成的服装,如果是婴儿服装就归入品目 62.09,其他服装不论其他品目是否有具体列名,一律归入品目 62.10。

(5)关于成套服装的归类(适用于第六十一章和第六十二章)。

按照第十一类注释十三的规定:不同品目所列的服装即使成套零售包装,仍应分别归入各自相应的品目。但在品目中具体列名的成套服装除外(例如,西服套装、便服套装、睡衣裤、运动服、滑雪服及游泳服)。这里所称的"服装",是指品目 61.01 至品目 61.14 以及品目 62.01 至品目 62.11 所列的服装。

(6) 关于西服套装、便服套装、滑雪连身服、滑雪套装的归类(适用于第六十一章和第六十二章)。

第六十一章章注三和第六十二章章注三对西服套装、便服套装作了严格界定,针织或钩编的这类套装应归入品目 61.03 或品目 61.04,非针织或非钩编的这类套装应归入品目 62.03 或品目 62.04。

第六十一章章注七和第六十二章章注六对滑雪连身服、滑雪套装作了严格界定,针织或钩编的这类套装应归入品目 61.12,非针织或非钩编的这类套装应归入品目 62.11。

(7) 品目 61.14 和品目 61.17 的货品范围。

品目 61.14 主要包括:围裙、连身工作服、工作罩服及技工、工人或外科医生等穿着的其他防护性衣服;教士或牧师的服装;专职人员或学者穿着的袍服;飞行员穿着的特种服装(例如,飞行员电热服);某些运动、舞蹈或体操所需穿着的特种衣着(例如,击剑服、骑师绸服、芭蕾舞裙、舞蹈练功紧身衣)等。

品目 61.17 主要包括:披巾、头巾、围巾、披纱、面纱及类似品;领带及领结;吸汗垫布、垫肩或其他衬垫;不论是否弹性的各式腰带(包括子弹带)及肩带(例如,军队或教会中使用的肩带);手笼;衣袖护套;护膝布,但品目 95.06 体育运动用的除外;非裁切成形的标签、徽章、纹章、军衔符号及类似品;单独报验的雨衣及类似服装的可拆卸衬里;服装的口袋、袖子、领子、领围、褶裥、袖口、各种服饰(例如,玫瑰花结、蝴蝶结、褶裥饰边、褶边及荷叶边);手帕;头带,用于御寒、防止头发散乱等。

(8) 关于服装归类的一些基本知识。

上衣:人体上半身穿着的外套或短上衣,具有与西服外套及短上衣相同的特征,但其面料可由三片或三片以上布料(其中两片为前襟)纵向缝合而成;前部全开襟,无扣或有扣(但拉链除外),长度不超过大腿中部,不适于套在其他外套、上衣之上。不包括带风帽防寒短上衣、防风衣、滑雪短上衣及类似服装。

长裤:是指两条裤腿一般长至或超过脚踝的服装,该服装一般穿至腰部。带有背带的这类服装仍应视为具有长裤的基本特征。

短裤:是指未过膝的裤子。外穿式短裤与内穿类短裤、游泳短裤的归类不同。

连衣裙:是指衣与裙连为一体的服装。通常用于遮盖全身,可从肩部长及膝盖或以下,除内衣外,它们无需再同时穿着其他服装。如果上衣、衬衫、背心、T恤衫、套头衫等的长度超过一定的尺寸(从肩线最高点到裙底的长度为 80—83 厘米),一般皆作为连衣裙归类。当这类服装的上部是由背带和前护胸或前后护胸组成时,只有当它的规格、剪裁及所述护胸位置使其具备了上述特征后,才能作为连衣裙归类,否则作为半身裙归类。

裙子:通常用于遮盖人体下半身的裙式服装,可从腰部长及膝盖或膝盖以下并需与上衣同时穿着。当这类服装有背带时,仍可作为半身裙归类。除背带外,当这类服装在前胸或后背有护胸时,只要护胸的规格、剪裁和位置不足以使该类服装单独穿着的,就仍按裙子归类。

裙裤:具有与裙子相同的特征,但裙裤的两腿分开呈裤状,裤脚展宽,外观似裙。与一般长裤或短裤相比,裙裤的臀围、立档、横档都要适当加大,以保持裙子的外观特征。

衬裙:是穿于长裙内的装饰性内裙,比外裙略短,裙脚和胸部通常采用花边和刺绣等装饰,以衬托外裙。

衬衫:是指穿在内、外上衣之间,也可单独穿着的上衣。从领口处全开襟或半开襟,其腰身以上可缝有口袋,有一衣领。但不包括在腰围以下有口袋的衣服、带有罗纹腰带或以其他方式收紧下摆的衣服。其中男衬衫,必须有长袖或短袖,它不包括无袖服装。男衬衫包括活络领衬衣、礼服衬衣、运动衫及普通衬衣,但不包括长睡衣、T恤衫、汗衫及其他内衣背心。女衬衫,可以有长袖或短袖,也可以无袖,它包括罩衫、衬衣及仿男式衬衫,但不包括工作罩衫及类似的防护服。

睡衣裤:是在睡眠和家居休息时穿用的服装,一般具有结构简单、衣着宽松、穿着舒适的特征,通常无粗大的纽扣和多余的饰品。睡衣裤由两件构成,一件用于人体上半身穿着,一般为全开襟,翻驳领或无领,有长袖或短袖;一件为下半身穿着的裤子,为裁剪简单的长裤或短裤,无门襟或门襟在前,裤腰嵌有松紧带,穿脱方便。睡衣裤一般配套穿着,剪裁、面料、质地、颜色、饰品、尺寸大小相互匹配。

T恤衫:是指针织或钩编的内衣类轻质服装,用棉花或化学纤维织成的非起绒、割绒或毛圈组织织物制成。不论是否带衣兜,有紧身长袖或短袖,套头式服装,无领、无扣、领口无门襟,开口有高有低(圆形、方形、船形或V形领口)。这类服装除花边以外,可以印制、针织或用其他方法加上广告、图画或文字进行装饰,其下摆通常缝边。需要指出的是,品目61.09不包括带有束带、罗纹腰带或其他方式收紧下摆的T恤衫。

背心:是无袖上衣,可穿于外衣之内,也可穿于外面。有套头式、开襟式;有收腰式、直腰式;有无领、立领、翻领等。品目61.09的针织背心是指无袖背带式背心,套头式、未开襟,且不包括带有束带、罗纹腰带或其他方式收紧下摆的背心。对于外穿式针织背心,包括开襟背心、马甲(西服背心),以及带有束带、罗纹腰带或其他方式收紧下摆的背心,应归入品目61.10。对于有胎料的背心,则按防寒服装归类。

运动服:为两件套的运动用服装。这类服装的整个外观及织物特征清楚表明是专门或主要在进行运动时穿着的。其中一件为到腰或稍为过腰的长袖上衣,袖口处以罗纹带或松紧带、拉链或其他方式收紧,下摆一般也以类似方式或束带收紧,如果前身开襟或半开襟,则一般以拉链闭合。这类服装可带或不带风帽、衣领及口袋。另一件为一条紧身或松身的裤子,不论是否开口袋,裤腰以松紧带、束带或其他方式收紧,腰围处不开口,没有纽扣或其他扣紧装置。但裤脚一般长至脚踝,裤脚可以罗纹带或松紧带、拉链或其他方式收紧,带有或不带有脚带。此外,品目61.12中的运动服必须是无衬里的针织服装(有时其内表面是起绒的),但品目62.11中的运动服可以有衬里。

游泳服:包括单件或两件套游泳衣及游泳裤,不论是否有弹性。可以是连身服,也可以是分体式的服装。如果沙滩短裤有衬裤,则应按游泳裤归类。如果无衬裤,则按外穿式短裤归类。

13.13.3 历年报关员资格全国统一考试中的本章归类题

1. 全棉针织婴儿服装(1998年上半年、1998年下半年考题)   6111.2000

归类说明:本题针织服装不属于本章章注列明排除的货品,应归入本章。根据本章章注六(二)的规定,针织婴儿服装的归类具有优先性,应归入品目61.11,再考虑纺织材料为全棉将其归入编码6111.2000。

2. 婴儿全棉针织便服套装(供身高86厘米以下婴儿穿用,男式)(1999年上半年考题)   6111.2000

归类说明:本题针织服装不属于本章章注列明排除的货品,应归入本章。根据本章章注六(二)的规定,针织婴儿服装的归类具有优先性,应归入品目61.11,再考虑纺织材料为全棉将其归入编码6111.2000。

3. 已剪成手套型的针织经编纯棉布(1999年下半年考题)   6116.9200

归类说明:本题针织棉布已具有手套的基本特征,根据归类总规则二(一)的规定,应按针织手套归入本章品目61.16,再考虑纺织材料为棉将其归入编码6116.9200。

4. 单独进口的羊毛针织西服背心(2003年考题)   6110.1100

归类说明:针织服装应归入本章,其中品目61.09和61.10都涉及背心类服装,根据本章章注五的规定,带有束带的服装不归入品目61.09,而本题西服背心是一种外穿的带有束带的背心,再考虑其纺织材料为羊毛而应将其归入编码

6110.1100。

5. 精梳喀什米尔山羊绒制针织女式披巾（2004 年考题）　　　　　6117.1011

归类说明：披巾属于衣着附件，针织披巾应归入本章，在本章有具体列名，归入商品编码 6117.1011。

6. 如下图所示的针织全棉服装（2008 年考题）　　　　　　　　　6105.1000

归类说明：本题货品是针织服装，应归入第十一类第六十一章。从图示可以判断，该服装为短袖男式衬衫，查品目条文，针织男衬衫应归入品目 61.05。考虑到该服装材料为全棉，根据子目条文的规定，本题货品应归入编码6105.1000。需要注意的是，不要将本题货品误按"T 恤衫"或"开襟衫"归入品目 61.09 或 61.10。归入品目 61.09 的"T 恤衫"是指针织或钩编的内衣类轻质服装，这些服装有紧身长袖或短袖，无领、无扣、领口无门襟而且开口有高有低（圆形、方形、船形或 V 形领口）。而且第六十一章章注五指出，品目 61.09 不包括带有束带、罗纹腰带或其他方式收紧下摆的服装。而归入品目 61.10 的"套头衫、开襟衫"，是指针织或钩编的，通常带有束带、罗纹腰带或其他收紧下摆的，供上半身穿着的服装。

7. 如右图所示男式服装，以喀什米尔山羊绒针织而成（2009 年考题）

6110.1200

归类说明：本题货品是针织外穿背心，应归入第六十一章。根据品目条文和子目条文规定，本题货品应归入编码 6110.1200。

13.14 第六十二章 非针织或非钩编的服装及衣着附件

13.14.1 本章结构

本章共 9 条章注、17 个品目,包括用第五十章至第五十六章、第五十八章及第五十九章的任何纺织物(含毡呢及无纺织物,但絮胎除外)制成的男式或女式服装(包括童装)、衣着附件及其零件。除品目 62.12 的物品以外,本章不包括针织或钩编材料制成的服装、衣着附件及零件。本章物品不因带有其他材料(例如,针织物或钩编织物、毛皮、羽毛、皮革、塑料或金属)的零件或附件而影响其归类。

本章 17 个品目的排列顺序大致如下:

1. 外衣类。

   (1) 大衣类。

      ① 男式大衣、斗篷、防风衣等(品目 62.01);

      ② 女式大衣、斗篷、防风衣等(品目 62.02)。

   (2) 套装类。

      ① 男式西服套装、便服套装、上衣、长裤、短裤等(品目 62.03);

      ② 女式西服套装、便服套装、上衣、长裤、短裤、连衣裙、裙子、裙裤等(品目 62.04)。

   (3) 衬衫类。

      ① 男衬衫(品目 62.05);

      ② 女衬衫(品目 62.06)。

2. 内衣类。

   (1) 男式背心及其他内衣、内裤、睡衣、浴衣等(品目 62.07)。

   (2) 女式背心及其他内衣、衬裙、内裤、睡衣、浴衣等(品目 62.08)。

3. 其他服装及衣着附件。

   (1) 婴儿服装及衣着附件(品目 62.09)。

   (2) 用品目 56.02、品目 56.03、品目 59.03、品目 59.06 或品目 59.07 的织物制成的服装(品目 62.10)。

   (3) 运动服、滑雪服及游泳服;其他服装(品目 61.11)。

（4）胸罩、吊裤带、吊袜带等，不论是否针织或钩编的（品目 62.12）。

（5）手帕（品目 62.13）。

（6）披巾、围巾、面纱类（品目 62.14）。

（7）领带及领结（品目 62.15）。

（8）手套类（品目 62.16）。

（9）其他衣着附件及零件（品目 62.17）。

13.14.2　本章归类要点

第六十一章的许多解释稍加改动后也适用于第六十二章。

根据本章章注七的规定：对于非针织或非钩编的正方形或近似正方形的围巾及围巾式样的物品，如果每边均不超过 60 厘米，应作为手帕归类（品目 62.13）。任何一边超过 60 厘米的手帕，应归入品目 62.14。

13.14.3　历年报关员资格全国统一考试中的本章归类题

1. 一盒主要供滑雪时穿着的零售套装，内装有一件带风帽、由拉链扣合的羊毛制厚夹克（非针织物）和一条羊毛机制长裤（非针织物）（1998 年上半年考题）　　　　　　　　　　　　　　　　　　　　　　　　6211.2090

归类说明：非针织服装应归入本章。根据本章章注六（二）的规定，本题商品符合滑雪套装的定义范围，应归入品目 62.11，再考虑纺织材料为羊毛将其归入编码 6211.2090。

2. 纯棉妇女用针织紧身胸衣（2000 年考题）　　　　　　6212.9090

归类说明：针织服装应归入第六十一章，但根据第六十一章章注二（一）的规定，不论是否针织的紧身胸衣都应归入品目 62.12。再考虑纺织材料为全棉将其归入编码 6212.9090。

3. 染色平纹机织物制女衬衫（布料按重量计含亚麻 50％，含涤纶短纤 50％）（2000 年考题）　　　　　　　　　　　　　　　　　6206.9000

归类说明：机织物制女衬衫是非针织服装，应归入本章具体列名的品目 62.06。又由于亚麻和涤纶化纤重量相同，根据第十一类子目注释二和第十一类类注二的规定，应将本题归入编码 6206.9000。

4. 印花机织物制正方形围巾(边长 60 厘米,按重量计算,含棉花 50%、含涤纶短纤维 50%)(2001 年考题) 6213.9090

归类说明:机织物制围巾是非针织衣着附件,似乎应归入本章具体列名品目 62.14。但根据本章章注七的规定,任何一边不超过 60 厘米的围巾应按手帕归入品目 62.13。又由于棉花和涤纶化纤含量相同,根据第十一类子目注释二和第十一类类注二的规定,应将本题归入编码 6213.9090。

5. 针织束腰胸衣,材质按重量计棉占 90%,莱卡(氨纶)占 10%(2003 年考题) 6212.3090

归类说明:针织服装应归入第六十一章,但根据第六十一章章注二(一)的规定,不论是否针织的束腰胸衣都应归入品目 62.12。再考虑纺织材料,根据第十一类子目注释二和第十一类类注二的规定,应将本题归入编码 6212.3090。

6. 女式雨衣,由涤纶机织物表面(单面)涂布高分子树脂的面料(涂层可明显看出)制成(2004 年考题) 6210.3000

归类说明:机织物制雨衣是非针织服装,应归入本章。本题商品看上去可归入品目 62.02,但本题布料是涂布高分子树脂的化纤织物,根据本章章注五的规定,这种服装除婴儿服装外都应归入品目 62.10,再考虑其服装种类为女式雨衣,应将本题归入编码 6210.3000。

7. 女式棉(含 8%氨纶)牛仔短裤,机织(2006 年考题) 6204.6200

归类说明:机织短裤作为非针织或非钩编的服装,应归入本章。查品目条文,女式短裤应归入品目 62.04。再根据第十一类子目注释二和第十一类类注二的规定,根据子目条文的规定,本题应按棉制短裤归入编码 6204.6200。

8. 男式蓝色一次性浴衣(涤纶无纺布制)(2007 年考题) 6210.1030

归类说明:浴衣是一种非针织或非钩编的服装制品,应归入本章。根据本章章注五的规定,用品目 56.03 的无纺织物制成的服装,除婴儿服装及衣着附件外,应优先归入品目 62.10。本题货品即符合此项规定,因此应归入品目 62.10。再根据子目条文的规定,应将其归入编码 6210.1030。

9. 如右图所示的婚纱,由涤纶机织而成(2010 年考题) 6204.4300

归类说明:婚纱是一种连衣裙,本题货品由涤纶(合成纤维)机织而成,应归入第六十二章。根据品目条文和子目条文规定,本题货品应归入编码

6204.4300。

　　10. 男式全棉灯芯绒(机织)休闲西服上装(2011 年考题)　　　　6203.3200

　　归类说明:本题货品属于机织棉上衣,应归入第六十二章。根据品目条文和子目条文规定,本题货品应归入编码 6203.3200。

　　11. 如左图所示的服装,男式、涤纶面料、尼龙里料、羽绒胎料,用于滑雪(2012 年考题)　　　　6201.9310

　　归类说明:本题货品是一种带风帽的滑雪羽绒短上衣,不属于第 62 章章注六所称的滑雪服,根据归类总规则一和六,按税目条文的规定,应按滑雪短上衣归入编码 6201.9310。

　　12. 男式机织夹克衫,面料由 70%棉、30%涤纶混纺而成,夹里由 100%涤纶制成,衬料由 70%涤纶、30%粘胶纤维制成(2013 年考题)　　　　6211.3290

　　归类说明:本题货品是一种纺织材料制的机织服装,夹克衫看上去应按上衣归类,但根据《进出口税则商品及品目注释》关于上衣的解释,上衣是指"前部全开襟,无扣或有扣(拉链除外),长度不超过大腿中部,不适于套在其他外套、上衣之上"的服装,而本题货品使用的是拉链开襟,因此应按其他服装归类。根据第十一类类注二和子目注释二的规定,本题货品应归入 6211.3290。

13.15　第六十三章　其他纺织制成品;成套物品;旧衣着及旧纺织品;碎织物

13.15.1　本章的结构

　　本章共 3 条章注、3 个分章、10 个品目。

　　第一分章(品目 63.01 至品目 63.07)包括用任何纺织物(机织物或针织物、毡呢、无纺织物等)制成而且在第十一类其他章或《协调制度》其他章未具体列名的纺织品。这里所称"制成的纺织品",是指符合第十一类注释七定义的制成的物品。本分章包括网眼薄纱或其他网眼织物、花边或刺绣品制成的物品,不论其是直接制成形的或是用品目 58.04 或品目 58.10 的网眼薄纱或其他网眼织物、花边织物或刺绣织物制成的。

本分章的物品不因带有毛皮、金属（包括贵金属）、皮革、塑料等制的小饰件或附件而影响其归类。

本分章主要不包括：品目 56.01 的絮胎制品；品目 56.03 的简单裁切成正方形或长方形的无纺织物（例如，一次性使用的床单）；品目 56.08 的渔网及其他网；品目 58.04 或品目 58.10 的成小块图案的花边或刺绣品；品目 56.09 的制品；第五十七章的铺地制品；品目 58.05 的装饰毯；第五十九章的工业用纺织制品；第六十一章或第六十二章的服装及衣着附件。

第二分章（品目 63.08）包括由机织物及纱线构成的某些零售包装成套货品，不论是否带配件，用于缝绣在小地毯、装饰毯、绣花台布、餐巾或类似纺织品上；这些货品是供手工针绣、制毯等用的。

第三分章（品目 63.09 至品目 63.10）包括符合本章注释三定义的旧衣着及其他旧物品，以及新、旧碎织物及废绳等。归入品目 63.09 的旧衣着及其他旧物品必须明显看得出穿用过，且必须以散装、捆装、袋装或类似的大包装形式报验的纺织材料制的衣着和衣着附件及其零件；毯子及旅行毯；床上、餐桌、盥洗及厨房用的织物制品；装饰用织物制品（但品目 57.01 至品目 57.05 的地毯及品目 58.05 的装饰毯除外），以及用石棉以外其他任何材料制成的旧鞋帽类货品。

13.15.2　本章归类要点

（1）关于床上用织物制品的归类：毯子及旅行毯（品目 63.01）；床单、毛巾被、枕套、被套、床垫罩等（品目 63.02）；床罩、蚊帐（品目 63.04）；有填充物的被子、枕头、床垫（品目 94.04）。

（2）品目 63.07 主要包括的货品范围：

擦地布、擦碗布、抹布及类似擦拭用布（不论是否浸有清洁剂，但品目 34.01 或品目 34.05 的物品除外）；救生衣及安全带；服装裁剪样；旗帜（含三角旗及横幅），包括娱乐、节日庆典及其他方面用的旗布；家用洗衣袋、鞋囊、袜袋、手帕袋、拖鞋袋、睡衣裤套及类似物品；服装袋（轻便衣橱），但品目 42.02 所列的物品除外；汽车、机器、手提箱、网球拍等用的罩套；扁平防护罩（品目 63.06 的油苦布及铺地布除外）；织物制的咖啡过滤袋、冰袋等；擦鞋垫（品目 34.05 的物品除外）；充气软垫（品目 63.06 的野营用品除外）；茶壶保暖罩；针垫；便携式婴儿床、轻便摇篮及类似的携带幼儿用品；雨伞或阳伞的罩套；用织物做扇面，任何材料做骨架制成的扇子及手携式面罩，以及单独报验的织物蒙面（但以贵金属为骨架制成的扇子及手携式面罩应归入品目 71. 13）；雨伞、阳伞、手杖等的饰件；系于剑柄的带结及类似品；外科医生在手术时所戴的织物面罩；由多层无纺织物构成但不可更换过滤层的防尘、隔味口罩；关节（例如膝、踝、肘或腕）或肌肉（例如大腿肌肉）承托物品等。

13.15.3　历年报关员资格全国统一考试中的本章归类题

1. 机织印花纯棉浴巾（毛巾组织织造）（1998 年下半年考题）　　　6302. 6010

归类说明：浴巾属于盥洗织物制品，应归入本章第一分章。由于是纯棉毛巾织物，所以按具体列名方法应将其归入编码 6302. 6010。

2. 手工钩编的涤纶餐台布（2006 年考题）　　　6302. 4010

归类说明：涤纶餐台布作为餐桌用纺织制品应归入本章品目 63. 02。考虑到其加工方式（手工钩编的）、用途（餐桌用），根据子目条文的规定，应将本题货品归入编码 6302. 4010。

3. 快速吸水浴巾，由一种新型超细纤维（70％涤纶和 30％锦纶）织成的毛巾布制成（2007 年考题）　　　6302. 9300

归类说明：浴巾属于盥洗织物制品，应归入本章品目 63. 02。再考虑到其纺织材料（化学纤维制的）、织物类型（毛巾织物制品）和用途（盥洗用），根据子目条文的规定，应将本题货品归入编码 6302. 9300。

4. 如图所示的手机挂绳，编带部分以涤纶纱线用编带机织成（2008 年考题）

　　　6307. 9000

归类说明：由于本题货品主要成分是用涤纶纱线织成的编带，所以应按纺织品归类到第十一类。根据第十一类类注七、八的规定，并从图示可以判断，本题货品是一种纺织制成品。对于制成品，除条文另有规定以外，通常归入第六十一章至第六十三章，而不归入第五十章至第六十章，所以不能按半成品的"绳"归入品目 56. 07，也不能按"成匹的编带"归入品目 58. 08。由于第六十章及之前的章

中品目条文没有提及本题货品的归类,而第六十一章和第六十二章是服装及衣着附件,本题纺织制成品不属于这两章的货品范围,所以应考虑归入第六十三章。查品目条文,应将其归入品目 63.07。再根据子目条文的规定,本题货品应归入编码 6307.9000。

5. 针织印花棉制床单(2009 年考题)　　　　　　　　　　　　　6302.1010

归类说明:本题货品属于床上用织物制品,应归入第六十三章。考虑其加工工艺(针织、印花)和所用原料(棉),根据品目条文和子目条文内容,本题货品应归入编码 6302.1010。

6. 如图所示的睡眠用眼罩。其外表面为黑色尼龙针织面料,内表面为蓝色棉制无纺布,内衬为丁苯橡胶海绵,用于旅行或者日常休息时避免光线照射(2010 年考题)

6307.9000

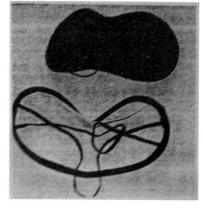

归类说明:尽管本题货品由纺织材料和橡胶材料复合制成,但橡胶仅起衬垫的作用,纺织物起到了主要作用,所以应按纺织品归入第十一类。根据第十一类类注七的规定,本题货品属于纺织制品,应归入第六十三章。根据品目条文和子目条文规定,本题货品应归入编码 6307.9000。

7. 汽车座椅套,材质:全棉灯芯绒(2013 年考题)　　　　　　　6304.1929

归类说明:本题货品是一种棉制装饰用织物制品,根据归类总规则一和六,按税目条文,应归入编码 6304.1929。

习题 13

将以下货品归入我国进出口商品八位数编码中:

(1) 毛涤机织物,精梳羊毛含量为 80%,涤纶为 20%,每平米重量为 150 克,幅宽 110 厘米

(2) 按重量计含有 35% 的精梳羊毛,33% 的腈纶长丝,32% 的醋酸纤维短纤的漂白机织物

(3) 由棉(40%)、亚麻(30%)、苎麻(15%)、大麻(15%)混纺的印花平纹机织物,幅宽 110 厘米

(4) 毛涤粘混纺机织印花布(羊毛 40%,涤纶短纤 30%,粘胶短纤 30%),幅宽 110 厘米

(5) 毛涤粘混纺机织印花布,含羊毛 40%,涤纶长丝 35%,粘胶纤维长丝 25%,180 克/平方米,幅宽 110 厘米

(6) 毛涤粘混纺机织印花布,含羊毛 40%,涤纶长丝 25%,粘胶纤维长丝 35%,180 克/平方米,幅宽 110 厘米

(7) 羊毛与涤纶混纺纱线,含粗梳羊毛 80%,非供零售用,非缝纫线

(8) 棉(85%)与亚麻(15%)混纺精梳二股线,每根单纱细度为 15 000 分特,非缝纫用,非零售

(9) 绕在纱管上,总重 125 克,上过浆,单纱为 S 捻,二股线为 Z 捻的棉涤线(棉 55%,涤纶短纤 45%)

(10) 棉(55%)与亚麻(45%)混纺精梳二股线,每根单纱细度为 200 分特,绕于线轴,总重量为 100 克,非缝纫用

(11) 细度为 30 000 分特的棉绳

(12) 由棉纱线与贱金属纱线混合制得的纺织用纱线

(13) 经漂白棉制毛巾织物,幅宽 50 厘米

(14) 经漂白棉制毛巾织物,幅宽 30 厘米,织有布边

(15) 棉制洗脸用印花毛巾

(16) 裁切成长方形的锦纶短纤无纺织物制单人床单(周边未作任何加工),70 克/平方米

(17) 蓝色涤纶针织布(纬编针织物,幅宽 110 厘米,弹性纱线含量为 5%)

(18) 用涤纶短纤制的无纺布(用尼龙粒涂布),30 克/平方米

(19) 用橡胶浸渍的毡呢(涤纶占 40%、粘纤占 60%)

(20) 用橡胶涂布的成匹针织布,1 000 克/平方米

(21) 粘纤高强力纱制的帘子布

(22) 人发制机器用滤布

(23) 棉制擦桌布

(24) 涤纶制柴油发动机专用传动带

(25) 用聚氯乙烯涂布的针织涤纶布制成的婴儿外衣

(26) 由棉絮胎制成的婴儿尿布

(27) 针织棉制的婴儿尿布

(28) 普通机织棉布制的婴儿尿布

(29) 由纤维素絮纸制成的婴儿尿布

（30）针织束腰带，材质按重量计棉占 80％，涤纶占 20％

（31）棉涤布针织女式西装短裤，棉、涤纶各占 50％

（32）棉制机织牛仔裤（不分男女式）

（33）腈纶制针织围裙

（34）尼龙针织女式游泳衣

（35）女式钩编羊毛普通长统袜，每根单丝细度为 50 分特

（36）女式塑料雨衣

（37）面料按重量计含涤纶 35％、棉 65％的针织圆领男式 T 恤衫

（38）针织领带（涤纶制）

（39）羊皮革制男式长风衣

（40）用聚氯乙烯涂布的针织涤纶布制成的男式防风衣

（41）毛涤粘机织男衬衫，其中羊毛占 45％、涤纶占 30％、粘纤占 35％

（42）一盒零售便服套装，内装一件女式针织棉制上衣，一条针织棉制裙子，一条针织棉制裤子，其质地、颜色相同，款式及尺寸相匹配

（43）边长为 50 厘米×50 厘米的丝巾（机织，经折边，非刺绣）

（44）边长为 60 厘米×30 厘米的丝巾（机织，经折边，非刺绣）

（45）腈纶占 55％、棉占 45％的针织男式浴衣

（46）棉毛涤混纺材料制的旅行毯，棉占 30％、羊毛占 40％、涤纶占 30％

（47）男式机织羽绒大衣（面料为涤纶，里料为尼龙）

（48）针织的吊裤带（化纤制）

（49）针织的束发带（化纤制）

（50）棉制机织印花床单

（51）合成纤维针织物作面料的救生衣

（52）棉制蓝白格子色织机织布床单

（53）棉涤针织印花床单（棉占 40％、涤纶占 60％）

（54）棉、羊毛各占 50％的普通机织色织毛巾被

（55）涤纶丝制机织蚊帐

（56）毛皮制床罩

（57）双人用电热毯

（58）羽绒填充的涤纶制睡袋

（59）尼龙绸制的折叠伞套（单独报验）

（60）用丙纶线制成的渔网

14

第十二类 鞋、帽、伞、杖、鞭及其零件；已加工的羽毛及其制品；人造花；人发制品

14.1 本类概况

本类从第六十四章至第六十七章，共 4 章，是按鞋、帽、已加工的羽毛及其制品、人造花、人发制品的顺序排列章次的。本类的多数商品是按用途列名的，既包括鞋、帽、伞、杖、鞭及其零件、人造花等所用材料多样化的货品，也包括已加工的羽毛及其制品、人发制品等对所用材料严格限定的货品。

本类无类注。

14.2 第六十四章 鞋靴、护腿和类似品及其零件

14.2.1 本章结构

本章共 4 条章注、1 条子目注释、6 个品目，基本上是按鞋靴所用材料，以及先鞋靴后零件的顺序排列品目的。

除某些货品以外，本章包括品目 64.01 至品目 64.05 所列的各种类型的鞋靴（包括套鞋），不论其形状及尺寸如何或其式样是否适于专门用途，也不论其制造方法如何和用何种材料制成。但是本章所称的"鞋靴"，不包括用易损材料（纸、塑料薄膜等）制成的无外缝鞋底的一次性鞋靴罩或套。这些产品应按其构成材料归类。

此外本章不包括的货品还有：纺织材料制的鞋靴，没有用粘、缝或其他方法

将外底固定或安装在鞋面上的(第十一类);品目 63.09 的旧鞋靴;石棉制品(品目 68.12);矫形鞋靴或其他矫形器具及其零件(品目 90.21);玩具鞋及装有冰刀或轮子的滑冰鞋;护胫或类似的运动防护服装(第九十五章)等。

14.2.2 本章归类要点

(1) 本章鞋靴的范围。

鞋靴的范围,从鞋面仅由数条长短可调的条、带构成的凉鞋到长靴(鞋面盖过小腿及大腿,并可带有搭扣带等以便将靴统扣于腰间,防止滑下)不等。

本章鞋靴主要包括:供日常室内或室外穿着的平跟鞋或高跟鞋;短统靴、中统靴、高统靴及长靴;各种类型的凉鞋、布面便鞋(帆布做面,植物编结材料做底的鞋)、网球鞋、旅游鞋、洗浴用拖鞋及其他便鞋;带有或可装鞋底钉、止滑柱、夹钳、马蹄掌或类似品的体育专用运动鞋靴、滑冰靴、滑雪靴及越野滑雪用鞋靴、滑雪板靴、角力靴、拳击靴及赛车靴,但装有冰刀或轮子的滑冰鞋不归入本品目(品目 95.06);舞蹈鞋;居室用鞋靴(例如,卧室用拖鞋);整件成形的鞋靴,特别是用橡胶或塑料模注而成或用一块木头雕刻而成的鞋靴;其他专门用于防油、防脂、防化学品或保暖的鞋靴;套穿在其他鞋靴之上的套鞋,某些鞋靴是无跟的;带有外绱鞋底的一次性鞋靴,一般仅适于一次性使用等。

(2) 关于鞋靴的鞋面和外底的判断规则。

本章包括的鞋靴可用除石棉以外的任何材料制成(橡胶、皮革、塑料、木材、软木,包括毡呢及无纺织物在内的纺织品、毛皮、编织材料等),还可带有任何比例的第七十一章所列材料。

但在本章范围内,鞋靴要按构成其外底及鞋面的材料分别归入品目 64.01 至品目 64.05。

根据本章章注四和章注三的规定:这里所称的"外底",是指鞋靴穿着时与地面接触的部分(附加后跟除外)。归类时应以与地面接触最广的那种外底材料为准。在确定外底的材料时,不考虑部分鞋靴底部所附的配件或加固件,例如,防滑钉、马蹄掌、鞋钉、护掌或类似附属件。至于整件成形的无外绱鞋底的鞋靴(例如,木鞋),其外底可不分开,这种鞋靴应考虑按其鞋底表面的材料归类。

本章鞋靴归类时必须考虑鞋面的构成材料。鞋面是鞋(靴)底部之上的部分。如果鞋面由两种及两种以上材料构成的,应按占表面面积最大的那种材料归类。计算面积时可不考虑附件及加固件,例如,护踝、防护性或装饰性的条或边、其他饰物(例如,穗缨、绒球或编带)、扣子、拉襻、鞋眼、鞋带或拉链。任何作衬里的材料对归类没有影响。

本章所称的"纺织材料制",包括第五十章至第六十章的纤维、纱线、织物、毡呢、无纺织物、线、绳、索、缆等。

本章所称的"橡胶"及"塑料",包括能用肉眼辨出其外表有一层橡胶或塑料的机织物或其他纺织产品,但橡胶或塑料仅引起颜色变化的不计在内;

本章所称的"皮革",是指品目41.07及品目41.12至品目41.14的货品。

(3) 关于鞋靴零件的归类。

品目64.06所称"鞋靴零件",可以用除石棉以外的任何材料制成。它们包括:鞋面零件(鞋头面、鞋头、后帮、靴统、衬里及木屐带),包括切割成鞋面大致形状的制鞋用皮革料件;硬衬;内底、中底及外底;各种类型的木、橡胶等制的鞋跟,包括粘上、钉上及旋上式的;用于运动鞋靴的饰钉等。

但根据本章章注二的规定:该品目不包括鞋钉、护鞋铁掌、鞋眼、鞋钩、鞋扣、饰物、编带、鞋带、绒球或其他装饰带(应分别归入相应品目)及品目96.06的纽扣或其他货品。

14.2.3　历年报关员资格全国统一考试中的本章归类题

1. 如图所示的女鞋,松糕底,鞋底材料为橡胶,鞋面白色部分是人造革,浅蓝色部分是纺织物(2013年考题)　　　　　　　　　　　6404.1900

归类说明:本题货品属于第64章的鞋子,根据归类总规则一和六,按税目条文,应归入编码6404.1900。

14.3　第六十五章　帽类及其零件

14.3.1　本章结构

本章共2条章注、6个品目,其中原品目65.03已被删除。本章基本上是按加工程度先半成品再制成品、先帽子后配件的顺序排列品目的。

　　本章主要包括帽型、帽坯、帽身及帽兜,以及各种各样的帽子,不论其用何种材料制成(石棉的除外)及用途如何(日用、戏剧用、化妆用、防护用等)。本章还包括任何材料制成的发网及某些帽类专用的配件。归入本章的帽类可带有各种材料(包括第七十一章所列材料)制成的各式各样的装饰物。

14.3.2　本章归类要点

　　本章不包括的主要货品有:动物用的帽类(品目 42.01);披巾、围巾、薄头罩、面纱及类似品(品目 61.17 或品目 62.14);明显穿戴过的帽类,报验时呈散装、大包装、大袋装或类似包装的(品目 63.09);假发及类似品(品目 67.04);石棉制的帽类(品目 68.12);玩偶帽、其他玩具帽及狂欢节用品(第九十五章);未装于帽上的各种帽子装饰物(扣子、别针、徽章、羽毛、人造花等)(归入适当的品目)。

14.3.3　历年报关员资格全国统一考试中的本章归类题

　　1. 用塑料(丙烯聚合物)扁条(宽度为 6 毫米)编结的缠条缝合成的遮阳帽(2002 年考题)　　　　　　　　　　　　　　　　　　　　　6504.0000

　　归类说明:本题商品是塑料编结品,看上去似乎应归入第四十六章。但根据第四十六章章注二(三)的规定,帽类应归入本章。根据具体列名方法将编结帽归入本章编码 6504.0000。

14.4　第六十六章　雨伞、阳伞、手杖、鞭子、马鞭及其零件

14.4.1　本章结构

　　本章共 2 条章注、3 个品目。基本是按伞具,手杖、鞭子,零件的顺序排列

品目的。

本章主要包括各种雨伞、阳伞(如仪仗用伞、伞式帐篷、手杖伞,露天餐馆、市场庭园用伞及类似伞),手杖、带座手杖、鞭子、马鞭及类似品,以及它们的零件和装饰品。但本章不包括丈量用杖及类似品(品目90.17);火器手杖、刀剑手杖、灌铅手杖及类似品(第九十三章);第九十五章的玩具雨伞、玩具阳伞等货品。

14.4.2   本章归类要点

(1) 品目 66.01 的货品范围。

包括各种雨伞、阳伞(如仪仗用伞、伞式帐篷、手杖伞,露天餐馆、市场、庭园用伞及类似伞),不论其各部分(包括配件及装饰物)用何种材料制成,例如伞面可用任何纺织物、塑料、纸等制成,还可刺绣,饰以花边等其他装饰物。但不包括明显专门用作玩具或用于狂欢节的伞(第九十五章)。

(2) 品目 66.02 的货品范围。

包括不论其用何种材料制成的手杖、棍、鞭子(包括铅条鞭)、马鞭及类似品。除普通的手杖以外,还包括带座手杖(其手柄张开后能形成一座位)、专供伤残病人使用的拐杖、牧羊人用的弯柄杖。

(3) 品目 66.03 的货品范围。

包括明显为品目 66.01 或品目 66.02 所列物品的零件、配件及附件,例如用于雨伞、阳伞、手杖、鞭子等的把柄;骨架,包括装在伞杆上的骨架、伞骨及撑杆;雨伞或阳伞的杆(杖),不论是否有把柄;鞭子或马鞭的握把;伞杆滑动件、伞骨头、开杯及梢杯、金属包头、弹簧、项圈、可调整伞面与伞杆角度的装置、大钉、带座手杖的地面板及类似品等。但该品目不包括纺织材料制的零件、附件及装饰品,以及任何材料制的罩套、穗缨、鞭梢、伞套及类似品,它们即使与雨伞、阳伞、手杖等一同报验,只要未装在一起,就应分别归类。

14.4.3   历年报关员资格全国统一考试中的本章归类题

(历年考试中还未出现过本章试题。)

14.5 第六十七章 已加工羽毛、羽绒及其制品;人造花;人发制品

14.5.1 本章结构

本章共 3 条章注、4 个品目,基本是按照材料类别和加工深度列目的。

本章主要包括已加工羽毛、羽绒及其制品;人造花、叶、果及其零件;用人造花、叶或果实制成的物品;经进一步加工的人发;作假发用的羊毛、其他动物毛或其他纺织材料;羊毛、动物毛或纺织材料制的假发及类似制品;其他人发制品等。

14.5.2 本章归类要点

本章不包括的主要货品有:人发制滤布(品目 59.11);花边、刺绣品或其他纺织物制成的花卉图案(第十一类);羽毛掸帚、粉扑及人发制的筛子(第九十六章)等。本章章注一、二、三对于不归入本章、不归入品目 67.01 和品目 67.02 的货品作出了规定。

14.5.3 历年报关员资格全国统一考试中的本章归类题

(历年考试中还未出现过本章试题。)

习题 14

将以下货品归入我国进出口商品八位数编码中:

(1) 千层底布鞋,手工制作

(2) 牛皮鞋

(3) 涤纶布制的矫形鞋靴

(4) 装有冰刀的溜冰靴

（5）橡胶制凉鞋

（6）用塑料（丙烯聚合物）扁条（宽度为 6 毫米）编结的缏条缝合成的遮阳帽

（7）石棉制安全帽

（8）棉布制旧军帽

（9）军用钢盔

（10）油纸蒙顶木柄雨伞

（11）皮鞭

（12）羊毛制的假胡须

（13）纸制白玫瑰花

（14）人发制的发网

（15）羽毛掸

15

第十三类　石料、石膏、水泥、石棉、云母及类似材料的制品；陶瓷产品；玻璃及其制品

15.1　本类概况

本类从第六十八章至第七十章，共 3 章。基本是按照货品成型方式的不同分列章次的，其中第六十八章主要包括通过成型、模制等加工改变了原料的形状，但没有改变原料性质的产品和制成品；第六十九章主要包括泥土预制成型后经过烧制而成的陶瓷产品；第七十章则主要包括玻璃原料完全熔融再成型的玻璃及其制品。

本类无类注。

15.2　第六十八章　石料、石膏、水泥、石棉、云母及类似材料的制品

15.2.1　本章结构

本章共 2 条章注、15 个品目，基本上是按照加工程度由低至高的顺序排列品目的。

本章主要包括加工程度超出第二十五章注释一所列范围的该章各种产品，即货品已经不是原产状态并且加工程度超过了洗涤、破碎、磨碎、研粉、淘洗、筛分以及用浮选、磁选和其他机械物理方法精选过的货品；第二十五章注释二（五）所列该章不包括的产品，例如长方砌石、路缘石、镶嵌石等；用第五类的矿物原料

制成的某些货品,例如水泥管子、石棉纱线等;用第二十八章的某些材料制成的货品(如人造研磨料)。

这些产品和制成品大都是通过成形、模制等加工改变了原来形状,但没有改变其原料的性质。有些货品是通过黏聚加工制得的(如沥青制品或砂轮等某些物品);其他一些货品则是在高压釜内硬化而成的(如灰砂砖)。

15.2.2　本章归类要点

(1) 本章不包括的主要货品。

根据本章章注一的规定,主要不包括的货品有:第二十五章的货品;品目48.10或品目48.11的经涂布、浸渍或覆盖的纸及纸板(如用云母粉或石墨涂布的纸及纸板、沥青纸及纸板);第五十六章或第五十九章的经涂布、浸渍或包覆的纺织物(如用云母粉、沥青涂布或包覆的织物);第七十一章的钻石、其他宝石、半宝石(天然、合成或再造)及其制品和所有其他物品;品目84.42的印刷用石板;品目85.46或品目85.47的绝缘子和绝缘零件;牙科用磨锉(品目90.18);经加工或制成物品形状的第九十六章注释二(二)所列的矿物雕刻材料(品目96.02);品目96.06的纽扣等物品;品目96.09的石笔;品目96.10的绘画石板;第九十七章的雕塑品原件和收藏家的收藏品和古物等。

(2) 关于已加工的碑石或建筑用石的归类。

根据本章章注二的规定,品目68.02所称"已加工的碑石或建筑用石",其加工程度超出了第二十五章所列正常采石场产品的范围。该品目经加工的碑石或建筑用石制品通常是用品目25.15或品目25.16的石料制成的,但也可用除板岩以外的其他任何天然石料(如石英岩、白云石、燧石、冻石)制成。

(3) 关于沥青类物质的归类。

硬脂沥青、甘油沥青(品目15.22);煤焦油沥青、沥青焦(品目27.08);石油沥青(品目27.13);天然沥青(地沥青)、乳化沥青、沥青岩(品目27.14);沥青胶黏剂、稀释沥青(品目27.15);植物沥青、啤酒桶沥青(品目38.07);沥青或类似原料(如矿物沥青)制品(品目68.07);以矿物沥青为基本成分的沥青混合物(品目27.15);以植物沥青为基本成分的制品(品目38.07);沥青碎石(品目25.17)。

15.2.3 历年报关员资格全国统一考试中的本章归类题

1. 每边长 20 厘米、厚度为 1 厘米、一面经平面磨光的正方形大理石块
（1998 年上半年考题）　　　　　　　　　　　　　　　　6802.9190

归类说明:本题大理石经过平面磨光加工处理,其加工程度已超出第二十五章章注一规定的范围,应归入本章,根据其加工形状应归入编码 6802.9190。

2. 成卷的沥青(1998 年下半年考题)　　　　　　　　　6807.1000

归类说明:成卷的沥青是以沥青为原料的制品,应归入本章有具体列名的商品编码 6807.1000。

3. 青石棉制安全帽(帽内衬有纯棉机织物制衬里)(2000 年考题)　6812.8000

归类说明:本题商品作为帽类货品似乎应归入第六十五章,但根据第六十五章章注一(二)的规定,青石棉制帽类应归入本章编码 6812.8000。

4. 人造石墨制的轴承(2002 年考题)　　　　　　　　　6815.1000

归类说明:轴承似乎应归入品目 84.82,但根据第八十四章章注一(一)的规定,人造石墨制的轴承不应归入该章,而应归入本章编码 6815.1000。

5. 大理石板材,规格:200 厘米×200 厘米,表面、底面切割平整,并且表面经过磨平、抛光处理,用于建筑装修(2011 年考题)　　　　6802.9190

归类说明:本题货品是建筑装修用石材,经过切凿平整并经过磨平、抛光处理,其加工程度已超出第二十五章章注一的范围,应归入第六十八章。根据品目条文和子目条文规定,本题货品应归入编码 6802.9190。

15.3 第六十九章　陶瓷产品

15.3.1 本章结构

本章共 2 条章注、分为 2 个分章、14 个品目。主要根据组成成分和所采用的烧制工序及用途分成两个分章,第一分章是硅化石粉或类似硅土及耐火材料制品,第二分章是其他普通陶器、石器、瓷器等。

成形后加以烧制是本章货品的主要特征,可据此与第六十八章的不加烧制

的矿物制品或石制品以及第七十章的玻璃原料完全熔化制成的玻璃制品加以区别。

本章的陶瓷产品通常采用下列两种方法制得,一是将一般在室温下预先调制成形的无机非金属材料进行烧制。制造过程包括调制陶瓷坯泥、成形、对成形物品进行干燥处理、烧制以及后加工等几个主要阶段。所用原料主要包括黏土、含硅材料、高熔点的材料(如氧化物、碳化物、氮化物、石墨或其他碳)及一些如耐火黏土或磷酸盐的黏合剂。二是将岩石(如块滑石)成形后进行烧制。

15.3.2 本章归类要点

(1) 根据本章章注一的规定,归入第二分章(品目 69.04 至品目 69.14)的货品必须是不能归入第一分章品目 69.01 至品目 69.03 的产品。

(2) 根据本章章注二的规定,本章不包括的货品主要有:破碎陶瓷(品目 25.30);品目 28.44 的放射性产品;石墨、其他碳精、金属石墨或其他品种的石墨制成的块、板、条及类似半成品,用于切成电刷等(品目 38.01);品目 68.04 的研磨石料;玻璃陶瓷产品(第七十章);第七十一章的仿首饰;品目 81.13 的金属陶瓷;未装配的工具用金属陶瓷板、杆、刀头及类似品(品目 82.09)和第八十二章的其他物品;绝缘子(品目 85.46)或绝缘材料制的零件(品目 85.47);假牙(品目 90.21);品目 96.06 的纽扣等物品;品目 96.14 的物品(如烟斗等)。

15.3.3 历年报关员资格全国统一考试中的本章归类题

1. 用于腐蚀性流体的瓷制龙头(莫氏硬度 9 以下的瓷制成)(2001 年考题)

6909.1100

归类说明:瓷制龙头是一种陶瓷制品,应归入本章。由于本题商品专用于腐蚀性流体,是专门技术用途的陶瓷器,应归入编码 6909.1100。

2. 上过釉的瓷砖,用于厨房、卫生间的墙面装饰,规格为 15 厘米×15 厘米(2004 年考题)

6908.9000

归类说明:瓷砖是一种建筑用陶瓷制品,应归入本章。按税目条文规定将其归入编码 6908.9000。

3．陶制汤碗（2010 年考题）　　　　　　　　　　　　　　　　6912.0010

归类说明：本题货品是陶制餐具，应归入第六十九章。根据品目条文和子目条文规定，本题货品应归入编码 6912.0010。

15.4　第七十章　玻璃及其制品

15.4.1　本章结构

本章共 5 条章注、1 条子目注释、19 个品目，其中原品目 70.12 已被删除。本章基本上是按照加工程度由低至高的顺序，同时考虑了制造方法、材质类别及用途的不同排列品目的，主要包括各种形状的玻璃及玻璃制品。

玻璃（熔融石英和其他熔融硅石除外）是以不同比例的某种碱金属硅酸盐（硅酸钠或硅酸钾）与一种或多种钙和铅的硅酸盐相混合，并附加钡、铝、锰、镁等组成的一种熔融均匀混合物。玻璃按其组分不同有许多品种（如波希米亚玻璃、铅晶质玻璃、氧化铅玻璃、斯特拉斯铅玻璃）。本章各品目包括的相应物品，不论其为何种玻璃制成的。不仅如此，本目录所称的"玻璃"，还包括熔融石英及其他熔融硅石。

制造玻璃的方法包括铸造（如制平板玻璃）；滚轧（如制平板玻璃或嵌丝玻璃）；浮法（浮法平板玻璃）；模制，不论是否与压、吹或拉制方法相结合（如模制瓶子、杯子、某些类型的光学玻璃、烟灰缸）；吹制，机械或人工吹制，不论是否使用模具（如制瓶、安瓿、装饰品，有时也吹制玻璃片）；拉拔或挤出（特别用于制玻璃片、玻璃棒、玻璃管及玻璃纤维）；压制，一般使用模具，通常用以压制烟灰缸等物品，也有与滚轧法（如轧制图案玻璃）或吹制法（如制瓶）相结合；灯工法，借助于喷灯进行加工（用玻璃棒或管制造安瓿或小工艺品）；切割，将各种方法制得的玻璃坯件、球体等切割成所需的物品（特别是熔融石英或其他熔融硅石制品，它们通常是用实心或空心玻璃坯件切割而成的）等。

15.4.2　本章归类要点

在某些情况下，制作方法可决定玻璃品在本章中品目的归类。例如，品目

70.03仅适用于铸制或轧制的玻璃。而品目70.04仅适用于拉制或吹制的玻璃。

根据本章章注一的规定,本章不包括的主要货品有:品目32.07的货品(如珐琅和釉料、搪瓷玻璃料及其他玻璃粉、粒或粉片);第七十一章的玻璃制仿首饰;品目85.44的光缆;品目85.46的绝缘子;品目85.47所列绝缘材料制的零件;光导纤维、经光学加工的光学元件、注射用针管、假眼、温度计、气压计、液体比重计等物品(第九十章);有永久固定电光源的灯具及照明装置、灯箱标志或铭牌和类似品及其零件(品目94.05);纽扣、保温瓶、香水喷雾器和类似的喷雾器等物品(第九十六章)。

15.4.3　历年报关员资格全国统一考试中的本章归类题

1. 钢化玻璃制未镶框安全玻璃,已制成一定形状,专用于飞机上(1998年下半年考题)　　　　　　　　　　　　　　　　　　　　　　　7007.1110

归类说明:本题玻璃专用于飞机,似乎可以按飞机零件归入品目88.03,又可按钢化安全玻璃归入本章品目70.07,根据归类总规则三(一)具体列名方法,应将本题归入编码7007.1110。

2. 轿车用后视镜(已镶框)(2008年考题)　　　　　　　　　　　7009.1000

归类说明:本题货品尽管是机动车辆的零件,但是不能归入第八十七章品目87.08中。而应根据归类总规则一的原则,按玻璃产品归入第七十章。再根据品目和子目条文的规定,将其归入列名"车辆后视镜"的编码7009.1000。

习题 15

将以下货品归入我国进出口商品八位数编码中:

(1) 简单锯开并具有一个平面的大理石碑石

(2) 陶瓷制用于研磨的砂轮,未装支架

(3) 铁道用水泥枕

(4) 建筑用的原产状态花岗岩

(5) 碳纤维制的碳布

(6) 建筑用耐火砖,以硅土为原料经烧制而成

(7) 金属陶瓷碗

(8) 瓷制假牙

(9) 陶制酒坛

（10）手持式梳妆用玻璃镜,已镶框

（11）未装任何保护性外罩的热水瓶玻璃胆

（12）带外壳的热水保温瓶(玻璃制内胆)

（13）供人使用的医用玻璃假眼

（14）玻璃制小饰针

（15）玻璃纤维长丝纱线制的平纹机织物,宽度为 50 厘米,每平方米重 200
　　　克,每根单纱细度为 200 分特

16

第十四类 天然或养殖珍珠、宝石或半宝石、贵金属、包贵金属及其制品;仿首饰;硬币

16.1 本类概况

第十四类商品仅由第七十一章构成。本类商品较为特殊,一般价值较高,例如珍珠,不论是天然还是养殖珍珠;各种宝石或半宝石;金银铂等贵金属及包贵金属;珠宝首饰、金银器及其他制品。此外本类还包括一些价值并不高的特殊制品,比如各种材料制的仿首饰,硬币等。当然也有一些贵金属或宝石并不归入本类,例如,胶态贵金属和贵金属汞齐归入品目28.43,未安装的唱针用已加工蓝宝石或钻石归入品目85.22等。

本类无类注。

16.2 第七十一章 天然或养殖珍珠、宝石或半宝石、贵金属、包贵金属及其制品;仿首饰;硬币

16.2.1 本章结构

本章共11条章注、3条子目注释,有3个分章、18个品目。基本上是按珍珠、钻石、宝石、贵金属及包贵金属、贵金属制品及其零件、珍珠宝石制品、仿首饰、硬币的顺序排列品目的。

其中第一分章从品目71.01至品目71.05共5个品目,包括天然或养殖珍珠、钻石、其他宝石或半宝石(天然、合成或再造),不论是否加工,但未镶嵌

或成串的,以及在加工宝石过程中所产生的粉末;第二分章从品目71.06至品
目71.12共7个品目,包括贵金属及包贵金属,未锻造、半制成或粉末状,但未达
到第三分章所述制品的加工程度,以及贵金属或包贵金属废碎料和主要用于回
收贵金属的含有贵金属或贵金属化合物的其他废碎料;第三分章从品目71.13
至品目71.18共6个品目,包括全部或部分用天然或养殖珍珠、钻石或其他宝
石、半宝石(天然、合成或再造)、贵金属或包贵金属制成的物品,尤其包括珠宝首
饰和金器、银器及其他制品;仿首饰和硬币。

具体而言本章18个品目的排列顺序大致如下:

1. 天然或养殖珍珠、宝石或半宝石(第一分章)。

(1) 未成串或镶嵌的天然或养殖珍珠(品目71.01)。

(2) 未镶嵌的钻石(品目71.02)。

(3) 未成串或镶嵌的宝石或半宝石(品目71.03)。

(4) 未成串或镶嵌的合成或再造宝石或半宝石(品目71.04)。

(5) 天然或合成宝石或半宝石的粉末(品目71.05)。

2. 贵金属及包贵金属(第二分章)。

(1) 银(品目71.06和品目71.07)。

(2) 金(品目71.08和品目71.09)。

(3) 铂(含钯、铑、铱、锇、钌)(品目71.10和品目71.11)。

(4) 贵金属或包贵金属的废碎料;用于回收贵金属的含有贵金属或贵金
属化合物的其他废碎料(品目71.12)。

3. 珠宝首饰、金、银器及其他制品(第三分章)。

(1) 贵金属或包贵金属制品(品目71.13至品目71.15)。

(2) 天然或养殖珍珠、宝石和半宝石制品(品目71.16)。

(3) 仿首饰(主要供个人佩戴的小件物品)(品目71.17)。

(4) 硬币(品目71.18)。

16.2.2 本章归类要点

(1) 关于宝石或半宝石、贵金属、贵金属合金、包贵金属的定义。

根据本章注释四(三)的规定,"宝石或半宝石"不包括第九十六章注释二
(二)所述的琥珀、海泡石、黏聚琥珀、黏聚海泡石、黑玉及其矿物代用品等物质。

"贵金属"是指银、金及铂。这里的"铂"还包括铱、锇、钯、铑及钌。

根据本章章注五的规定,含有贵金属的合金(包括烧结及化合的),只要其中任何一种贵金属的含量达到合金重量的 2%,即应视为本章的贵金属合金。根据本章章注六的规定,除另有规定的以外,本目录所称贵金属应包括贵金属合金,但不包括包贵金属或表面镀以贵金属的贱金属及非金属。

根据本章章注七的规定,"包贵金属",是指以贱金属为底料,在其一面或多面用焊接、熔接、热轧或类似机械方法覆盖一层贵金属的材料。除另有规定的以外,也包括镶嵌贵金属的贱金属(例如,电气工业用的嵌有银条的铜板;嵌有金箔带或丝的所谓大马士革钢)。切勿将本章所述的包贵金属与通过电解、蒸汽沉积、喷镀或用贵金属盐溶液浸渍等方法镀上贵金属的贱金属相混淆。这些贱金属不论所镀贵金属多厚,都应按其底料金属归入有关章内。

根据本章章注八的规定,除第六类注释一(一)另有规定的以外,凡符合品目 71.12 规定的货品(即贵金属或包贵金属的废碎料),应优先归入该品目而不归入本目录的其他品目。

(2)关于贵金属合金的归类。

根据本章注释五的规定,含有贵金属的合金(品目 28.43 的汞齐除外)应按以下规则归类:①按重量计含铂量在 2% 及以上的合金视为铂合金,应按铂归类。②按重量计含金量在 2% 及以上,但不含铂或按重量计含铂量在 2% 以下的合金视为金合金,应按金归类。③按重量计含银量在 2% 以上的其他合金视为银合金,应按银归类。④含铂、金、银都低于 2% 的所有合金视为贱金属合金,应按贱金属归类(第十五类)。

(3)关于首饰、仿首饰、金银器的范围。

本章章注九规定,品目 71.13 所称的"首饰",是指全部或部分由贵金属或包贵金属制成的首饰,包括个人用小饰物(不论是否镶嵌宝石),例如戒指、手镯、项圈、饰针、耳环、项链、表链、表链饰物、垂饰、领带别针、袖扣、饰扣、宗教性十字架或其他勋章及徽章、手提包装饰品、发夹、头饰等;以及通常放置在衣袋、手提包或佩戴在身上的个人用品,例如烟盒、香粉盒、链袋、口香丸盒、眼镜盒、口红管、钥匙圈等。

本章章注十一规定,品目 71.17 所称的"仿首饰",是指不含天然或养殖珍珠、宝石或半宝石(天然、合成或再造)及贵金属或包贵金属(仅作为镀层或小零件、小装饰品的除外)的个人用小饰物,例如,戒指、手镯、项圈、饰针、耳环、项链、表链、表链饰物、垂饰、领带别针、宗教性十字架或其他勋章及徽章等。但不包括品目 96.06 的纽扣和其他物品,以及品目 96.15 的发梳、发夹及类似品和发针。也不包括通常放置在衣袋、手提包或佩戴在身上的个人用品,例如烟盒、香粉盒、钥匙圈等。

本章章注十规定，品目 71.14 所称的"金银器"，包括贵金属或包贵金属制的装饰品、餐具、梳妆用具、吸烟用具及类似的家庭、办公室或宗教用的其他物品。

（4）关于铂族金属的归类。

品目 71.10 的"铂"金属包括铂、铱、锇、钯、铑及钌。

但根据本章子目注释二、三的规定，子目号 7110.1 项下所称的"铂"，不包括铱、锇、钯、铑及钌；对于品目 71.10 项下的子目所列合金的归类，按其所含铂、铱、锇、钯、铑或钌中重量最大的一种金属归类。

（5）关于珍珠类物品的归类。

未成串或镶嵌、或者为方便运输而暂穿成串的天然或养殖珍珠（品目 71.01）。

天然或养殖珍珠制品，例如珍珠项链等（品目 71.16）。

未加工或简单整理的珍珠母（品目 05.08）；已加工的珍珠母（品目 96.01）；〔珍珠基本上由一层角质物（蜗壳蛋白）包裹的多层碳酸钙所构成，通常为圆形。珍珠母的成分与珍珠极为相似，但通常呈薄片形。〕

塑料制的仿珍珠（品目 39.26）；玻璃制的仿珍珠（品目 70.18）；蜡制的仿珍珠（品目 96.02）。

（6）本章不包括的主要货品。

本章章注三规定了本章不包括的主要货品有：贵金属汞齐及胶态贵金属（品目 28.43）；放射性同位素（如铱 192），包括含有放射性同位素的针状、线状或片状贵金属（品目 28.44）；专门配制作牙科填料用的合金（品目 30.06）；以贵金属及其化合物为活性物的载体催化剂（品目 38.15）；未安装的唱针用已加工蓝宝石或钻石（品目 85.22）；雕塑品原件（品目 97.03）；收藏品（品目 97.05）；超过 100 年的古物（品目 97.06），但超过 100 年的天然或养殖珍珠、宝石及半宝石除外（仍归入第七十一章）等。

（7）关于硬币的归类。

品目 71.18 适用于任何金属（包括贵金属）制成的硬币。包括作为法定货币的成套或不成套的硬币，还包括已不再作为法定货币的硬币，但不包括具有钱币学意义的收藏品（品目 97.05），也不包括纸币（品目 49.07）。

16.2.3　历年报关员资格全国统一考试中的本章归类题

1. 按重量计含铁 80%、含铜 15%、含银 3%、含金 2%的金属合金（未经锻造,非货币用)(1999 年上半年考题)   7108.1200

归类说明:本题货品是一种含贵金属的合金,根据本章章注五的规定,只要任何一种贵金属的含量达到合金重量的 2%,就应按贵金属合金归入本章。又由于金含量达到 2%,所以应按金合金归类。再根据本章章注六的规定,本章的贵金属包括贵金属合金,所以本题应归入编码 7108.1200。

2. 银制茶叶罐(1999 年下半年考题)   7114.1100

归类说明:本题货品是一种贵金属制品,应归入本章第三分章。根据其构成材料应将本题归入编码 7114.1100。

3. 成套的银制餐叉(2001 年考题)   7114.1100

归类说明:本题货品是一种贵金属制餐具,应归入本章第三分章。根据其构成材料应将本题归入编码 7114.1100。

4. 一种工业用的钯基绕组线材,直径 0.15 毫米,按重量计含银 36%、铜 4%,其他为钯(2003 年考题)   7110.2990

归类说明:本题货品是一种含贵金属的合金线材,其中钯的含量为 60%,根据本章章注四(二)和章注五(一)的规定,本题合金应作为铂合金归入本章。再根据本章章注六的规定,贵金属合金应按贵金属归类。由于本题货品是线材,这是一种半制成品,应归入本章第二分章品目 71.10。然后根据本章子目注释二的规定,应将其归入编码 7110.2990。

5. 一种戴在手腕处的装饰品,用樟木制成圆珠状,再用线串成(2005 年考题)   7117.9000

归类说明:本题货品是一种用樟木粒制成的首饰,根据本章章注十一的规定,由其他材料制成的仿首饰应归入品目 71.17。本题应归入编码 7114.9000。

6. 铜制镀金领带夹(2006 年考题)   7117.1900

归类说明:本题中铜制镀金材料并不是贵金属或包贵金属材料,应按其底料(即铜)归类。而贱金属制的领带夹属于仿首饰,根据第十五类类注一(五)的规定,贱金属制的仿首饰应归入品目 71.17。根据子目条文的规定,本题货品应归入编码 7117.1900。

习题 16

将以下货品归入我国进出口商品八位数编码中:

(1) 金属合金板,其中铜 60%、铝 30%、金 5%、钯 3%、铑 2%

(2) 以铜为底的包银材料

(3) 以银为底的包金材料

(4) 镀金的铜锌合金板,其中金占 2%、铜占 55%、锌占 43%,半制成,非货币用

(5) 镀金的银,其中按重量计含金量比重为 1%,未锻造

(6) 铑粉

(7) 铂金戒指,一种金银钯铜合金,其中按重量计含钯量为 10%,含金量为 50%,含银量为 20%,含铜量为 20%

(8) 镶有玛瑙宝石的金戒指

(9) 塑料镀金耳环

(10) 胶态金

(11) 未安装的唱机唱针用的已加工蓝宝石

(12) 出土的具有考古意义的 500 年前的银耳坠

(13) 银制酒壶

(14) 银汞齐

(15) 银制手镯

(16) 符合化学定义的氧化金粉末

(17) 黄金制假牙

(18) 人民币面值 1 元的硬币

(19) 用丝线串起的珍珠手链

(20) 用化纤细带串起的琥珀挂坠

17 | 第十五类 贱金属及其制品

17.1 本类概况

17.1.1 本类的基本结构

本类从第七十二章至第八十三章(其中第七十七章为空章)共 11 章,可分为三部分:第一部分为钢铁及其制品(第七十二章、第七十三章);第二部分为有色金属、金属陶瓷及其制品(第七十四章至第八十一章);第三部分为结构较为简单的贱金属制品(第八十二章、第八十三章)。

本类包括贱金属(含化学纯贱金属)及许多贱金属制品,还包括从其脉石中分离出来的自然金属,以及铜锍、镍锍和钴锍。但不包括金属矿砂及含有自然金属的脉石(品目 26.01 至品目 26.17)。本目录所称"贱金属",是指第七十二章至第七十六章及第七十八章至第八十一章的金属,即:铁及钢、铜、镍、铝、铅、锌、锡、钨、钼、钽、镁、钴、铋、镉、钛、锆、锑、锰、铍、铬、锗、钒、镓、铪、铟、铌(钶)、铼及铊。其中铁及钢、铜、镍、铝、铅、锌、锡有各自专门章号,其他的 21 种贱金属均归入第八十一章。

第七十二章至第八十一章(其中第七十七章为空章)中的各章包括某些未锻轧的贱金属及这些金属的条、杆、丝或片等产品,也包括它们的制成品。但不包括不是以金属自然属性列出的某些贱金属制品,这些制品应归入第八十二章或第八十三章,这些章仅包括具体列名的金属制品。

本类共有八条类注。

17.1.2 本类归类要点

1. 关于贱金属合金的归类

根据本类类注六的规定,除条文另有规定(如合金钢)的以外,本目录各章所称的贱金属也包括其合金。此外,镀贵金属的贱金属也归入本类。

根据第七十一章注释五及本类注释五的规定,贱金属合金应按下列规则归类:

(1) 贱金属与贵金属的合金。

如果合金中没有任何一种贵金属(银、金、铂)的重量达到合金重量的 2%,这种合金应作为贱金属归类。否则,应按贵金属归入第七十一章。但贵金属汞齐归入品目 28.43。

(2) 贱金属与贱金属的合金。

除铁合金(品目 72.02)及铜母合金(品目 74.05)以外,这类合金应按所含重量最大的那种贱金属归类。

(3) 本类的贱金属与非金属或品目 28.05 的金属的合金。

如果这类合金中本类贱金属的总重量等于或超过其他元素的总重量,则这类合金应按贱金属归类。否则,这类合金通常归入品目 38.24。但贱金属汞齐归入品目 28.53。

非金属主要包括:砷、硼、溴、碳、氯、氟、氢、碘、氮、氧、磷、硒、硅、硫、碲。

品目 28.05 的金属包括碱金属、碱土金属、稀土金属、钪、钇、汞等。其中碱金属有钠、锂、钾、铯、铷等;碱土金属有钙、钡、锶等;稀土金属有铈、镝、铒、铕、钆、钬、镧、镥、钕、镨、钐、铽、铥、镱等。

(4) 金属粉末的烧结混合物、熔炼而得的不均匀紧密混合物(金属陶瓷除外)及金属间化合物。

金属粉末的烧结混合物及熔炼而得的不均匀紧密混合物应作为合金对待(但金属碳化物与金属烧结而成的硬质合金,应作为金属陶瓷归入品目 81.13)。这些紧密混合物主要包括熔化废碎金属而得的组分不同的锭块。但未经烧结的金属粉末混合物应按本类注释七的规定归类。

由两种或多种贱金属组成的金属间化合物也应作为合金对待。金属间化合物与合金的主要区别在于:金属间化合物晶格中不同原子的排列是有规则的,而合金晶格中不同原子的排列是没有规则的。

2. 关于贱金属复合材料制品的归类

根据本类注释七的规定,除品目另有规定(如铜头的钢铁钉应归入品目 74.15,即使所含的铜不是主要成分)的以外,含有两种或两种以上贱金属的制品,应按其所含重量最大的那种贱金属的制品归类。对于部分由非金属构成的制品,如果按照归类总规则,贱金属赋予这些制品基本特征的,也按本规定办理。

在计算各种金属的比例时,应注意以下几点:(1)各种钢铁应视为同一种金属;(2)作为某一种金属归类的合金,应视为一种金属(如由黄铜构成的铜制品应视为全部由纯铜构成);(3)品目81.13的金属陶瓷,应视为一种贱金属。

3. 关于制品零件的归类

总的来说,明显为制品的零件应按有关制品的零件归入本目录中相应的品目。但是,单独报验的通用零件(本类类注二所列的货品)不能作为制品的零件归类,而应归入本类中相应的品目。例如,非电热的集中供暖散热器的钢铁制专用螺栓应归入品目73.18(作为螺栓)而不归入品目73.22(作为集中供暖散热器的零件)。钢铁制的汽车专用弹簧应归入品目73.20(作为弹簧)而不归入品目87.08(作为汽车零件)。

根据本类类注二的规定,本目录所称的"通用零件"具体包括以下零件:

(1) 管子附件(例如,接头、肘管、管套)[钢铁制的(品目73.07);铜制的(品目74.12);镍制的(品目75.07);铝制的(品目76.09);锌制的(品目79.07);锡制的(品目80.07)等]。但贱金属制的龙头、阀门不属于"通用零件",应归入品目84.81。

非绝缘的绞股线、缆、编带及类似品[钢铁制的(品目73.12);铜制的(品目74.13);铝制的(品目76.14)等]。但绝缘的电线、电缆及其他绝缘电导体应归入品目85.44。

链条及其零件[钢铁制的(品目73.15);铜制的(品目74.19)等]。

钉、平头钉、图钉、波纹钉、U形钉及类似品[钢铁制的(品目73.17);铜制的(品目74.15);铝制的(品目76.16)等];但是各种贱金属制的成条钉书钉,例如供办公室、室内装饰或包装用的,应归入品目83.05。

螺钉、螺栓、螺母、方头螺钉、钩头螺钉、铆钉、销、开尾销、垫圈(包括弹簧垫圈)及类似品[钢铁制的(品目73.18);铜制的(品目74.15);铝制的(品目76.16)等]。但贱金属制的管形铆钉及开口铆钉应归入品目83.08。用金属片与其他材料制成或用双层或多层金属片制成的密封垫或类似接合衬垫应归入品目84.84。

其他贱金属制的上述类似品(按材料归入第七十五章至第八十一章)。

(2) 贱金属制的弹簧及弹簧片[钢铁制的(品目73.20);铜制的(品目74.19);其他贱金属制的上述类似品,按材料归入第七十五章至第八十一章]。

但各种贱金属制的钟表发条,均归入品目91.14。

(3) 贱金属制的锁(钥匙锁、数码锁及电动锁),贱金属制带锁的扣环及扣环框架,上述锁的贱金属制钥匙(品目83.01);用于家具、门窗、楼梯、百叶窗、车厢、鞍具、衣箱、盒子及类似品的贱金属附件及架座,贱金属制帽架、帽钩、托架及类似品,用贱金属做支架的小脚轮,贱金属制的自动闭门器(品目 83.02);贱金属相框或画框及类似框架,贱金属镜子(品目 83.06);贱金属制的用于衣着、鞋靴、天篷、提包、旅行用品或其他制成品的扣、钩、环、眼及类似品,贱金属制的管形铆钉及开口铆钉,贱金属制的珠子及亮晶片(品目 83.08);贱金属制的标志牌、铭牌、地名牌及类似品、号码、字母及类似标志(品目 83.10)。

但是装有固定光源的发光标志、发光铭牌及类似品应归入品目 94.05。

对于上述通用零件,不论其用途如何,一律优先归入上述品目。第七十三章至第八十二章某些品目所列货品的零件,不包括上述通用零件,但品目 73.15 除外。

除上述规定外,属于第八十二章或第八十三章的其他贱金属零件应优先归入该两章。如果不属于通用零件的范畴,也不属于第八十二章或第八十三章的其他贱金属零件的范畴,则按其材料和零件的用途归入第七十二章至第八十一章的相关品目。

4. **本类不包括的主要货品**

根据本类注释一及其他规定,本类不包括的主要货品有:

贱金属汞齐(品目 28.53)。

牙科胶黏剂及其他牙科填料(品目 30.06)。

照相制版等用的照相感光金属板(品目 37.01)。

品目 37.07 的摄影用闪光灯材料。

含金属纱线(品目 56.05);金属线(品目 56.07);用含金属纱线或金属线纺成的用于衣着、家具布或类似品的机织物(品目 58.09)。

除第六十四章注释二所述货品(主要是护靴铁掌、鞋眼、靴钩及鞋扣)以外的鞋靴零件(品目 64.06)。

硬币(品目 71.18)。

金属丝刷(品目 96.03)。

铈铁或其他引火合金(品目 36.06)。

品目 65.06 或品目 65.07 的贱金属制帽类及其零件。

品目 66.03 的伞骨及其他物品。

第七十一章的货品(例如,贵金属合金、以贱金属为底的包贵金属、仿首饰)。

做弹药用的铅弹(品目 93.06)或第十九类的其他物品(武器、弹药)等。

17.2 第七十二章 钢铁

17.2.1 本章结构

本章有 3 条章注、2 条子目注释，共 4 个分章、29 个品目。主要是按加工深度及材料属性分列品目的，包括黑色金属，即生铁、镜铁、铁合金及其他原料（第一分章），也包括钢铁工业的某些铁或非合金钢产品（锭及其他初级形状产品、半成品及用它们直接生产出来的主要产品）（第二分章）、不锈钢产品（第三分章）及其他合金产品（第四分章）。

其中第一分章"原料；粒状及粉状产品"，从品目 72.01 至品目 72.05 共 5 个品目。包括生铁及镜铁，铁合金，海绵铁产品，钢铁废碎料，钢铁颗粒及粉末；第二分章"铁及非合金钢"，从品目 72.06 至品目 72.17 共 12 个品目；包括初级产品，半制成品，各种规格的平板轧材，各种条、杆，角材、型材及异型材，丝。第三分章"不锈钢"，从品目 72.18 至品目 72.23 共 6 个品目；也是按初级产品、半制成品，各种规格的平板轧材，各种条、杆，角材、型材及异型材，丝的顺序排列品目的。第四分章"其他合金钢；合金钢或非合金钢的空心钻钢"，同样包括初级产品、半制成品，各种规格的平板轧材，各种条、杆，角材、型材及异型材，丝，还包括空心钻钢。

经进一步加工的制品（例如铸件、锻件等），板桩、焊接角材、型材及异型材、铁道及电车道铺轨用材料及管材应归入第七十三章或其他章。

17.2.2 本章归类要点

1. 有关铁和钢的名词解释

本章章注一（一）至（七）以及本章子目注释一（一）至（五）分别对"生铁"、"镜铁"、"铁合金"、"钢"、"不锈钢"、"其他合金钢"、"供再熔的碎料钢铁锭"、"合金生铁"、"非合金易切削钢"、"硅电钢"、"高速钢"、"硅锰钢"作了严格定义。其中章注一（四）至（六）的规定也适用于本目录其他各章。归类时应考虑这些名词的标准，这些名词的关系可见图 17.1。

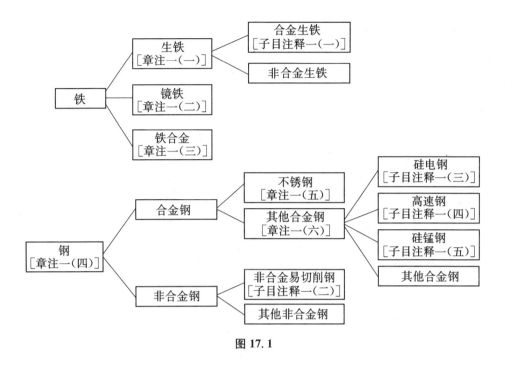

图 17.1

2. 关于铁合金的归类

根据本章章注一(三)以及本章子目注释一(一)的规定,铁合金与合金生铁不同,二者对元素的含量有所不同。

根据本章子目注释二的规定,品目 72.02 项下的子目所列铁合金,应按照下列规则归类:对于只有一种元素超出本章注释一(三)规定的最低百分比的铁合金,应作为二元合金归入相应的子目号。以此类推,如果有两种或三种合金元素超出了最低百分比的,则可分别作为三元或四元合金。在运用本规定时,本章注释一(三)所述的未列名的"其他元素",按重量计单项含量必须超过 10%。

3. 关于半制成品、平板轧材等货品的归类

本章章注一(九)至(十五)对"半制成品"、"平板轧材"、"不规则盘绕的热轧条、杆"、"其他条、杆"、"角材、型材及异型材"、"丝"、"空心钻钢"作了解释。对于钢铁制的这些货品,大致按以下顺序归类:

(1) 判断是否为"半制成品"[本章章注一(九)]。

连续铸造的实心产品,或除经初步热轧或锻造粗制成形以外未经进一步加工的非成卷的实心产品(包括角材、型材及异型材的坯件),根据材料属性按半制成品归入品目 72.07、品目 72.18 或品目 72.24。

不符合规定的,进一步判断是否为"平板轧材"。

（2）判断是否为"平板轧材"［本章章注一（十）］。

不符合"半制成品"定义的截面为矩形（正方形除外）的实心轧制产品，如果是层叠的卷材；或平直形状，其厚度如果在4.75毫米以下，则宽度至少是厚度的10倍；其厚度如果在4.75毫米及以上，其宽度应超过150毫米，并且至少应为厚度的两倍，则这些产品根据材料属性作为平板轧材归入品目72.08至品目72.12、品目72.19至品目72.20、品目72.25至品目72.26。

平板轧材包括直接轧制而成并有凸起式样（如凹槽、肋条形、格槽、珠粒、菱形）的产品以及穿孔、抛光或制成瓦楞形的产品，但不具有其他品目所列制品或产品的特征。

各种规格的平板轧材（矩形或正方形除外），但不具有其他品目所列制品或产品的特征，都应作为宽度为600毫米及以上的产品归类。

不符合上述规定的实心产品，进一步判断是否为"丝"产品。

（3）判断是否为"丝"［本章章注一（十四）］。

不符合"平板轧材"定义但全长截面均为同样形状的盘卷冷成形实心产品，应根据材料属性按丝产品归入品目72.17、品目72.23或品目72.29。

不符合上述规定的实心产品，进一步判断是否为"不规则盘绕的热轧条、杆"。

（4）判断是否为"不规则盘绕的热轧条、杆"［本章章注一（十一）］。

不符合上述规定的经热轧不规则盘绕的实心产品，如果其截面为圆形、扇形、椭圆形、矩形（包括正方形）、三角形或其他外凸多边形（包括"扁圆形"及"变形矩形"，即相对两边为弧拱形，另外两边为等长平行直线形），则这些产品应根据材料属性作为"不规则盘绕的热轧条、杆"归入品目72.13、品目72.21或品目72.27。这类产品可带有在轧制过程中产生的凹痕、凸缘、槽沟或其他变形（钢筋）。

不符合上述规定的实心产品，进一步判断是否为"其他条、杆"。

（5）判断是否为"其他条、杆"［本章章注一（十二）］。

不符合上述规定的实心产品，如果其全长截面均为圆形、扇形、椭圆形、矩形（包括正方形）、三角形或其他外凸多边形（包括相对两边为弧拱形，另外两边为等长平行直线的"扁圆形"及"变形矩形"），则这些产品应根据材料属性作为"其他条、杆"归入品目72.14、品目72.15、品目72.22或品目72.28。这些产品可以带有在轧制过程中产生的凹痕、凸缘、槽沟或其他变形（钢筋），或者轧制后扭曲的。

不符合上述规定的实心产品，进一步判断是否为"角材、型材及异型材"。

（6）判断是否为"角材、型材及异型材"［本章章注一（十三）］。

不符合上述规定但其全长截面均为同样形状的实心产品，应根据材料属性作为"角材、型材及异型材"归入品目72.16、品目72.22或品目72.28。但是本章不包括钢铁板桩，焊接的钢铁角材、型材及异型材（品目73.01）以及铁道及电车道铺轨用钢铁材料(品目 73.02)。

不符合上述规定的空心条、杆,进一步判断是否为"空心钻钢"。

(7) 判断是否为"空心钻钢"[本章章注一(十五)]。

适合钻探用的各种截面的空心条、杆,如果其最大外形尺寸超过 15 毫米但不超过 52 毫米,最大内孔尺寸不超过最大外形尺寸的二分之一,则这些产品应归入品目 72.28。

不符合"空心钻钢"定义的无缝钢铁空心条、杆,应归入品目 73.04。其他钢铁管应归入品目 73.03、品目 73.05 或品目 73.06。

不符合上述各种规定的其他钢铁产品应归入第七十三章有关品目。

4. 关于热轧与冷轧的区分

热轧钢铁产品是指经过"热塑变形"加工的产品,其加工方法包括热轧、锻造、热拉法、热模锻及热冲压法等。另外根据本章章注三的规定,用电解沉积法、压铸法或烧结法所得的钢铁产品,应按其形状、成分及外观归入本章类似热轧产品的相应品目。

冷轧钢铁产品是指经过"冷塑变形"处理的产品,其加工方法包括冷轧、冷模锻及冷冲压、挤压、拉丝、光拔等。

5. 关于黑色金属混合产品的归类

第十五类的金属中,以铁及以铁为基的合金(包括钢、铁、铁合金等)被称为黑色金属,黑色金属以外的所有金属及其合金被称为有色金属。

黑色金属产品中含有有色金属时,如果按重量计以钢铁为主,则仍应归入第七十二章的相应品目(第十五类类注七)。用一种黑色金属包覆不同种类的钢铁产品,根据原产品的组分或包覆金属的组分,似乎可以归入第七十二章两个分章(如第二、三或四分章)的,也应按所含重量最大的那种金属归类(本章章注二)。例如,用不锈钢包覆的非合金普通钢条,如果按重量计以普通钢为主,应归入第二分章,否则应归入第三分章。

6. 关于钢铁废碎料的归类

品目 72.04 的钢铁废碎料仅指那些用于熔融回收金属或制化学品的钢铁。下述贱金属不属于钢铁废碎料。

(1) 可按原用途使用或适于作其他用途使用的钢铁制品。

(2) 不须先经熔融回收金属即可改作他用的钢铁制品。例如:以下商品不属于废钢铁:①未经使用或使用过的、规格长短不一的螺纹钢等;②使用过的工字钢、槽钢等钢铁型材、异型材或角材;③未经使用或使用过的建筑施工用钢铁箍件、钢铁模板;④机械加工所产生的大小、形状不规则但还可作为钢铁材料使用的余料;⑤旧的机电设备(包括机动车辆)或其钢铁制零部件。

17.2.3 历年报关员资格全国统一考试中的本章归类题

1. 未经包覆、镀层、涂层,厚度 0.8 毫米,宽度 700 毫米,屈服强度为 200 牛顿/平方毫米的非合金钢冷轧平板卷材(1998 年上半年、1998 年下半年考题)

7209.1790

归类说明:本题货品是非合金钢卷材,应归入本章第二分章。根据本章章注一(十)的解释,本题卷材属于平板轧材的范畴,再根据其宽度、加工状态(冷轧;未经包覆、镀层、涂层),应将其归入品目 72.09,然后根据其厚度和屈服强度大小,将其归入子目 7209.1790。

2. 合金生铁(初级形状)(1999 年下半年考题)　　　　　　　　7201.5000

归类说明:生铁是一种无实用可锻性的铁碳合金,作为炼钢的原料应归入本章第一分章。本章品目和子目均有具体列名,应将其归入编码 7201.5000。

3. 截面为矩形的不锈钢材,除轧制外未经进一步加工,钢材的宽度为 50 毫米,厚度为 5 毫米,冷成形笔直状报验(1999 年下半年考题)　　　7222.2000

归类说明:本题货品是笔直状不锈钢材,应归入本章第三分章。根据本章章注一(十)的解释,由于本题钢材宽度未超过规定的 150 毫米,所以不能按平板轧材归类。又由于其是冷成形的、非盘卷状的钢材,也不符合章注一(十一)和(十四)的规定,经对比发现本题商品的状态符合本章章注一(十二)"其他条、杆"的定义,所以本题应归入品目 72.22 项下编码 7222.2000。

4. 截面为矩形的、非合金钢经电镀法加工而成的平板镀锌铁皮(规格为 750 毫米×1 500 毫米,厚度为 1 毫米)(2000 年考题)　　　　　　7210.3000

归类说明:从规格上可以看出,本题货品是非合金钢镀锌板材,应归入本章第二分章。根据本章章注一(十)的解释,本题货品符合平板轧材的定义,又由于其是电镀法镀锌的板材,所以本题应归入本章商品编码 7210.3000。

5. 截面为矩形的非合金钢钢材,除冷轧外未经进一步加工,钢材宽度 80 毫米,厚度 5 毫米,盘卷状报验(2001 年考题)　　　　　　　　7217.1000

归类说明:本题货品是非合金钢冷轧卷材,应归入本章第二分章。根据本章章注一(十)的解释,本题货品不符合平板轧材的定义,也不属于章注一(十一)所规定的货品范围,经对比可以看出本题符合"丝"的定义,所以本题应按"非合金钢丝"归入本章商品编码 7217.1000。

6. 不规则盘卷状报验的不锈钢钢材(截面为矩形,宽为 50 毫米,厚为 5 毫米),除热轧外未经进一步加工(2002 年考题)　　　　　　　　7221.0000

归类说明:本题货品是不锈钢热轧卷材,应归入本章第三分章。根据本章章注一(十)的解释,本题货品不符合平板轧材的定义,但符合章注一(十一)所规定的条件,所以本题应按"不规则盘卷的热轧条、杆"归入本章商品编码 7221.0000。

7. 按重量计含硅 35%、钡 30%、铝 3%、锰 0.4%、碳 0.3%的铁合金(2003 年考题)　　　　　　　　7202.9999

归类说明:根据本章章注一(三)的规定,本题货品是铁合金,应归入本章第一分章品目 72.02。又根据本章子目注释二的规定,由于硅、钡含量超过了章注一(三)规定的最低含量,所以本题货品应作为硅钡铁合金归类,归入本章商品编码 7202.9999。

8. 宽 1 米、厚 2 毫米的非合金钢热轧卷板,表面涂有防锈漆(2004 年考题)　　　　　　　　7210.7090

归类说明:本题货品是非合金钢热轧卷材,应归入本章第二分章。根据本章章注一(十)的解释,本题货品符合平板轧材的定义,考虑到该货品还涂有防锈漆,本题应归入本章商品编码 7210.7090。

9. 螺纹钢,由非合金钢经热轧扭曲成表面起螺纹的实心直条状,直径 2 厘米,长 4 米(2006 年考题)　　　　　　　　7214.2000

归类说明:本题货品是实心直条状钢材,应归入本章。根据本章章注一(十)、(十四)、(十一)、(十二)的规定,应将其按"其他条、杆"归类。考虑其材料(非合金钢制的)、加工程度(热轧扭曲成表面起螺纹,未经进一步加工),按品目条文,应将其归入第二分章品目 72.14。再根据子目条文的规定,将其归入编码 7214.2000。

10. 由高速钢(一种合金钢)热轧制得的圆钢,截面为实心圆形,直条状,直径 4 厘米,长 4 米(2007 年考题)　　　　　　　　7228.1000

归类说明:本题货品是实心直条状钢材,应归入本章。根据本章章注一(十)、(十四)、(十一)、(十二)的规定,应将其按"其他条、杆"归入第四分章品目72.28。再考虑到其合金钢种类(高速钢),根据子目条文的规定,将其归入编码 7228.1000。

11. 如图所示的不锈钢热轧材料,每根长 3.6 米(2009 年考题)　　7222.4000

归类说明:本题货品是不锈钢制型材,应归入第七十二章第三分章。根据品目条文和子目条文规定,本题货品应归入编码 7222.4000。

12. 如图所示的高强度预应力钢筋,铁以外的成分为(%):碳 0.28—0.33、硅 0.7—1.10、锰 0.9—1.30、磷≤0.025、硫≤0.025、铜≤0.025,加工工艺为热轧,抗拉强度 670—740 mpa(2012 年考题)　　　7227.2000

归类说明:根据第 72 章章注一(六)和子目注释一(五)的规定,本题货品属于其他合金钢中的硅锰钢,根据税目条文,应归入编码 7227.2000。

17.3　第七十三章　钢铁制品

17.3.1　本章的结构

本章共 2 条章注、26 个品目,基本上是按加工程度由低至高排列品目的。

本章货品主要由第七十二章的钢铁材料进一步加工得到,包括管、空心异型材等形状不同于第七十二章或由第七十二章的钢材进一步加工得到的具体列名的物品,以及既未在第八十二章或第八十三章具体列名又未归入本目录其他章的钢铁(包括本章章注一所述的铸铁)制品。

本章 26 个品目的排列顺序大致如下:

1. 钢铁结构体(品目 73.01、品目 73.02 以及品目 73.08)。

2. 各种管子、空心异型材、管子附件(品目 73.03 至品目 73.07)。

3. 其他钢铁制品。

 (1) 钢铁制各种容器(品目 73.09 至品目 73.11)。

 (2) 钢丝制品(绞股线、绳、缆、编带、吊索;带刺钢铁丝;布、网、篱、格栅等)(品目 73.12 至品目 73.14)。

 (3) 钢铁链、锚及零件(品目 73.15 至品目 73.16)。

 (4) 钢铁制工业用制品(钉;螺栓、螺母;针;弹簧及弹簧片)(品目 73.17 至品目 73.20)。

 (5) 钢铁制加热炉;散热器;餐桌、厨房用器具;卫生器具及零件(品目 73.21 至品目 73.24)。

（6）钢铁铸造制品（品目 73.25）。

（7）其他钢铁制品（品目 73.26）。

17.3.2 本章归类要点

（1）关于本章所称的"丝"、"管"及"空心异型材"的解释。

① 本章所称"丝"，是指热或冷成形的任何截面形状的产品，但其截面尺寸均不超过 16 毫米。

② 管是指全长横截面相同并只有一个闭合空间的同心中空产品，其内表面及外表面形状相同。钢管主要是圆形、椭圆形或矩形（包括正方形）横截面，但也有等边三角形或其他规则外凸多边形横截面的。全长边角已经磨圆的横截面非圆形的产品以及带有法兰形端部的管子都应作为管归类。它们可以经抛光、涂层、弯曲（包括盘管）、攻丝及不论是否两管相接、钻孔、缩腰、胀口、成锥形或装法兰、颈圈或套环。

③ 空心异型材是指不符合上述定义且主要是那些内外表面形状不同的空心产品。

（2）关于归入本章的通用零件。

根据第十五类类注二的规定，归入本章的钢铁制通用零件包括钢铁管子附件（例如，接头、肘管、管套）（品目 73.07）；非绝缘的钢铁绞股线、绳、缆、编带、吊索及类似品（品目 73.12）；钢铁链条及其零件（品目 73.15）；钢铁制的钉、平头钉、图钉、波纹钉、U 形钉及类似品（品目 73.17）；钢铁制的螺钉、螺栓、螺母、方头螺钉、钩头螺钉、铆钉、销、开尾销、垫圈（包括弹簧垫圈）及类似品（品目 73.18）；钢铁制弹簧及弹簧片（品目 73.20）。上述通用零件，除条文另有规定的以外，不论是否适用于专门的机器设备，一律优先归入本章的有关品目。

（3）关于钢铁制容器的归类。

钢铁制提箱、公义箱等类似容器（品目 42.02）；盛装物料用的钢铁囤、柜、罐、桶及类似容器（装压缩气体或液化气体的除外），不论是否衬里或隔热，但无机械或热力装置（容积超过 300 升的归入品目 73.09，不超过 300 升的归入品目 73.10；装有机械或热力装置的类似容器应归入第八十四章或第八十五章；装压缩气体或液化气体用的钢铁容器（品目 73.11）；饼干桶、茶叶罐、糖听及类似的家庭或厨房用容器及金属罐(品目 73.23);香烟盒、粉盒、工具箱及供个人或专业用的类似容器(品目 73.25 或品目 73.26);保险柜、钱箱或文件保险箱及类似物品(品目 83.03);贱金属制的档案柜、卡片索引柜、文件盘、文件篮、笔盘、公章架及类似的办公用具(品目 83.04);首饰盒(品目 83.06);经专门设计及装备,可供一种或多种运输方式使用的运输容器(品目 86.09);带壳暖水瓶及其他真空容器(品目 96.17)。

(4) 关于"针"的归类。

钢铁制手工缝针、编织针、引针、钩针、刺绣穿孔锥及类似制品,其他品目未列名的钢铁制安全别针及其他别针(品目 73.19);鞋匠用的无眼锥子及皮革加工、办公室等用的穿孔锥型穿刺工具(品目 82.05);针织机、编带机、刺绣机等用的针(品目 84.48);缝纫机针(品目 84.52);拾音器用的唱针(品目 85.22);医疗、外科、牙科或兽医用的针(品目 90.18)。

17.3.3 历年报关员资格全国统一考试中的本章归类题

1. 装液化丙烷的零售用钢瓶(1997 年考题)　　　　　　　　7311.0010

归类说明:本题钢瓶是一种钢铁制品,应归入本章。作为盛装液化气体的钢铁容器,应归入品目 73.11,由于其是供零售用的,应将其归入子目 7311.0010。

2. 汽车发动机(点燃式活塞内燃发动机)排气门用的螺旋弹簧(材料为合金钢)(2007 年考题)　　　　　　　　　　　　　　　　7320.2090

归类说明:钢铁制汽车发动机用的螺旋弹簧,看上去似乎应按发动机的零件归入品目 84.09。但第十六类类注一(七)规定,贱金属制的通用零件应按其材料归入第十五类。而根据第十五类类注二的规定,除钟表发条以外的弹簧应按通用零件对待。所以本题货品作为贱金属制通用零件应归入第七十三章品目 73.20。再考虑弹簧类型(螺旋弹簧)及作用(汽车发动机排气门用的),根据子目条文的规定,应将其归入编码 7320.2090。

3. 如图所示的厨房用具,其材质成分为:铬 17—19%、镍 8—11%、碳 ≤0.07%、硅≤1%、锰≤2%、硫≤0.03%、磷≤0.035%,其余的成分为铁(2013 年考题)　　　　　　　　　　7323.9300

归类说明:根据第 72 章章注一(五)

的规定,本题货品所用材质为不锈钢。根据归类总规则一和六,按税目条文,本题货品应按不锈钢制品归入编码 7323.9300。

17.4　第七十四章　铜及其制品

17.4.1　本章结构

本章共 8 条章注、4 条子目注释、16 个品目,其中原品目 74.14、品目 74.16 和品目 74.17 已被删除。本章包括粗铜、精炼铜、铜合金、铜粉、铜材以及结构简单的铜制品,基本按照加工程度由浅至深的顺序排列品目。

本章章注一至三对"精炼铜"、"铜合金"、"铜母合金"作出了规定。

本章章注四至八对"条、杆"、"型材及异型材"、"丝"、"板、片、带、箔"以及"管"作出了解释。需要指出的是,本章的这些解释与之后的第七十五章、第七十六章、第七十八章至第八十章的章注的解释基本相同。与之前的第七十二章也有一些地方相似。

本章子目注释对铜锌合金(黄铜)、铜锡合金(青铜)、铜镍锌合金(德银)、铜镍合金(白铜)的归类作出了规定。此外作为铜归类的铜基合金还包括铝青铜、铍铜(有时称作铍青铜)、硅铜、铬铜等。

17.4.2　本章归类要点

根据第十五类类注二的规定,铜制的通用零件应归入本章品目 74.12、品目 74.13、品目 74.15 或品目 74.19。这些通用零件,除条文另有规定的以外,不论是否适用于专门的机器设备,一律优先归入本章的有关品目。

17.4.3　历年报关员资格全国统一考试中的本章归类题

1. 废电动机,大小、形状不一,混装在一起,都已损坏,只能用于拆解并回收铜、铁等原材料,以回收铜为主(2008 年考题)　　　　　　　　7404.0000

归类说明:本题中的废电动机,因其不能再作为原物使用,而只能用于回收金属,根据第十五类类注八(一)的规定,应按废碎料进行归类。又由于本题中的废碎料以回收铜为主,所以应按铜废碎料归入第七十四章。按条文的规定,本题货品应归入编码 7404.0000。

17.5　第七十五章　镍及其制品

17.5.1　本章结构

本章共 5 条章注、2 条子目注释、8 个品目,包括镍和镍合金及其某些制品,基本按照加工程度由浅至深的顺序排列品目。

本章章注一至五对"条、杆"、"型材及异型材"、"丝"、"板、片、带、箔"以及"管"作出了解释。这些解释与本类第七十四章等的章注的解释基本相同。

本章子目注释一对归入本章的非合金镍、镍合金作出了规定。

子目注释二则指出子目号 7508.10 所称的"丝",仅适用于截面尺寸不超过 6 毫米的任何截面形状的产品,不论是否盘卷。它不受本章注释三的限制。

17.5.2　本章归类要点

根据第十五类类注二的规定,镍制的通用零件应归入本章品目 75.07 或品目 75.08。这些通用零件,除条文另有规定的以外,不论是否适用于专门的机器设备,一律优先归入本章的有关品目。

17.5.3　历年报关员资格全国统一考试中的本章归类题

(历年考试中还未出现过本章试题。)

17.6 第七十六章 铝及其制品

17.6.1 本章结构

本章共 5 条章注、2 条子目注释、16 个品目,包括铝、铝合金及其某些制品,基本按照加工程度由浅至深的顺序排列品目。

本章章注一至五对"条、杆"、"型材及异型材"、"丝"、"板、片、带、箔"以及"管"作出了解释。这些解释与本类第七十四章等章注的解释基本相同。

本章子目注释一对归入本章的非合金铝、铝合金作出了规定。

子目注释二则指出子目号 7616.91 所称的"丝",仅适用于截面尺寸不超过 6 毫米的任何截面形状的产品,不论是否盘卷。它不受本章注释三的限制。

17.6.2 本章归类要点

(1) 根据第十五类类注二的规定,铝制的通用零件应归入本章品目 76.09、品目 76.14 或品目 76.16。这些通用零件,除条文另有规定的以外,不论是否适用于专门的机器设备,一律优先归入本章的有关品目。

(2) 不归入本章的主要货品有:铝土矿(品目 26.06);氢氧化铝和氧化铝(品目 28.18);铝和氧化铝的烧结产品(应作为金属陶瓷对待,归入品目 81.13)。

17.6.3 历年报关员资格全国统一考试中的本章归类题

1. 用于贵重物品包装的,一面用纸板衬背的铝箔(铝箔厚 0.18 毫米,纸板厚 1 毫米)(1997 年考题)   7607.2000

归类说明:用纸板衬背的铝箔看上去既可归入第四十八章,又可归入本章。但根据第四十八章章注二(十三)的规定,用纸板衬背的铝箔应归入第十五类。再考虑其材料及厚度(应以铝箔厚度为准),本题应归入编码 7607.2000。

2. 铝制铆钉(铝壶零件)(2001 年考题)　　　　　　　　　7616.1000

归类说明:根据第十五类类注二的规定,铆钉属于通用零件,应优先归入相应品目,对于本题铝制的铆钉,应归入本章编码 7616.1000。

3. 如图所示的汽车遮阳板。其规格为 130 厘米 × 70 厘米,可折叠,两面是反光铝箔,内部衬以聚乙烯发泡材料(2010 年考题)　　　　7616.9990

归类说明:本题货品由铝箔和塑料两种材料制成,但是该产品起主要用途的是反光铝箔,塑料仅起支撑作用,根据归类总规则三(二)基本特征归类方法,本题货品应按铝制品归入第七十六章。查品目条文和子目条文规定,本题货品应归入编码 7616.9990。

17.7　第七十七章　（空章,保留为《协调制度》将来所用）

17.8　第七十八章　铅及其制品

17.8.1　本章结构

本章共 5 条章注、1 条子目注释、4 个品目,其中原品目 78.03 和品目 78.05 已被删除。本章包括铅、铅合金及其某些制品,基本按照加工程度由浅至深的顺序排列品目。

本章章注一至五对"条、杆"、"型材及异型材"、"丝"、"板、片、带、箔"以及"管"作出了解释。这些解释与本类第七十四章等章注的解释基本相同。

本章子目注释对归入本章的"精炼铅"作出了规定。

17.8.2 本章归类要点

根据第十五类类注二的规定,铅制的通用零件应归入本章品目 78.06。这些通用零件,除条文另有规定的以外,不论是否适用于专门的机器设备,一律优先归入本章的有关品目。

17.8.3 历年报关员资格全国统一考试中的本章归类题

(历年考试中还未出现过本章试题。)

17.9 第七十九章 锌及其制品

17.9.1 本章结构

本章共 5 条章注、3 条子目注释、6 个品目,包括锌、锌合金及其某些制品,基本按照加工程度由浅至深的顺序排列品目。

本章章注一至五对"条、杆"、"型材及异型材"、"丝"、"板、片、带、箔"以及"管"作出了解释。这些解释与本类第七十四章等章注的解释基本相同。

本章子目注释一至三对归入本章的"非合金锌"、"锌合金"、"锌末"作出了解释。

17.9.2 本章归类要点

根据第十五类类注二的规定,锌制的通用零件应归入本章品目 79.07。这些通用零件,除条文另有规定的以外,不论是否适用于专门的机器设备,一律优先归入本章的有关品目。

17.9.3 历年报关员资格全国统一考试中的本章归类题

（历年考试中还未出现过本章试题。）

17.10 第八十章 锡及其制品

17.10.1 本章结构

本章共 5 条章注、2 条子目注释、4 个品目,其中原品目 80.04、品目 80.05 和品目 80.06 已被删除。本章包括锡、锡合金及其某些制品,基本按照加工程度由浅至深的顺序排列品目。

本章章注一至五对"条、杆"、"型材及异型材"、"丝"、"板、片、带、箔"以及"管"作出了解释。这些解释与本类第七十四章等章注的解释基本相同。

本章子目注释一至二对归入本章的"非合金锡"、"锡合金"作出了解释。

17.10.2 本章归类要点

根据第十五类类注二的规定,锡制的通用零件应归入本章品目 80.07。这些通用零件,除条文另有规定的以外,不论是否适用于专门的机器设备,一律优先归入本章的有关品目。

17.10.3 历年报关员资格全国统一考试中的本章归类题

（历年考试中还未出现过本章试题。）

17.11　第八十一章　其他贱金属、金属陶瓷及其制品

17.11.1　本章结构

本章共1条子目注释、13个品目，包括未在本《协调制度》其他章内更为具体列名的贱金属、它们的合金及制品。这些金属是钨（品目81.01）、钼（品目81.02）、钽（品目81.03）、镁（品目81.04）、钴，包括钴锍及其他冶炼钴时所得的中间产品（品目81.05）、铋（品目81.06）、镉（品目81.07）、钛（品目81.08）、锆（品目81.09）、锑（品目81.10）、锰（品目81.11）以及铍、铬、锗、钒、镓、铪、铟、铌、铼及铊（品目81.12）。本章还包括金属陶瓷（品目81.13）。

归入本章的大多数金属一般作为合金或碳化物使用为多，而较少直接使用纯金属。这些合金应按第十五类注释五的规则归类。

未列入本章或第十五类其他各章的贱金属应归入第二十八章。本章也不包括金属碳化物（品目28.49或品目38.24等）。

本章子目注释指出，第七十四章章注中关于"条、杆"、"型材及异型材"、"丝"以及"板、片、带、箔"的解释也适用于本章的货品。

17.11.2　本章归类要点

（1）根据第十五类类注二的规定，用本章贱金属制的通用零件也应归入本章相应品目。这些通用零件，除条文另有规定的以外，不论是否适用于专门的机器设备，一律优先归入本章的有关品目。

（2）在本目录所涉及的81种金属元素中，碱金属、碱土金属、稀土金属、液体金属汞等25种金属元素归入品目28.05；镭、铀、钍等20种放射性金属元素归入品目28.44；金、银、铂等8种贵金属归入第七十一章；铁、铜、镍、铝、铅、锌、锡这7种贱金属元素分别归入第七十二章、第七十四章至第八十章，其他21种贱金属元素则归入第八十一章。

17.11.3   历年报关员资格全国统一考试中的本章归类题

1. 按重量计锡、铋、镉、铅的比例为 1 : 4 : 1 : 2 的伍德合金（电源保险丝）
（1998 年下半年考题）   8106.0090

归类说明：本题货品是由四种贱金属构成的合金，根据第十五类类注五（一）
的规定，贱金属合金应按其所含重量最大的金属归类，所以本题应按铋合金归入
第八十一章，并归入商品编码 8106.0090。

2. 金属陶瓷（粉末状）（1999 年上半年考题）   8113.0010

归类说明：金属陶瓷既有陶瓷成分，又有金属成分，是金属与陶瓷成分以极
细微粒不均匀结合而成的产品，它应作为一种贱金属归入第八十一章。按税目
条文规定将其归入商品编码 8113.0010。

3. 金属陶瓷管（2000 年考题）   8113.0090

归类说明：本题货品属于金属陶瓷制品，应归入第八十一章。按税目条文规
定将其归入商品编码 8113.0090。

17.12   第八十二章   贱金属工具、器具、利口器、餐匙、餐叉及其零件

17.12.1   本章的基本结构

本章共 3 条章注、15 个品目，包括具有工具、器具、刀具、餐具等性质的某些
贱金属制品，这些制品不归入第十五类本章以前的各章，也不属于第十六类的机
器或器具、第九十章的仪器或设备和品目 96.03（帚、刷、非机动的手工操作地板
清扫器等）或品目 96.04（手用粗筛、细筛）的制品。

具体包括以下货品：(1)除某些列名不包括的货品〔例如机动锯用的锯条
（品目 84.67）〕以外的手工工具（品目 82.01 至品目 82.05）；(2)由品目 82.02
至品目 82.05 中两个或两个以上品目的工具组成的零售包装成套货品（品目
82.06）；(3)供手工工具、机床或手提式动力工具用的可互换工具（品目 82.07），
机器或机械器具用的刀及刀片（品目 82.08），以及工具用的金属陶瓷板、杆、刀

头及类似品(品目 82.09);(4)不论供专业用、个人用或家庭用的利口器、某些家用机械器具、餐匙、餐叉及类似的餐具和厨房用具(品目 82.10 至品目 82.15)。

17.12.2 本章归类要点

(1) 关于手工工具的归类。

可单独使用的手工工具,不论是否装有齿轮、曲柄、活塞、螺旋装置或杠杆等简单机构,一般应归入本章。但是,对于准备装于工作台、墙壁等上的器具或由于重量、规格或使用所需力度等原因而装于底板、底座、支架等上以便放置于地板、工作台等上面的器具,一般应归入第八十四章。

所以,工作用手自由操作的无支架胸压式手摇钻,尽管装有简单的齿轮机构,仍应归入品目 82.05;但装于支座或支架上的钻机应归入品目 84.59。同样,钳式金属剪应归入品目 82.03,而配有支座或底板的闸刀式剪切机,即使是手工操作的也应归入品目 84.62。

但是,由于设备性质的不同,这条规则在两方面均有例外。例如,台钳、带支架砂轮及轻便锻炉因本章有具体列名而归入品目 82.05 中。某些机械器具(例如咖啡磨、榨汁机、绞肉机等)因有专门规定,应归入品目 82.10。另一方面,第八十四章具体列名也包括某些可独立操作的手工器具,例如液体或粉末的喷射器具(品目 84.24)、手提式风动工具(品目 84.67)、非手枪式办公室用订书机(品目 84.72)等。

(2) 关于混合材料制手工工具的归类。

本章章注一规定,除喷灯、轻便锻炉、带支架的砂轮(品目 82.05)、修指甲和修脚用器具(品目 82.14)以及工具用金属陶瓷板、杆、刀头及类似品(品目 82.09)外,工具、利口器等只有在其刀片、工作刃、工作面或其他工作部件是由贱金属、硬质合金或金属陶瓷制成的情况下,才归入本章。只要符合这一条件,上述器具即使装有其重量超过金属工作部件的非金属柄、身,仍应归入本章(例如,装有金属刀片的木刨)。

本章也包括由天然、合成或再造宝石或半宝石(例如黑金刚石)制的工作部件装于贱金属、硬质合金或金属陶瓷底座上而构成的工具;此外,在某些情况下,其工作部件可由用磨料镶嵌或包覆的贱金属制成。

供手工工具、机床或手提式动力工具用的贱金属制可互换工具,如果其工作部件不是用本章注释一所述的材料制成的,不应归入本章。这些物品通常应按工作部件的构成材料归类,例如橡胶制的(第四十章)、皮革制的(第四十二章)、毛皮制的(第四十三章)、软木制的(第四十五章)、纺织品制的(第五十九章)、陶瓷材料制的(品目 69.09)、机器用刷(品目 96.03)。

(3) 关于贱金属零件的归类。

根据本章章注二的规定,明显作为工具、利口器等的贱金属零件(例如锯架),通常与其完整品归入同一品目。但这一规则不适用于已在有关品目具体列名的物品,也不包括手提工具的工具夹具(品目 84.66)。第十五类注释二所述的链条、钉子、螺栓、螺母、螺钉、铆钉、弹簧(例如供修枝剪刀用)及其他通用零件不归入本章,而应按材料属性归入第七十三章至第八十三章相应的品目。而电动剃须刀及电动毛发推剪的刀头、刀片应归入品目 85.10。

品目 82.08 至品目 82.15 的利口器及其他物品可以装配有贵金属或包贵金属制的小件装饰品(例如饰带);但是,如果它们带有贵金属或包贵金属制的其他零件(例如柄或刀片),或者除工作部件外含有天然或养殖珍珠、宝石或半宝石(天然、合成或再造),则应归入第七十一章。

(4) 本章不包括的主要货品。

作为医疗、牙科、外科或兽医用的器械或器具的工具、剪刀或其他利口器(品目 90.18);明显具有玩具特征的工具(第九十五章);乐锯(品目 92.08);金属切割剪床(品目 84.62);办公室用打洞机(品目 84.72);用以在票据上打印日期或其他任何标记的剪票器(品目 96.11);不论是否手工操作的液体或粉末的喷射、散布或喷雾器具(品目 84.24);手工工具用夹具(品目 84.66);手提式风动工具及本身装有动力装置(电动机除外)的手提式工具(品目 84.67);不与刀片一起报验的塑料安全剃刀(品目 39.24);电动剃须刀和电动毛发推剪(品目 85.10)等。

(5) 关于刀具的归类汇总。

斧子、钩刀及类似砍伐工具,修枝用剪刀,镰刀、秣刀、树篱剪等手工工具(品目 82.01);锉刀、白铁剪等(品目 82.03);可互换的机床用的刀具(如车刀、铣刀、刨刀、镗刀、滚刀、拉刀等)(品目 82.07);机器或机械器具用的未装配的刀及其刀片(品目 82.08);未装配金属陶瓷制的刀头等(品目 82.09);非机器用的带刃口的刀及刀片(品目 82.11);剃刀及其刀片(品目 82.12);普通剪刀、裁缝用剪刀及剪刀片(品目 82.13);屠刀、砍骨及剁肉的刀、裁纸刀、开信刀、铅笔刀及其刀片、指甲刀等(品目 82.14);鱼刀、黄油刀等厨房或餐桌用具(品目 82.15);作为医疗、牙科、外科或兽医用的器械或器具的工具、剪刀或其他利口器(品目 90.18);不与刀片一起报验的塑料安全剃刀(品目 39.24);电动剃须刀和电动毛发推剪及其刀头、刀片(品目 85.10)等。

17.12.3　历年报关员资格全国统一考试中的本章归类题

1. 装入一个金属工具箱中的成套汽车修理工具(1998 年上半年考题)

8206.0000

归类说明:成套汽车修理工具一般包括扳手、扳手套筒、钳子、螺丝刀等工具,本章品目 82.06 提及由两个或多个工具组成的成套货品应归入该品目,本题正好符合这些条件,所以应归入商品编码 8206.0000。

2. 成套的理发工具,由一个手动的理发推剪、一把木梳、一把剪刀、一把刷子组成,装于一只塑料盒中(2004 年考题)

8214.9000

归类说明:本题货品是零售成套货品,根据归类总规则三(二)的规定,按基本特征归类方法,可以看出该套货品中理发推剪构成这套货品的基本特征,所以应按理发推剪归入第八十二章编码 8214.9000。

17.13　第八十三章　贱金属杂项制品

17.13.1　本章结构

本章共 2 条章注、11 个品目,包括某些特定类型的物品,例如锁、铃、锣、盖子、塞子、扣、环等,不论其由何种贱金属构成。作为第十五类的最后一章内容,它包括不能归入前面各章的贱金属制品,尤其是第十五类类注二列名的归入本章的贱金属通用零件。

17.13.2　本章归类要点

(1) 根据本章章注一的规定,贱金属零件一般应与其制品一同归类。但本章不包括非绝缘的绞股线、绳、缆、编带及类似品,链条及其零件,钉子、图钉及类似品,螺钉、螺栓、螺母及类似品,弹簧(即使制成供锁等专用)及弹簧片,这些货品作为通用零件应分别归入第七十三章至第八十一章的相应品目。

（2）根据第十五类类注二的规定，贱金属制的锁（钥匙锁、数码锁及电动锁），贱金属制带锁的扣环及扣环框架，上述锁的贱金属制钥匙（品目83.01）；用于家具、门窗、楼梯、百叶窗、车厢、鞍具、衣箱、盒子及类似品的贱金属附件及架座，贱金属制帽架、帽钩、托架及类似品，用贱金属做支架的小脚轮，贱金属制的自动闭门器（品目83.02）；贱金属相框或画框及类似框架，贱金属镜子（品目83.06）；贱金属制的用于衣着、鞋靴、天篷、提包、旅行用品或其他制成品的扣、钩、环、眼及类似品，贱金属制的管形铆钉及开口铆钉，贱金属制的珠子及亮晶片（品目83.08）；贱金属制的标志牌、铭牌、地名牌及类似品、号码、字母及类似标志（品目83.10）；这些货品作为通用零件，不论其用途如何，一律优先归入本章相关品目。

17.13.3 历年报关员资格全国统一考试中的本章归类题

1. 小客车专用烟灰缸，镀锌钢铁材料制成（2011年考题）　　　　8302.3000

归类说明：本题货品是机动车辆用的贱金属附件，属于第十五类类注二"通用零件"范畴，应归入第八十三章。根据品目条文和子目条文规定，本题货品应归入编码8302.3000。

习题 17

将以下货品归入我国进出口商品八位数编码中：

（1）符合化学定义的元素钠

（2）不锈钢制的水龙头

（3）钢铁制汽车防滑链

（4）不锈钢制开口铆钉

（5）铁合金（硅含量占60%，铁含量占20%，铬12%，锰8%）

（6）锭状铁合金，含碳4%、锰25%、硅11%、铬5%、钛12%、钼8%，其余为铁

（7）锭状铁合金，含碳4%，铁50%，锰35%及硅11%

（8）截面为矩形的不锈钢钢材，除冷轧外未经进一步加工，钢材宽度180毫米，厚度5毫米，平直状报验

(9) 截面为矩形的高速钢钢材,除热轧外未经进一步加工,钢材宽度 180 毫米,厚度 5 毫米,平直状报验

(10) 截面为矩形的高速钢层叠卷材,除热轧外未经进一步加工,钢材宽度 800 毫米,厚度 10 毫米

(11) 截面为矩形的硅锰钢钢材,除热轧外未经进一步加工,钢材宽度 50 毫米,厚度 4 毫米,不规则盘卷状报验

(12) 非合金钢制的工字钢材,除热轧外未经进一步加工,截面高度为 70 毫米

(13) 截面为矩形的非合金钢钢材,除热轧过程中产生槽沟外未经其他进一步加工,钢材宽度 60 毫米,厚度 8 毫米,平直状报验

(14) 截面为矩形的非合金钢钢材,除轧制外未经进一步加工,钢材宽度 60 毫米,厚度 8 毫米,冷成形盘卷状报验

(15) 镍丝,镍占 98％,钴占 1％,铁占 0.5％,氧占 0.2％,铜占 0.3％

(16) 矩形截面的不锈钢制焊缝管,外径为 420 毫米,内径为 220 毫米

(17) 钢铁制图钉

(18) 订书机用钢铁制成条的订书钉

(19) 非绝缘的钢缆

(20) 不锈钢制自攻螺钉

(21) 钢铁制搪瓷面盆

(22) 不锈钢制的无缝钻管,外径为 20 厘米,内径为 17 厘米,钻探石油用

(23) 钢铁制家用煤气灶

(24) 家用电热饮水机

(25) 不锈钢制洗脸盆

(26) 铜制水管接头,含铜量为 99.9％

(27) 铝制的易拉罐体

(28) 铝制的易拉罐盖

(29) 铜制螺母

(30) 未装配的工具用金属陶瓷板车

(31) 钢铁制捕鼠器

(32) 装入一个皮盒中的零售的成套家用修理工具,内含老虎钳、扳手、铁锤、螺丝刀、钢锉、钢锯各一把

(33) 零售包装的成套修理工具(内有螺丝刀、凿子、攻丝刀各一把)

(34) 镗床用可互换的钢铁制铰刀

(35) 成套出售的裁缝用具,由一把不锈钢制裁缝剪刀、一卷皮尺、一根木尺、几块裁缝划粉组成,装于一只塑料盒中

(36) 办公室用不锈钢制的裁纸刀

(37) 用木炭加热的铸铁制熨斗

(38) 镀金不锈钢制的单根汤匙

(39) 不锈钢制电动剃须刀的专用刀头

(40) 梳妆用的铜镜

18

第十六类　机器、机械器具、电气设备及其零件；录音机及放声机、电视图像、声音的录制和重放设备及其零件、附件

18.1　本类概况

18.1.1　本类的基本结构

　　本类包括第八十四章和第八十五章共2章货品。除本类注释及第八十四章、第八十五章注释规定不归入本类的货品，以及在其他各类已具体列名的货品以外，本类包括所有用机械及电气方式操作的机器、装置、器具、设备及其零件，同时也包括某些既不用机械方式，也不用电气方式进行操作的装置和设备（如锅炉、锅炉房设备、过滤装置等）及其零件。

　　一般来说，本类所列的货品可用各种材料制造。其中大部分是贱金属制的，但本类也包括某些用其他材料制成的机器（如全部用塑料制成的泵），以及用塑料、木材、贵金属等制成的零件。

　　本类第八十四章的货品主要包括能量转换机器（如内燃机、水轮机等），利用能量变化做功的机器（如焙烧炉、烘箱等），利用能量做功的机器（如起重机械、印刷机械、纺织机械、机床等），以及这些机械设备的零件部件。

　　本类第八十五章的货品主要包括利用电能做功的机器、设备（如电动机、电熨斗、电热水器等），电信号的产生、变换接收的机器、设备（如通讯设备、音像设备等），利用不同形式电信号进行工作的机器、设备（如微波炉、电磁炉等）。

18.1.2   关于机器设备零件的归类

根据本类类注一、二,第八十四章章注一以及第八十五章章注一的规定,对于单独报验的机器设备的零件,一般按以下顺序归类:其他类列名的零件,归入其他类;本类有具体列名的零件,归入本类列名的相应品目;本类未具体列名但是专用于或主要用于某一种或多种机器的零件,归入本类单列的相应品目;本类未具体列名的其他零件,归入本类相应机器的品目。

具体归类方法为:

(1) 其他类列名的零件,归入其他类。即属于本类类注一、第八十四章章注一以及第八十五章章注一所提及的机器设备用零件,应归入其他类中。[第十六类类注二]

这些零件主要有:塑料、橡胶、纺织材料制的传动带、输送带(第三十九章、第四十章、第五十九章);皮革、再生皮革、毛皮、其他纺织材料制的专门技术用途的制品(第四十二章、第四十三章、第五十九章);塑料、橡胶、木、纸、贱金属等各种材料制的筒管、卷轴、芯子等类似品(第三十九章、第四十章、第四十四章、第四十八章、第十五类等);贱金属、塑料制的第十五类类注二提及的通用零件(第十五类、第三十九章);橡胶、皮革、毛皮、软木、纺织材料、陶瓷、贱金属等各种材料制的可互换工具(第四十章、第四十二章、第四十三章、第四十五章、第五十九章、第六十八章、第六十九章、第八十二章等);塑料、纸、贱金属等材料制的机器用穿孔卡片(第三十九章、第四十八章、第十五类等);贱金属制的丝、带制的环形带(第十五类);作为机器零件的刷子(品目 96.03);钢铁制的钻管(品目 73.04);打字机色带或类似色带(品目 96.12);供任何材料制机器用的陶瓷零件(第六十九章);玻璃制机器设备用的零件(第七十章);非电热的贱金属制家用炉、灶等家用器具的零件(第十五类);非电热的贱金属制集中供暖用散热器等器具的零件(第十五类);制灯泡等类似品用的未封口玻璃外壳及其零件(品目 70.11)等。

(2) 本类有具体列名的零件,归入本类列名的相应品目。[第十六类类注二]

这些零件主要有:机器用的密封垫等类似品(品目 84.84),电气设备用的绝缘电线、电缆等类似品(品目 85.44),电气设备用的碳电极、碳刷等石墨或碳精制品(品目 85.45);电气设备用的各种材料制的绝缘子(品目 85.46),电气设备用的绝缘零件、内衬绝缘材料的贱金属制线路导管及其接头(品目 85.47)等。它们应归入第八十四章、第八十五章已有具体列名的品目中。

（3）某些明显专用于或主要用于机器设备的零件归入第八十四章、第八十五章独立的品目中。〔第十六类类注二（一）、（三）〕

这些零件包括第八十四章专用于或主要用于品目 84.07 或品目 84.08 所列发动机的零件（品目 84.09）；专用于或主要用于品目 84.25 至品目 84.30 所列工程机械器具的零件（品目 84.31）；专用于或主要用于品目 84.44 至品目 84.47 所列纺织机器的零件（品目 84.48）；专用于或主要用于品目 84.56 至品目 84.65 所列机床的零件（品目 84.66）；专用于或主要用于品目 84.69 至品目 84.72 所列办公室用机器的零件（品目 84.73）。

也包括第八十五章专用于或主要用于品目 85.01 或品目 85.02 所列机器的零件（品目 85.03）；专用于或主要用于品目 85.19 至品目 85.21 所列装置的零件（品目 85.22）；专用于或主要用于品目 85.25 至品目 85.28 所列装置的零件（品目 85.29）；专用于或主要用于品目 85.35、品目 85.36 或品目 85.37 所列装置的零件（品目 85.38）。

其他可确定为机器零件，但非专用于或主要用于某种机器或某类机器（即通用于不同品目所列的多种机器）的物品，应归入品目 84.87（非电气零件）或品目 85.48（电气零件）。

（4）除上述货品以外，凡明显专用于或主要用于某种机器或装置（包括品目 84.79 或品目 85.43 所列物品），或同一品目所列同类机器或装置的零件，均应与有关机器或装置一并归类。〔第十六类类注二（二）、（三）〕

本规定特别适用于第八十四章的如下货品的零件：泵及压缩机（品目 84.13 及品目 84.14）；品目 84.21 所列的过滤机器及装置；起重及搬运机器（品目 84.25、品目 84.26 或品目 84.28）；龙头、旋塞、阀门等（品目 84.81）；滚珠轴承、滚子轴承、滚针轴承，以及公差不超过 1‰ 或 0.05 毫米（以相差数值较小的为准）的抛光钢珠（品目 84.82）；传动轴、曲柄、轴承座、滑动轴承、齿轮及齿轮传动装置（包括摩擦传动装置、齿轮箱及其他变速装置）、飞轮、滑轮与滑轮组、离合器及联轴器（品目 84.83）；第八十四章其他品目未列名的具有独立功能的机器设备的零件（品目 84.79）等。

在第八十五章也特别适用于如下货品的零件：品目 85.01 所列的电动机；品目 85.04 所列的变压器及其他机器及装置；加热电阻器（品目 85.16）；电容器（品目 85.32）；电路的开关、保护等用的电气装置（如开关、熔断器、接线盒等）（品目 85.35 及品目 85.36）；用于电气控制或电力分配的盘、板、台、柜及其他装置（品目 85.37）；品目 85.39 所列的灯；品目 85.40 所列的电子管及品目 85.41 所列的二极管、晶体管等；第八十五章其他品目未列名的具有独立功能的电气设备的零件(品目 85.43)。

但对于能同时主要用于品目 85.17、品目 85.25 至品目 85.28 所列机器的零件,应归入品目 85.17。

机器零件不论是否制成成品即可使用,均应归入本类;但钢铁制的粗锻件应归入品目 72.07。

机器零件的归类程序大致如图 18.1。

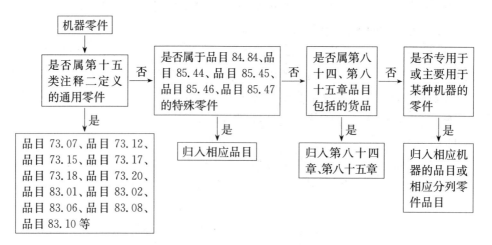

图 18.1　机械、电气设备零件归类图示

18.1.3　关于多功能机器及组合机器的归类

根据本类注释三的规定,由两部及两部以上机器装配在一起形成的组合式机器,或具有两种及两种以上互补或交替功能的机器,除条文另有规定的以外,应按具有主要功能的机器归类。例如,利用可互换工具进行多种机械加工(例如,铣削、镗削、磨削)的金属加工机床是一种多功能机床,应按其主要功能归类。

在不能确定机器的主要功能,而且根据本类注释三的规定,条文也没有列出其他要求时,可运用归类总规则三(三)从后归类的原则进行归类。例如,当多功能机器看起来可归入品目 84.25 至品目 84.30、品目 84.58 至品目 84.63 或品目 84.69 至品目 84.72 的几个品目时,可运用归类总规则三(三)进行归类。比如具有过滤、消毒、制冷、加热装置的饮水机,其主要功能是制冷和加热,两者很难确定哪一个更重要,所以按从后归类原则归入品目 85.16。

组合机器是由两台或多台不同类型的机器或器具组成的整套设备,各台机器可同时或序贯执行各自的功能,这些功能一般是互补的,不同的功能列在第十六类的不同品目中。这种组合机器也应按其主要功能归类。这类组合机器举例如下:配有托纸辅助机器的印刷机器(品目84.43);配有加印名字或简单图案辅助机器的卡纸盒制造机器(品目84.41);配有起重或搬运装置的工业熔炉(品目84.17或品目85.14);配有辅助性包装设备的香烟制造机器(品目84.78)。

在执行上述规定时,各种不同的机器如果是一台机器装在另一台机器的内部或上面,或者两者装在同一个底座、支架之上或同一个机壳之内,应作为一个整体对待。对于一组机器,除非其各台机器是永久性连在一起使用,或装在同一个底座、支架上或机壳内,否则不能作为一个整体对待。临时组合使用的或通常在结构上不视为组合机器的机器组合体也不能作为一个整体对待。

这些机器的底座、支架或机壳可以装有轮子,以便在使用时可随意移动,但不能因此而构成某一品目具体列名的另一种物品(如车辆)。地板、混凝土底座、墙、隔板、天花板等,即使经专门装配以备安装机器或器具,也不能视为将有关机器或器具连成一体的共同底座。

当组合机器可归入某个特定品目时,无需引用第十六类类注三的规定,即可归入其特定品目。例如某些空调器(品目84.15)。

必须注意,多用途机器(例如,金属及其他材料的加工机床,或造纸、纺织、皮革、塑料等工业通用的打孔机),应按第八十四章章注七的规定归类。即具有一种以上用途的机器在归类时,其主要用途可作为唯一的用途对待。除第八十四章章注二、第十六类注释三另有规定的以外,凡任何品目都未列明其主要用途的机器,以及没有哪一种用途是主要用途的机器,均应归入品目84.79。

例如,一台多功能的工程机械设备,具有挖掘、起重、装卸、平整土地等多种功能,其中以挖掘功能为主,归类时将整台设备按挖掘机器归入品目84.29。

由空气压缩机、过滤器、冷冻干燥机安装在同一机箱内而组成的工厂气动设备动力源,其主要功能是压缩空气,所以按主要功能归入品目84.14。

具有照明功能的便携式收音机,其主要功能是收音功能,所以应按主要功能归入品目85.27。

数码图像系统具有网络打印、复印、扫描、传真等多功能,但其主要功能是用于办公室作打印机用,所以归入品目84.43。

多功能指纹遥控器,可以实现指纹采集、对比识别指纹、存储删除管理、遥控键功能、无线加密及发射等多功能,属于未列名的电器设备,故归入品目85.43。

18.1.4 关于功能机组的归类

根据本类注释四的规定,由不同独立部件(不论是否分开或由管道、传动装置、电缆或其他装置连接)组成的机器(包括机组),如果组合后明显具有一种第八十四章或第八十五章某个品目所列功能,则全部机器应按其功能归入有关品目。

上述注释中所称"明显具有一种功能"工作的机器,仅包括在作为一个整体的功能机组中起主要功能作用的机器或机组;但不包括执行辅助功能而不是执行整套设备的主要功能的机器或器具。

关于功能机组的归类可举例如下:

(1) 液压系统,由液压动力装置(主要由液压泵、电动机、控制阀及油箱组成)、液压缸及连接液压缸和液压动力装置所需的管道构成(品目84.12)。

(2) 冷藏设备,其各个构成部件并不组装成整体,而是由管道联接起来,冷却剂在管道中循环流动(品目84.18)。

(3) 灌溉系统,包括由过滤器、喷射器、计量阀等组成的控制站、地下分布支管及地面网络(品目84.24)。

(4) 挤奶机器,所配有的各个独立部件(真空泵、脉动器、奶头吸杯及奶桶)是由软管或管道加以联接的(品目84.34)。

(5) 酿酒机器,主要包括催芽机、麦芽压碎机、麦芽浆桶、滤酒桶(品目84.38)。但辅助机器(例如,装瓶机、标签印刷机)不应归入本品目,而应归入其他相应品目。

(6) 信件分拣系统,主要由编码台、预分拣信道、中间分拣机及最终分拣机所组成。整套设备是由一台自动数据处理机控制(品目84.72)。

(7) 沥青拌和设备,由各自独立的加料斗、输送装置、干燥器、振动筛、混合机、贮料箱及操纵装置并排配备而成(品目84.74)。

(8) 组装电灯泡用的机器。这种设备的各个部件是利用输送装置加以联接,并配有玻璃的热处理设备、泵及灯泡检测装置(品目84.75)。

(9) 焊接设备,由焊头或焊钳组成,配有变压器、发电机或整流器,用以供电(品目85.15)。

(10) 配有手提话筒的手提式无线电话发送设备(品目85.17)。

(11) 配有电源、放大器等的无线电发射机(品目85.25)。

(12) 配有电源、放大器等的雷达设备(品目 85.26)。

(13) 由红外线灯、光电池及警铃等组成的防盗报警器(品目 85.31)。

又如,用于家具制造过程中家具底层、外层涂布及着色的自动涂层生产线,由三个系统组成:自动输送系统(辊式、带式输送机)、电子染剂及漆的喷射系统(又由旋转喷射机器和自动喷射机器组成)、连机干燥系统(以热交换及紫外线辐射方式进行干燥处理)。按其功能一并归入品目 84.24,而不能分别归类。

必须注意,不符合第十六类注释四规定的各种部件应分别归入其所属的适当品目。

18.1.5 关于附属装置、不完整机器、未装配机器的归类

(1) 附属装置。

根据归类总规则二、三及本类注释三及四的规定,附属的仪器及装置(例如压力计、温度计、水平仪或其他测量或检验仪器、产量计数器、时钟机构开关、控制板、自动调节器等),如果与所属机器设备同时报验,并专用于测量、检测、控制或调节某种机器或装置(可以是组合机器或者功能机组),应与有关机器设备一并归类。但用以检测、控制或调节多台机器(不论是否同一类型)的附属仪器及装置应归入其所属的适当品目。

(2) 不完整机器。

根据归类总规则二的规定,本类所指的机器或装置,不仅包括完整品,也包括不完整品(即已把有关零件装配成具有完整机器基本特征的机器)。因此,一台机器如仅仅缺少飞轮、底板、研光滚筒、工具夹具等,仍应与完整机器归入同一品目,而不应作为零件单独归类。同样,在正常情况下往往配有电动机的机器或装置,即使在报验时没有带电动机,也应按相应的完整机器归入同一品目。

(3) 未经装配的机器。

根据归类总规则二的规定,为了便于运输,许多机器或装置运输时处于未装配状态。虽然这类货品事实上只是一套零件,但仍应作为机器归类,而不应作为零件单独归类。这一规定同样适用于报验时未经装配的具有完整机器基本特征的不完整机器。但超过组成完整机器或具有完整机器基本特征的不完整机器所需数量的未装配零件,应归入其所属的适当品目。

18.1.6 关于移动式机器的归类

本类的许多机器设备可以安装在第十七类的车辆底盘或浮动底座上；所构成的移动式机器应根据各种因素，特别是底座的种类这一因素来确定归类。

例如，装在浮动底座上的所有移动式机器（如起重船、挖泥船、谷物提升船等），应归入第八十九章。

带有轮子的自推进式机器（指底盘和作业机器相互构成不可分割整体的成套机械设备，例如自推进式平路机），应归入第八十四章。

装在第八十六章或第八十七章所列车辆底盘上的移动式机器，如果装在轮式或履带式底盘上的自推进式机器（例如起重机、挖掘机），它的一种或多种推进式中心部件装在作业机器的驾驶室内，仍应归入第八十四章。不论整台机器是否可以依靠自身的动力在道路上行驶，均不能将其视为车辆归入第十七类。

其他带有起重或搬运机器、土地平整、挖掘或钻探机器等的车辆，至少配备推进发动机、变速箱及换挡操纵装置、转向及制动装置，应作为车辆归入第十七类。

配有内装式设备的机动犁雪车或吹雪车，应归入品目 87.05。

装有辅助发动机的小型流动步行操纵器具（例如在道路上划线用的器具），应归入品目 84.79。

作为第八十四章搬运、挖掘等机器组成部分的推进底座，一般应作为机器的部件归入第八十四章。

18.1.7 关于实验室用的机器及装置的归类

本类所包括的机器及装置，即使是实验室专用或与科学及测量仪器连用的，如果既未构成品目 90.23 所列的专供非工业性示范用的装置，也未构成第九十章所列的测量、检验等仪器，仍应归入本类。例如，实验室用的小型熔炉、蒸馏设备、研磨机、混合机、变压器及电容器等，仍应归入本类。

18.1.8　不归入本类的货品

根据本类类注一、第八十四章章注一、第八十五章章注一的规定，本类不包括的主要货品有：

(1) 任何材料制成的筒管、卷轴、纡子、锥形筒管、芯子、线轴及类似品(应按其构成材料归类)。

(2) 第十五类注释二所指的通用零件。例如，钢铁制的丝、链、螺栓、螺丝钉及弹簧(品目 73.12、品目 73.15、品目 73.18 或品目 73.20)及其他贱金属制的类似品(第七十四章至第八十一章)；品目 83.01 所列的锁；品目 83.02 所列的门窗等用的配件及架座。塑料制成的类似品也不归入本类而应归入第三十九章。

(3) 品目 82.07 所列的可互换工具；其他类似的可互换工具应按其工作部件的构成材料归类(例如，橡胶制的归入第四十章；皮革制的归入第四十二章；毛皮制的归入第四十三章；软木制的归入第四十五章；纺织材料制的归入第五十九章；研磨料等制的归入品目 68.04；陶瓷制的归入品目 69.09 等)。

(4) 提花机及类似机器用的穿孔卡片(如归入第三十九章、第四十八章或第十五类的)。

(5) 塑料制的传动带或输送带(第三十九章)，未硬化硫化橡胶制品(如传动带或输送带)(品目 40.10)，橡胶外胎、内胎等(品目 40.11 至品目 40.13)及垫圈等(品目 40.16)。

(6) 皮革或再生皮革制品(如织机用的皮结)(品目 42.04)及毛皮制品(品目 43.03)。

(7) 纺织材料制品，如传动带或输送带(品目 59.10)、毡垫及抛光轮(品目 59.11)。

(8) 全部用宝石或半宝石(天然、合成或再造)制成的物品(品目 71.02、品目 71.03、品目 71.04 或品目 71.16)。但不包括已经加工但未装配的电唱机唱针用蓝宝石或钻石(品目 85.22)。

(9) 第八十二章所列的其他物品(如工具、工具刀头、刀具及切割刀片、非电动理发推子及某些家用机械器具)，以及第八十三章所列的物品。

(10) 金属丝或金属带制成的环形带(第十五类)。

(11) 钻管(品目 73.04)。

(12) 打字机色带或类似色带，不论是否装轴或装盒(按其材料属性归类；如已上油或经其他方法处理能着色的,应归入品目 96.12)。

(13) 用作机器零件的刷子(品目 96.03)。

(14) 具有玩具、游戏品或运动用品性质的机器及装置,以及明显专用于或主要用于玩具、游戏品、运动用品的零件及附件(包括发动机,但不包括电动机、变压器及无线电遥控装置,这些物品应分别归入品目 85.01、品目 85.04 或品目 85.26)(第九十五章)。

(15) 第十七类所列的物品。

(16) 第十八类所列的物品。

(17) 第六十九章所列的某些陶瓷制品。

(18) 第七十章所列的某些玻璃制品。

(19) 武器弹药(第九十三章)。

18.2 第八十四章 核反应堆、锅炉、机器、机械器具及其零件

18.2.1 本章的货品范围

本章共 9 条章注、2 条子目注释、86 个品目(其中原品目 84.85 已被删除),是《协调制度》目录中品目数最多的一章。除第十六类类注另有规定的以外,本章主要包括未在第八十五章具体列名的各种机器和机械器具及其零件。总的来说,第八十四章主要包括利用做功和转换机械能来减轻人们劳动强度的机器及机械器具,第八十五章主要包括产生、利用、传输电能的电气设备。但是第八十四章也包括某些非机械也非电气的设备,例如,核反应堆(品目 84.01),蒸汽发生锅炉及其辅助设备(品目 84.02),以及过滤装置(品目 84.21)。

还须注意,某些即使是用电的电气机器及装置,仍应归入第八十四章。例如:

(1) 用电动机驱动的机器。例如,空调(品目 84.15),冰箱(品目 84.18),洗衣机(品目 84.50)等。

(2) 电热机器。例如,集中供暖用的电热水锅炉(品目 84.03),电热的农产品干燥器(品目 84.19),装有电热元件的研光机(品目 84.20),纺织品洗涤或漂白机器或熨烫机(品目 84.51)等。

（3）电磁式机器。例如，电磁继电器操作的打字机（品目 84.69），装有电磁夹盘的车床（品目 84.58）等。

（4）电子操作机器。例如，电子计算器（品目 84.70），自动数据处理装置（品目 84.71），装有光电装置的滚轧机（品目 84.55）等。

由于陶瓷制品及其零件（第六十九章）、实验室用玻璃器（品目 70.17）及玻璃制的机器、用具及其零件（品目 70.19 或品目 70.20）均不归入本章，因此，即使某种机器或机械用具的品名或属性在本章的品目中列出，但如果该种机器或机械用具具有陶瓷材料制品或玻璃制品的特征，它们仍不归入本章。

但是由陶瓷或玻璃部件与其他材料（例如，金属）制的许多部件组合而成的物品；由许多陶瓷或玻璃制的部件装在永久固定在其他材料制的支架、壳罩或类似品中而组成的物品，以及由陶瓷或玻璃制的固定部件与其他材料（例如，金属）制的发动机、泵等机械部件组合而成的物品，通常视为已失去陶瓷制品、实验室用玻璃器、陶瓷或玻璃机器、器具及其零件的特征，应归入第八十四章或八十五章。

18.2.2　本章品目的编排结构

本章的 86 个品目大体上可以分成七大组货品，其排列顺序如下。

第一组：品目 84.01，核工业设备及其零件。包括核反应堆，核反应堆的未辐照燃料元件，同位素分离机器及装置。

第二组：品目 84.02 至品目 84.24，以及品目 84.86，主要根据其功能列名的通用机器及装置，不论其用于哪种产业部门。

（1）品目 84.02 至品目 84.05：气体发生机器、装置及其零件。包括蒸汽锅炉，过热水锅炉，集中供暖用的热水锅炉及辅助设备，煤气发生器，乙炔发生器等机器。

（2）品目 84.06 至品目 84.12：动力机器。包括汽轮机，点燃式及压燃式内燃发动机，水轮机，涡轮喷气发动机，燃气轮机等机器及零件。

（3）品目 84.13 至品目 84.14：液体及气体输送装置及其零件。包括液体泵，液体提升机，气体真空泵，气体压缩机，风扇等机器。

（4）品目 84.15 至品目 84.19：热能转移机器及其零件。包括空气调节器，燃烧器，机械加煤机，非电热烘箱，制冷设备（冷藏箱、冷冻箱），热水器，利用温度处理材料的机器（烘炒、蒸馏、消毒、干燥、冷却等机器）。

(5) 品目 84.20 至品目 84.24,以及品目 84.86:其他按功能列名的机器及其零件。包括研光机,离心机,过滤及净化装置,瓶碟洗涤机,封口机,包装机,衡器,喷射及喷雾器具,灭火器,喷汽机,制造半导体器件、集成电路的机器等。

第三组:品目 84.25 至品目 84.78,主要根据其用途列名的专用机器或装置,即除某些情况外不论其特定功能如何,均按其所应用的产业部门进行列名的机器及装置。

(1) 品目 84.25 至品目 84.31:工程机械及零件。包括滑车,提升机,卷扬机,千斤顶,起重机,叉车,装卸机械,推土机,筑路机,挖掘机,压路机,对泥土、矿物的运送、平整、铲运、开采机械,打桩机,扫雪机等机器及零件。

(2) 品目 84.32 至品目 84.38:农业,园艺,饮食制品加工机械及零件。包括整地、耕作机械,收割机,脱粒机,挤奶机,制酒机,饲养业机械,谷物加工机械等机器及零件。

(3) 品目 84.39 至品目 84.43:纸及纸制品加工机械,印刷机械及零件。包括纸浆制造机,造纸机,整理机,书本装订机,切纸机,铸字、排字机,印刷机(包括打印机、复印机、传真机)等机器及零件。

(4) 品目 84.44 至品目 84.53:纺织,皮革加工机械及零件。包括化纤加工机,纺纱机,并线机,整经机,织机,针织机,簇绒机,织机的辅助机器(多臂机、提花机等),制毡呢、无纺布机器,洗衣机,织物整理机器(漂白、染色、印花、涂布等机器),缝纫机,皮革的处理、鞣制及加工机器等机器及零件。

(5) 品目 84.54 至品目 84.55:金属冶炼及铸造机械及零件。包括金属冶炼的转炉,铸造机,金属轧机等机器及零件。

(6) 品目 84.56 至品目 84.68:金属及非金属材料加工机器及零件。包括用激光、超声波、电子束等处理材料的加工机床,金属加工中心,切削机床,钻床,镗床,铣床,磨床,刨床,插床,拉床,锻造及冲压机床,金属拉拔机,对石料、陶瓷、玻璃、木材等材料的加工机床,手提式工具,焊接机器及装置等机器及零件。

(7) 品目 84.69 至品目 84.73:办公机械及零件(包括自动数据处理器)。包括打字机,文字处理器,计算机器,售票机,现金出纳机,自动数据处理设备(电脑),磁性或光学阅读机,胶版复印机,油印机,打洞机,订书机等办公机器及零件。

(8) 品目 84.74 至品目 84.78:其他行业机器及零件。包括矿物处理加工机械,灯及玻璃制造业的加工机械,商业机器(自动售货机、货币兑换机),橡胶及塑料行业加工机械,烟草行业加工机器等机器及零件。

第四组:品目 84.79,不能归入本章该品目以前任何品目未列名的具有独立功能的机器及机械器具及零件。

第五组：品目84.80，金属铸造用的型箱及阳模，模制某些材料用的手工模具或机器模具（锭模除外）。

第六组：品目84.81至品目84.84，某些具体列名的可作为机器零件使用或可用作其他章货品零件使用的非电气通用物品。包括龙头，阀门，滚动轴承，传动轴，齿轮，飞轮，滑轮，离合器，密封垫等物品。

第七组：品目84.87，其他品目未列名的非电气机器零件。包括船用推进器及桨叶等零件。

18.2.3　本章归类要点

（1）关于机器零件的归类。

零件的归类一般应根据第十六类类注一、类注二以及第八十四章章注一的规定来确定。对于属于本类类注一以及第八十四章章注一所提及的机器设备用零件，应归入其他类中。这些零件详见本书对第十六类的解释。

单独报验的电气零件一般应归入第八十五章的有关品目中。例如，电动机（品目85.01）；变压器（品目85.04）；电磁铁、永磁铁、起重机的电磁起重吸盘及电磁卡盘（品目85.05）；活塞式内燃机用的电启动装置（品目85.11）；电气开关、控制板、插头、接线盒等（品目85.35至品目85.37）；电子管（品目85.40）；二极管、晶体管及类似的半导体器件（品目85.41）；电子集成电路及微型组件（品目85.42）；碳电极（品目85.45）；绝缘子（品目85.46）；以及绝缘材料制的某些零件（品目85.47）。上述物品除非与有关机器的其他零件组装在一起，否则这些物品即使主要用于或专用于第八十四章的某种机器，仍应归入以上所列的相应品目。

其他零件，如果是机器用的由金属片与其他材料制成的密封垫等类似品，应归入品目84.84。

如果明显专用于或主要用于机器设备的零件，符合品目84.09、品目84.31、品目84.48、品目84.66或品目84.73的规定，应单独归入上述品目。

其他可确定为机器零件，但非专用于或主要用于某种机器或某类机器（即通用于不同品目所列的多种机器）的非电气零件，应归入品目84.87。

不符合上述品目规定的，如果明显专用于或主要用于本章某种机器或装置（包括品目84.79所列物品），或同一品目所列同类机器或装置的零件，均应与有关机器或装置一并归入有关机器的品目。

非专门或主要用于某种机器的电气零件应归入品目 85.48。

（2）对于可归入本章两个及两个以上品目货品的归类。

品目 84.01 至品目 84.24 以及品目 84.86 包括的机器设备（一般按其功能列名）可用于各个产业部门。其他品目的机器或装置则大多数按其所应用的工业或其他行业列名。根据本章注释二的规定，可归入两个及两个以上品目的机器及装置，如果其中一个品目属于第一组品目范围（即品目 84.01 至品目 84.24 以及品目 84.86）的，应归入第一组的有关品目。因此，发动机不论其用途如何，一律归入品目 84.06 至品目 84.08 及品目 84.10 至品目 84.12。这一归类原则同样适用于泵［不论其是否具体用于某种特定用途（如农用泵）］、离心机、研光机、压滤机、熔炉、蒸汽发生器等的归类。

但这一总原则不适用于品目 84.19、品目 84.22 及品目 84.24 的某些货品。下列物品虽然看起来可归入品目 84.19，但实际上却归入本章后一组的有关品目：

① 农用催芽装置、孵卵器及育雏器（品目 84.36）。

② 谷物调湿机（品目 84.37）。

③ 萃取糖汁的浸提装置（品目 84.38）。

④ 纺织纱线、织物或纺织制品的热处理机器（品目 84.51）。

⑤ 温度变化（即使必不可少）仅作为辅助功能的机器设备。

同样，下列物品虽然看起来可归入品目 84.22，但实际上却归入本章后一组的有关品目：

① 缝纫机（例如，缝合袋子用的）（品目 84.52）。

② 将文件或信件插入包装物或信封中并加封的机器、硬币计数及包装机等办公室用机器（品目 84.72）。

另外，喷墨印刷（打印）机器虽然看起来可归入品目 84.24，但实际上却归入品目 84.43。水射流切割机也不能归入品目 84.24，而应归入品目 84.56。

优先归入品目 84.01 至品目 84.24 以及品目 84.86 的规则仅适用于可视为一个整体的机器。组合机器或多功能机器应按第十六类类注三的规定进行归类，而功能机组则应按第十六类类注四的规定进行归类。

可归入两个及两个以上品目，而又不归入品目 84.01 至品目 84.24 以及品目 84.86 中的任何一个品目的机器，应归入对该机器列名最为具体的有关品目，或按该机器的主要用途归类。可同时用于多种不同用途或工业的多用途机器（例如，打孔机可同时用于造纸、纺织、皮革、塑料等工业）应归入品目 84.79。

根据本章注释七的规定，具有一种以上用途的机器在归类时，其主要用途可作为唯一的用途对待。除本章注释二、第十六类类注三另有规定的以外，凡任何品目都未列明其主要用途的机器，以及没有哪一种用途是主要用途的机器，均应归入品目84.79。品目84.79还包括将金属丝、纺织纱线或其他各种材料以及它们的混合材料制成绳、缆的机器(例如，捻股机、绞扭机、制缆机)。

(3) 关于既符合品目84.56的规定、又符合其他品目规定的机床的归类。

根据本章章注三的规定，如果用于加工各种材料的某种机床既符合品目84.56(用激光、超声波、电子束、等离子弧等方法处理各种材料的加工机床以及水射流切割机)的规定，又符合品目84.57、品目84.58、品目84.59、品目84.60、品目84.61、品目84.64或品目84.65的规定，则应优先归入品目84.56。

(4) 关于装有自动数据处理装置或与自动数据处理设备连接使用，但却从事某项专门功能的机器的归类。

根据本章章注五的规定，下列归类原则适用于装有自动数据处理装置或与自动数据处理设备连接使用，但却从事某项专门功能的机器：

① 装有自动数据处理装置，但却从事除数据处理以外的某项专门功能的机器，可按其功能归入有关品目；如无列名品目可归，则应归入未列名品目，但不能归入品目84.71。

② 与自动数据处理设备一同报验并与其连接使用，但却从事除数据处理以外的某项专门功能的机器，应按下列规则归类：自动数据处理机应单独归入品目84.71；其他机器除根据第十六类类注四或第九十章章注三的规定，可视为一个整体，归入第八十四章、第八十五章或第九十章的有关品目外，其余均应按其功能归入相应的品目。

(5) 本章其他的有关规定。

第十六类类注一、本章章注一规定了不归入本章的品目范围。

本章章注四、六、八、九分别对归入品目84.57的加工中心和组合机床、对品目84.82抛光钢珠的归类、对品目84.70袖珍式数据记录设备的归类以及对品目84.86半导体器件、平板显示器的制造机器范围作出了规定。

本章子目注释一、二则分别对子目8471.49的"系统"和子目8482.40的圆滚柱轴承作出了规定。

18.2.4 历年报关员资格全国统一考试中的本章归类题

1. 自行车充气用手动打气筒(1997年考题)　　　　　　　8414.2000

归类说明:手动打气筒是一种通过人力将气体压缩进轮胎的空气压缩泵。应按其功能归入本章品目 84.14,该品目下有一级子目"手动或脚踏式空气泵",本题货品即属于该种空气泵,所以本题应归入编码 8414.2000。

2. 四缸汽车用点燃往复式活塞内燃发动机,气缸容量 1 500 毫升(1997 年考题)   8407.3410

归类说明:内燃发动机是利用燃料在气缸内燃烧时所产生的膨胀力推动活塞运动进行工作的机器,本题货品专用于汽车,似乎可以按汽车零件归入品目 87.08,但在本章也有内燃发动机的品目 84.07,根据归类总规则三(一)具体列名方法的规定,本章品目 84.07 比品目 87.08 列名更为具体,所以本题应归入品目 84.07,再根据其用途和气缸容量将其归入编码 8407.3410。

3. 照相凹版印刷机(1998 年下半年考题)   8443.1700

归类说明:本题货品是一种印刷机器,应归入本章品目 84.43,该品目下有凹版印刷机的列名,所以应按税目条文具体列名将其归入编码 8443.1700。

4. 文字处理机(1998 年下半年考题)   8469.0011

归类说明:文字处理机是一种既可打印文字,又可进行必要文字编辑的机器,应归入本章。查品目条文,在本章品目 84.69 有列名,所以应归入品目 84.69。再往后查找可以发现在该品目的三级子目和四级子目均有文字处理机的列名,所以本题应归入编码 8469.0011。

5. 自动打字机(1999 年上半年考题)   8469.0012

归类说明:自动打字机是一种配有电子装置的打字机,但不应作为电气设备归入第八十五章,而应作为办公机械归入本章。查品目条文,在本章品目 84.69 有列名,所以应归入品目 84.69。再往后查找可以发现在该品目的三级子目和四级子目均有自动打字机的列名,所以本题应归入编码 8469.0012。

6. 电动洗碟机(外部尺寸为 60 厘米×90 厘米×70 厘米)(1999 年上半年考题)   8422.1100

归类说明:电动洗碟机是一种用于洗涤碟、盘、碗、杯等用具的机器,不论是否家用或非家用,均不作为电气设备归入第八十五章,而应归入本章。查品目条文,在本章品目 84.22 有洗碟机的列名,所以应归入品目 84.22。根据《商品名称及编码协调制度》注释,家用型洗碟机外部尺寸为:宽度不超过 65 厘米,高度不超过 95 厘米,厚度不超过 70 厘米,本题货品符合其尺寸规定,所以应按家用型洗碟机归类。经查找可以发现在品目 84.22 下的一级子目有洗碟机的列名,二级子目有家用型的列名,所以本题应归入编码 8422.1100。

7. 用于飞机发动机的传动轴(1999 年上半年考题)   8483.1090

归类说明：本题货品是一种用于传送动力的飞机零件，看上去既可作为飞机零件归入第八十八章品目88.03，又可归入本章品目84.83，根据归类总规则三（一）具体列名方法的规定加以比较，可以发现品目84.83比品目88.03列名更为具体，所以应归入品目84.83。经查找在品目84.83下的一级子目有传动轴的列名，但二级子目没有飞机用传动轴的列名，所以本题应按"其他"归入编码8483.1090。

8. 谷物干燥器（电热）（1999年下半年考题）　　　　　　　8419.3100

归类说明：谷物干燥器是一种通过对谷物加热以简单地改变谷物温度，使其干燥的机器，应归入第八十四章。查品目条文，在本章品目84.19有列名，所以应归入品目84.19。再往后查找可以发现在该品目的一级子目有干燥器的列名，二级子目有农产品干燥用的列名，所以本题应归入编码8419.3100。

9. 船舶舷外式发动机（点燃往复式活塞内燃发动机）（1999年下半年考题）

8407.2100

归类说明：内燃发动机是利用燃料在气缸内燃烧时所产生的膨胀力推动活塞运动进行工作的机器，本题货品专用于船舶，由于第八十九章不包括船舶零件，所以应归入本章。在本章有内燃发动机的品目84.07，该品目下一级子目有船舶发动机的列名，二级子目有舷外发动机的列名，所以本题应归入编码8407.2100。

10. 太阳能电池电子计算器（2000年考题）　　　　　　　8470.1000

归类说明：电子计算器是一种通过输入数据并加以运算的计算机器，应归入本章。查本章品目条文，有列名"计算机器"的品目84.70，又由于本题货品是使用太阳能电池不需外接电源的电子计算器，所以应归入品目84.70项下的子目8470.1000。

11. 锥形滚子轴承（2000年考题）　　　　　　　　　　8482.2000

归类说明：锥形滚子轴承是一种装在轴承座与转轴之间，起径向支撑作用或用以承受轴向推力，用以代替光滑的金属轴承减少摩擦的机器零件，它配有单排或双排圆锥形滚子，所以称为锥形滚子轴承。查本章品目条文，有列名"滚动轴承"的品目84.82，该品目项下有列名锥形滚子轴承的一级子目，所以应归入编码8482.2000。

12. 离心式干衣机（干衣量为5千克）（2000年考题）　　　8421.1210

归类说明：离心式干衣机是一种利用离心力将潮湿衣物的水分除去的机器，应归入本章。查本章品目条文，本题货品看上去既可按离心机归入品目84.21，又可按干燥机归入品目84.51。但是品目84.51的干燥机仅限于明显专用于干燥纺织纱线、织物或纺织制品的机器,它不包括离心干燥机。而品目84.21的离心机包括离心干燥机,所以本题应归入品目84.21。在该品目项下有离心干燥机的一级子目和干衣机的二级子目,根据干衣量大小应将本题归入三级子目8421.1210。

13. 安装在品目87.01拖拉机上的农用联合收割机(2000年考题)

8433.5100

归类说明:本题的农用联合收割机安装在品目87.01拖拉机上,看上去应作为成套货品归入第八十七章。但是根据第八十七章章注二的规定,用于安装在品目87.01拖拉机上,作为可替换设备的机器或作业工具,即使与拖拉机一同进口或出口,不论其是否已安装在车上,仍应归入其各自相应的品目。所以本题应按收割机归入第八十四章,查本章品目条文,有列名"收割机"的品目84.33,该品目项下有列名其他收割机的一级子目和联合收割机的二级子目,所以本题应归入编码8433.5100。

14. 用于造纸工业的高度研光机(2001年考题)　　　　　8420.1000

归类说明:研光机是由两个或多个平行滚筒或轧辊组成的,对材料进行压平、上光、抛光、压花等处理的机器。本题的货品专用于造纸工业,是造纸机的辅助机器,用于整理纸张,应作为机器归入本章。查本章品目条文,本题货品看上去既可按研光机归入品目84.20,又可按造纸工业的整理机器归入品目84.39。但是根据本章章注二的规定,既符合品目84.01至品目84.24以及品目84.86的规定,又符合品目84.25至品目84.80的规定,则应归入品目84.01至品目84.24以及品目84.86中的相应品目,所以本题应归入品目84.20。在该品目项下有研光机的一级子目,应将本题归入编码8420.1000。

15. 不锈钢制造的手柄(可用于多种机床操作)(2001年考题)　　8487.9000

归类说明:本题的手柄是一种机器零件,由于其适用于多种机床操作,所以不能确定其为某一具体机器的零件。根据第十六类类注二(三)的规定,作为品目未列名的机器零件应归入编码8487.9000。本题货品容易误将其作为通用零件归入第十五类品目83.02中,但品目83.02包括主要用于家具、门窗、车厢等上面的通用贱金属附件及架座,并不包括机床用的手柄。

16. 用于纺织工业的整理轧布机(2002年考题)　　　　　8420.1000

归类说明:整理轧布机是由多个平行滚筒组成的,对织物进行轧压使其表面变得光滑的滚压机器。本题的货品专用于纺织工业,用于挤压、整理织物,应作为机器归入本章。查本章品目条文,本题货品看上去既可按滚压机器归入品目84.20,又可按纺织工业的挤压、整理机器归入品目84.51。但是根据本章章注二的规定,既符合品目 84.01 至品目 84.24 以及品目 84.86 的规定,又符合品目 84.25 至品目 84.80 的规定,则应归入品目 84.01 至品目 84.24 以及品目 84.86 中的相应品目,所以本题应归入品目 84.20。在该品目项下有矼光机或其他滚压机器的一级子目,应将本题归入编码 8420.1000。

17. 船舶用舵机(2002 年考题)   8479.8910

归类说明:船舶用舵机是船舶改变方向时用来控制船舵的机械装置,它是船舶的一个零部件。由于第八十九章不包括船舶零部件,所以不归入第八十九章,而应归入本章。在本章没有列名船舶用舵机的品目,但船舶用舵机又是一种具有独立功能的机器,所以应按未列名的具有独立功能的机器归入品目 84.79,该品目下一级子目和二级子目均无船舶用舵机的列名,但在三级子目中有列名,所以本题应归入编码 8479.8910。

18. "帅康"牌抽油烟机(罩平面尺寸为 80 厘米×45 厘米)(2003 年考题)

8414.6010

归类说明:抽油烟机是一种装有风扇排出油烟的机器,属于装有风扇的通风罩,应作为机器归入本章。查本章品目条文,在品目 84.14 中有"装有风扇的通风罩"的列名,再根据本题货品的尺寸规格应将其归入编码 8414.6010。

19. "可口可乐"饮料自动灌装机(2004 年考题)   8422.3010

归类说明:饮料自动灌装机是一种容器的装填机器设备,应归入本章。查本章品目条文,符合本题装填机器条件的是品目 84.22。在该品目项下有列名瓶、罐等容器装填机器的一级子目,三级子目也有饮料灌装设备的列名,但四级子目未具体列名,所以本题应归入编码 8422.3010。

20. 表面镀铬的铜制浴缸用水龙头(2004 年考题)   8481.8090

归类说明:本题货品是一种贱金属制品,看上去应归入第十五类。但根据第十五类类注一(六)的规定,第十五类不包括可以归入第十六类的物品。由于水龙头符合本章品目 84.81 条文的规定,所以应归入本章品目 84.81。在该品目的一级子目和三级子目均未列名水龙头,所以本题应归入编码 8481.8090。

21. 安装在公共场所的饮料自动售货机(装有制冷装置)(2005 年考题)

8476.2100

归类说明:自动售货机是一种在投币孔中投入硬币或插入磁卡后能自动送出商品的机器,应作为机器设备归入本章。查本章品目条文,在品目 84.76 有自动售货机的列名,由于是一种带制冷装置的饮料自动售货机,所以应将其归入该品目下的子目 8476.2100。

22. 吊秤,最大称重为 1 000 千克(2006 年考题)   8423.8290

归类说明:吊秤是一种称重的衡器,应归入本章品目 84.23。根据归类总规则六子目同级比较的原则,考虑到其称重方式(吊秤)和最大称重(1 000 千克),按子目条文的规定,本题货品应归入编码 8423.8290。

23."惠普"静电感光式多功能一体机,具有复印、扫描、打印和传真功能,可通过与电脑连接进行激光打印,与电话网络连接收发传真(2007 年考题)

8443.3110

归类说明:本题货品作为具有多种功能的机器,根据第十六类类注三的规定,应按其主要功能归入本章品目 84.43。再考虑到这种多功能机器可与电脑和电话网络连接使用,而且其工作方式是静电感光式的,根据子目条文的规定,本题货品应归入编码 8443.3110。

24."宝马"2.8 L 轿车用的汽油滤油器(2007 年考题)　　　8421.2300

归类说明:本题货品作为轿车用的产品,看上去似乎应按机动车辆的零件、附件归入第八十七章品目 87.08。但根据第十七类类注二(五)的规定,第十七类的零件、附件不包括第八十四章的机器及其零件。由于汽油滤油器是一种液体净化器,属于本章品目 84.21 所列货品,所以据此应将其归入品目 84.21。再根据子目条文的规定,将其归入编码 8421.2300。

25."索尼"笔记本电脑,重 3 千克(2008 年考题)　　　8471.3090

归类说明:作为自动数据处理设备的电脑,符合第八十四章章注五的规定,应归入第八十四章品目 84.71。考虑到其重量(重 3 千克)、种类(笔记本电脑属于便携式电脑),根据子目条文的规定,应将本题货品归入编码 8471.3090。

26. ABS 塑料小轿车空调用风向转动板(2010 年考题)　　　8415.9090

归类说明:本题货品是机动车辆用的零附件,看上去可归入第八十七章品目 87.08。但是根据第十七类类注二(五)的规定,属于第八十四章机器或设备的零件应归入第八十四章而不归入第十七类。而空调属于第八十四章品目 84.15 的

设备,作为该设备的零件风向转动板也应归入该品目。根据品目条文和子目条文规定,本题货品应归入编码 8415.9090。

27. 如图所示的商品。用于沐浴乳液、洗发水、洗面奶乳液等液体包装容器上,其工作原理是:按钮压下时空气从小孔迅速排出,小孔附近的压强小,容器里液面上方的空气压强大,松开按钮后液体就沿小孔下边的细管升上来从细管的上口流出。其结构组成为:塑胶制品、不锈钢弹簧、不

锈钢滚珠。使用时用手向下挤压,容器中的液体即可流出(2010 年考题)

8413.2000

归类说明:从对本题货品工作原理的描述,可以判断该货品属于一种手动液体泵。根据第八十四章章注二的规定,该货品应优先归入品目 84.13。查品目条文和子目条文规定,本题货品应归入编码 8413.2000。

28. 机器人刀削面机,如图所示,用途:用于代替人工技师削面;结构:外体大部分用不锈钢材料依照人体外形压制而成,内设动力装置和转动装置,外设数控箱装置(2011 年考题)　　8438.1000

归类说明:从对本题货品的用途描述可以判断该机器属于一种食品加工机器,但是在第八十四章没有品目具体列名。根据品目条文和子目条文规定,本题货品应归入编码 8438.1000。

29. "苹果"牌 iPad 平板电脑,如图所示,长 242.8 毫米,宽 189.7 毫米,厚 13.4 毫米,重 680 克,配有 1 GHz 苹果 A4 处理器,具有浏览互联网、收发电子邮件、阅读电子书、播放音频或视频文件等功能(2011 年考题)　　8471.3010

归类说明:本题货品属于一种便携式自动数据处理设备,它由中央处理部件、显示屏、虚拟的触摸键盘等部件组成,符合第八十四章章注五的规定,应归入品目 84.71。查品目条文和子目条文规定,本题货品应归入编码 8471.3010。

30. 船舶用造水机,将海水通过蒸馏、冷凝,再过滤净化,成为可以饮用的淡水(2012 年考题)　　8419.4090

归类说明:本题货品尽管是一种液体的过滤净化装置,但其主要功能是蒸馏,所以不应归入品目 8421,而应归入品目 8419。根据归类总规则一和六,本题应按蒸馏设备归入编码 8419.4090。

31. 弯折机,也称折弯机,非数控,用途:使钢材按照设定的角度弯曲(2012 年考题)　　8462.2990

归类说明:本题货品是一种加工金属的弯曲、折叠工具,根据归类总规则一和六,按税目条文,应归入编码 8462.2990。

32.如图所示的花洒,主材为塑料,手柄的黑色部位为橡胶,淋浴时通过旋转可以有四种不同的水流供选择(2013 年考题)

8424.8910

归类说明:从功能看,本题货品是一种塑料为主制成的家用型液体喷射器具,根据归类总规则一和六,按税目条文,应归入编码 8424.8910。

33. 激光打印机墨盒,如图所示(2013 年考题)

8443.9990

归类说明:本题货品是打印机零附件,不属于品目 8424 的粉末喷射器具(第 84 章章注二的规定),根据归类总规则一和六,按税目条文,应归入编码 8443.9990。

18.3 第八十五章 电机、电气设备及其零件;录音机及放声机、电视图像、声音的录制和重放设备及其零件、附件

18.3.1 本章的基本内容

本章共 9 条章注、1 条子目注释、46 个品目(其中无品目 85.20 和品目 85.24),包括所有电机及电气设备,以及零件,但下列货品除外:第八十四章所列的机器及器具,即使是电气的;从整体上看不归入第十六类的某些货品。由于本章删除了原有的品目 85.20 和品目 85.24,所以本章品目序号看上去并不连续。

与第八十四章相反,第八十五章所列的货品即使由陶瓷材料或玻璃制成,仍应归入该章;但品目 70.11 所列的玻璃外壳(包括玻璃泡及玻璃管)除外。

应当注意,本章仅包括某些类型的电热器具。例如,电炉等(品目 85.14);空间加热设备、家用电热器具等(品目 85.16)。

一般来说,电气加热器具应归入其他各章(主要是第八十四章)。例如,蒸汽锅炉及过热水锅炉(品目 84.02);空气调节器(品目 84.15);烘炉、蒸馏设备及其他设备(品目 84.19);研光机和类似的滚压机器及其滚筒(品目 84.20);家禽孵卵器及育雏器(品目 84.36);供木料、软木、皮革等用的通用烫烙机(品目

84.79);医疗器械(品目90.18)等。

18.3.2 本章品目的编排结构

本章的货品,大致可以分为五个部分。

第一组:品目85.01至品目85.07(品目85.05除外):产生、变换或存储电能的机器、装置。包括电动机、发电机组、变压器及零件等(品目85.01至品目85.04),原电池(品目85.06)及蓄电池(品目85.07)等。

第二组:品目85.08至品目85.16以及品目85.05,电能利用装置。

(1) 品目85.08至品目85.10,某些电动机械器具。包括某些家用电动器具(品目85.08和品目85.09),电动剃须刀、电动毛发推剪及电动脱毛器(品目85.10)等。

(2) 品目85.05以及品目85.11至品目85.13,依靠电气特征工作的装置。包括电磁铁及其装置(品目85.05),发动机的电点火及电启动装置(品目85.11),车辆电气照明及信号装置(品目85.12),自供能源的手提灯(品目85.13)等。

(3) 品目85.14至品目85.16,利用电热效应工作的装置。包括电炉、电烘箱及其他加热设备(品目85.14),焊接机器及装置(品目85.15),电热水器及其他加热器(品目85.16)等。

第三组:品目85.17至品目85.29,利用电信号进行信息输送的设备。

(1) 品目85.17以及品目85.25至品目85.29,有线、无线通讯设备。包括有线或无线电话、电报发送或接收设备(品目85.17),无线电广播、电视发送设备、电视摄像机、视频摄录机、数字照相机(品目85.25),雷达、无线电遥控设备(品目85.26),无线电广播接收设备(品目85.27),电视接收装置、投影机(品目85.28),以及以上装置或设备的零件(品目85.29)。

(2) 品目85.18至品目85.23,音频、视频传输、扩大、录制、重放设备及记录媒体。包括传声器、扬声器、音频扩大器、音箱等(品目85.18),唱机、磁带放声机、录音机(品目85.19),视频信号录制或重放设备(品目85.21)以及上述设备的零件(品目85.22),磁带、磁盘、唱片(品目85.23)等。

第四组:品目85.30至品目85.31以及品目85.43,其他列名或未列名电气设备。包括电气信号、安全或交通管理设备(品目85.30),电气音响或视觉信号设备(品目85.31),本章其他品目未列名的具有独立功能的电气设备及装置(品目85.43)等。

第五组:品目85.32至品目85.48(品目85.43除外),电子、电气元器件,未列名电气零件及废旧的各种(蓄)电池。包括电容器(品目 85.32),电阻器(品目 85.33),印刷电路(品目 85.34),电路开关、保护或连接用的电气装置(品目 85.35 或品目 85.36),用于电气控制或电力分配的盘、板、台、柜等装置(品目 85.37),上述部分设备的零件(品目 85.38),各种灯泡(管)(品目 85.39),热电子管、冷阴极管等(品目 85.40),二极管、晶体管等的半导体器件(品目 85.41),集成电路(品目 85.42),电线、电缆(品目 85.44),电气设备用石墨或碳精制品如碳电极、碳刷等(品目 85.45),绝缘子(品目 85.46),绝缘零件(品目 85.47),以及废旧(蓄)电池及其他零件(品目 85.48)等。

18.3.3　本章归类要点

(1) 关于机器设备零件的归类。

零件的归类一般应根据第十六类类注一、类注二以及第八十五章章注一的规定来确定。对于属于本类类注一以及第八十五章章注一所提及的机器设备用零件,应归入其他类中。这些零件详见本书对第十六类的解释。

本章所列设备或装置的非电气零件,应按以下规则进行归类:

① 许多非电气零件实际上应归入其他各章,特别是第八十四章。例如,泵及风机、风扇(品目 84.13 或品目 84.14);龙头、旋塞等(品目 84.81);滚动轴承(品目 84.82);传动轴、齿轮传动装置等(品目 84.83)。

② 专用于或主要用于本章的某种电机(或用于本章同一品目中的几种设备)的其他非电气零件,应与有关设备一同归类;或者归入品目 85.03、品目 85.22、品目 85.29 及品目 85.38 中的适当品目。

③ 其他非电气零件应归入品目 84.87。

(2) 关于家用电动器具的归类。

本章章注三规定,品目 85.09 仅包括通常供家用的下列电动器具:(1)任何重量的地板打蜡机、食品研磨机及食品搅拌器、水果或蔬菜的榨汁器;(2)重量不超过 20 公斤的其他机器。

例如不超过 20 公斤的电动绞肉机应归入品目 85.09;大于 20 公斤的电动绞肉机应按工业上用的食品加工机器归入品目 84.38;不超过 10 公斤的家用手摇绞肉机则应按手工工具归入品目 82.10。

但该品目不适用于风机、风扇或装有风扇的通风罩及循环气罩(不论是否装有过滤器)(品目 84.14)、离心干衣机(品目 84.21)、洗碟机(品目 84.22)、家用洗衣机

(品目 84.50)、滚筒式或其他形式的熨烫机器(品目 84.20 或品目 84.51)、缝纫机(品目 84.52)、电剪子(品目 84.67)或电热器具(品目 85.16)。

(3)关于灯具的归类汇总。

机动车辆(不含火车、飞机)的照明灯、信号灯(品目 85.12);自供电源的灯(如手电筒、手提式应急灯)(品目 85.13);交通管理用的电气信号灯(如交叉路口的红绿灯等)(品目 85.30);各种灯泡、灯管等电光源(品目 85.39);照相机用的闪光灯及灯泡(品目 90.06);火车、飞机的前灯等(品目 94.05);带有灯座的灯具,例如台灯、床头灯、吊灯、探照灯等(品目 94.05);非电气的灯具及照明装置,例如汽灯、手提灯、防风灯等(品目 94.05)。

(4)本章不包括的主要货品。

本章不包括的货品在第十六类类注一以及本章章注一中作了具体规定。特别是电暖的毯子、褥子、足套及类似品,电暖的衣服、靴、鞋、耳套或其他供人穿戴的电暖物品(应按材料归入其他章);品目 70.11 的玻璃制品;第九十四章的电热家具。这些电热设备均不归入本章。

(5)本章其他的有关规定。

本章章注二规定,品目 85.01 至品目 85.04 不适用于品目 85.11、品目85.12、品目 85.40、品目 85.41 或品目 85.42 的货品,但金属槽汞弧整流器仍归入品目 85.04。

本章章注四、五、六、八、九对归入本章的"固态、非易失性存储器件"、"智能卡"、"印刷电路"、"光导纤维、光导纤维束或光缆用连接器"、"二极管、晶体管及类似的半导体器件"、"集成电路"以及"废原电池、废原电池组及废蓄电池"作出了解释。

本章子目注释对归入子目 8527.12 的货品作了规定。

18.3.4 历年报关员资格全国统一考试中的本章归类题

1. 家用电动牙刷(1997 年考题)   8509.8090

归类说明·家用电动牙刷是一种重量较小的通讨电能工作的电器产品,它不属于本类和本章注释中列明排除的货品,所以应按电器设备归入本章。根据本章章注三的规定,品目 85.09 包括通常重量不超过 20 公斤的其他家用电动器具。本题货品符合其规定,所以应归入品目 85.09。在该品目下没有具体列名电动牙刷,所以按未列名的其他家用电器归入编码 8509.8090。

2. 录音机用镍镉可充电电池(1997 年考题)　　　　　　　8507.3000

归类说明:可充电电池是一种可充电、放电反复使用的蓄电池,应按电器归入本章。查本章品目条文,品目 85.07 有"蓄电池"的列名,且该品目项下有列名镍镉蓄电池的一级子目,所以本题应归入编码 8507.3000。

3. 钟控收音机(1997 年考题)　　　　　　　　　　　　　8527.9200

归类说明:钟控收音机是一种既有接收无线电广播功能,又有计时功能的多功能机器。看上去似乎既可按钟表归入第九十一章,又可按无线电广播接收设备归入本章。根据第十六类类注三的规定,多功能机器应按其主要功能归类,所以本题应按其主要功能(即接收无线电广播功能)归入本章品目 85.27。在该品目项下,有列名"带时钟的收音机"的二级子目,所以本题应归入编码8527.9200。

4. 电功率为 10 瓦的空气清新器(负离子发生器)(1998 年上半年考题)

　　　　　　　　　　　　　　　　　　　　　　　　　　8543.7099

归类说明:空气清新器是一种具有独立功能的电气装置,应归入本章。但查阅本章的品目条文后,可以发现本章各品目条文均未列名该种货品,所以本题应按未列名的具有独立功能的电气设备归入品目 85.43,该品目下各级子目也均无本题货品的列名,所以本题应归入编码 8543.7099。

5. 阴极射线彩色电视显像管(1998 年上半年考题)　　　　8540.1100

归类说明:显像管是一种能将电信号转换为图像的电子束管,阴极射线彩色电视显像管是电视机的一种零件,看上去似乎可以按电视机的零件归入品目85.29,又可按阴极射线管归入品目 85.40。根据归类总规则三(一)具体列名方法的规定,对比两个品目的条文,可以看出品目 85.40 列名更为具体,所以本题应归入品目 85.40。该品目项下有列名"阴极射线电视显像管"的一级子目,该子目下又有列名"彩色的"二级子目,所以本题应归入编码 8540.1100。

6. 发光二极管(1998 年下半年考题)　　　　　　　　　　8541.4010

归类说明:发光二极管是一种半导体元器件,应作为电器归入本章。查品目条文,有列名"二极管"的品目 85.41,并在该品目下有列名"发光二极管"的一级子目,所以本题应归入商品编码 8541.4010。

7. 以锂为负极的原电池(1998 年下半年考题)　　　　　　8506.5000

归类说明:原电池是一种不能复原使用的电池,它是通过化学反应产生电能的装置,应按电气设备归入本章。查本章品目条文,品目 85.06 有"原电池"的列名,且该品目项下有列名"锂的"一级子目,所以本题应归入编码 8506.5000。

8. 电动真空吸尘器,功率为 1 000 瓦,带有容积为 10 升的集尘袋(1999 年

上半年考题) 8508.1100

归类说明:真空吸尘器是一种利用高速风扇在强力抽吸时所造成的真空将灰尘收集到垃圾袋中的家用电动器具,应作为电器归入本章。根据本章品目条文的规定,任何重量的真空吸尘器均归入品目85.08。且该品目项下有列名"电动的真空吸尘器"的一级子目,所以本题应归入编码8508.1100。

9. 直流电动机(输出功率375千瓦)(1999年下半年考题) 8501.3300

归类说明:电动机是一种将电能转化为机械能的装置,应作为电器归入本章。查本章品目条文,品目85.01列名"电动机",所以本题应归入该品目。由于其是直流电动机,且考虑其输出功率大小,应将本题归入子目8501.3300。

10. 手提式电动真空吸尘器,功率为1 000瓦,带有容积为5升的集尘袋(2000年考题) 8508.1100

归类说明:真空吸尘器是一种利用高速风扇在强力抽吸时所造成的真空将灰尘收集到垃圾袋中的家用电动器具,应作为电器归入本章。根据本章品目条文的规定,任何重量的真空吸尘器均归入品目85.08。且该品目项下有列名"电动的真空吸尘器"的一级子目,所以本题应归入编码8508.1100。

11. 电磁式离合器(2000年考题) 8505.2000

归类说明:电磁式离合器是一种利用电磁吸力用于轴与轴的联接以传递运动和转矩的装置,根据其工作原理应将其归入本章。查品目条文,有列名"电磁式离合器"的品目85.05,且该品目项下也有列名的一级子目,所以本题应归入编码8505.2000。这里要防止将其误归入第八十四章品目84.83和第八十七章品目87.08,品目84.83的离合器一般是指非电磁式的机械离合器,而品目87.08的离合器是机动车辆的专用离合器。

12. 不间断供电电源(2000年考题) 8504.4020

归类说明:不间断供电电源是一种能实现不间断供电的装置,它属于一种静止式变流器,应归入本章。查阅本章品目条文,有列名"静止式变流器"的品目85.05,在该品目项下,有列名"静止式变流器"的一级子目,该子目下又有列名"不间断供电电源"的三级子目,所以本题应归入编码8504.4020。

13. 奔驰轿车用电动风挡刮雨器(2001年考题) 8512.4000

归类说明:本题货品看上去既可作为机动车辆的零件归入第八十七章品目87.08,又可按风挡刮水器归入本章品目85.12。根据归类总规则三(一)具体列名方法的规定,对比这两个品目条文,发现品目85.12列名更为具体,所以本题应归入品目85.12。该品目项下有列名"风挡刮水器"的一级子目,所以本题应归入的子目号为8512.4000。

14. 照相机（数字方式存储图像，单镜头反光型，非特种用途）（2001 年考题）

8525.8022

归类说明：数字方式存储图像的照相机又称为数码相机，它是一种用电子方式代替传统的胶片来储存图像的照相机，看上去似乎应归入第九十章品目 90.06，但由于数码相机的工作原理有别于传统照相机，所以不应归入第九十章而应归入本章。查阅本章品目条文，有列名"数字照相机"的品目 85.25，且该品目项下也有列名"数字照相机"的一级子目、列名"数字照相机"的三级子目和列名"非特种用途的单镜头反光型"的四级子目，所以本题应归入的子目号为 8525.8022。

15. 高频放大器（2001 年考题）

8543.7092

归类说明：高频放大器是一种能把输入信号的电压或功率放大的具有独立功能的无线电装置，应按电子器件归入本章。但查阅本章的品目条文后，可以发现本章各品目条文均未列名该种货品，所以本题应按未列名的具有独立功能的电气设备归入品目 85.43，该品目下一级子目无本题货品的列名，但四级子目有列名，所以本题应归入编码 8543.7092。

16. 光端机（2002 年考题）

8517.6221

归类说明：光端机是一种能把光信号和电脉冲信号加以转换的装置，它属于有线光通讯设备，应归入本章。查阅本章的品目条文，有列名"有线载波通信设备及有线数字通信设备"的品目 85.17 和相应的一级子目，该子目下有列名"光通讯设备"的三级子目和列名"光端机"的四级子目，所以本题应归入编码 8517.6221。

17. 用于半导体收音机的微调电容器（2002 年考题）

8532.3000

归类说明：本题货品看上去既可以按收音机的零件归入本章品目 85.22，又可按微调电容器归入品目 85.32，根据归类总规则三（一）具体列名方法的规定，对比两个品目条文，可以判断品目 85.32 列名更为具体，所以本题应归入品目 85.32。并且该品目项下有列名"可变或可调（微调）电容器"的一级子目，所以本题应归入编码 8532.3000。

18. 汽车用调频调幅立体声收放音组合机（2003 年考题）

8527.2100

归类说明：本题货品看上去既可作为机动车辆的零件归入第八十七章品目 87.08，又可按无线电声音录制或重放设备归入本章品目 85.27。根据归类总规则三（一）具体列名方法的规定，对比这两个品目条文，发现品目 85.27 列名更为具体，所以本题应归入品目 85.27。再考虑到本题货品是汽车用的需外接电源的无线电收放音机，应将本题归入编码 8527.2100。

19. 计算机网络通讯用的路由器（2003 年考题） 8517.6236

归类说明：路由器是有线或无线网络（包括计算机网络）中用来判断网络地址与选择路径的一种连接设备，属于一种有线数字通信设备，应归入本章品目 85.17。再根据子目条文的规定，本题货品应归入有具体列名"路由器"的编码 8517.6236。

20. "菲利普"牌 915 型电动剃须刀（2004 年考题） 8510.1000

归类说明：电动剃须刀是一种家用电动器具，看上去既可归入本章品目 85.09，又可归入本章品目 85.10。根据归类总规则三（一）具体列名方法的规定，对比这两个品目条文，发现品目 85.10 列名更为具体，所以本题应归入品目 85.10。该品目项下有列名"剃须刀"的一级子目，所以应将本题归入编码 8510.1000。本题也易误归入第八十二章的品目 82.12，品目 82.12 所称的剃刀是非电动的。

21. 家用电卷发器（2004 年考题） 8516.3200

归类说明：家用电卷发器是一种家用电动器具，属于理发用具，应归入本章。查阅本章品目条文，应将其归入有具体列名的品目 85.16 中，并归入其列名"电热理发器具及干手器"的一级子目和列名"其他理发器具"的二级子目，所以本题应归入的编码是 8516.3200。

22. "日立"牌彩色等离子数字电视机（显示屏幕为 74 cm）（2005 年考题）

8528.7232

归类说明：电视机是电视接收装置，应归入本章。查阅本章品目条文，应将其归入列名"电视接收装置"的品目 85.28 中，并归入列名"电视接收装置"的一级子目，列名"彩色的"二级子目，以及列名"等离子显示器的"三级子目，最后根据其"数字式"的工作原理，将本题归入八位数商品编码 8528.7232。

23. 带有录音功能的 MP3 音乐播放器（不能接收无线广播）（2006 年考题）

8519.8131

归类说明：本题货品中的 MP3 音乐播放器是一种电子产品，应归入本章。根据其功能（有录音功能、声音重放功能，但没有无线电广播接收功能），按品目条文，应将其归入品目 85.19。考虑到 MP3 音乐播放器通常是使用闪速存储器型的半导体媒体设备，且装有声音重放装置，根据子目条文的规定，本题货品应归入编码 8519.8131。

24. "摩托罗拉"G20 型手机专用天线（2007 年考题） 8517.7070

归类说明：本题货品是手机的专用零件，根据第十六类类注二的规定，手机零件应与手机一并归入本章品目 85.17。由于手机天线即手持式无线电话机用天线,根据子目条文的规定,本题货品应归入编码 8517.7070。

25. ABS(丙烯腈-丁二烯-苯乙烯共聚物)塑料制音箱外壳(2008 年考题)

8518.9000

归类说明:本题的音箱外壳是音箱的一种零件,根据第十六类类注二的规定,如果不属于第十一类类注一、第八十四章章注一以及第八十五章章注一的货品,也不是第八十四章、第八十五章的品目列名的货品,但属于专用于或主要用于某一种机器或同一品目的多种机器的零件,应与该种机器一并归类。由于本题货品就是音箱专用的零件,所以应与音箱一并归入第八十五章。查该章品目条文,音箱应归入品目 85.18。再根据子目条文的规定,本题货品应归入编码 8518.9000。

26. 如图所示的汽车 GPS 导航仪,装于汽车上为驾驶员提供道路导航(2008 年考题)

8526.9110

归类说明:本题货品作为轿车用的产品,看上去似乎应按机动车辆的零件、附件归入第八十七章品目 87.08。但根据第十七类类注二(五)的规定,第十七类的零件、附件不包括第八十五章的电机或电气设备。由于汽车 GPS 导航仪,属于第八十五章品目 85.26 所列的无线电导航设备,所以据此应将本题货品归入品目 85.26。再考虑其用途(机动车辆用的),根据子目条文的规定,应将其归入编码 8526.9110。

27. 电子防丢器,由子机和主机组成,工作时子机发出稳定的无线电波,主机接收到子机的无线电信号时不报警,当主机和子机之间的距离超过预定的距离时,主机接不到子机的无线电信号,立即发出报警声,提醒使用者的注意。用于手机、钱包、箱包、宠物、小孩等物品或人身上,防丢及防偷(2008 年考题) 8531.1000

归类说明:本题货品属于一种防盗及类似作用的电子报警器,应归入第八十五章。查品目和子目条文,本题应按"防盗或防火报警器及类似装置"归入编码 8531.1000。

28.“现代”牌优盘(U 盘),1 G(未录制任何信息)(2009 年考题) 8523.5110

归类说明:本题货品属于一种半导体媒体中的固态非易失性闪速存储器,根据品目条文和子目条文规定,本题货品应归入编码 8523.5110。

29.“黑匣子”,用于记录飞机的飞行姿态、轨迹、速度等多种飞行数据。飞机失事时,“黑匣子”的紧急定位发射机自动向四面八方发射无线电信号,以便搜寻者溯波寻找(2009 年考题) 8543.7099

归类说明:从对本题货品工作原理的描述,可判断该货品属于一种具有独立功能的电气设备,但是第八十五章没有品目具体列名。根据品目条文和子目条文规定,本题货品应归入编码 8543.7099。

30. 电动睫毛刷(装有纽扣电池)(2010 年考题) 8509.8090

归类说明:本题货品是一种电动器具,根据第八十五章章注三的规定,该货品属于一种家用电动器具,应归入品目 85.09,查品目条文和子目条文规定,本题货品应归入编码 8509.8090。

31. 如图所示的商品。其主要功能是将单个耳机插孔转换为两个耳机插孔(2010 年考题) 8544.4219

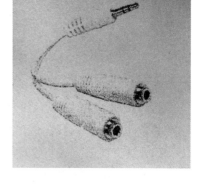

归类说明:从本题货品图示可以看出,这是一种带有接头的绝缘电导体,应归入有具体列名的品目 85.44,由于耳机插孔的额定电压很低,通常不超过 80 伏。根据子目条文内容,本题货品应归入编码 8544.4219。

32. 微波烘干机,又称“超级微波炉”,长18 米,宽 1.3 米,高 2 米,用于烘干纱线、织物(2011 年考题) 8514.2000

归类说明:本题货品是一种纺织工业用的微波炉,绝缘产品在炉内受到电磁波的作用而被加热。电磁波在通过产品本体时,通过介质损耗将电磁波的能量转换成热能,该货品应归入第八十五章。根据品目条文和子目条文规定,本题货品应归入编码 8514.2000。

33. 引线框架,如左图所示,产品成分:铜99.6% 以上,铁 0.05%—0.15%,磷 0.015%—0.05%。用途:专用于生产集成电路,引线框架是集成电路的芯片载体,使用焊膏等粘合

剂将芯片粘贴于引线框架焊盘上,利用合金丝连接芯片和引线框架的引脚,以实现外部电路与芯片内部电路的连接(2011 年考题)　　　　　　　　　8542.9000

　　归类说明:引线框架是集成电路的芯片载体,属于集成电路的专用零件,根据第十六类类注二和第八十五章章注八的规定,本题货品应归入第八十五章品目 85.42。根据品目条文和子目条文内容,本题货品应归入编码 8542.9000。

　　34. 轿车用倒车雷达,装于轿车尾部,当倒车时距障碍物一定距离即发出警报声以提醒驾驶员(2012 年考题)　　　　　　　　　　　　　　　8512.3019

　　归类说明:本题货品属于机动车辆用的一种音响报警装置,根据归类总规则一和六,按税目条文,应归入编码 8512.3019。

　　35. 邻近卡,未写入任何数据信息。邻近卡又称非接触卡或感应卡,由 IC 芯片和感应天线组成,密封在标准 PVC(聚氯乙烯)卡片中,无外露部分。其读写操作,通常由邻近卡与读写器之间通过无线电波来完成(2013 年考题)

　　　　　　　　　　　　　　　　　　　　　　　　　　　　8523.5210

　　归类说明:根据本题描述,可判断本题货品是一种半导体媒体中可记录信息的智能卡,根据归类总规则一和六,按税目条文,应归入编码 8523.5210。

习题 18

　　将以下货品归入我国进出口商品八位数编码中:
　　(1) 具有播放、录制、收音等功能的 MP3 随身听
　　(2) 用于蒸汽锅炉的不锈钢铆钉
　　(3) 用于热水锅炉的铜制安全阀门
　　(4) 起重机用铜制绕组绝缘电线
　　(5) 汽车点燃式活塞内燃发动机专用气缸
　　(6) 即可用于无线电话、又可用于无线电收音机的天线
　　(7) 用于制造半导体单晶柱的研磨机床
　　(8) 飞机用涡轮螺桨发动机,功率为 2 500 千瓦
　　(9) 电动混凝土泵
　　(10) 专用于抽吸腐蚀性流体的瓷泵
　　(11) 电冰箱用额定功率为 1 千瓦电动机驱动的压缩机
　　(12) 小汽车专用空气调节器
　　(13) 钢铁制家用木炭烤炉

(14) 工业用电阻加热的普通电炉

(15) 家用电磁炉

(16) 电气吸收式家用冷藏箱

(17) 家用燃气快速热水器

(18) 家用电热快速热水器（储存式）

(19) 电热纸浆干燥器

(20) 不锈钢制家用电炒锅

(21) 称重计价的电子秤，最大称重 15 公斤

(22) 感量为 1 毫克的精密天平

(23) 感量为 50 毫克的精密天平用的砝码

(24) 已装灭火药的汽车专用手提式灭火器

(25) 专用于与电脑连接的单一功能喷墨打印机

(26) 用于制造等离子平板显示器用的分步重复光刻机

(27) 马铃薯分选机器

(28) 由一个进料斗、一个鼓风机及多个振动式筛选器组成的稻谷分选机

(29) 小天鹅全自动波轮式洗衣机，干衣量 5 公斤

(30) 洗衣房用干洗机

(31) 加工钻石用的超声波加工机床

(32) 切削金属的立式数控车床

(33) 铣床用的钢铁制工件夹具

(34) 钻床用可互换的合金钢制曲柄钻头

(35) 水射流切割机

(36) 手提式可燃气体喷焊器

(37) 激光束焊接机器

(38) 激光打印机用的硒鼓

(39) 电脑液晶显示器

(40) 电脑鼠标器

(41) 单独报验的电脑用内存条

(42) 计算机用移动硬盘

(43) 条形码光学阅读机

(44) 办公室用胶版复印机

(45) 自动擦鞋机

(46) 机场用旅客登机桥

（47）工程机器用摩擦离合器

（48）小轿车用电磁离合器

（49）保时捷小轿车专用离合器

（50）船用推进器

（51）电养鱼缸。该装置外接电源，可自动调节湿度，具有饵料保温、照明、过滤等多种功能

（52）输出功率为 500 兆伏安的交流发电机专用的转子

（53）附属于飞机内燃发动机的直流发电机

（54）手机充电器

（55）汽车用电子防盗报警器

（56）矿工安全灯

（57）宾馆用电热茶壶

（58）不锈钢制烧水壶

（59）带有拍照、上网等功能的手机

（60）无绳电话机

（61）电话自动应答机

（62）有线电话网络用的可视电话机

（63）蓝牙耳机

（64）CD 播放机

（65）DVD 播放机

（66）空白 CD 光盘

（67）空白 SD 卡

（68）自拍证件照亭。主要由数码相机、主机、显示器、打印机、投币机、电源等组成，主要功能是拍照。工作原理为：顾客通过机器上的按键经电脑语音提示进行拍照类型和价格选择并投入相应的纸币或硬币。钱币投入后，根据语音及电脑画面提示进行照片拍摄

（69）一次性使用照相机，使用的是带齿孔的、宽度为 14 毫米、长度为 10 米的彩色摄影胶卷

（70）用于检查并诊断胃病的胃镜照相机

（71）有线数字彩色电视机机顶盒

（72）公路交叉路口用的电子交通信号灯

（73）用于对水上交通发出"停止"或"通行"信号的手动信号装置

（74）家用电源插座，电压 220 伏

(75) 装有接头的每根被覆光纤组成的光缆

(76) 数码相框。功能：播放数码相片、MP3、可插入存储卡（SD/MMC/XD/
CF）和 U 盘直接浏览图片，外带 USB 连接线，可以通过和电脑连接将
电脑中图片复制到数据码相框中或者将数码相框的图片复制到电脑
中。该数码相框具有播放相片（静态图片）、MP3 声频的功能，但其主
要功能为播放相片

(77) 有线电话机专用不锈钢锁

(78) 电池碳棒

(79) 电热毯

(80) 电动机用钢铁制螺旋弹簧

19 第十七类 车辆、航空器、船舶及有关运输设备

19.1 本类概况

19.1.1 本类的一般内容

本类从第八十六章至第八十九章共分 4 章内容。主要包括各种铁道车辆、气垫火车等有轨车辆及其零件(第八十六章),其他陆上车辆,包括气垫车辆及其零件(第八十七章),航空器、航天器及其零件(第八十八章),以及船舶、气垫船及浮动结构体(第八十九章)。

本类还包括与运输设备相关的某些具体列名货品。例如,经特殊设计、装备适于一种或多种运输方式的集装箱;某些铁道或电车道轨道固定装置及附件和机械(包括电动机械)信号设备(第八十六章);以及降落伞、航空器发射装置、甲板停机装置或类似装置和地面飞行训练器(第八十八章)。

但本类不包括下列货品:(1)某些移动式机器归入第八十四章。(2)品目90.23所列的供示范用的模型。(3)玩具、某些冬季运动设备及游乐场用的车辆。例如,本类不包括供儿童乘骑的玩具脚踏车等(自行车除外)、玩具船及玩具飞机(品目95.03);长雪橇、平底雪橇及类似品(品目 95.06);"碰碰车"(品目 95.08)。

19.1.2 本类货品归类要点

1. 关于某些特殊运输工具的归类

本类类注四、五规定,既可在道路上又可在轨道上行驶的特殊构造车辆,水

陆两用机动车辆,都应归入第八十七章的相应品目;但可兼作地面车辆使用的特殊构造的航空器,应归入第八十八章的相应品目。

对于气垫运输工具,应按本类最相似的运输工具归类,具体规定为:在导轨上运行的(气垫火车),应归入第八十六章;在陆地行驶或水陆两用的气垫运输工具,应归入第八十七章;而在水上航行的气垫运输工具,不论能否在海滩或浮码头登陆及能否在冰上行驶,一律归入第八十九章。

气垫运输工具的零件、附件,应按照上述规定,与最相类似的运输工具的零件、附件一并归类。气垫火车的导轨固定装置及附件应与铁道轨道固定装置及附件一并归类。气垫火车运行系统的信号、安全或交通管理设备应与铁路的信号、安全或交通管理设备一并归类。

2. 关于本类运输设备零件及附件的归类

需要特别指出的是,第八十九章对于船舶或浮动结构体的零件(船体除外)及附件的归类未作规定。因此,这些零件及附件即使可确定为船舶、气垫船等用的,仍应归入其他章的相应品目。本类其他各章对车辆、航空器或有关设备的零件及附件的归类,都作了规定,也就是说,这些运输设备的零件、附件主要归入这些相应的章中。

但也必须注意,上述各章的有关品目,仅包括同时符合下列三个条件的零件及附件:(1)它们不属于本类注释二规定不包括的货品范围之中;(2)它们必须是专用于或主要用于第八十六章至第八十八章所列货品的零件及附件;(3)它们必须是未在本《协调制度》其他品目内列名更为具体的货品。

具体来说,运输设备零件及附件应按以下规定归类:

(1) 本类类注二规定不包括的零件及附件。

根据本类类注二,下列零件及附件,不论是否可确定为供本类所列货品用的,均不归入本类:

① 任何材料制成的接头、垫片、垫圈及类似品(按其构成材料归类或归入品目84.84),以及硫化橡胶(硬化橡胶除外)制成的其他货品(例如硫化橡胶制的挡泥垂板归入品目40.16)。

② 第十五类类注二所指的贱金属或塑料制的通用零件。例如,钢缆、链条、钉、螺栓、螺帽、垫圈、销、弹簧(包括车辆用的钢板弹簧)(这些物品如果是贱金属制的应归入第七十三章至第八十一章;塑料制的则应归入第三十九章);锁、车身配件及附件(例如,已制成的串珠状缘饰、铰链、门拉手、手柄、脚垫、机械开窗装置)、牌照等(这些物品如果是贱金属制的应归入第八十三章;塑料制的则应归入第三十九章)。

③ 第八十二章的扳手、扳钳及其他工具。

④ 品目83.06的铃(例如自行车用的铃)及其他物品。

⑤ 品目84.01至品目84.79的机器、机械器具及其零件。例如:锅炉及锅炉设备(品目84.02或品目84.04);发生炉煤气发生器(例如汽车用的)(品目84.05);汽轮机(品目84.06);各种发动机(包括配有齿轮箱的发动机)及其零件(品目84.07至品目84.12);泵、压缩机及风扇(品目84.13或品目84.14);空气调节器(品目84.15);液体或粉末的喷射、散布式喷雾机械器具,灭火器(品目84.24);起重、搬运或装卸机器(例如起重机、千斤顶、摇臂吊杆),泥土、矿物或矿石的搬移、铲运、平整、挖掘、捣固、压实、开采或钻探机器(品目84.25、品目84.26、品目84.28、品目84.30或品目84.31);品目84.32或84.33的农用机械(例如脱粒机、播种机、割草机等),专供装在车辆上使用的;品目84.79的机械风挡刮水器等。

⑥ 第八十四章的某些其他货品,这些货品是构成发动机或其他动力装置所必需的。例如,龙头、旋塞、阀门及类似装置(散热器的放水龙头、内胎气门等)(品目84.81);滚珠轴承或滚子轴承(品目84.82);品目84.83的发动机内部零件(曲轴、凸轮轴、飞轮等)。

⑦ 第八十五章的电动机械设备。例如,电动机、发电机、变压器等(品目85.01或品目85.04);电磁铁、电磁离合器、电磁闸等(品目85.05);蓄电池(品目85.07);火花点燃或压燃式内燃机用的电点火或电启动装置(火花塞、电动启动机等)(品目85.11);自行车或机动车辆用的电气照明及信号装置、电动风挡刮水器、除霜器及去雾器(品目85.12);其他车辆(例如,火车)、航空器或船舶用的电气信号装置(品目85.31);上述其他车辆、航空器或船舶用的电气除霜器及去雾器(品目85.43);机动车辆、铁道车辆或航空器等用的电热装置(品目85.16);传声器、扬声器及声频扩大器(品目85.18);无线电发射机及接收机(品目85.25或品目85.27);电容器(品目85.32);电力牵引车辆用导电弓架及其他集电器,熔断器、开关及其他电气器件(品目85.35或品目85.36);白炽灯泡及放电灯管,包括封闭式聚光灯(品目85.39);其他电气配件,例如绝缘电线及电缆(包括布线组在内),以及电气用的石墨或其他碳精制品,不论是否装有接头;绝缘子、绝缘配件(品目85.44至品目85.48)。

⑧ 第九十章的仪器设备,包括用于某些车辆上的仪器设备,例如照相机或电影摄影机(品目90.06或品目90.07);导航仪器及器具(品目90.14);医疗、外科、牙科或兽医用的科学仪器及器具(品目90.18);X光射线的应用设备及其他设备(品目90.22);压力表(品目90.26);转数计、车费计、速度计、转速表及其他

仪器设备(品目 90.29);测量或检验仪器、器具及机器(品目 90.31)。

⑨ 钟(例如仪表板钟)(第九十一章)。

⑩ 武器(第九十三章)。

⑪ 品目 94.05 的灯具及照明装置(例如,航空器或火车用前照灯)。

⑫ 刷子(例如,道路清扫车用的刷子)(品目 96.03)等。

(2) 关于"专用于"或"主要用于"某项用途的零件、附件。

① 既可归入第十七类,又可归入其他类的零件及附件。

根据本类注释三的规定,非专用于或非主要用于第八十六章至第八十八章所列货品的零件及附件,不归入这些章中。因此,既可归入第十七类,又可归入其他各类的零件或附件,最终应根据其主要用途来确定归类。例如,许多第八十四章所列移动式机器用的转向机构、制动系统、车轮及挡泥板等货品,实际上与第八十七章所列卡车用的几乎完全相同,但因为它们主要用于卡车,所以这些零件及附件应归入本类。

② 可归入本类中的两个或多个品目的零件及附件。

某些零件及附件可适用于多种运输工具(汽车、航空器、摩托车等),例如制动器、转向系统、车轮、车轴等。这些零件及附件应归入其主要用于该种运输工具的零件及附件有关品目。

(3) 本目录其他品目列名更为具体的零件及附件。

凡在本目录其他品目列名更为具体的零件及附件,即使能确定为用于本类所列货品的,仍不归入本类,而应按具体列名方法归类。例如硫化橡胶(硬化橡胶除外)制的异型材,不论是否切成一定长度(品目 40.08);硫化橡胶制的传动带(品目 40.10);橡胶轮胎、可互换胎面、轮胎衬带及内胎(品目 40.11 至品目 40.13);皮革、再生皮革、钢纸等制的工具包装(品目 42.02);自行车或气球用的网(品目 56.08);拖缆(品目 56.09);纺织地毯(第五十七章);由钢化玻璃或层压玻璃制的未镶框的安全玻璃,不论是否成形(品目 70.07);后视镜(品目 70.09 或第九十章);车头灯的未镶框玻璃(品目 70.14),以及一般归入第七十章的货品;速度计、转数计等用的软轴(品目 84.83);品目 94.01 的车辆座椅等。

3. 关于本类自走式机器及其他移动式机器的归类

许多机器设备(特别是第十六类所列的机器设备)可以安装在第十七类的车辆底盘或浮动底座上;所构成的移动式机器应根据各种因素,特别是底座的种类这一因素来确定归类。例如,装在浮动底座上的所有移动式机器(起重船、挖泥船、谷物提升船等),应归入第八十九章。

带有轮子的自推进式机器(指底盘和作业机器相互构成不可分割整体的

成套机械设备,例如自推进式平路机),应归入第八十四章(品目 84.25 至品目 84.30)。

装在第八十六章或第八十七章所列车辆底盘上的移动式机器,如果装在轮式或履带式底盘上的自推进式机器(例如起重机、挖掘机),它的一种或多种推进式中心部件装在作业机器的驾驶室内,仍应归入第八十四章(品目 84.25 至品目 84.30)。不论整台机器是否可以依靠自身的动力在道路上行驶,均不能将其视为车辆归入第十七类。

其他带有起重或搬运机器、土地平整、挖掘或钻探机器等的车辆,至少配备推进发动机、变速箱及换挡操纵装置、转向及制动装置,应作为车辆归入第十七类。

配有内装式设备的机动犁雪车或吹雪车,应归入本类品目 87.05。

装有辅助发动机的小型流动步行操纵器具(例如在道路上划线用的器具),应归入品目 84.79。

作为第八十四章搬运、挖掘等机器组成部分的推进底座,一般应作为机器的部件归入第八十四章相应品目。

19.2 第八十六章 铁道及电车道机车、车辆及其零件;铁道及电车道轨道固定装置及其零件、附件;各种机械(包括电动机械)交通信号设备

19.2.1 本章结构

本章共 3 条章注、9 个品目。主要包括各种地上或地下铁道或电车道(包括窄轨铁道、单轨铁道等)用的机车、车辆及其零件,以及某些轨道固定装置及附件。本章还包括经特殊设计、装备适于一种或多种运输方式的集装箱,以及各种机械(包括电动机械)信号、安全或交通管理设备(包括停车场用的在内)。也包括在导轨上行驶的气垫车辆(气垫火车)、这类车辆的零件、气垫火车导轨的固定装置及附件以及气垫火车运输系统的机械(包括电动机械)信号、安全或交通管理设备。

本章货品基本按照机动车辆、维修或服务车辆、牵引车辆、零件及设备、集装箱的顺序排列品目的,具体分类如下:

（1）各种铁道用的机动车辆。例如，机车、铁道或电车道用的机动客车及机动有轨车（品目 86.01 至品目 86.03）。品目 86.02 还包括机车煤水车。凡由两种动力驱动的机车，应按其所使用的主要动力归类。

（2）铁道或电车道用的维修或服务车辆，不论是否机动的（品目 86.04）。

（3）各种非机动车辆（铁道或电车道用的客车及行李车、铁道或电车道用的货车、敞车等）（品目 86.05 及品目 86.06）。

（4）铁道或电车道机车及车辆的零件（品目 86.07）、铁道或电车道的固定装置和附件以及道路、铁道或其他车辆、船舶或飞机的机械（包括电动机械）信号或交通管理设备（品目 86.08）。

（5）经特殊设计、装备适用于一种或多种运输方式的集装箱（品目 86.09）。

需要说明的是，本章所称的"铁道"及"电车道"，不仅指普通的钢制轨道，还指磁力悬浮轨道或混凝土轨道等类似导轨系统。

19.2.2 本章归类要点

（1）关于不完整或未制成车辆的归类。

根据归类总规则二（一）的规定，不完整或未制成的车辆，只要具有完整品或制成品的基本特征，应与相应的完整或已制成车辆一并归类。这些车辆包括：未装有动力装置、测量仪器、安全装置或维修设备的机车或铁道或电车道用的机动车辆；未安装座位的客车；已装有悬架及车轮的货车底架。

另一方面，未装在车架上的铁道或电车道用机动客车、货车、敞车、煤水车的车身，应作为铁道或电车道机车或车辆的零件归类（品目 86.07）。

（2）本章不包括的货品。

根据本章章注一以及其他规定，本章不包括的主要货品有：木制或混凝土制的铁道或电车道轨枕及气垫火车用的混凝土导轨（品目 44.06 或品目 68.10）；品目 73.02 的铁道及电车道铺轨用的钢铁材料；品目 85.30 的电气信号、安全或交通管理设备；品目 90.23 所列供示范用的铁道车辆模型；尚未装在铁道车上的重炮（品目 93.01）；玩具火车（品目 95.03）；经特殊设计适用于装在旋转木马或其他游乐场娱乐设备上使用，但不构成正式车辆的设备（品目 95.08）。

（3）本章的其他规定。

本章章注二、三分别列举了归入品目 86.07 和品目 86.08 的货品，需注意不要与其他品目的货品相混淆。

19.2.3　历年报关员资格全国统一考试中的本章归类题

1. 适于汽车运输易腐食品用保温集装箱(规格为 40 英尺,壁面为钢制)
(2002 年考题)　　　　　　　　　　　　　　　　　　　　　　　8609.0021

归类说明:集装箱是经过特殊设计、装备适用于一种或多种运输方式的包装容器。由于其结构坚固,所以它可反复使用。在本章中有具体列名的品目 86.09,考虑集装箱的尺寸,应将本题归入编码 8609.0021。

19.3　第八十七章　车辆及其零件、附件,但铁道及电车道车辆除外

19.3.1　本章结构

本章共 4 条章注、16 个品目。基本上是按机动车辆(客运、货运、特殊用途的车辆),机动车辆底盘、车身、其他零件附件,短距离运输货物的机动车辆,摩托车、自行车、残疾人用车及其零件附件,婴孩车及其零件,非机械驱动车辆及其零件的顺序排列品目的。

本章除第十六类所列的某些移动式机器以外,主要包括下列各种车辆:牵引车、拖拉机(品目 87.01);机动客车(品目 87.02 或品目 87.03)、货车(品目 87.04)或特种机动车(品目 87.05);未装有提升或搬运设备,适用于工厂、仓库、码头或机场短距离运输货物的机动车辆,火车站月台上用的牵引车(品目 87.09);机动的装甲战斗车(品目 87.10);摩托车及边车;脚踏车及残疾人用车,不论是否机动(品目 87.11 至品目 87.13);婴孩车(品目 87.15);挂车、半挂车及其他非机动车辆,不论是人力推拉、用畜力拖拉,还是用车辆牵引(品目 87.16)。

本章 16 个品目的排列顺序大致为:牵引车、拖拉机(品目 87.01)——机动客车、货车、特殊用途车辆(品目 87.02 至品目 87.05)——上述车辆零件、附件(装有发动机的底盘、车身、其他零件附件)(品目 87.06 至品目 87.08)——短距离货运机动车辆及零件(品目 87.09)——装甲战斗车辆及零件(品目 87.10)——摩托车、自行车、残疾人用车及其零件(品目 87.10 至品目 87.14)——婴孩车及其

零件(品目87.15)——挂车及其他非机械驱动车辆及其零件(品目87.16)。

19.3.2 本章归类要点

(1) 本章包括的其他车辆。

根据第十七类类注四、五的规定,本章还包括在陆上行驶或兼可在陆上及某些水域(沼泽地带等)行驶的气垫车辆。对于水陆两用的机动车辆也应作为本章的机动车辆归类。但经特殊制造也可作为道路车辆使用的飞机,仍应作为航空器归类(品目88.02)。

除第十七类注释另有规定的以外,本章也包括可确定为专用于或主要用于本章所列车辆的零件及附件。

(2) 关于不完整或未制成车辆的归类。

根据归类总规则二(一)的规定,不完整或未制成的车辆,只要具有完整品或制成品的基本特征,就应按相应的完整或已制成车辆归类。例如尚未装有车轮、轮胎及电池的机动车辆,尚未装有发动机或内部配件的机动车辆均按完整的机动车辆归类,尚未装有坐垫及轮胎的自行车应按完整的自行车归入品目87.12。

此外根据本章章注二的规定,用于安装在品目87.01的牵引车或拖拉机上作为可替换设备的机器或作业工具,即使与牵引车或拖拉机一同报验,不论其是否已安装在车(机)上,仍应归入其各自相应的品目。

而根据本章章注三的规定,对于装有驾驶室的机动车辆底盘,应按照完整的车辆归入品目87.02至品目87.04,而不归入品目87.06。

(3) 本章不包括的主要货品。

本章章注一规定,仅可在钢轨上运行的铁道及电车道车辆不归入本章(主要应归入第八十六章)。此外本章还不包括:第十六类的某些移动式机器(例如推土机);可作为陆路车辆使用的飞机(品目88.02);专供示范而无其他用途的剖面车辆样品及其零件(品目90.23);儿童乘骑的带轮玩具及儿童非两轮脚踏车(品目95.03);冬季运动设备,例如,长雪橇、平底雪橇及类似品(品目95.06);装在旋转木马上的车辆及其他作为游乐场娱乐设备用的车辆(品目95.08)。

(4) 归入品目87.05的特殊用途的机动车辆。

归入品目87.05的车辆包括经特制或改装,配有各种装置,使其具有某些非运输性功能的机动车辆,这些车辆主要不是用于载人或运货。主要包括起重车、钻探车、救火车、混凝土搅拌车、无线电通讯车、放射线检查车、环境监测车、医疗车、流动发电机组(电源车)、飞机加油车、调温车、除冰车、石油测井车、压裂车、混沙车、扫雪车、清扫车、洒水车、粪罐车、探照灯车、户外广播车、雷达车、烘面包车、野外厨房车、拍摄电影或电视用的摄影机移动车、机动抢修车、展览货品用的流动展览车等机动车辆。但是救护车、囚车、灵车、配有起居设施的野营汽车、雪地行走专用车(如雪地越野汽车)、高尔夫球车等主要用于载人的机动车辆应归入品目87.03。配有自动卸货装置的自动卸货车、不论是否配有泵的液罐车、保温或冷藏货车、不论是否配有装载、压紧、倾倒等装置的垃圾收集车、经专门设计适用于运输新拌混凝土的货车(混凝土搅拌运输车除外)等机动车辆应归入品目87.04。

(5) 归入品目87.09的短距离运输货物的机动车辆。

归入品目87.09的车辆包括在工厂、仓库、码头、机场短距离运输货物或在火车站月台上拖带小型挂车用的机动车辆。这些车辆可以是由蓄电池供电的电动机驱动,也可以是由活塞式内燃机或其他类型的发动机驱动。它们共同的特征有:其结构及主要设计特点是不适于在马路或其他公用道路上载运客货的;满载时其最高时速一般不超过30—35公里;其转弯半径约等于车辆本身的长度。这些车辆可以步行操纵,通常没有封闭式驾驶室,只设一个工作台供驾驶员站着驾驶车辆。有些车辆在驾驶员座位上面装有保护支架及金属护板等物品。

(6) 归入品目87.08的机动车辆零件附件的范围。

品目87.08包括不属于第十七类注释规定不包括的货品范围的、在其他品目没有具体列名的,专用于或主要用于品目87.01至品目87.05所列机动车辆的零件及附件,这些零件及附件包括:

① 缓冲器(保险杠)及其零件。

② 车身零件及其配套附件。例如,固定装在机动车内用以保护人身安全的座位安全带;安全气囊装置;车窗玻璃升降器;底板、侧板、前面板、后面板、行李舱等;门及其零件;发动机罩;带框玻璃窗、装有加热电阻器及电气接头的窗、窗框;脚踏板;挡泥板;仪表板;散热器护罩;牌照托架;转向柱托架;外部行李架;遮阳板;由车辆发动机供热的非电气供暖及除霜设备;地毯(纺织材料或未硬化硫化橡胶制的除外)等。

③ 制动器(蹄式、扇形、盘式等)及其零件(盘、鼓、缸、已装配的制动摩擦片、液压制动器的油箱等);助力制动器及其零件。

④ 各种变速箱(机械式、超速传动式、预选式、电动机械式、自动式等变速箱及其零件)。

⑤ 装有差速器的驱动桥及其零件。

⑥ 非驱动桥(前桥、后桥)及其零件;轮毂、短轴(轴颈)、短轴托架。

⑦ 车轮(压制钢车轮、钢线辐轮等)及其零件附件,不论是否装有轮胎。

⑧ 悬挂减震器(摩擦式、液压式等)。

⑨ 散热器(水箱);消音器;排气管;离合器(锥形离合器、盘式离合器、液压离合器、自动离合器等,但品目85.05所列的电磁离合器除外)及其零件(例如离合器外壳、离合器盘、离合器杆及已装配的离合器摩擦片);转向盘、转向柱、转向器;已组装的汽车底盘车架(不论是否装有车轮,但未装有发动机)等。

(7) 不归入品目87.08的常见机动车辆零附件。

按所属材质归类的零附件主要有:通用零件(第十五类或第三十九章);传动带、输送带(第三十九章、第四十章、第五十九章等);接头、垫圈(第三十九章、第四十章、第四十二章、第七十三章、第八十四章等);滤纸、滤布(第四十八章等);车用地毯等铺地制品(第五十七章等)。

按具体列名品目归类的零附件主要有:轮胎(品目40.11至品目40.13);安全玻璃(品目70.07)、后视镜(品目70.09);车用扳手等手工工具(第八十二章);机动车辆用锁(品目83.01);机动车辆用的烟灰缸等附件及架座(品目83.02);第八十四章具体列名的一些产品,如发动机及其零件(品目84.07至品目84.09等),燃油泵等(品目84.13),空气泵、压缩机及风扇(品目84.14),空调(品目84.15),滤油器、滤清器等(品目84.21),风窗清洗机等喷射装置(品目84.24),车用千斤顶(品目84.25),龙头、阀门,如散热器的放水龙头和内胎气门等(品目84.81),滚动轴承等(品目84.82);第八十五章具体列名的一些产品,如电动机、发电机(品目85.11),变压器(品目85.04),电磁铁、电磁离合器、电磁闸(品目85.05),蓄电池(品目85.07),内燃发动机用的电点火或电启动装置(品目85.11),车用电气照明或信号装置、风挡刮水器、除霜器、去雾器(品目85.12),车用电热装置(85.16),车载电话机(品目85.17),车用音箱及音频扩大器(品目85.18),车用无线电导航设备(品目85.26),车载收录(放)音组合机(品目85.27),电容器(品目85.32),电阻器(品目85.33),印刷电路(品目85.34),车用熔断器开关等(品目85.36),车灯的灯泡(品目85.39),车用半导体器件(品目85.41),集成电路(品目85.42),绝缘电线、电缆布线组(品目85.44),绝缘子(品目85.46),其他电气绝缘零件(品目85.47);第九十章具体列名的一些产品,如车用仪表如转数计、车费计、速度计、转速表(品目90.29),车用自动控制装置(品目90.32)等,车用钟表(品目91.04),车用座椅(品目94.01),车用刷子(品目96.03)等。

归入第八十七章其他品目的零附件还有:装有发动机的机动车辆底盘(品目87.06),机动车辆的车身、包括驾驶室(品目87.07),短距离运输货物的机动车辆和火车站台上牵引车用的零件(品目 87.09),坦克及其他机动装甲战斗车辆用的零件(品目 87.10),摩托车用的零件(品目 87.14)。

19.3.3　历年报关员资格全国统一考试中的本章归类题

1. 装有压燃式活塞内燃发动机、汽缸容量(排气量)为 2 000 毫升的四轮驱动越野车(1998 年上半年考题)　　　　　　　　　　　　　　　8703.3212

归类说明:越野车是以载人为主要目的的,而且是 10 座以下的机动车辆,应归入本章品目 87.03,再考虑其发动机类型和汽缸容量,应将本题归入编码 8703.3212。

2. 车体由驾驶室和装存现钞的密闭箱体室两部分组成,并装有防护系统,车辆总重量为 4 吨的装甲运钞车(装有柴油发动机)(1998 年上半年考题)

8704.2100

归类说明:装甲运钞车是一种专用于运输钞票这种货物的机动车辆,应按货运车辆归入本章品目 87.04,再考虑其发动机类型和车辆总重量,应将本题归入编码 8704.2100。

3. 装有点燃往复式活塞内燃发动机的快餐车(1998 年下半年考题)

8705.9099

归类说明:快餐车是一种配有灶具、炊具等设备的特殊用途的机动车辆,应按特殊用途的车辆归入品目 87.05 项下的子目 8705.9099。

4. 货车(柴油发动机),车辆自重与最大设计载荷重量的总和为 10 吨(1999 年上半年考题)　　　　　　　　　　　　　　　　　　　8704.2230

归类说明:本题车辆是以载货为目的的机动车辆,应归入本章品目 87.04。再考虑其发动机类型和车辆总重量,应将本题归入编码 8704.2230。

5. 装有发动机的汽车起重机底盘(1999 年下半年考题)　　　8706.0040

归类说明:本题货品是起重汽车的一个重要组成部分,它是接受汽车发动机的动力,使汽车产生运动,保证汽车正常行驶的重要部件。本题货品在本章品目中有具体列名,应归入编码 8706.0040。

6. 机动放射线检查车(2000 年考题)　　　　　　　　　　　8705.9020

归类说明:机动放射线检查车是一种特殊用途的机动车辆,应归入本章有具体列名的商品编码 8705.9020。

7. 两套缺少鞍座的摩托车未组装件(装在一个木箱内)一起报验(2000 年考题)　　　　　　　　　　　　　　　　　　　　　　　　8711.9090

归类说明:本题货品是装在木箱内的摩托车不完整品的未组装件,根据归类总规则五的规定,包装材料木箱应按所装货品一并归类。又根据归类总规则二(一)的规定,这种不完整品的未组装件具有完整品的基本特征,所以应按完整的摩托车将其归入本章编码 8711.9090。

8. 装有 18 个座位和 4 把折叠椅的普通中巴客车(汽油发动机)(2002 年考题)　　　　　　　　　　　　　　　　　　　　　　　　8702.9020

归类说明:本题中巴客车是客运机动车辆,而且共有 22 座,应归入本章品目 87.02,考虑到其发动机类型和载客座位,应将本题归入编码 8702.9020。

9. 长途客运车辆(50 座,柴油发动机)安装的防抱死制动系统(ABS)(2003 年考题)　　　　　　　　　　　　　　　　　　　　　　8708.3029

归类说明:本题货品是大型客车用的制动设备,应按机动车辆零件归入本章品目 87.08,考虑到该零件是用于子目 8702.1091 车辆的,所以应将本题货品归入编码 8708.3029。

10. 装有高压水泵,并配有水炮、云梯等装置的救火车(2005 年考题)

8705.3010

归类说明:救火车是一种特殊用途的机动车辆,应归入有具体列名的品目 87.05,考虑到其装有云梯,应将本题归入编码 8705.3010。

11. "丰田"轿车用电动天窗(2006 年考题)　　　　　8708.2941

归类说明:小轿车用天窗是汽车车身上的零附件,作为机动车辆的零附件应归入本章品目 87.08。考虑到天窗所在轿车的部位(车身上的零附件)、开动方式(电动的),根据子目条文的规定,本题货品应归入编码 8708.2941。

12. 如图所示的车辆,可称为拖修车、清障车或交通事故牵引车,使用的是柴油发动机(2008 年考题)　　　　　　　　　　　　　　8705.9099

归类说明:本题货品作为机动车辆,应归入第八十七章。由于它是一种特殊用途的机动车辆,而且主要不是用于载人或运货,查品目条文,应将其归入品目 87.05。再根据子目条文的规定,本题货品应归入编码 8705.9099。

13. "三菱"全电动小轿车,5 座,使用锂电池,输出功率 47 千瓦(2009 年考题)　　　　　　　　　　　　　　　　　　　8703.9000

归类说明:本题货品是用于载人的 9 座及以下的机动车辆,应归入第八十七章品目 87.03。由于该车使用电动装置,根据子目条文规定,本题货品应归入编码 8703.9000。

14. 如图所示的车辆,使用柴油发动机,用于机场候机楼与机坪之间接送旅客(2012 年考题)　　　　　　　　　　　　　　8702.1020

归类说明:本题货品是一种载客量大的客运机动车辆,根据归类总规则一和六,按税目条文,应按机坪客车归入编码 8702.1020。

15. 如图所示的赛格威代步车。这是一种电力驱动、具有自我平衡能力的交通工具,重 18.5 公斤,最高时速 15 公里/小时,续航能力 20—30 公里。其工作原理是,驾驶人只要改变自己身体的角度,内置精密同态陀螺仪即可判断车身所处的姿势状态,通过高速中央微处理器计算出适当指令,驱动马达达到平衡和改变行驶方向的效果(2013 年考题)　　　　　　　　　8711.9010

归类说明:本题货品是一种电动的供人乘骑的两轮机动车辆,根据《进出口税则商品及品目注释》关于品目 8711 的规定,本题货品应归入编码 8711.9010。

19.4　第八十八章　航空器、航天器及其零件

19.4.1　本章结构

本章共 1 条子目注释、5 个品目,基本上是按无动力航空器、其他航空器和

航天器、零件、降落伞、其他相关装置的顺序排列品目的。

本章主要包括气球、飞艇及无动力航空器(品目 88.01);其他航空器、航天器(包括卫星)及其运载工具(品目 88.02);某些相关装置,例如降落伞(品目 88.04);航空器的发射装置、甲板停机装置及地面飞行训练器(品目 88.05)。本章也包括上述设备的零件。

19.4.2　本章归类要点

根据归类总规则二(一)的规定,不完整或未制成的航空器(例如未装有发动机或内部设备的航空器),只要它们具有完整品或制成品的基本特征,应按相应的完整或已制成的航空器归类。而不具有完整品或制成品基本特征的航空器,应作为相应航空器的零件归类,一般归入品目 88.03。

19.4.3　历年报关员资格全国统一考试中的本章归类题

(历年考试中还未出现过本章试题。)

19.5　第八十九章　船舶及浮动结构体

19.5.1　本章结构

本章共 1 条章注、8 个品目,基本上是按客运或货运船舶、特殊用途船舶(捕鱼船、娱乐或运动用船舶、拖船、灯船、起重船、军舰、救生船等)、浮动结构体的顺序排列品目的。

本章主要包括船、艇及其他各种不论是否自航的船舶和浮动结构体,例如潜水箱、浮码头、浮筒等。本章也包括专供在水上(海洋、港湾、湖泊)行驶的气垫运输工具(气垫船),不论其是否能够在海滩或浮码头登陆,或是否能够在冰上行驶。

19.5.2 本章归类要点

(1) 水陆两用车辆、水上飞机的归类。

根据第十七类类注四、五的规定，兼可在陆地及某种水域(沼泽地等)上行驶的水陆两用机动车辆及气垫车辆，应作为机动车辆归入第八十七章。对于水上飞机及飞船，应作为航空器归入品目 88.02。

(2) 关于未制成或不完整船舶的归类。

根据归类总规则二(一)的规定，本章还包括未制成或不完整的船舶(例如，未装配动力装置、导航仪器、起重或搬运机器、内部设施等的船舶)，只要具有船舶的基本特征；用各种材料制成的船体。

报验时未装配或已拆卸的完整船舶、船体，以及未制成或不完整的船舶(不论是否已装配)，如果具有某种船舶的基本特征，应作为该种船舶归类。

根据本章章注的规定，已装配、未装配或已拆卸的船体、未完工或不完整的船舶以及未装配或已拆卸的完整船舶，如果不具有某种船舶的基本特征，应归入品目 89.06。

(3) 关于船舶或浮动结构体的零件、附件的归类。

与第十七类其他各章所列运输设备的规定相反，本章不包括单独报验的所有船舶或浮动结构体的零件(船体除外)及附件；即使它们可明显确定为船舶或浮动结构体的零件及附件，也不包括在内。

这些零件及附件应归入本目录其他适当的品目，例如，第十七类注释二所列举的零件及附件；木制的橹及桨(品目 44.21)；纺织材料制的缆绳(品目 56.07)；船帆(品目 63.06)；具有品目 73.08 所列金属结构体特征的船桅、舱口、舷梯、栏杆、舱壁及船体的零件；钢铁制的缆索(品目 73.12)；钢铁制的锚(品目 73.16)；推进器及明轮(品目 84.87)；舵(品目 44.21、品目 73.25、品目 73.26 等)；以及其他船舶转向及操舵装置(品目 84.79)等。

(4) 本章不包括的货品。

除了上述不包括的货品之外，本章还不包括：观赏用船舶模型(例如西班牙大帆船及其他帆船)(品目 44.20、品目 83.06 等)；品目 90.23 所列的示范装置或模型；鱼雷、水雷及类似军用品(品目 93.06)；儿童乘骑的带轮玩具船舶及其他玩具(品目 95.03)；滑水橇及类似品(品目 95.06)；旋转木马或其他游乐场娱乐设备用的小船(品目 95.08)；超过 100 年的古物(品目 97.06)；安全带及救生衣(按其构成材料归类)等。

19.5.3 历年报关员资格全国统一考试中的本章归类题

（历年考试中还未出现过本章试题。）

习题 19

将以下货品归入我国进出口商品八位数编码中：

(1) 地铁直流电力机车

(2) 铁道机车两车厢间联接钩

(3) 铁道车辆用合金钢制钩头螺钉

(4) 机场停机坪用装有汽油发动机的 30 座客车

(5) 电视转播车

(6) 野外厨房车

(7) 机动粪罐车

(8) 装有制冷设备的冷藏货车(装有柴油发动机,车辆总重为 10 吨)

(9) 履带式起重机

(10) 最大起重重量为 120 吨的全路面起重车

(11) 装有柴油发动机的集装箱叉车

(12) 全地形高尔夫球车

(13) 集装箱码头用的带胶轮跨运车

(14) 雪地行走专用车

(15) 装有汽油发动机、排气量为 45 毫升的助动车

(16) 电缆测试车。该车固定安装了电力电缆检测装置、中央控制系统、故障定位仪等,用于对电力电缆的绝缘耐压和故障测试

(17) 18 英寸普通自行车

(18) 火车站月台上使用的电动牵引车

(19) 装有柴油发动机和驾驶室的越野吉普车底盘,气缸容量为 2 400 毫升

(20) 山地自行车车架

(21) 装有倾倒装置的机动垃圾收集车,装有汽油发动机,车辆总重为 7 吨

（22）消防救火车用的变速箱

（23）手扶拖拉机用的转向盘

（24）50 座机动客车用液压式悬挂减震器

（25）机动车辆用车灯

（26）机动车辆用座位安全带

（27）汽车车身上光剂

（28）小轿车用的充气橡胶新轮胎

（29）自行车用橡胶内胎

（30）钢铁制机动车用门锁，中央控制的

（31）机动车辆用除霜器

（32）机动车辆用速度计

（33）机动车辆用的金属丝刷

（34）充气飞艇

（35）化纤材料制的降落伞

（36）航空母舰

（37）甲板装有起重机的机动起重船

（38）机动船舶用推进器桨叶

（39）船舶动力用汽轮机

（40）木制船桨

20

第十八类 光学、照相、电影、计量、检验、医疗或外科用仪器及设备、精密仪器及设备;钟表;乐器;上述物品的零件、附件

20.1 本类概况

本类从第九十章至第九十二章共分3章,基本上是按照货品的用途来分列章次的。主要包括各种专门用途的仪器、设备及其零件、附件(第九十章);钟表及其零件(第九十一章);乐器及其零件、附件(第九十二章)。本类共同的特点是品目条文所列货品及其零件可用贵金属或包贵金属,以及天然、合成或再造的宝石或半宝石制成。

本类货品的归类以第九十章的内容为最难,因为该章品目较多,涉及多种专门技术用途的精密仪器和设备,包括光学元件、照相设备、计量检验器具、医疗设备及其零件、附件,对商品知识的要求较高,归类时应多从用途和功能角度考虑。

本类无类注。

20.2 第九十章 光学、照相、电影、计量、检验、医疗或外科用仪器及设备、精密仪器及设备;上述物品的零件、附件

20.2.1 本章结构

本章共7条章注、32个品目(其中原品目90.09已被删除),包括范围很广

的各种仪器及设备。基本上是按光学元件、简单的光学器具、复杂的光学仪器、精密仪器的顺序排列品目的。一般来说,它们均具有深加工和高精度的特征;主要供科学研究(实验室研究工作、科学分析、天文学研究等)、各种专业技术或工业方面(计量、检验、监测等)及医疗方面使用。

本章主要包括:(1)各种光学元件及光学仪器和器具。不仅包括品目90.01及品目90.02的简单光学元件,也包括从品目90.04的眼镜到用于天文学、照相、电影及显微观察的复杂光学仪器。(2)某些具有特殊用途(测量、气象、绘图、计算等)的仪器及器具。(3)医疗、外科、牙科或兽医用仪器及设备,以及与其相关的放射性治疗、机械治疗、氧气治疗、矫形和修复治疗等用的仪器及设备。(4)测试材料用机器、仪器及设备。(5)实验室用的仪器及设备。(6)各种测量、检验及自动控制用的仪器及设备,不论其是光学的或电气的,特别是按照本章注释七的规定属于品目90.32的仪器及设备。

本章32个品目的排列顺序大致如下:

1. 各种光学仪器设备。

 (1) 简单的光学元件。

   ① 未装配的光学元件;光导纤维;光缆;偏振材料制的片及板(品目90.01);

   ② 已装配的光学元件,作为仪器或装置的零附件(品目90.02)。

 (2) 简单的光学器具。

   ① 眼镜架及零件(品目90.03);

   ② 矫正视力、保护眼睛或其他用途的眼镜、挡风镜等(品目90.04)。

 (3) 用于影像观察、显像的复杂光学仪器。

   ① 望远镜;其他天文仪器及其座架(品目90.05);

   ② 照相机;照相闪光灯装置及闪光灯泡(品目90.06);

   ③ 电影摄影机、放映机(品目90.07);

   ④ 影像投影仪;照片放大机及缩片机(品目90.08);

   ⑤ 本章其他品目未列名的照相(包括电影)洗印用装置及设备;负片显示器;银幕及其他投影屏幕(品目90.10);

   ⑥ 复式光学显微镜(品目90.11);

   ⑦ 显微镜;衍射设备(品目90.12);

   ⑧ 其他品目未列名的液晶装置;激光器;本章其他品目未列名的光学仪器及器具(品目90.13)。

2. 测绘、计量仪器及简单的计算器具。

(1) 定向罗盘；其他导航仪器及装置(品目 90.14)。

(2) 大地测量(包括摄影测量)、水道测量、海洋、水文、气象或地球物理
用仪器及装置；测距仪(品目 90.15)。

(3) 精密天平(品目 90.16)。

(4) 绘图、划线或数学计算仪器及器具；本章其他品目未列名的手用测
量长度的器具(品目 90.17)。

3. 医疗及辅助疗法用仪器及器具。

(1) 医疗、外科、牙科或兽医用仪器及器具(品目 90.18)。

(2) 机械疗法器具等(品目 90.19)。

(3) 其他呼吸器具及防毒面具(品目 90.20)。

(4) 矫形器具等(品目 90.21)。

(5) X 射线或 α 射线、β 射线、γ 射线的应用设备(品目 90.22)。

4. 教学科研、工业等检测仪器及装置。

(1) 专供示范(例如,教学或展览)而无其他用途的仪器、装置及模型(品
目 90.23)。

(2) 硬度、强度或其他机械性能的试验机器及器具(品目 90.24)。

(3) 液体比重计、温度计、气压计、湿度计等装置(品目 90.25)。

(4) 流量计、液位计、压力表、热量计等测量或检验仪器及装置(品目
90.26)。

(5) 理化分析仪器及装置等(品目 90.27)。

(6) 生产或供应气体、液体及电力用的计量仪表(品目 90.28)。

(7) 转数计、产量计数器、车费计、里程计、步数计、速度计及转速表,频
闪观测仪(品目 90.29)。

(8) 示波器、频谱分析仪及其他用于电量测量或检验的仪器和装置(品
目 90.30)。

(9) 本章其他品目未列名的测量或检验仪器、器具及机器,轮廓投影仪
(品目 90.31)。

(10) 自动调节或控制仪器及装置(品目 90.32)。

(11) 本章所列机器、器具、仪器或装置用的本章其他品目未列名的零
件、附件(品目 90.33)。

20.2.2 本章归类要点

1. 本章仪器设备特点

某些仪器是在有关品目中具体列名的,例如复式光学显微镜(品目 90.11)、电子显微镜(品目 90.12);其他仪器及设备则在有关品目中按具体学科、工业部门等作一般列名(如品目 90.05 的天文仪器、品目 90.15 的测量仪器及器具以及品目 90.22 的 X 光等射线的应用设备)。

一般来说,本章包括的货品均为精密仪器及装置;但也有某些例外,例如,本章也包括普通护目镜(品目 90.04),简单的放大镜及不放大影像的潜望镜(品目 90.13),以及不论其精确度如何的分度尺和学生用尺(品目 90.17)、带装饰性的温度计(品目 90.25)。

除本章章注一另有规定的以外(如橡胶或皮革制的垫圈及仪表用的皮革膜片),本章的仪器、设备及其零件可用任何材料(包括贵金属或包贵金属,以及天然、合成或再造的宝石或半宝石)制成。

2. 关于不完整或未制成的机器、设备的归类

根据归类总规则二(一)的规定,不完整或未制成的机器、器具、仪器或设备,只要具有相应的完整品或制成品的基本特征,例如在报验时尚未装光学元件的照相机或显微镜,以及未装累计装置的电表等,就应作为完整品或制成品归类。

3. 关于仪器设备的零件及附件的归类

本章章注二规定,除本章注释一另有规定的以外,凡可确定为专用于或主要用于本章机器、器具、仪器或设备的零件及附件,应与相应的机器、器具等一同归类。

但是上述的一般规则也有例外,它不适用于以下货品:

(1)第十五类类注二所指的贱金属制通用零件(第十五类)及以塑料制成的类似品(第三十九章)。这些通用零件不论其是否专用于本章的仪器设备,一律按构成材料归入第十五类或第三十九章。

(2)如果零件及附件本身已构成本章或第八十四章、第八十五章、第九十一章某一品目的物品(品目 84.87、品目 85.48 或品目 90.33 的除外),则应归入这些章中的相应品目。例如,电子显微镜用的真空泵仍应作为泵归入品目 84.14;变压器、电磁铁、电容器、电阻器、继电器、电灯泡及电子管等仍归入第八十五章;品目 90.01 或品目 90.02 的光学元件,不论其将装配在何种仪器或设备上,均应归入前述两品目;钟表机芯则一律归入第九十一章;照相机即使其结构为专门用

于其他仪器上的(例如,与显微镜、频闪观测仪等配套使用),仍归入品目90.06。

（3）其他零件、附件,如果专用于或主要用于某种或同一品目项下的多种机器、仪器或器具(包括品目90.10、品目90.13或品目90.31的机器、仪器或器具),应归入相应机器、仪器或器具的品目。

（4）所有其他零件、附件均应归入品目90.33,除非其本身已构成其他品目具体列名的完整仪器等。

4. 关于功能机组的归类

按照本章章注三的规定,第十六类类注三、四的内容也适用于本章。即由两部或两部以上机器装配在一起形成的组合式机器,或具有两种及两种以上互补或交替功能的机器,除条文另有规定的以外,应按具有主要功能的机器归类;由不同独立部件(不论是否分开或由管道、传动装置、电缆或其他装置连接)组成的机器(包括机组),如果组合后明显具有一种本章某个品目所列功能,则全部机器应按其功能归入本章有关品目。

因此,本章包括作为功能机组的由电气(含电子)仪器或装置构成的模拟或数字遥测系统,它们主要有:

（1）发送端的各种设备:①一次探测器(变换器、发射器、模拟数字转换器等),用以将各种性质的被测参数转换成一种等比例的电流、电压或数字信号。②测量放大、收发基本设备,用以在必要时将电流、电压或数字信号增大到脉冲或调频发射器所需的强度。③脉冲或调频发射器,用以将模拟或数字信号传输到另一接收站。

（2）接收端的各种设备:①脉冲、调频或数字信号接收器,用以将收到的信号转换成模拟或数字信号。②测量放大器或转换器,用以在必要时放大模拟或数字信号。③指示或记录仪器,用于标定原始参数并配有机械指针式或光电式显示器。

遥感脉冲信号的有线或无线收发设备仍应归入其各自相应的品目(酌情归入品目85.17、品目85.25或品目85.27),除非它们与上述(1)、(2)两项的仪器或设备组成一体或与之一起构成第九十章注释三所述的功能机组时,才随整机或整套仪器或设备归入本章。

5. 既可归入品目90.13,又可归入品目90.31的货品的归类

本章章注五规定,对于计量或检验用的光学仪器、器具或机器,如果既可归入品目90.13,又可归入品目90.31,则应按从后归类原则归入品目90.31。

6. 本章不包括的货品

本章章注一规定了不包括在本章的主要货品:

（1）机器、设备或其他专门技术用途的某些物品,以硫化橡胶(硬质橡胶除

外)制成的(品目 40.16)、以皮革或再生皮革制成的(品目 42.05)或以纺织材料制成的(品目 59.11)。

（2）纺织材料制的承托带及其他承托物品,其承托器官的作用仅依靠自身的弹性(例如,孕妇用的承托带,用于胸部、腹部、关节或肌肉的承托绷带)(第十一类)。

（3）升降、搬运机械(品目 84.25 至品目 84.28);品目 84.66 所列的用于机床上调整工件或刀具的配件,包括具有光学读度装置的配件(例如,"光学分度头"),但其本身主要是光学仪器的除外(例如校直望远镜);雷达设备、无线电导航设备及无线电遥控设备(品目 85.26)。

（4）安装有本章所列仪器或设备的航天器(品目 88.02)。

（5）第九十五章的玩具、游戏品、运动用品及其他物品,以及它们的零件及附件。

（6）容量的计量器具,按其构成材料归类。

（7）卷轴、卷筒及类似的芯轴(按其构成材料归类,例如归入品目 39.23 或第十五类)。

（8）品目 69.03 的耐火材料制品;品目 69.09 的实验室、化学或其他专门技术用途的陶瓷器。

（9）品目 70.09 的未经光学加工的玻璃镜及品目 83.06 或第七十一章的非光学元件的贱金属或贵金属制的镜子。

（10）品目 70.07、品目 70.08、品目 70.11、品目 70.14、品目 70.15 或品目 70.17 的货品。

（11）品目 84.13 的装有计量装置的泵;计数和检验用的衡器或单独报验的天平砝码(品目 84.23);纸张或纸板的各种切割机器(品目 84.41);计算机器(品目 84.70);品目 84.81 的阀门及其他装置。

（12）自行车或机动车辆用探照灯或聚光灯(品目 85.12);品目 85.13 的手提式电灯;电影录音机、还音机及转录机(品目 85.19);拾音头或录音头(品目 85.22);电视摄像机、其他视频摄录一体机和数字照相机(品目 85.25);品目 85.37 的数控装置;品目 85.39 的封闭式聚光灯;品目 85.44 的光缆。

（13）品目 94.05 的探照灯及聚光灯等。

7. 关于眼镜产品的归类

隐形眼镜片归入品目 90.01。呈弧面、弯曲等形状但未经光学加工的眼镜用玻璃归入品目 70.15,经过光学加工的玻璃或其他材料制的未装配眼镜片应归入品目 90.01,任何材料制的眼镜架应归入品目 90.03,带有镜架的眼镜、挡风镜应归入品目 90.04。此外,眼镜盒应归入品目 42.02。

8. 关于医疗器具的归类

医疗器具主要归入第九十章的品目 90.18、品目 90.19、品目 90.21 和品目 90.22 中。

品目 90.18 包括种类繁多的医疗、外科、牙科和兽医用仪器及器械,这些仪器及器械主要是供各专科医务人员用于疾病的预防、诊断、医治或手术治疗等;该品目也包括解剖实验、解剖检验等用的仪器及器械,以及符合某些条件的牙科诊疗仪器及器械,还包括医学专用的特殊测量仪器,如测颅器、测量颅脑损伤的量规等。该品目的仪器及器械可以用任何材料(包括贵金属)制成,可带有光学装置,可以是电气装置,也可以是以激光、其他光或光子束进行工作的仪器及器械,以及超声波仪器及器械。归入该品目的一些医疗或外科(包括兽医的)器械实际上和普通工具或刀具没有多大区别,如锤、槌、锯、凿、镊、剪刀、刀具等,这些器械只有通过如形状上的某些特殊之处、宜于拆卸消毒、生产质量上乘或者所用金属材料的性质及其配套组成(常常是装于箱盒中的接生、解剖、妇科、耳外科及牲畜生产等专用的成套器械)等情况,可确定为明显用于医疗或外科方面。

品目 90.19 包括通常是在医生的指导下使用的机械疗法器具、按摩器具、心理功能测验装置、氧气治疗器、人工呼吸器或其他治疗用呼吸器具。

品目 90.21 包括用于预防或矫治躯体畸变,或生病、手术或受伤后躯体部位的支撑或固定用的矫形器具;用于身体受伤部位的固定(作牵引或保护用)或断骨对接的夹板及其他骨折用具;用于部分或全部代替人体残废部分的人造假肢、假眼、假牙及其他人造人体器官;由一个或几个传声器的电路、耳机以及电池组成的助听器;心脏起搏器、助语器、导盲器等。

品目 90.22 包括 X 射线、α 射线、β 射线、γ 射线的应用设备,不只限于医疗、外科、牙科或兽医,甚至可以用于工业用途。

但也有一些医疗中常见的设备并不归入上述品目中,如体温表(品目 90.25);眼底照相机(品目 90.06);观察病理切片的生物显微镜(品目 90.11 或品目 90.12);分析、检验血液、尿液等的仪器设备,检镜切片机等(品目 90.27)。

20.2.3 历年报关员资格全国统一考试中的本章归类题

1. 测试频率在 400 兆赫兹至 800 兆赫兹范围的阴极射线通用示波器(1998年上半年考题) 9030.2090

归类说明:阴极射线示波器是通过记录阴极射线束在静电或电磁力作用下

发生偏转的过程来观测电量(电压、电流等)瞬间变化的仪器,由于该货品不属于本章章注列明排除的货品,所以应按检测仪器归入本章。而且本章品目90.30有具体列名,再考虑其测试频率可将本题货品归入编码9030.2090。

2. 医疗用B型超声波诊断仪(1998年上半年考题)　　　　　9018.1210

归类说明:本题货品是利用超声波在显像管上所成的脏器影像进行医疗诊断的仪器,由于该货品不属于本章章注列明排除的货品,所以应按医疗器具归入本章。根据具体列名方法应将本题归入商品编码9018.1210。需要指出的是本题货品容易误归入品目90.22。品目90.22的货品主要是利用射线特征进行检验的器具,而本题货品是利用超声波特征进行检查的设备,二者还是有明显差别的。

3. 经光学加工的隐形眼镜片(1998年上半年考题)　　　　　9001.3000

归类说明:本题货品是经过光学加工的光学元件,应归入本章。本题容易误归入品目90.04。品目90.04的眼镜是戴置于前面、有镜架的眼镜,对于无镜架的隐形眼镜片应按具体列名方法归入编码9001.3000。

4. 万次闪光灯(1999年上半年考题)　　　　　　　　　　9006.6100

归类说明:万次闪光灯又称电子闪光灯,应按照相闪光灯装置归入本章。按具体列名方法可将本题归入本章编码9006.6100。

5. 电子显微镜(1999年下半年考题)　　　　　　　　　　9012.1000

归类说明:电子显微镜是一种以电子束代替光束来放大细微物体的精密仪器,应归入本章。它与通过光束来放大物体的光学显微镜不同,所以应归入本章品目90.12项下子目9012.1000。

6. 绕在卷轴上的光导纤维(1999年下半年考题)　　　　　　9001.1000

归类说明:光导纤维是由折射率不同的玻璃或塑料同轴物构成、可用于制造光导纤维束和光缆的纤维,应按光学元件归入本章。由于本章品目和子目均有具体列名,所以本题应归入编码9001.1000。

7. 速度传感器(2000年考题)　　　　　　　　　　　　　9033.0000

归类说明:传感器是一种进行测量、控制用仪器及设备的零件、附件。它是一种将非电量参数(如速度、压力等)转变为可以测量的电量的元件,应归入本章。但在本章内未具体列名,所以应将其归入编码9033.0000。

8. X射线治疗仪(治疗肿瘤用)(2001年考题)　　　　　　9022.1400

归类说明:X射线治疗仪是一种利用X射线的穿透力和对某些活组织的破坏作用治疗多种疾病(例如某些皮肤病、肿瘤等)的医疗设备,看上去既可归入本章品目90.18,又可归入品目90.22。但由于品目90.18主要是医疗检查设备,而且品目90.22列名更为具体,根据归类总规则三(一)的规定,本题应归入编码

9022.1400。

9. 经过电镀处理的贱金属眼镜架(2002 年考题)　　　　9003.1910

归类说明:本题货品可能误将其作为贱金属制品归入第十五类,但是由于眼镜架是光学元件的框架,在第十五类类注一(八)中又列名第十五类不包括能归入第十八类的货品,所以本题应归入第十八类的第九十章。在本章有具体列名的品目,本题应按具体列名方法归入编码 9003.1910。

10. 已制成特定形状的 B 型超声波诊断仪的外壳(2004 年考题) 9018.1210

归类说明:本题货品是医疗检查设备超声波诊断仪的专用零件,根据本章章注二的规定,该零件应按仪器一并归入品目 90.18。又由于品目 90.18 项下没有单列"零件"子目,所以本题货品应与超声波诊断仪归入同一子目9018.1210。

11. 电子眼压记录仪,通过记录眼动脉压、眼静脉压的变化,对眼睛进行诊断(2005 年考题)　　　　　　　　　　　　　　　9018.1990

归类说明:本题货品是一种眼科诊断仪器,应按医疗诊断仪器归入本章品目90.18,因本题货品属电气诊断装置,所以应归入商品编码 9018.1990。

12. 外科手术刀,不锈钢制(2006 年考题)　　　　　　9018.9090

归类说明:外科手术刀是一种外科用器具,根据第十五类类注一(八)的规定,贱金属制的外科用器具应归入本章品目 90.18。再按子目条文规定,将其归入编码 9018.9090。

13. 立体显微镜(2007 年考题)　　　　　　　　　　9011.1000

归类说明:立体显微镜是一种复式光学显微镜,作为光学仪器,应归入本章品目 90.11。再根据子目条文的规定,应将其归入有具体列名"立体显微镜"的编码 9011.1000。

14. 如右图所示的 DT-8806 型人体非接触式红外线测温仪,适合于出入境口岸、机场、车站、宾馆等公共场所人体体表温度的检测,便于筛检具有发热症状的病人(2009 年考题)

9025.1990

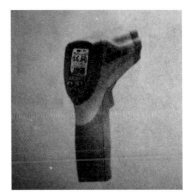

归类说明:本题货品是检测体温的温度计,作为医疗用器具看上去可以归入品目90.18,又可以归入品目 90.25。根据归类总规则三(一)的规定,品目 90.25 列名更具体,因此本题应归入品目 90.25。根据品目条文和子目条文内容,本题货品应归入编

码 9025.1990。

15. 如左图所示的高精度、呼吸式酒精检测仪。其核心部件采用新型高科技微变氧化物半导体,当接触到酒精气体后,通过电阻阻值的变化即可分析出气体酒精含量,且不受烟味、咖啡等非酒精类气体的干扰。适用于交警等部门检查酒后驾车(2010 年考题)   9027.1000

归类说明:从对本题货品工作原理的描述可以判断,该货品属于一种气体分析仪,应归入第九十章品目 90.27。根据品目条文和子目条文内容,本题货品应归入编码 9027.1000。

16. 如图所示的汽车速度表面板,安装于汽车仪表部件左部,与步进马达、控制电路及指针组成整个单元,用于显示汽车行驶速度,加工采用塑胶热压成型及表面印刷喷涂工艺(2012 年考题)   9029.9000

归类说明:本题货品是汽车速度表专用面板,根据第 90 章章注二的规定,应按车速表的专用零件归入编码 9029.9000。

17. 自动滴定仪,由搅拌器、pH 探头、主机、滴管等构成。工作原理:主机设定标准 pH 值,pH 探头将测试溶液的 pH 值传输给主机,如主机判断未达到标准值,滴管会自动向溶液中滴入盐酸,如达到标准值则自动停止滴入(2013 年考题)   9027.8099

归类说明:本题货品是一种自动控制 pH 值的测量仪器,根据归类总规则一和六,按税目条文,应归入编码 9027.8099。

20.3 第九十一章 钟表及其零件

20.3.1 本章的结构

本章共 4 条章注、14 个品目,基本上是按表、钟、其他时间记录器、表芯、钟芯、其他钟表零件的顺序排列品目的。

本章包括主要用于计时或进行与时间有关的某些操作的器具,其中包括适用于个人随身佩戴的时计(手表及秒表)、其他时计(普通钟、装有表芯的钟、闹钟、航海时计、机动车辆用钟等)、时间记录器、时间间隔测量仪以及定时开关;通常还包括它们的零件。

这些物品可用各种材料(包括贵金属)制成,也可以用天然或养殖珍珠,或者用天然、合成或再造的宝石或半宝石进行装饰。本章的钟表可以是电气的(包括电子的)。

与某些其他物品(例如,家具、灯具、墨水台、压纸器、烟草罐、香烟或雪茄烟、打火机、手提包、脂粉盒、烟盒、活动铅笔、手杖等)组装在一起的钟表应按归类总规则的规定进行归类,但其内部装有照明装置的钟表仍应归入本章。

20.3.2 本章归类要点

(1) 关于钟表零件的归类。

① 钟表用的通用零件应按构成材料归类:贱金属制的通用零件归入第十五类;塑料制的类似品归入第三十九章;贵金属或包贵金属制的类似品一般归入品目 71.15。但钟表的发条仍应作为钟表的零件归入本章品目 91.14。

② 其他某些不归入本章的零件有:钟表玻璃及钟锤(按其构成材料归类);表链(归入品目 71.13 或品目 71.17);轴承滚珠(归入品目 73.26 或品目 84.82);滚珠轴承(品目 84.82);第八十五章的物品,本身未组装在或未与其他零件组装在钟、表机芯内,也未组装成专用于或主要用于钟、表机芯零件的(第八十五章)。

③ 除上述规定外,钟、表的机芯及其他零件,既适用于钟或表,又适用于其他物品(例如,精密仪器)的,均应归入本章。

此外,表壳、钟壳、表带及其他零件也归入本章。

(2) 本章不包括的货品。

除上述所列出不包括的零件以外,本章不包括的货品还有:日晷仪(日规)、沙漏及水漏(按其构成材料归类);音乐自动装置(机械鸣禽及类似品)及没有钟表面的百音盒(品目 92.08);玩具钟表及制成钟表状的圣诞树装饰品,例如,没有钟表机芯的钟表饰物(品目 95.03 或品目 95.05);商店橱窗装饰用的自动模型及其他活动陈列品(品目 96.18);艺术品、收藏品及古物(第九十七章)等。

20.3.3 历年报关员资格全国统一考试中的本章归类题

1. 表壳镀金的自动上弦的机械手表(2003年考题)   9102.2100

归类说明:手表作为计时器具应归入本章。本题货品看上去可以按"表壳用贵金属或包贵金属制成的手表"归入品目91.01,但是表面镀贵金属与包贵金属是不同的两种加工工艺,根据本章章注二的规定,镀贵金属的手表不能归入品目91.01而应归入品目91.02,再考虑本题货品是自动上弦的机械手表,应将其归入商品编码9102.2100。

20.4 第九十二章 乐器及其零件、附件

20.4.1 本章的结构

本章共2条章注、8个品目(其中原品目92.03和品目92.04已被删除),主要按先整机后零件的顺序排列品目。乐器在本章又按照它的发声原理和演奏方法的不同,按弦鸣乐器(以弦为基本声源体的乐器)、气鸣乐器(以空气受激震动而发音的乐器)、打击乐器(例如鼓、木琴、钹、响板)、电鸣乐器(通过电产生或扩大声音的乐器)、花式乐器等分列于不同的品目。

某些乐器(钢琴、吉他等)可以带有电气拾音器及扩音器,只要它们在没有电气装置时仍可像普通的同类乐器一样演奏,则仍应归入本章的相应品目。而这类电气设备本身除非已构成乐器的不可分割部分或与乐器装于同一机壳内,否则均不应归入品目85.18。

本章的乐器可用任何材料制成,包括用贵金属或包贵金属制成,也可镶嵌宝石或半宝石(天然、合成或再造的)。

20.4.2 本章归类要点

(1) 关于乐器零件的归类。

① 乐器用的贱金属制通用零件归入第十五类,塑料制的类似品归入第三十

九章。

②乐器用的传声器、扩大器、扬声器、耳机、开关、频闪观测仪及其他附属仪器、器具或设备,虽用于本章物品但未与该物品组成一体或安装在同一机壳内,应归入第八十五章或第九十章。

③清洁乐器用的刷子(品目 96.03)。

④用于演奏品目 92.02、品目 92.06 所列乐器的弓、槌及类似品,如果与该乐器一同报验,数量合理,用途明确,应归入有关乐器的相应品目。品目 92.09 的卡片、盘或卷,即使与乐器一同报验,也不视为该乐器的组成部分,而应作为单独报验的物品对待。

⑤其他零件主要归入本章品目 92.09。

(2)本章不包括的货品。

除上述不包括的零件以外,本章不包括的货品主要有:电子音乐组件(品目 85.43);由于所用材料的性质、粗糙的加工、音质的次劣或其他特征而可明显确定为作玩具用的乐器(第九十五章),例如,某些口琴、小提琴、手风琴、小喇叭、鼓、百音盒;收藏品(品目 97.05)(例如,具有历史学或人类学研究意义的乐器)或超过 100 年的古物(品目 97.06)。

20.4.3 历年报关员资格全国统一考试中的本章归类题

(历年考试中还未出现过本章试题。)

习题 20

将以下货品归入我国进出口商品八位数编码中:

(1)血压计

(2)医生用听诊器

(3)塑料制一次性使用的注射器

(4)心电图记录仪

(5)医疗用 X 射线断层检查仪

(6)玻璃制水银体温计

(7)治疗颈椎疾病的机械牵引设备

（8）导盲器

（9）心脏起搏器

（10）人造血管

（11）玻璃制近视眼镜片，经光学加工但未装配

（12）银制眼镜架

（13）纸板制镜架、装有塑料镜片、用于观看立体电影的变色偏光眼镜

（14）已装配的玻璃制照相机用滤光镜

（15）军用双筒望远镜

（16）朝门外观察用的光学门眼

（17）指南针

（18）水平仪

（19）游标卡尺

（20）测试纺织纱线断裂强度的机器

（21）水表

（22）用于测量河水流量的流量计

（23）用于蛋白质、氨基酸等分析用的电泳仪

（24）家用三相感应式电度表

（25）煤气表

（26）产量计数器

（27）频闪观测仪

（28）光纤通信测试仪

（29）X射线衍射照相机

（30）检测电流的带记录装置的万用表

（31）包贵金属表壳、带有光电显示器的电力驱动手表

（32）企业用考勤钟

（33）装有一个钟表机芯的用于控制照明电路的定时开关

（34）黄金制表壳

（35）不锈钢制手表用主发条

（36）小提琴

（37）皮革制小提琴盒

（38）古筝

（39）竹管制成的笛子

（40）电子琴

21 | 第十九类 武器、弹药及其零件、附件

21.1 本类概况

第十九类仅包括第九十三章1章的货品。本类货品用途特殊，主要用于军事用途，包括各类军用武器及其零件、附件，弹药及其零件，刀、剑等冷兵器及其零件；此外也包括一些非军事用途的武器，例如运动用猎枪，弩枪式无痛捕杀器，抛缆枪，气枪，气手枪，警棍等。

需要注意本类货品与其他类章货品的区别。例如发射药、配制炸药、导火索、雷管等，不论是否军用，均归入第三十六章，又如不论是否配制了本类武器弹药的军用飞机、军舰、装甲车辆等应归入第十七类。

本类无类注。

21.2 第九十三章 武器、弹药及其零件、附件

21.2.1 本章结构

本章共2条章注、7个品目。基本上是按军用武器、手枪、靠爆炸药发射的其他火器，其他武器、零件附件，炸弹、导弹等弹药，剑、刺刀等冷兵器的顺序排列品目的。

本章货品主要包括军事武装部队、警察或其他有组织的机构（例如海关、边防部队等）在陆、海、空战斗中使用的各种武器；个人自卫、狩猎及打靶用的武器（例如，用于小型靶场、室内靶场或游乐场射击台的手枪）；靠爆炸药进行发射的其他装置（例如，抛缆枪及维利式信号枪）；弹药及导弹，但不包括第三十六章的

物品。除少数例外情况以外,本章也包括武器的零件、附件及弹药零件。另外本章所列武器及其零件可含有贵金属、包贵金属、天然或养殖珍珠、宝石及半宝石(天然、合成或再造)、玳瑁壳、珍珠母、兽牙及类似品。

21.2.2 本章归类要点

(1) 望远镜瞄准具及其他光学装置,如果适合武器使用并能装在武器上或与有关武器一同报验的,应与武器一并归类。但单独报验的此类光学装置不归入本章(第九十章)。

(2) 任何运载工具,即使是军事专用的,不论是否装有武器,均不归入本章。因此,本章不包括铁路装甲车辆(第八十六章)、坦克及装甲战斗车辆(品目 87.10)、军用飞机(品目 88.01 或 88.02)及军舰(品目 89.06)等。但这些运载工具上使用的武器(枪炮、机枪等)如单独报验,应归入本章。

(3) 本章不包括的货品还有:枪盒(品目 42.02);制成的炸药及发射药,即使制成可供装入军火弹药中的形状(品目 36.01 及品目 36.02);安全导火索、导爆索、火帽及引信、引爆器及电子雷管,包括炮弹的火帽(品目 36.03);信号弹及降雨火箭(品目 36.04);灭火弹及灭火器的装填药(品目 38.13);钢盔及其他军用帽类(第六十五章);品目 85.26 的无线电及雷达装置;第十五类注释二所规定的贱金属制通用零件(第十五类)或塑料制的类似品(第三十九章);弓、箭、钝头击剑或玩具(第九十五章);收藏品或古物(品目 97.05 或品目 97.06);人体防护服,例如,护胸铁甲、铠甲衣、防弹衣等(按其构成材料归类)。

21.2.3 历年报关员资格全国统一考试中的本章归类题

(历年考试中还未出现过本章试题。)

习题 21

将以下货品归入我国进出口商品八位数编码中:

(1) 左轮手枪

（2）皮革制手枪枪套

（3）硝铵炸药

（4）已装药的灭火弹

（5）冲锋枪用子弹

（6）子弹用火帽

（7）信号弹

（8）小口径打靶用步枪

（9）履带式装甲登陆车

（10）弹道导弹

22 | 第二十类　杂项制品

22.1　本类概况

本类从第九十四章至第九十六章共 3 章，所包括的杂项制品主要是前述各类、章、品目未包括的货品，其特点是商品种类繁杂，归类时须结合前述各类、章、品目的归类规定综合考虑。本类的货品包括家具，寝具、褥垫、弹簧床垫、软座垫及类似的填充制品，未列名灯具及照明装置，发光标志、发光铭牌及类似品，活动房屋（第九十四章）；玩具、游戏品、运动用品及其零件、附件（第九十五章）；已加工的雕刻材料，帚、刷、筛，纽扣、拉链，书写笔等杂项制品（第九十六章）。

本类无类注。

22.2　第九十四章　家具；寝具、褥垫、弹簧床垫、软坐垫及类似的填充制品；未列名灯具及照明装置；发光标志、发光铭牌及类似品；活动房屋

22.2.1　本章结构

本章共 4 条章注、6 个品目，基本上是按坐具、专用家具、其他家具、寝具、灯具、活动房屋的顺序排列品目的。

本章主要包括各种家具及其零件；弹簧床垫、床褥及其他寝具或类似用品，装有弹簧、内部用任何材料填塞、衬垫或用海绵橡胶或泡沫塑料制成，不论是否包面；用各种材料制成的（第七十一章的天然或养殖珍珠、宝石或半宝石、贵金属或包贵金属材料除外）未列名灯具和照明装置、装有固定光源的发光标志、发光

铭牌和类似品；上述货品的未列名零件；活动房屋等。

　　品目 94.01 至品目 94.03 包括任何材料（木、柳条、竹、藤；塑料、贱金属、玻璃、皮革、石、陶瓷等）制成的家具。品目 94.06 所列活动房屋的部件，如果单独报验，均应归入其各自适当的品目中。

22.2.2　本章归类要点

　　（1）本章家具的范围。

　　根据本章章注二和三的规定，本章所称的"家具"是指：任何"可移动"的物品，它们的主要特征是供放置在地上，并具有实用价值，它们用于民宅、旅馆、戏院、电影院、办公室、教堂、学院、咖啡馆、饭店、实验室、医院、牙医诊所等，以及船舶、飞机、铁道车厢、机动车辆、拖挂篷车及其他运输工具。有些是用螺栓等固定在地板上的物品，例如，船用椅子，也可作为"可移动"的家具归入本章。用于庭园、广场、散步场所等地方的类似品（凳子、椅子等）也归入本章；悬挂的、固定在墙壁上的、叠擦的或并置的碗橱、书柜、其他架式家具及组合家具，供放置各种物品（书籍、陶器、厨具、玻璃器皿、织物、药物、梳妆用具、收音机或电视机、装饰品等），以及单独报验的组合家具各个部件；悬挂或固定在墙壁上的坐具或床。上述物品仍归入本章。报验时已拆卸或未组装的家具，如果其零部件是同时报验的，可作为组装家具归类。

　　本章不包括其他固定在墙上的装置，例如，衣帽架及类似品、挂匙板、衣物挂钩及报纸架；也不包括陈设品，例如，散热器屏罩。也不包括非落地式的以下货品：小型精细木器及小型木制装饰品（品目 44.20）；塑料或贱金属制的办公室设备（例如，文件分类箱、文件格）（品目 39.26 或品目 83.04）。

　　（2）本章不包括的货品。

　　本章章注一规定本章不包括的主要货品还有：第三十九章、第四十章或第六十三章的充气或充水的褥垫、枕头及坐垫；落地镜［如品目 70.09 的试衣镜（旋转镜）］；第八十五章的灯具及照明装置；玩具家具、玩具灯或玩具照明装置（品目 95.03）；台球桌或其他供游戏用的特制家具（品目 95.04）；魔术用的特制家具或中国灯笼及类似的装饰品（品目 95.05）等。

　　（3）关于灯具及照明装置的归类。

　　贵金属或包贵金属制的灯具及照明装置（第七十一章）；

　　自行车及机动车辆用的其他电气照明装置（品目 85.12）；

　　自供电源的手提式电灯（品目 85.13）；

白炽灯、放电灯及弧光灯,密封式聚光灯(品目85.39);

照相用闪光灯(品目90.06);

医疗用诊断、探查、照射用灯(品目90.18);

玩具灯或玩具照明装置(品目95.03);

装饰品中国灯笼(品目95.05);

其他品目未列名的灯具及照明装置(品目94.05)。

22.2.3 历年报关员资格全国统一考试中的本章归类题

1. 卧室用家具,红木制(2006年考题)　　　　　　　　　　　9403.5010

归类说明:木制家具应归入本章。查品目条文,坐具以外的家具应归入品目94.03。再考虑到家具的用途(卧室用)以及材料(红木制),根据子目条文的规定,本题货品应归入编码9403.5010。

2. 一款家庭两用沙发(晚上放开可当床睡觉),由木框架、弹簧加上软垫和化纤布面制成(2008年考题)　　　　　　　　　　　9401.4090

归类说明:沙发作为坐具,应归入第九十四章品目94.01。由于本题货品是一种能作床用的两用椅,再根据子目条文的规定,应将其归入编码9401.4090。

22.3 第九十五章　玩具、游戏品、运动用品及其零件、附件

22.3.1 本章结构

本章共5条章注、1条子目注释、6个品目,其中原品目95.01和品目95.02已被删除。本章主要包括各种玩具,不论是供儿童或供成人娱乐用,还包括户内及户外游戏用设备,运动、体操、竞技用具及器械,某些钓鱼、狩猎或射击用具,旋转木马和其他游乐场用娱乐设备。本章各品目也包括明显专用于或主要用于本章所列货品的零件、附件,只要它们不是本章注释一所列不包括的货品。

本章货品一般可用各种材料制成,但天然或养殖珍珠、宝石或半宝石(天然、

合成或再造)、贵金属或包贵金属除外。然而根据本章章注二的规定,装有上述材料制的小配件的物品仍可归入本章。

22.3.2　本章归类要点

(1) 本章章注一规定了不包括在本章的货品,主要有圣诞树蜡烛(品目34.06);品目36.04 的烟花及其他烟火制品;品目 42.02、品目 43.03 或品目43.04 的运动用袋或其他容器;帐篷及露营用品(一般归入品目 63.06);手杖、鞭子、马鞭或类似品(品目 66.02)及其零件(品目 66.03);品目 70.18 的未装配的玩偶或其他玩具用的玻璃假眼;品目 83.06 的铃、钟、锣及类似品;儿童两轮车(品目 87.12);运动及户外游戏用的眼镜、护目镜及类似品(品目 90.04);媒诱音响器及哨子(品目 92.08);各种电气花灯串(品目 94.05)等。

(2) 关于品目 95.04 和品目 95.06 的货品范围。

品目 95.04 包括游艺场所、桌上或室内游戏用品,具体包括游戏机、各种台球用品、保龄球自动球道设备、桌式足球、纸牌游戏用品、棋类用品等。

品目 95.06 包括一般的体育活动、体操或竞技用品及设备,其他运动及户外运动用具,以及游泳池或戏水池。这里的其他运动及户外运动用具具体包括滑雪用具、滑水板、帆板等水上运动用具,高尔夫球具,乒乓球用品,网球拍、羽毛球拍等球拍,各种球,溜冰鞋及旱冰鞋,各式球赛用的网,击剑用具,射箭用具等。

22.3.3　历年报关员资格全国统一考试中的本章归类题

1. 高尔夫球(2007 年考题)　　　　　　　　　　　　　　　　9506.3200

归类说明:高尔夫球是一种户外运动用品,应归入本章。查品目条文,运动用品应归入品目95.06。再根据子目条文的规定,高尔夫球应归入编码 9506.3200。

2. 羽毛球(2010 年考题)　　　　　　　　　　　　　　　　9506.9900

归类说明:羽毛球属于体育运动用品,但是根据协调制度注释的解释,它不属于一般的体育活动、体操、竞技用品,查看品目条文和子目条文内容,本题货品应归入编码 9506.9900。

3. 掌上电子游戏机,自带液晶显示装置,无需连接电视机即可玩游戏(2013年考题)   9504.5099

归类说明:本题货品是一种视频游戏控制用品,根据归类总规则一和六,按税目条文,应归入编码 9504.5099。

22.4 第九十六章 杂项制品

22.4.1 本章结构

本章共 4 条章注、19 个品目,主要包括雕刻和模塑材料及其制品、某些扫把、刷子和筛、某些缝纫用品、某些书写及办公用品、某些烟具、某些化妆用具、卫生巾及止血塞、婴儿尿布及《协调制度》其他品目未具体列名的其他货品。

本章 19 个品目的排列顺序大致为:雕刻、模塑材料及其制品(品目 96.01至品目 96.02)——帚、刷、筛及类似品(品目 96.03 至品目 96.04)——成套旅行用具(品目 96.05)——缝纫用品(纽扣、拉链及其零件)(品目 96.06 至品目96.07)——办公用品(笔、印戳、色带等)(品目 96.08 至品目 96.12)——个人用品(香烟打火机、烟斗、梳子、发夹、香水喷雾器或类似的化妆用品、粉扑及粉拍)(品目 96.13 至品目 96.16)——带壳的真空容器(品目 96.17)——裁缝用人体模型;橱窗装饰用自动模型及其他活动陈列品(品目 96.18)——任何材料制的卫生巾(护垫)及止血塞、婴儿尿布及尿布衬里和类似品(品目 96.19)。

22.4.2 本章归类要点

(1) 本章章注四规定,品目 96.07 至品目 96.14 及品目 96.16 至品目 96.18所列物品可以全部或部分由天然或养殖的珍珠、宝石或半宝石(天然、合成或再造)制成,或由贵金属或包贵金属制成。但品目 96.01 至品目 96.06 及品目96.15 所列物品可以装有上述材料制成的小配件。

本章章注二和三分别规定了品目 96.02 所称"植物质或矿物质雕刻材料"和品目 96.03 所称"制帚、制刷用成束、成簇的材料"的范围。

(2) 根据本章章注一的规定,本章不包括的主要货品有:化妆盥洗用笔(第三十三章);仿首饰(品目 71.17);眼镜架(品目 90.03);数学绘图笔(品目 90.17);各种牙科、医疗、外科或兽医专用刷子(品目 90.18)等。

22.4.3 历年报关员资格全国统一考试中的本章归类题

1. 牛骨制的梳妆用梳子(2002 年考题)　　　　　　　　　　9615.1900

归类说明:梳子是一种杂项制品,除贵金属或包贵金属、天然或养殖珍珠、宝石或半宝石材料以外,不论是什么其他材料制成的都应归入本章。在本章有具体列名的品目 96.15,所以本题应归入编码 9615.1900。

2. 海绵橡胶制粉拍,用于化妆时施敷香粉(2005 年考题)　　　9616.2000

归类说明:粉拍是一种化妆用品,容易误归入第三十三章品目 33.04,但是由于本章品目 96.16 已有具体列名,所以按归类总规则三(一)的原则,本题应归入编码 9616.2000。

3. 如图所示的水烟壶(管),壶身用铜制成,软管用塑料制成,流行于中东地区(2012 年考题)　9614.0010

归类说明:本题货品实际上是一种吸烟用具,根据第 96 章章注四的规定,铜制的烟具仍可归入品目9614。根据归类总规则一和六,按税目条文,本题货品应按烟斗归入编码 9614.0010。

习题 22

将以下货品归入我国进出口商品八位数编码中:

(1) 藤制躺椅

(2) 塑料制小轿车用坐椅

(3) 医疗用带升降装置的钢铁制病床

(4) 装有治疗器械的牙科用转椅

(5) 未装牙科设备的牙科用转椅

(6) 红木制衣柜

(7) 鸭绒被

(8) 席梦思床垫

（9）儿童脚踏三轮车

（10）中国麻将

（11）乒乓球

（12）游乐园的碰碰车

（13）化妆用的睫毛刷

（14）化妆用的睫毛膏

（15）竹制手用细筛

（16）人发制的滤布

（17）成套梳妆箱，内装有模制塑料盒、梳子、镜子、剪子等梳妆物品，皮革制

（18）铜扣

（19）烟斗

（20）盒装打印机用色带

23 | 第二十一类 艺术品、收藏品及古物

23.1 本类概况

第二十一类仅包括第九十七章 1 章的货品。本类货品较为特殊,包括手绘画、拼贴画、雕版画、印制画、石印画的原本,雕塑品原件等艺术品,也包括邮品和具有科学考察意义的收藏品,还包括年代较远的超过百年的古物。但是未经使用的邮品一般应归入第四十九章,超过百年的珍珠、宝石不归入本类而应归入第七十一章。

本类无类注。

23.2 第九十七章 艺术品、收藏品及古物

23.2.1 本章结构

本章共 5 条章注、6 个品目,主要包括完全用手工绘制的油画、绘画及粉画,拼贴画及类似的装饰板,版画、印制画及石印画的原本,雕塑品的原件;邮票、印花税票及类似票证、邮戳印记、首日封、邮政信笺(印有邮票的纸品)及类似品,使用过的或虽未使用过但不是在承认或将承认其面值的国家流通或新发行的;具有动物学、植物学、矿物学、解剖学、历史学、考古学、古生物学、人种学或钱币学意义的收集品及珍藏品;超过 100 年的古物。

23.2.2 本章归类要点

(1) 需要说明的是:品目 97.01 至品目 97.05 的物品即使超过 100 年,也仍应归入这些品目而不归入品目 97.06;已装框的油画、绘画、粉画、拼贴画或类似装饰板,如果其框架的种类及价值与作品相称,应与作品一并归类,否则应将框架按木制品、金属制品等分别归入相应的品目中。

(2) 根据本章章注四的规定,除另有规定的以外,可归入本章各品目的物品,均应归入本章的相应品目而不归入本目录的其他品目;品目 97.06 不适用于可以归入本章其他各品目的物品。也就是说,如果既可归入本章前五个品目,同时又可归入第六个品目的货品,应归入前五个品目中相应的品目。

(3) 本章不包括的主要货品。

手绘的工业、建筑、工程、时装、珠宝首饰、织物、家具等用的设计图纸原稿(品目 49.06);作舞台、摄影的布景及类似用途的已绘制画布(品目 59.07),但可归入品目 97.06 的除外;天然或养殖珍珠、宝石或半宝石,不论其年代多么久远(品目 71.01 至品目 71.03);在承认或将承认其面值的国家流通或新发行且未经使用的邮票、印花税票、邮政信笺(印有邮票的纸品)及类似品(品目 49.07);未附邮票的集邮大型张及首日封(不论是否有插图)(品目 48.17 或第四十九章)等。

关于邮品的归类可参考本书对第四十九章的总结。

23.2.3 历年报关员资格全国统一考试中的本章归类题

1. 超过 100 年的水墨画原件,有收藏价值(2000 年考题)　　　9701.1019

归类说明:水墨画原件是一种艺术品,有收藏意义,由于它已超过 100 年,看上去既可归入品目 97.01,又可归入品目 97.06,根据本章章注四(二)的规定,这种情况下应将其归入前面的品目中。所以本题应归入编码 9701.1019。

2. 超过 100 年的石印画原本(未使用机械或照相制版方法制作),有收藏价值(2001 年考题)　　　9702.0000

归类说明:石印画是一种艺术品,有收藏意义,由于它已超过 100 年,看上去既可归入品目 97.02,又可归入品目 97.06,根据本章章注四(二)的规定,这种情

况下应将其归入前面的品目中。所以本题
应归入编码 9702.0000。

3. 如图所示中右边的名人蜡像（2012
年考题）   9703.0000

归类说明:蜡像是以蜡为主要原料的一
种雕塑品,本题货品作为雕塑品原件,根据
归类总规则一和六,按税目条文,应归入编
码 9703.0000。

习题 23

将以下货品归入我国进出口商品八位数编码中:

(1) 1950 年徐悲鸿所绘的国画原件

(2) 1950 年某著名建筑设计师手绘的建筑设计图纸原件

(3) 200 年前的石雕作品原件

(4) 陕西出土的唐代青花瓷,具有考古学意义

(5) 150 年前的家具,仍可使用

(6) 未使用的普通新邮票,在承认其面值的国家流通

(7) 未使用的普通新邮票,在不承认其面值的国家流通

(8) 已使用的清光绪邮票

(9) 已盖邮戳的首日封

(10) 未盖邮戳但印有图画的纸制首日封

24 | 进出口商品归类技巧

24.1 商品归类应掌握的基本知识

商品归类是外贸进出口业务中必不可少的环节,也是进出口货物收发货人必须履行的义务,我国《关税条例》第三十一条明确规定,纳税义务人应当按照《进出口税则》规定的目录条文和归类总规则、类注、章注、子目注释以及其他归类注释,对其申报的进出口货物进行商品归类,并归入相应的税则号列;海关应当依法审核确定该货物的商品归类。由此可见,纳税人对货物的归类是通关过程中法定的义务,同时也是海关工作人员的一项重要工作。

但是商品归类是技术性很强的一项工作,它涉及与货品有关的各方面知识,包括货品的状态、成分、用途、特性、加工方式、加工程度、工作原理、包装方式等诸多内容,在归类过程中,都可能要运用到这些商品知识才能正确归入相应的税号。所以尽可能掌握多的与货物有关的商品知识是正确归类的前提。

例如,化学工业品特别是第二十八章无机化学品和第二十九章有机化学品的归类,需要运用丰富的化学知识,必要时还需依靠化验的结果来确定其税则号列。又比如第三十九章塑料的归类,需要掌握基本的聚合物的知识才能归类准确。第十六类至第十八类机电产品的归类,更是要求掌握机器设备、运输车辆等的用途、工作原理及其主要零件、部件的知识,并运用归类规则才能减少归类的错误。对于不断出现的新产品,由于在税则中不可能将各种产品都具体列名,所以这些产品的归类更容易出错。这就要求进出口收发货人及其代理人以及海关工作人员不断积累商品知识,以精益求精的态度来对待各种新生事物的归类问题,才能很好地完成商品归类的工作。

不仅如此,归类工作者还应了解商品的商业名称或俗称与其学名的对应关系。一般而言,《进出口税则》中的税目条文通常以学名来表述,其商业名称或俗称较少列明,这种情况下,如果不清楚它们之间的对应关系,则容易归类错误。

例如,马宝是马的内脏结石,可作黄药使用,在《进出口税则》中并没有马宝的条文,归类时应按黄药归入第五章品目 05.10 中。又如我们通常所说的小苏打是碳酸氢钠,应归入第二十八章品目 28.36 中。再如我们通常所说的有机玻璃,其化学名称是聚甲基丙烯酸甲酯,应归入第三十九章中。类似这样的商品还有许多,如纯碱是碳酸钠,烧碱是氢氧化钠,涤纶是聚酯类纤维,腈纶是聚丙烯腈纤维,福尔马林是甲醛的水溶液,脲即尿素,奎宁碱即金鸡纳生物碱等,如果能弄清楚它们的商业名称或俗称与其学名的对应关系,就会大大降低归类的错误率。

在掌握商品基本知识的基础上,对于《进出口税则》的类章结构和品目编排规律也应有一个大致的认识。从类的安排上看,21 大类商品的排列顺序大致为:动物、植物产品(第一类至第四类)——矿产品(第五类)——化学工业品(第六类)——塑料、橡胶及其制品(第七类)——皮革、木制品、纸品(第八类至第十类)——纺织品(第十一类)——鞋帽、石料、宝石、贵金属(第十二类至第十四类)——贱金属及其制品(第十五类)——机器、机械器具、电气设备(第十六类)——车辆、航空器、船舶(第十七类)——医疗设备、精密仪器(第十八类)——武器、家具、玩具、艺术品、收藏品(第十九类至第二十一类),大体上按加工程度由浅至深的顺序排列。从章的安排上来看,有时同类的各章也是按照加工次序和深度来排列的,例如第十一类纺织品中,第五十章和第五十一章是蚕丝、羊毛等动物纤维,第五十二章和第五十三章是棉、麻等植物纤维。而在同一章中的各品目,其排列也有一定的规律,一般情况是根据加工程序由浅至深的顺序来排列的,即原材料在靠前的品目,半成品在中间的品目,而制成品则在靠后的位置。例如第五十二章中,棉花原料在前,棉纱居中,棉制普通机织物居后。机电产品在相关的章中,整机一般放在靠前的位置,机器零件通常放置在较后的位置。熟悉这些编排规律,有助于准确迅速地归类。

24.2 商品归类的一些技巧和方法

进出口商品的归类,在掌握基本的商品知识基础上,还应注意一些归类的技巧和方法,才能快速且准确地将商品归入合适的税号中。当我们需要对商品进行归类时,通常可以按以下步骤程序进行操作。

首先,根据需要归类商品的主要特征,确定其品目号(即前四位数级编码)。这一过程中,应查阅类、章的标题,列出其最可能归入的类或章,然后查阅这些类或章的注释是否有专门规定。注释是为各类、章、品目和子目所属货品的准确范围,简化品目和子目条文内容,防止商品分类的交叉,保证商品归类的唯一性而设立的,是非常重要的归类依据。如果注释有规定的,则按注释规定将商品归入相应的章或品目中。如果注释没有专门的规定,则在该章中查找四位数编码的品目条文的内容(以粗体形式体现),以确定其最适合归类商品特征的品目。当然在这一步骤中,准确运用归类总规则是非常重要的。

例如,活鳗鱼,是一种活动物,最可能归入第一类的第一章"活动物"中,但查阅第一章的注释,可以看出第一章不包括的活动物就有活鱼,活鱼应归入第三章的品目 03.01,所以活鳗鱼应归入第三章的该品目。

又如,按重量计含羊毛 15％、兔毛 20％、棉 30％、涤纶短纤 25％和黏胶长丝 10％,每平方米重 200 克的匹状色织平纹机织物。它作为纺织品,最有可能归入第十一类,查阅第十一类的类注一,并没有排他性的规定,所以确定应归入第十一类。再根据第十一类的类注二的规定,来判断构成这种混纺机织物主要特征的纺织材料。表面上看,棉的比重最大,似乎应归入第五十二章中。但从第十一类的类注二(二)的规定中可知,同一章中不同的纺织材料应合并作为单一的材料与其他章的材料对比,第五十四章的材料应与第五十五章的材料合并起来与其他章的材料对比,而羊毛和兔毛同属于第五十一章的纺织材料,应合并计算,其重量为 35％,涤纶短纤是合成纤维短纤,属于第五十五章的化学纤维材料,黏胶长丝是人造纤维长丝,属于第五十四章的化学纤维材料,也应合并计算重量,合并的重量也为 35％,它们都比棉的重量大,所以棉并不构成这种机织物的主要特征,不能归入第五十二章中。由于动物毛和化学纤维材料的重量都是 35％,需要根据第十一类类注二(一)的规定,将这种机织物按化学纤维产品归入第五十四章或第五十五章。然后再对比涉及这两章的纺织材料,可知涤纶短纤的重量大于黏胶长丝,所以最后确定这种混纺机织物应按化学纤维短纤产品归入第五十五章中。

上述机织物还需要进一步确定其归入第五十五章的品目。由于涤纶短纤是一种聚酯类合成纤维,而第五十五章涉及合成纤维短纤制的机织物从品目 55.12 至品目 55.15 共有 4 个,需要根据合成纤维短纤的含量多少,以及机织物每平方米重量的大小来确定其合适的品目。由于上述混纺机织物中属于同一章中的材料羊毛和兔毛合计的重量超过了棉,所以应将其归入品目 55.15 中。

从上述两个例子可以看出,当货品看起来可归入 2 个或 2 个以上品目时,尤其要注意运用注释来确定归类。特别应关注注释中涉及的排他性、归类优先性的规定。

在确定了需要归类商品的前四位数的品目之后,接下来再确定第五位至第八位数编码的子目。子目归类主要依据各类、章的子目注释、子目条文和归类总规则。在归类过程中，子目注释往往容易被忽视，从而导致归类错误。

例如，脱水黄油，应归入第四章品目04.05，如果不注意该章的子目注释二，则很容易想当然地将其归入子目0405.1000的"黄油"中，但实际上根据该章子目注释二的规定，脱水黄油不归入子目0405.1000而应归入子目0405.9000中。

在子目的确定过程中，把握住"同级比较"原则是非常重要的。当确定归入某个品目后，其他品目的子目条文就没有必要查阅，而只需要查看该品目下的子目。首先应根据需要归类商品的特征，对比品目下的一级子目（即带有一短横杠的子目）条文，确定其合适的一级子目。确定了一级子目后，就没有必要查阅其他一级子目下的二级子目，这时只需对比查看已确定一级子目下的二级子目（即带有两小短横杠的子目）条文，找出其合适的二级子目。依次重复前述程序，确定三级子目和四级子目，最终完成归类。

例如，上部结构可360度旋转的履带式挖掘机。作为一种工程专用机器，根据前述方法可确定其归入第八十四章品目84.29，该品目下共有5个一级子目，经比较后确定其归入第5个一级子目8429.5中，因为该子目有"挖掘机"这一具体列名。然后不考虑其他子目，只比较该一级子目下的二级子目，该一级子目下共有3个二级子目，其中一个子目有"上部结构可旋转360度的机械"的列名，所以可确定其归入二级子目8429.52中。在该二级子目下共有2个三级子目，其中一个有"挖掘机"的具体列名，应归入该三级子目8429.521中。最后比较该三级子目下的四级子目，确定该商品最终应归入四级子目8429.5212。

在归类过程中，严格按照上述两个步骤归类是很重要的。对于还不熟悉《进出口税则》结构和编排规律的归类人员来说，循此程序可以减少归类错误。但也存在归类所费时间过多的问题。如果希望快速找到正确的品目和子目号，熟悉《进出口税则》的类章结构、各种注释以及归类总规则是必不可少的，对于常见的易出错的商品归类更应格外小心仔细，举一反三。

此外，商品归类中有时还存在一些与归类无关的条件，比如产地、品牌等，应注意避免这些因素对归类思路的影响和干扰。例如，"中国产生漆"中所给出的条件"中国产"与生漆的归类无关。

当然要想归类准确，真正成为商品归类的专家，具有化学、生物学、物理学等学科的基本知识，拥有丰富的商品知识是前提。对商品不但要了解其名称（学名、别名）、原料（组分及含量）、结构、规格、性能、制造原理、加工状况（方式、过程、程度），以及功能和用途等商品知识，还应了解相关商品的相互区别和联系。这需要归类人员在平时加强商品知识的学习，仅靠归类技巧是远远不够的。例如，太阳能电池，通常认为电池在商品归类中被分为原电池和蓄电池（可以储存电能,在需要时释放)。而太阳能电池是光电池,属于光敏半导体器件,所以太阳能电池不能按化学电池归类,它既不能按原电池归类,也不能按蓄电池归类,而应该按照光敏半导体器件归入品目 85.41。所以如果不知道从本质上看太阳能电池并不是通常意义上的电池,归类就无从下手。

附　　录

附录1　中华人民共和国海关进出口货物 商品归类管理规定

（2007年3月2日海关总署令第158号发布　自2007年5月1日起施行
2014年3月13日海关总署令第218号修改）

第一条　为了规范进出口货物的商品归类,保证商品归类结果的准确性和统一性,根据《中华人民共和国海关法》(以下简称《海关法》)、《中华人民共和国进出口关税条例》(以下简称《关税条例》)及其他有关法律、行政法规的规定,制定本规定。

第二条　本规定所称的商品归类是指在《商品名称及编码协调制度公约》商品分类目录体系下,以《中华人民共和国进出口税则》为基础,按照《进出口税则商品及品目注释》、《中华人民共和国进出口税则本国子目注释》以及海关总署发布的关于商品归类的行政裁定、商品归类决定的要求,确定进出口货物商品编码的活动。

第三条　进出口货物收发货人或者其代理人(以下简称收发货人或者其代理人)对进出口货物进行商品归类,以及海关依法审核确定商品归类,适用本规定。

第四条　进出口货物的商品归类应当遵循客观、准确、统一的原则。

第五条　进出口货物的商品归类应当按照收发货人或者其代理人向海关申报时货物的实际状态确定。以提前申报方式进出口的货物,商品归类应当按照货物运抵海关监管场所时的实际状态确定。法律、行政法规和海关总署规章另有规定的,按照有关规定办理。

第六条　收发货人或者其代理人应当按照法律、行政法规规定以及海关要求如实、准确申报其进出口货物的商品名称、规格型号等,并且对其申报的进出口货物进行商品归类,确定相应的商品编码。

第七条　由同一运输工具同时运抵同一口岸并且属于同一收货人、使用同一提单的多种进口货物,按照商品归类规则应当归入同一商品编码的,该收货人或者其代理人应当将有关商品一并归入该商品编码向海关申报。法律、行政法规和海关总署规章另有规定的,按照有关规定办理。

第八条　收发货人或者其代理人向海关提供的资料涉及商业秘密,要求海关予以保密的,应当事前向海关提出书面申请,并且具体列明需要保密的内容,海关应当依法为其保密。

收发货人或者其代理人不得以商业秘密为理由拒绝向海关提供有关资料。

第九条　海关应当依法对收发货人或者其代理人申报的进出口货物商品名称、规格型号、商品编码等进行审核。

第十条　海关在审核收发货人或者其代理人申报的商品归类事项时,可以依照《海关法》和《关税条例》的规定行使下列权力,收发货人或者其代理人应当予以配合:

(一)查阅、复制有关单证、资料;

(二)要求收发货人或者其代理人提供必要的样品及相关商品资料;

(三)组织对进出口货物实施化验、检验,并且根据海关认定的化验、检验结果进行商品归类。

第十一条　海关可以要求收发货人或者其代理人提供确定商品归类所需的资料,必要时可以要求收发货人或者其代理人补充申报。

收发货人或者其代理人隐瞒有关情况,或者拖延、拒绝提供有关单证、资料的,海关可以根据其申报的内容依法审核确定进出口货物的商品归类。

第十二条　海关经审核认为收发货人或者其代理人申报的商品编码不正确的,可以根据《中华人民共和国海关进出口货物征税管理办法》有关规定,按照商品归类的有关规则和规定予以重新确定,并且根据《中华人民共和国海关进出口货物报关单修改和撤销管理办法》等有关规定通知收发货人或者其代理人对报关单进行修改、删除。

第十三条　收发货人或者其代理人申报的商品编码需要修改的,应当按照进出口货物报关单修改和撤销的相关规定办理。

第十四条　海关对货物的商品归类审核完毕前,收发货人或者其代理人要求放行货物的,应当按照海关事务担保的有关规定提供担保。

国家对进出境货物有限制性规定,应当提供许可证件而不能提供的,以及法律、行政法规规定不得担保的其他情形,海关不得办理担保放行。

第十五条　在海关注册登记的进出口货物经营单位(以下简称申请人),可以在货物实际进出口的 45 日前,向直属海关申请就其拟进出口的货物预先进行商品归类(以下简称预归类)。

第十六条 申请人申请预归类的,应当填写并且提交《中华人民共和国海关商品预归类申请表》(格式文本见附件 1)。

预归类申请应当向拟实际进出口货物所在地的直属海关提出。

第十七条 直属海关经审核认为申请预归类的商品归类事项属于《中华人民共和国进出口税则》、《进出口税则商品及品目注释》、《中华人民共和国进出口税则本国子目注释》以及海关总署发布的关于商品归类的行政裁定、商品归类决定有明确规定的,应当在接受申请之日起 15 个工作日内制发《中华人民共和国海关商品预归类决定书》(以下简称《预归类决定书》,格式文本见附件 2),并且告知申请人。

第十八条 申请人在制发《预归类决定书》的直属海关所辖关区进出口《预归类决定书》所述商品时,应当主动向海关提交《预归类决定书》。

申请人实际进出口《预归类决定书》所述商品,并且按照《预归类决定书》申报的,海关按照《预归类决定书》所确定的归类意见审核放行。

第十九条 《预归类决定书》内容存在错误的,作出《预归类决定书》的直属海关应当立即制发《中华人民共和国海关商品预归类决定书撤销通知单》(以下简称《通知单》,格式文本见附件 3),通知申请人停止使用该《预归类决定书》。

作出《预归类决定书》所依据的有关规定发生变化导致有关的《预归类决定书》不再适用的,作出《预归类决定书》的直属海关应当制发《通知单》,或者发布公告,通知申请人停止使用有关的《预归类决定书》。

第二十条 直属海关经审核认为申请预归类的商品归类事项属于《中华人民共和国进出口税则》、《进出口税则商品及品目注释》、《中华人民共和国进出口税则本国子目注释》以及海关总署发布的关于商品归类的行政裁定、商品归类决定没有明确规定的,应当在接受申请之日起 7 个工作日内告知申请人按照规定申请行政裁定。

第二十一条 海关总署可以依据有关法律、行政法规规定,对进出口货物作出具有普遍约束力的商品归类决定。

进出口相同货物,应当适用相同的商品归类决定。

第二十二条 商品归类决定由海关总署对外公布。

第二十二条 作出商品归类决定所依据的法律、行政法规以及其他相关规定发生变化的,商品归类决定同时失效。

商品归类决定失效的,应当由海关总署对外公布。

第二十四条 海关总署发现商品归类决定存在错误的,应当及时予以撤销。

撤销商品归类决定的,应当由海关总署对外公布。被撤销的商品归类决定自撤销之日起失效。

第二十五条　因商品归类引起退税或者补征、追征税款以及征收滞纳金的，按照有关法律、行政法规以及海关总署规章的规定办理。

第二十六条　违反本规定，构成走私行为、违反海关监管规定行为或者其他违反《海关法》行为的，由海关依照《海关法》和《中华人民共和国海关行政处罚实施条例》的有关规定予以处理；构成犯罪的，依法追究刑事责任。

第二十七条　本规定由海关总署负责解释。

第二十八条　本规定自 2007 年 5 月 1 日起施行。2000 年 2 月 24 日海关总署令第 80 号发布的《中华人民共和国海关进出口商品预归类暂行办法》同时废止。

附件 1　中华人民共和国海关商品预归类申请表

（　　）关预归类申请＿＿＿＿＿＿号

申请人：
企业代码：
通讯地址：
联系电话：
商品名称(中、英文)：
其他名称：
商品描述(规格、型号、结构原理、性能指标、功能、用途、成份、加工方法、分析方法等)：
进出口计划(进出口日期、口岸、数量等)：
随附资料清单(有关资料请附后)：
此前如就相同商品持有海关商品预归类决定书的，请注明决定书编号：

申请人(章)　　　　　　年　月　日	海关(章)： 签收人： 接受日期：　　年　　月　　日

注：1. 填写此申请表前应阅读《中华人民共和国海关进出口货物商品归类管理规定》；

　　2. 本申请表一式两份，申请人和海关各一份；

　　3. 本申请表加盖申请人和海关印章方为有效。

附件 2 中华人民共和国海关商品预归类决定书

（ ）关预归类书＿＿号

申请人：	
企业代码：	
通讯地址：	
联系电话：	
商品名称(中、英文)：	
其他名称：	
申请表编号：( )关预归类申请＿＿号 受理日期： 年 月 日	
此前就相同商品持有海关商品预归类决定书的,请注明决定书编号：	
商品描述：	
商品归类编码：	海关(章)： 年 月 日

注:1. 本决定书一式两份,申请人和海关各一份;
　2. 本决定书加盖海关印章有效。
　3. 本决定书涂改无效。

附件 3 中华人民共和国海关商品预归类决定书撤销通知单

＿＿＿＿单位(公司)：

根据《中华人民共和国海关进出口货物商品归类管理规定》的规定,海关现通知你单位(公司),由于＿＿＿＿＿调整的原因,＿＿＿＿＿商品预归类决定书撤销。你单位(公司)应当停止使用上述预归类决定书进行申报,并且可以依照《中华人民共和国海关进出口货物商品归类管理规定》的规定到相关海关另行申请预归类。

海关(章)
＿＿＿＿年＿＿月＿＿日

附录 2　商品名称及编码协调制度的国际公约

1983 年 6 月 14 日订于布鲁塞尔

前　言

本公约在海关合作理事会主持下制定。缔约各国：

切望便利国际贸易；

切望便利统计资料，特别是国际贸易统计资料的收集、对比与分析；

切望减少国际贸易往来中因分类制度不同，商品需重新命名、重新分类及重新编号而引起的费用，以及便利数据的传输和贸易单证的统一；

考虑到由于技术的发展与国际贸易格局的变化，必须对 1950 年 12 月 15 日在布鲁塞尔签署的海关税则商品分类目录公约进行全面修改；

考虑到上述公约所附的商品分类目录远不能达到各国政府和贸易界在关税及统计方面要求的详细程度；

考虑到准确、可比的数据对国际贸易谈判的重要性；

考虑到各种运输方式的运费计价和运输统计准备采用协调制度；

考虑到协调制度旨在最大限度地和商业上的商品名称与编号制度结合起来；

考虑到协调制度旨在促进进出口贸易统计与生产统计之间建立尽可能接近的相互对应关系；

考虑到协调制度与联合国的国际贸易标准分类之间仍应保持接近的相互对应关系；

考虑到希望有一部可供国际贸易有关各界人士使用的税则/统计合并目录以满足上述需要；

考虑到保证协调制度不断适应技术的发展和国际贸易格局的变化的重要性；

考虑到海关合作理事会设立的协调制度委员会在此方面已完成的工作；

考虑到上述商品分类目录公约已证明是达到某些所述目标的有效手段，因此，达到这方面预期效果的最好方法是缔结一个新的国际公约。

为此，经协商同意如下条款：

第一条　定　义

本公约中：

（一）"商品名称及编码协调制度"（以下简称"协调制度"）是指作为本公约附件的商品分类目录，它包括有税目和子目及其相应的数字编号，类、章和子目的注释以及协调制度的归类总规则。

（二）"税则目录"是指缔约国为征收进口货物的关税按其法律制定的商品分类目录。

（三）"统计目录"是指缔约国为了收集进出口贸易统计资料数据而制定的商品分类目录。

（四）"税则/统计合并目录"是指缔约国为进口货物申报，依法制定的税则目录和统计目录合一的商品分类目录。

（五）"关于创立理事会的公约"是指 1950 年 12 月 15 日在布鲁塞尔制定的关于创立海关合作理事会的公约。

（六）"理事会"是指上述（五）项所述的海关合作理事会。

（七）"秘书长"是指理事会的秘书长。

（八）"批准"是指批准、接受或同意。

第二条　附　　件

本公约附件为公约不可分割部分，本公约所有解释同样适用于公约附件。

第三条　缔约国的义务

一、除第四条各款所规定的情况外：

（一）缔约各国，除本款（三）项另有规定的以外，必须保证从本公约在本国生效之日起使其税则目录及统计目录与协调制度取得一致。为此，它必须保证在其税则目录及统计目录的制订中：

1. 采用协调制度的所有税目和子目及其相应的编号，不得作任何增添或删改；

2. 采用协调制度的归类总规则以及所有类、章和子目的注释，不得更改协调制度的类、章、税目或子目的范围；

3. 遵守协调制度的编号顺序。

（二）缔约各国应按协调制度六位数级目录公布本国的进出口贸易统计资料，在不影响商业秘密、国家安全等特殊情况下，还可主动公布比上述范围更为详细的进出口贸易统计资料。

（三）本条规定并不要求缔约各国在其税则目录中必须采用协调制度的子目，但要求缔约各国在编订其税则/统计合并目录中履行上述（一）项 1、2 及 3

规定的义务。

二、缔约各国只要履行本条第一款(一)项规定的义务,为适应本国立法的要求,可以对协调制度的文字进行必要的改动。

三、本条规定不影响缔约各国在本国的税则目录或统计目录中,增列比协调制度目录更为详细的货品分类细目,但这些细目必须在本公约附件所规定的六位数级目录项下增列和编号。

第四条　发展中国家对协调制度的部分采用

一、发展中国家缔约国可以根据其国际贸易格局或行政管理能力,延期采用部分或全部的协调制度子目。

二、发展中国家缔约国按本规定部分采用协调制度,须同意尽最大努力在本公约对本国生效之日起五年内或由于本条第一款所述原因在本国认为合适的更长期限内全部采用六位数的协调制度。

三、发展中国家缔约国根据本条规定部分采用协调制度,应对任何一个五位数级子目项下的六位数级子目全部采用或全部不采用;对任何一个税目项下的五位数级子目,也应全部采用或全部不采用。对于部分采用协调制度的,其不采用的第六位数或第五、六两位数编号,应分别用"0"或"00"代替。

四、发展中国家根据本条规定部分采用协调制度,应在成为缔约国时,将本国在本公约对其生效之时不准备采用的子目通知秘书长。同时,它还应将准备采用的子目一并通知秘书长。

五、发展中国家根据本条规定部分采用协调制度,可在成为缔约国时通知秘书长,它正式保证在本公约对其生效之日起三年内全部采用六位数的协调制度。

六、发展中国家缔约国根据本条规定部分采用协调制度,对其不采用的子目,不承担第三条规定的义务。

第五条　对发展中国家的技术援助

发达国家缔约国应向提出要求的发展中国家,按照双方所同意的条件,提供技术援助,特别是在人员培训,现行目录向协调制度转化,对已转换的目录如何不断适应协调制度的修改提出建议,以及在实施本公约各项规定等方面提供技术援助。

第六条　协调制度委员会

一、根据本公约建立一个委员会,称为协调制度委员会,委员会由缔约各国的代表组成。

二、协调制度委员会在正常情况下每年至少召开例会两次。

三、会议由秘书长负责召集,除缔约国另行决定外,会议应在理事会的总部举行。

四、每一缔约国在协调制度委员会内有一票表决权。但是,在本公约中(不影响此后签署的其他任何公约),关税或经济联盟以及它的一个或几个成员国如果同是缔约国时,这些缔约国应合起来只有一票表决权。同样,对按第十一条(二)项规定可以成为缔约国的关税或经济联盟,如果它的所有成员国都是缔约国,这些成员国也只能合起来有一票表决权。

五、协调制度委员会选举主席一名,副主席一名或若干名。

六、委员会的议事规则须由有权表决的缔约国三分之二以上多数赞成票通过制定。该议事规则应报请理事会批准。

七、委员会可邀请有关的政府间组织及其他国际组织以观察员身份参加它的工作。

八、鉴于第七条第一款(一)项的规定,委员会必要时可设立若干分委会或工作小组,这些机构的人员组成、表决权及议事规则由委员会决定。

第七条　委员会的职权

一、协调制度委员会根据第八条规定,行使下列职权:

(一)根据用户需要、技术发展以及国际贸易格局的变化对本公约提出必要的修正案。

(二)起草"注释"、"归类意见"及其他解释协调制度的指导性意见。

(三)提出建议,确保协调制度的解释和执行的一致性。

(四)整理并交流协调制度执行情况。

(五)向缔约国、理事会成员国以及委员会认为有关的政府间组织和其他国际组织主动或根据要求提供协调制度中各种有关商品归类问题的情况或意见。

(六)向理事会每届大会提交工作报告,其内容包括修正案、注释、归类意见及其他建议。

(七)行使与协调制度有关而且理事会或缔约国也认为必要的其他各种职权。

二、协调制度委员会牵涉行政预算的决定须报请理事会批准。

第八条　理事会的作用

一、理事会负责审议协调制度委员会拟定的本公约修正案,并按第十六条规定的程序向缔约各国推荐,除非有既是本公约缔约国又是理事会成员国的国家要求有关修正案全部或部分送回委员会重新审议。

二、协调制度委员会按第七条第一款规定在会议中拟定的注释、归类意见、其他解释协调制度的意见以及为保证协调制度统一解释和执行的建议,如果在会议闭幕后第二个月末前没有本公约的缔约国通知秘书长,要求将问题提交理事会审议,均应视为已经理事会批准通过。

三、如果问题按本条第二款规定提交理事会,除非有既是本公约缔约国又是理事会成员国的国家要求将问题全部或部分交回委员会重新审议外,理事会应批准通过上述注释、归类意见、其他意见或建议。

第九条 关 税 税 率

缔约国加入本公约并不承担关税税率方面的任何义务。

第十条 争 议 的 裁 决

一、缔约国间对本公约解释或执行方面有任何争议应尽可能通过争议各方之间协商解决。

二、协商无法解决的争议应由争议各方提交协调制度委员会审议并提出解决建议。

三、协调制度委员会无法解决的争议,由委员会将问题提交理事会,由理事会按"关于创立理事会的公约"第三条(五)项的规定提出建议。

四、争议各方可事先商定同意接受委员会或理事会的建议并遵照执行。

第十一条 缔 约 资 格

下列国家(联盟)有资格成为本公约的缔约国:

(一)理事会成员国;

(二)有权缔结与本公约部分或全部问题有关的条约的关税或经济联盟;

(三)秘书长按理事会指示邀请加入本公约的其他国家。

第十二条 缔 约 程 序

一、任何具备缔约资格的国家及关税或经济联盟,经履行下列手续,均可成为本公约的缔约国:

(一)在公约上不须经批准签字;

(二)在公约上签字后(须经批准方可生效)递交批准书;

（三）公约停止开放签字后加入公约。

二、本公约于 1986 年 12 月 31 日前在布鲁塞尔的理事会总部对第十一条所列国家及关税或经济联盟开放供签署；此后，将开放供加入。

三、批准书或加入书向秘书长递交。

第十三条　生　效　日　期

一、在至少有十七个第十一条所列国家及关税或经济联盟在本公约上不须经批准签字或递交了批准书或加入书之日起十二个月以后二十四个月以内的 1 月 1 日，本公约正式生效，但生效之日不得早于 1987 年 1 月 1 日。

二、在本条第一款规定的最低限额数达到后，任何国家及关税或经济联盟在本公约上不须经批准签字或递交批准书或加入书之日起十二个月以后二十四个月以内的 1 月 1 日，公约对其即行生效，除非该国或该关税或经济联盟规定更早的生效日期。但是，本款规定的生效日期不得早于本条第一款规定的生效日期。

第十四条　关于附属领土采用协调制度

一、任何国家在成为本公约缔约国之时或之后，可书面通知秘书长，声明本公约同样适用于所有或某些其国际关系由它负责的领土，并在通知中列出有关领土的名称。通知书的生效日期，除通知中规定更早日期外，应为秘书长接到通知书之日起十二个月以后二十四个月以内的 1 月 1 日。但是本公约不得在有关国家实施之前对其附属领土先行适用。

二、对于上述附属领土，在有关缔约国不再负责它的国际关系之日起，或在此日期之前按第十五条的程序通知秘书长之日起，本公约即行失效。

第十五条　退　　　约

本公约有效期不受限制，但任何缔约国有权退约。除退约书规定了更迟的失效期外，秘书长接到退约书一年后，退约即行生效。

第十六条　修　改　程　序

一、理事会可向缔约各国提出本公约修正案。

二、任何缔约国均可通知秘书长，对某项提出的修正案表示反对，并且可以在本条第三款规定的期限内撤回反对意见。

三、任何提出的修正案在秘书长发出通知之日起六个月后，只要没有仍未解决的反对意见,即视为已被接受。

四、已被接受的修正案对缔约各国生效之日为:

(一)提出的修正案若在 4 月 1 日前发出通知,于通知的后两年 1 月 1 日起生效;

(二)提出的修正案若在 4 月 1 日或 4 月 1 日之后发出通知,于通知的后三年 1 月 1 日起生效。

五、缔约各国的统计目录、税则目录或者按第三条第一款(三)项规定制定的税则/统计合并目录,应从本条第四款所规定修正案生效之日起与修改后的协调制度保持一致。

六、已在本公约上不须经批准签字,或已批准或加入本公约的任何国家及关税或经济联盟,于成为公约缔约国之日起,应视为接受了在此以前按本条第三款规定已经生效或已被接受的所有修正案。

第十七条　缔约国对协调制度享有的权利

对于任何涉及协调制度的问题,缔约各国在如下方面享受第六条第四款、第八条及第十六条第二款中规定的各项权利:

(一)其按本公约规定采用的协调制度的全部内容;

(二)在本公约按第十三条规定对其生效之前,其所承诺按本公约规定日期采用的协调制度的全部内容;

(三)正式保证按第四条第五款规定的三年期限内全部采用六位数的协调制度的,于期满前,对协调制度的全部内容。

第十八条　保 留 条 款

本公约不允许有任何保留。

第十九条　秘书长的通知

秘书长应将下列情事通知全体缔约国、其他签约国、非本公约缔约国的理事会成员国及联合国秘书长:

(一)第四条规定的通知;

(二)第十二条所述的签字、批准及加入;

(三)按第十三条规定本公约生效的日期;

(四)第十四条规定的通知;

(五)第十五条规定的退约;

（六）第十六条规定的本公约修正案；

（七）按第十六条规定对提出的修正案的反对意见及有关反对意见的撤回；

（八）按第十六条规定已被接受的修正案及其生效日期。

第二十条　　在联合国注册问题

本公约应理事会秘书长要求，按照联合国宪章第一〇二条规定，向联合国秘书处注册。

经正式授权的公约签署人签字于后以资证明。

1983 年 6 月 14 日订于布鲁塞尔，以英文和法文两种文字写成，两种文本具有同等效力。正本共一份，由理事会秘书长保存。秘书长应向第十一条所列所有国家及关税或经济联盟分送经核证与正本相符的副本。

附录 3 各章习题参考答案

（说明：本参考答案以 2015 年《中华人民共和国进出口税则》八位数编码为依据）

习题 1

（略）

习题 2

1. （略）

2. (1) 0301.1100

(2) 6212.1090

(3) 0209.1000

(4) 8703.2351

(5) 8712.0030

(6) 6216.0000

(7) 7009.1000

(8) 8510.2000

(9) 0207.1429

(10) 4010.3100

(11) 9401.2010

(12) 1008.1000

(13) 9202.1000

(14) 6302.1010

(15) 7311.0010

(16) 1517.9090

(17) 6302.9300

(18) 7110.4100

(19) 0307.9190

(20) 0511.9940

习题 3

(1) 0106.2020

(2) 0306.2491

(3) 9508.1000

(4) 0301.9999

(5) 0504.0029

(6) 1502.1000

(7) 0511.9990

(8) 0207.1329

(9) 0305.5910

(10) 0308.9012

(11) 0305.4400

(12) 0306.2690

(13) 1605.2900

(14) 0307.7910

(15) 0405.9000

(16) 0407.2900

(17) 0410.0090

(18) 0504.0029

(19) 0507.1000

(20) 0510.0010

习题 4

(1) 0602.9093

(2) 0603.9000

(3) 1211.9015

(4) 2001.9010

(5) 0710.2290

(6) 0709.6000

(7) 0904.2100

(8) 0709.5100

(9) 1106.1000

(10) 0811.9090

(11) 0808.3010

(12) 1202.4100

(13) 0805.5000

(14) 0904.2200

(15) 0910.9100

(16) 0906.1900

(17) 1006.2010

(18) 1104.2200

(19) 1904.1000

(20) 1001.9900

(21) 1106.3000

(22) 1103.1300

(23) 0713.1010

(24) 1207.9910

(25) 1209.9100

(26) 1212.2179

(27) 2008.1120

(28) 4001.3000

(29) 1704.9000

(30) 1404.2000

习题 5

(1) 0209.9000

(2) 1504.3000

(3) 1513.2100

(4) 1516.2000

(5) 1518.0000

(6) 2905.4500

(7) 1517.9090

(8) 1804.0000

(9) 1522.0000

(10) 2301.1020

习题 6

(1) 0308.2900

(2) 0306.2492

(3) 1601.0010

(4) 1902.2000

(5) 1602.5090

(6) 1605.5700

(7) 1604.2019

(8) 1602.1000

(9) 2002.9011

(10) 2005.1000

(11) 2007.1000

(12) 1602.3991

(13) 2104.2000

(14) 2309.9090

(15) 2940.0010

(16) 1702.5000

(17) 1704.9000

(18) 1806.3200

(19) 1806.1000

(20) 2105.0000

(21) 1801.0000

(22) 1904.9000

(23) 1006.3010

(24) 1901.2000

(25) 1905.9000

(26) 1806.3200

(27) 1904.1000

(28) 1904.9000

(29) 2002.9090

(30) 2009.5000

(31) 2009.9090

(32) 2005.8000

(33) 2103.3000

(34) 0910.9100

(35) 2106.9090

(36) 3004.9051

(37) 2103.9020

(38) 2009.6900

(39) 2206.0090

(40) 1213.0090

习题 7

(1) 2601.2000

(2) 2519.1000

(3) 2530.2000

(4) 2511.2000

(5) 2530.9099

(6) 2821.2000

(7) 2530.9010

(8) 2501.0011

(9) 2612.2000

(10) 2617.9010

(11) 2530.9020

(12) 6812.8000

(13) 2530.9099

(14) 2703.0000

(15) 2711.2900

(16) 2710.1230

(17) 2712.1000

(18) 3826.0000

(19) 2710.1994

(20) 3807.0000

习题 8

(1) 2844.2000

(2) 2844.4090

(3) 2853.0090

(4) 2612.2000

(5) 2845.9000

(6) 2845.9000

(7) 2815.1100

(8) 2846.9013

(9) 2530.9020

(10) 2843.2100

(11) 2827.1010

(12) 3104.3000

(13) 2914.2910

(14) 2918.2210

(15) 2922.4991

(16) 2925.1100

(17) 2933.6100

(18) 2937.2210

(19) 2939.9910

(20) 2941.3011

(21) 3004.9010

(22) 3006. 6010

(23) 3307. 9000

(24) 3401. 1100

(25) 3004. 2090

(26) 3004. 4090

(27) 2834. 2110

(28) 3105. 1000

(29) 3102. 1000

(30) 3102. 9090

(31) 3105. 2000

(32) 3105. 6000

(33) 3212. 9000

(34) 3208. 2020

(35) 3906. 9090

(36) 3209. 9090

(37) 3304. 2000

(38) 3304. 9900

(39) 3305. 9000

(40) 3306. 2000

(41) 3307. 9000

(42) 3401. 1100

(43) 3402. 9000

(44) 3405. 4000

(45) 3506. 1000

(46) 3913. 9000

(47) 2711. 1310

(48) 3606. 1000

(49) 3813. 0020

(50) 3707. 1000

(51) 3606. 9090

(52) 2852. 9000

(53) 3702. 9600

(54) 3703. 2010

(55) 3704. 0090

(56) 3705. 9021

(57) 3706. 9010

(58) 3808. 5010

(59) 3006. 3000

(60) 3822. 0010

习题 9

(1) 3918. 9090

(2) 4905. 9900

(3) 3914. 0000

(4) 3901. 9090

(5) 3902. 3090

(6) 3902. 3090

(7) 3902. 9000

(8) 3902. 2000

(9) 3903. 1100

(10) 3903. 2000

(11) 3904. 4000

(12) 3903. 9000

(13) 3905. 2900

(14) 3901. 9090

(15) 3909. 4000

(16) 3907. 1090

(17) 3926. 2011

(18) 6402. 9920

(19) 3919. 1099

(20) 3920. 3000

(21) 3921. 1100

(22) 3910. 0000

(23) 4007. 0000

(24) 4008. 1900

(25) 4010. 1100

(26) 4012. 9090

(27) 6401. 9900

(28) 6506. 9100

(29) 4013. 2000

(30) 4014. 9000

习题 10

(1) 4101. 2020

(2) 4301. 8010

(3) 4106. 2200

(4) 4302. 1100

(5) 4201. 0000

(6) 4202. 3200

(7) 4602. 1200

(8) 6506. 9910

(9) 4203. 2990

(10) 4303. 1020

习题 11

(1) 4407. 2910

(2) 4408. 1020

(3) 4409. 2110

(4) 4410. 1100

(5) 4418. 7210

(6) 4419. 0031

(7) 4202. 1900

(8) 4412. 9499

(9) 4419. 0099

(10) 4503. 1000

(11) 9507. 9000

(12) 6504.0000

(13) 4602.1930

(14) 4602.1100

(15) 4202.2100

习题 12

(1) 4704.2100

(2) 4706.3000

(3) 4823.9090

(4) 4802.2010

(5) 4818.1000

(6) 4803.0000

(7) 4804.1900

(8) 4823.9090

(9) 4823.9090

(10) 4808.4000

(11) 4805.1200

(12) 4808.1000

(13) 4819.1000

(14) 4809.9000

(15) 4816.9090

(16) 4805.4000

(17) 4823.2000

(18) 4810.1300

(19) 4811.6010

(20) 4817.1000

(21) 6805.2000

(22) 4818.9000

(23) 4821.1000

(24) 4823.6100

(25) 4902.9000

(26) 4911.9100

(27) 4823.9010

(28) 4909.0010

(29) 4817.2000

(30) 4907.0090

习题 13

(1) 5112.3000

(2) 5407.9100

(3) 5311.0030

(4) 5516.3400

(5) 5407.9400

(6) 5408.3400

(7) 5106.2000

(8) 5607.9090

(9) 5204.2000

(10) 5207.9000

(11) 5607.9090

(12) 5605.0000

(13) 5802.1900

(14) 5806.1010

(15) 6302.6090

(16) 5603.9290

(17) 6004.1030

(18) 5603.9210

(19) 5602.9000

(20) 5906.9100

(21) 5902.9000

(22) 5911.4000

(23) 6307.1000

(24) 5910.0000

(25) 6111.3000

(26) 9619.0010

(27) 9619.0010

(28) 9619.0010

(29) 9619.0010

(30) 6212.2090

(31) 6104.6300

(32) 6204.6200

(33) 6114.3000

(34) 6112.4100

(35) 6115.3000

(36) 3926.2090

(37) 6109.1000

(38) 6117.8010

(39) 4203.1000

(40) 6113.0000

(41) 6205.3000

(42) 6104.2200

(43) 6213.9090

(44) 6214.1000

(45) 6107.9910

(46) 6301.2000

(47) 6201.1310

(48) 6212.9010

(49) 6117.8090

(50) 6302.2110

(51) 6307.2000

(52) 6302.3191

(53) 6302.1090

(54) 6302.3999

(55) 6304.9390

(56) 4303.9000

(57) 6301.1000

(58) 9404.3010

(59) 6307. 9000

(60) 5608. 1100

习题 14

(1) 6405. 2000

(2) 6403. 5900

(3) 9021. 1000

(4) 9506. 7010

(5) 6402. 9910

(6) 6504. 0000

(7) 6812. 9100

(8) 6309. 0000

(9) 6506. 1000

(10) 6601. 9900

(11) 6602. 0000

(12) 6704. 9000

(13) 6702. 9090

(14) 6505. 0010

(15) 9603. 9010

习题 15

(1) 6802. 2110

(2) 6804. 2210

(3) 6810. 9910

(4) 2516. 1100

(5) 6815. 9931

(6) 6901. 0000

(7) 8113. 0090

(8) 9021. 2100

(9) 6909. 9000

(10) 7009. 9200

(11) 7020. 0091

(12) 9617. 0011

(13) 9021. 3900

(14) 7117. 9000

(15) 7019. 5200

习题 16

(1) 7110. 2910

(2) 7107. 0000

(3) 7109. 0000

(4) 7409. 2900

(5) 7106. 9190

(6) 7110. 3100

(7) 7113. 1999

(8) 7113. 1919

(9) 7117. 9000

(10) 2843. 1000

(11) 8522. 9010

(12) 9705. 0000

(13) 7114. 1100

(14) 2843. 9000

(15) 7113. 1190

(16) 2843. 3000

(17) 9021. 2100

(18) 7118. 9000

(19) 7116. 1000

(20) 7117. 9000

习题 17

(1) 2805. 1100

(2) 8481. 8090

(3) 7315. 2000

(4) 8308. 2000

(5) 7202. 5000

(6) 7202. 9100

(7) 7202. 3000

(8) 7220. 2040

(9) 7226. 2000

(10) 7225. 3000

(11) 7227. 2000

(12) 7216. 1020

(13) 7214. 2000

(14) 7217. 1000

(15) 7505. 2100

(16) 7306. 6100

(17) 7317. 0000

(18) 8305. 2000

(19) 7312. 1000

(20) 7318. 1400

(21) 7323. 9410

(22) 7304. 2290

(23) 7321. 1100

(24) 8516. 7910

(25) 7324. 1000

(26) 7412. 1000

(27) 7612. 9010

(28) 8309. 9000

(29) 7415. 3390

(30) 8209. 0010

(31) 7326. 9090

(32) 8206. 0000

(33) 8205. 9000

(34) 8207. 6090

(35) 8213. 0000

(36) 8214. 1000

(37) 8205. 5100

(38) 8215. 9100

(39) 8510. 9000

(40) 8306. 3000

习题 18

(1) 8527. 1900

(2) 7318. 2300

(3) 8481. 4000

(4) 8544. 1100

(5) 8409. 9199

(6) 8517. 7070

(7) 8486. 1020

(8) 8411. 2220

(9) 8413. 4000

(10) 6909. 1100

(11) 8414. 3012

(12) 8415. 2000

(13) 7321. 1900

(14) 8514. 1090

(15) 8516. 6010

(16) 8418. 2920

(17) 8419. 1100

(18) 8516. 1010

(19) 8419. 3200

(20) 8516. 6040

(21) 8423. 8110

(22) 9016. 0090

(23) 8423. 9000

(24) 8424. 1000

(25) 8443. 3213

(26) 8486. 3031

(27) 8433. 6000

(28) 8437. 1090

(29) 8450. 1110

(30) 8451. 1000

(31) 8456. 2000

(32) 8458. 9110

(33) 8466. 2000

(34) 8207. 5090

(35) 8456. 9020

(36) 8468. 1000

(37) 8515. 8000

(38) 8443. 9990

(39) 8528. 5110

(40) 8471. 6072

(41) 8473. 3090

(42) 8471. 7010

(43) 8471. 9000

(44) 8472. 1000

(45) 8479. 8990

(46) 8479. 7100

(47) 8483. 6000

(48) 8505. 2000

(49) 8708. 9390

(50) 8487. 1000

(51) 8479. 8999

(52) 8503. 0020

(53) 8511. 5010

(54) 8504. 4099

(55) 8512. 3012

(56) 8513. 1090

(57) 8516. 7190

(58) 7323. 9300

(59) 8517. 1210

(60) 8517. 1100

(61) 8519. 5000

(62) 8517. 6990

(63) 8517. 6239

(64) 8519. 8129

(65) 8521. 9012

(66) 8523. 4100

(67) 8523. 5110

(68) 8525. 8029

(69) 3702. 5200

(70) 9006. 3000

(71) 8528. 7180

(72) 8530. 8000

(73) 8608. 0090

(74) 8536. 6900

(75) 8544. 7000

(76) 8543. 7099

(77) 8301. 4000

(78) 8545. 9000

(79) 6301. 1000

(80) 7320. 2090

习题 19

(1) 8601. 1019

(2) 8607. 3000

(3) 7318. 1300

(4) 8702. 9010

(5) 8705. 9099

(6) 8705. 9099

(7) 8705. 9099

(8) 8704. 2230

(9) 8426. 4910

(10) 8705. 1023

(11) 8427. 2010

(12) 8703. 1011

(13) 8426. 1200

(14) 8703. 1090

(15) 8711. 1000

(16) 8705. 9099

(17) 8712. 0089

(18) 8709. 1110

(19) 8703. 3222

(20) 8714. 9100

(21) 8704. 3230

(22) 8708. 4060

(23) 8708. 9410

(24) 8708. 8090

(25) 8512. 2010

(26) 8708. 2100

(27) 3405. 3000

(28) 4011. 1000

(29) 4013. 2000

(30) 8301. 2010

(31) 8512. 4000

(32) 9029. 2010

(33) 9603. 5019

(34) 8801. 0090

(35) 8804. 0000

(36) 8906. 1000

(37) 8905. 9090

(38) 8487. 1000

(39) 8406. 1000

(40) 4421. 9090

习题 20

(1) 9018. 9020

(2) 9018. 9010

(3) 9018. 3100

(4) 9018. 1100

(5) 9022. 1200

(6) 9025. 1100

(7) 9019. 1090

(8) 9021. 9000

(9) 9021. 5000

(10) 9021. 3900

(11) 9001. 4099

(12) 9003. 1910

(13) 9004. 9010

(14) 9002. 9010

(15) 9005. 1000

(16) 9013. 8020

(17) 9014. 1000

(18) 9015. 3000

(19) 9017. 3000

(20) 9024. 8000

(21) 9028. 2010

(22) 9026. 1000

(23) 9027. 2020

(24) 9028. 3012

(25) 9028. 1010

(26) 9029. 1090

(27) 9029. 2090

(28) 9031. 8010

(29) 9022. 1990

(30) 9030. 3200

(31) 9101. 1910

(32) 9106. 1000

(33) 9107. 0000

(34) 9111. 1000

(35) 9114. 1000

(36) 9202. 1000

(37) 4202. 9100

(38) 9202. 9000

(39) 9205. 9090

(40) 9207. 1000

习题 21

(1) 9302. 0000

(2) 4202. 9100

(3) 3602. 0010

(4) 3813. 0020

(5) 9306. 3090

(6) 3603. 0000

(7) 3604. 9000

(8) 9303. 3000

(9) 8710. 0010

(10) 9306. 9000

习题 22

(1) 9401. 5100

(2) 9401. 2090

(3) 9402. 9000

(4) 9018. 4910

(5) 9402. 1090

(6) 9403. 5010

(7) 9404. 9010

(8) 9404. 1000

(9) 9503. 0010

(10) 9504. 9040

(11) 9506. 4010

(12) 9508. 9000

(13) 9603. 2900

(14) 3304. 2000

(15) 9604. 0000

(16) 5911. 4000

(17) 9605. 0000

(18) 9606. 2200

(19) 9614. 0010

(20) 9612. 1000

习题 23

(1) 9701. 1019

(2) 4906. 0000

(3) 9703. 0000

(4) 9705. 0000

(5) 9706. 0000

(6) 4907. 0010

(7) 9704. 0010

(8) 9704. 0010

(9) 9704. 0090

(10) 4911. 9910

参考文献

《中华人民共和国进出口税则（2015 年版）》，中国海关出版社 2015 年版。

海关总署关税征管司：《进出口税则商品及品目注释》，中国商务出版社 2012 年版。

海关总署关税征管司：《中华人民共和国进出口税则本国子目注释（2013 年版）》，中国海关出版社 2013 年版。

刘文丽：《商品归类基础》，中国对外经济贸易出版社 2002 年版。

刘广平：《协调制度与海关商品归类》，中国海关出版社 2002 年版。

世界海关组织：《海关商品归类手册》，中国海关出版社 2002 年版。

中国海关百科全书编委会：《中国海关百科全书》，中国大百科全书出版社 2004 年版。

第四版后记

在格致出版社的大力支持下,本书第一版至第三版分别于 2006 年、2009 年和 2012 年出版,现在又出第四版了。该书自第一版出版以来,得到许多同行、企业界人士以及广大读者的关注和肯定,笔者也陆续得到广大读者的许多良好建议,值此再版之际,笔者对他们的支持和帮助表示衷心的感谢。

此次再版主要基于以下考虑:

首先,2012 年以来,每年《中华人民共和国进出口税则》中部分第 7、8 位数子目编码会做适当修改和调整,为适应这一变化,有必要对教材做一次全面修订。

其次,根据国务院关于简政放权、转变职能,进一步减少资质资格类许可和认定的有关要求,海关总署取消了报关员资格核准审批制度,决定自 2014 年起不再组织报关员资格全国统一考试。这样报关员资格全国统一考试在经过 17 年的实践之后,被取消了。但是为了适应新形势,发挥行业协会自律规范和管理作用,中国报关协会决定自 2014 年起在全国开展报关水平测试工作。为了适应这一变化,也有必要对教材作相应的修改。

第三,为了帮助读者更好地掌握商品归类规律,需要补充往年报关员考试中的商品归类真题和一些重要的商品基本知识。

基于上述考虑,笔者对本书进行了如下范围的修订:

1. 以 2015 年《中华人民共和国进出口税则》为依据,对相应的内容和编码作了修改。

2. 根据全国报关水平测试的要求和命题趋势,增加了 2012 年和 2013 年的报关员资格考试试题及归类说明。同时对之前的一些考题答案按最新的《进出口税则》作了修改和调整。

3. 补充了社会预归类服务的重要内容。

4. 对一些重要的商品适当补充了商品归类的基本知识。

此外,对于第三版中的一些错误进行了更正,对某些表述不严谨之处作了修改。

尽管本书作了上述较大范围的修改,但全书的结构、体系并没有改变。

在本书第一版至第三版,以及此次第四版出版前后,笔者始终得到上海世纪出版股份有限公司格致出版社忻雁翔、王韵霏及李远编辑的鼎力支持。对于他们的支持和帮助,笔者表示深深的谢意。

尽管此次再版作者费了许多时间和精力争取没有差错,但本书差错在所难免,笔者热忱希望广大读者能继续批评指正。

钟昌元

2015 年 4 月于上海海关学院

图书在版编目(CIP)数据

进出口商品归类教程/钟昌元编著.—4版.—上海:格致出版社:上海人民出版社,2015

外贸通关系列用书

ISBN 978-7-5432-2554-1

Ⅰ.①进… Ⅱ.①钟… Ⅲ.①进出口商品-分类-教材 Ⅳ.①F760.2

中国版本图书馆 CIP 数据核字(2015)第 182682 号

责任编辑　李　远
装帧设计　储　平

外贸通关系列丛书

进出口商品归类教程(第四版)

钟昌元 编著

出　版	世纪出版股份有限公司　格致出版社 世纪出版集团　上海人民出版社 (200001　上海福建中路193号　www.ewen.co) 编辑部热线　021-63914988 市场部热线　021-63914081 www.hibooks.cn	印　刷	苏州望电印刷有限公司
		开　本	760×1000　1/16
		印　张	24.25
		插　页	1
		字　数	430,000
		版　次	2015 年 9 月第 1 版
发　行	上海世纪出版股份有限公司发行中心	印　次	2015 年 9 月第 1 次印刷

ISBN 978-7-5432-2554-1/F・871　　　　　　　　　　　　　定价:45.00元